日中・日仏対照研究

第Ⅰ部
－ " Ｖ到 " 表現をめぐる日中対照 －

第Ⅱ部
－ 日本語からみたフランス語／空間表現と進行表現 －

成戸 浩嗣

序　言

　本書は、日中対照研究を専門とする筆者が、中国語の"Ｖ到"表現および
びそれに類する表現と、対応する日本語表現について考察を重ねてきた成
果をまとめた第Ⅰ部と、拙著『トコロ(空間)表現をめぐる日中対照研究』
での考察結果をふまえて日仏対照を行なった第Ⅱ部とで構成されている。
　第Ⅰ部の目的は、対応する日本語動詞との間に統語上・意味上の相違が
観察されやすい"Ｖ到"をとり上げ、「動詞＋結果補語」の一パターンと
されてきた同形式について従来とは異なる観点から検討を加えるととも
に、"Ｖ着(zháo)"、"Ｖ上"のような類義形式との比較や、感覚動詞(主
として視覚動詞)を用いた"Ｖ見"その他の表現形式との比較を通して、
これまで明らかとされなかった"Ｖ到"の諸特徴をうきぼりにし、日本語
の他動詞・自動詞や複合動詞、可能表現、さらには視覚動作を表わす諸形
式との間に対応関係が成立する要因を明らかにすることである。
　第Ⅱ部の目的は、日本語や中国語の側からフランス語をながめた場合に
うきぼりとなってくる諸特徴を明らかにするとともに、日中対照研究の作
業を通して得られた考察結果(主として空間表現・進行表現に関するもの)
が、フランス語をも含めた系統を異にする３言語間の枠を越えてどの程度
の普遍性を有するものであるかをさぐろうとすることである。形態上の特
徴が大きく異なる３言語の間にも、コトガラに対する認識の仕方や、それ
が反映された言語の表現形式において共通点・相似点、あるいは接点がみ
られる。これらを明らかにすることは、より高い普遍性をもった言語理論
を築き上げるために不可欠の作業である。
　多年にわたる作業の積み重ねであるため、論文として発表した時点にお
いては、視点の置き方、問題のあつかい方などにその時々の水準が反映さ
れていたであろうことは否めないが、本書ではこの点を克服したつもりで
ある。
　中国語の統語論は、主として欧米言語を対象とする一般言語学の理論・
手法を用いて言語現象を解明しようとする作業の積み重ねであり、中国語
にみられる固有の現象を説明する際にしばしば限界につきあたるというこ

iii

とは否定できないであろう。このことは、特定の表現形式をあつかう際によくみられるパターンとして、その形式に用いられる動詞をいくつかのタイプに分類するにとどまるケースが従来から数多くみられるということや、同一の客観的事実を前提としていても、異なる表現形式の間には何らかの相違があるはずであるのに、「両形式が表わす内容は同じである」としてそれ以上の考察が行なわれていないケースなどにみられる。このような記述を目にするたびに「そこから先が本当に知りたいことであるのに」と思うのは筆者だけではないであろう。学問にも流行のようなものがあり、構造言語学や生成文法論などの研究成果を用いて中国語の様々な言語現象を説明しようとする試みも早くからなされてきた。我々としては、このような先達の労苦に対して敬意を払いつつも、これまで着目されることのなかった中国語固有の現象をとり上げ、中国語の実態・本質に少しでも近づいた考察結果を提示する必要がある。日本語話者として中国語を研究する者にとって、そういった作業の先に見えてくるものは、中国語や日本語にみられる固有の言語現象の解明であるにとどまらず、個別の言語の枠を越えた、より普遍的な言語現象の解明でもあるはずである。何がその言語固有の特徴であるかが明らかとなれば、普遍的な特徴もおのずと明らかとなるからである。

　筆者がこの世界に足をふみ入れたばかりの頃に比べると、日中対照の角度から様々なテーマをあつかった論文や著書も増え、興味ある記述が目にふれることも多くなった。本書は、次世代を引き継ぐべき若い研究者の皆さんに特に目を通していただきたいと思っている。一人の人間ができることは限られている。本書を足がかりとし、次世代の人々によって対照研究がさらなる発展をみることとなるのであれば、これ以上の果報はない。評価は、後世の人々によってなされるであろう。

　　2014 年 6 月 12 日

目　次

序言

■■■ 第Ⅰ部　日中対照編 ■■■
－"Ｖ到"表現をめぐる日中対照－

【序　章】研究の対象と方法 ──────────────── 3

【第 1 章】"Ｖ到"とそれに対応する日本語の表現 ───── 7
　1.0　はじめに／7
　1.1　"Ｖ到"表現について／8
　　1.1.1　主要部前項型の"Ｖ到"／8
　　1.1.2　"Ｖ到"における"-到"の働き／11
　1.2　"Ｖ到"、日本語他動詞・複合動詞の意味構造／14
　　1.2.1　"Ｖ到"と日本語他動詞／14
　　1.2.2　"Ｖ到"と日本語複合動詞／18
　1.3　動作と状況／25
　　1.3.1　"Ｖ到"と日本語自動詞／25
　　1.3.2　"Ｖ到"と日本語可能表現／28
　1.4　まとめ／33
　第 1 章　注／35

【第 2 章】"Ｖ到"とそれに類する表現 ─────────── 41
　2.0　はじめに／41
　2.1　"Ｖ到＋客体"と"Ｖ到＋トコロ"／42
　2.2　"Ｖ到＋客体"と"Ｖ着＋客体"／45
　2.3　"Ｖ到＋客体"と"Ｖ上＋客体"／52
　2.4　まとめ／57
　第 2 章　注／58

v

【第3章】感覚動詞に後置される"-到"、"-見" ……………………………… 61
  3.0　はじめに／61
  3.1　"听到"と"听见"／62
    3.1.1　理性の働きをともなう"听到"／62
    3.1.2　客体概念の具体性・抽象性／65
    3.1.3　意志性を含まない"听见"／67
    3.1.4　内容理解を含意する"听到"／70
    3.1.5　"听到"、"听见"と動作性の強弱／71
  3.2　"闻到"と"闻见"／72
    3.2.1　意志性を含まない"闻见"／72
    3.2.2　内容理解を含意する"闻到"／75
  3.3　"看到"と"看见"／79
    3.3.1　内容理解を含意する"看到"／79
    3.3.2　意志性を含まない"看见"／82
    3.3.3　「読む／会う」を表わす"看到"／90
    3.3.4　"看到"、"看见"と表現の比重／93
  3.4　"V到"と"V见"／97
    3.4.1　"V到"、"V见"の相違点／97
    3.4.2　"-到"、"-见"選択の主たる要因／100
  第3章 注／101

【第4章】"见"に後置される"-到" ……………………………………………… 103
  4.0　はじめに／103
  4.1　動作の方向性と客体との関わり／104
    4.1.1　単方向動作を表わす"见到"／104
    4.1.2　双方向動作を表わす"见"／108
    4.1.3　「会う」を表わす"见到"／113
  4.2　"见到"、"见"間にみられる相違／115
    4.2.1　"见"のもつ抽象性／115
    4.2.2　"见到"、"见"と表現の他動性／118

  4.2.3　"見到"、"見"と表現の視点／122
 4.3　"見到"における"-到"の働き／126
  4.3.1　客体をとりたてる"見到"／126
  4.3.2　"見到"、"見"と「見る」、「会う」／128
 第4章　注／131

【第5章】"見"、"看到"、"看見"の使い分け ･････････････････ 133
 5.0　はじめに／133
 5.1　"見"、"看到"、"看見"の基本的な相違／133
  5.1.1　事実と価値判断／133
  5.1.2　書き言葉的な"見"、話し言葉的な"看到"、"看見"／137
 5.2　動作の方向性について／141
  5.2.1　動作の空間的方向性／141
  5.2.2　動作の時間的方向性／144
 5.3　語義の分化と表現形式／146
  5.3.1　「見る」と「読む」／146
  5.3.2　「見る」と「会う」／150
 5.4　コトガラを客体とする表現について／154
  5.4.1　"見"にみられる状態性／154
  5.4.2　動作の方向性と状態性／157
 第5章　注／160

【第6章】"看到"、"見到"の使い分け（1）･････････････････ 163
 6.0　はじめに／163
 6.1　"看到"、"見到"の基本的な相違／163
  6.1.1　話し言葉的な"看到"、書き言葉的な"見到"／163
  6.1.2　意志性の強弱について／166
 6.2　距離・視界と方向性／170
  6.2.1　主体、客体間の距離と視界の広さ／170
  6.2.2　動作の方向性／172

6.3　主体の必須度と表現の他動性／175
　　6.3.1　主体の必須度／175
　　6.3.2　表現の他動性／177
　第6章　注／182

【第7章】"看到"、"見到"の使い分け（2） ……………………… 183
　7.0　はじめに／183
　7.1　動作の瞬間性、持続性／183
　　7.1.1　"看到／見到＋非名詞的成分"の表現／183
　　7.1.2　文脈からみた動作の瞬間性、持続性／186
　　7.1.3　"看到／見到＋名詞的成分"の表現／190
　7.2　"看到"、"見到"と視覚、理性／192
　　7.2.1　理性の働きをともなう"看到"／192
　　7.2.2　客体への心理的方向性／195
　第7章　注／198

【第8章】"看到"、"見到"の使い分け（3） ……………………… 201
　8.0　はじめに／201
　8.1　「見る」に傾く"看到"、「会う」に傾く"見到"／201
　8.2　「見る」に傾く"看見"、「会う」に傾く"看到"／205
　8.3　「見る」に傾く"見到"／208
　8.4　文脈からみた"看到"、"見到"と「見る」、「会う」／211
　8.5　単方向的な「会う」、双方向的な「会う」／215
　第8章　注／220

【視覚動作を表わす表現の日中対照】 ………………………………… 223

【第9章】「見つける／見つかる」、「見かける」に対応する中国語の表現
　　　　　　　　　　　　　　　　　　　　　　　　　　　…… 225
　9.0　はじめに／225

9.1　「見つける」とそれに対応する中国語の視覚動作表現／226
　9.1.1　「見つける」／226
　9.1.2　「見つける」と"看到"、"見到"、"看見"、"見"／227
9.2　「見つける／見つかる」とそれに対応する中国語の非視覚動作表現／229
　9.2.1　「見つける」と"找到"／229
　9.2.2　「見つかる」と"找到"／235
9.3　「見かける」とそれに対応する中国語の視覚動作表現／238
9.4　まとめ／243
第9章　注／245

【第10章】「見る」、「見える」に対応する中国語の表現 ････････････ 247
10.0　はじめに／247
10.1　視覚動作と認知／248
　10.1.1　「見る」と"看"、"見"／248
　10.1.2　「見る」と"看見"、"看到"、"見到"／252
10.2　「見る」と「見える」／254
　10.2.1　動作と状況／254
　10.2.2　「見る」、「見える」と意志性／256
10.3　視覚動作を表わす日中諸形式の対応／257
　10.3.1　「見る」、「見える」と"看見"／257
　10.3.2　「見る」、「見える」と"見"／261
　10.3.3　「見る」、「見える」と"看到"、"見到"／265
10.4　まとめ／269
第10章　注／270

【第11章】「見る」、「読む」、「会う」に対応する中国語の表現 ････････ 275
11.0　はじめに／275
11.1　「見る」、「読む」とそれに対応する中国語の表現／276
　11.1.1　「見る」と「読む」／276

ix

11.1.2 「見る」、「読む」に対応する中国語の表現／279
　11.2 「見る／見かける」、「会う」とそれに対応する中国語の表現
　　　　　　　　　　　　　　　　　　　　　　　　　　　　／284
　　11.2.1 「見る／見かける」と「会う」／284
　　11.2.2 中国語諸形式にみられる「見る」動作、「会う」動作の連続性
　　　　　　　　　　　　　　　　　　　　　　　　　　　　／286
　　11.2.3 「(ヒト)ニ／ト会う」に対応する中国語の表現／289
　11.3 まとめ／291
　第11章 注／293

【第12章】むすび ································· 297

■■■ 第Ⅱ部　日仏対照編 ■■■
－日本語からみたフランス語／空間表現と進行表現－

【序　章】研究の対象と方法 ────────────────── 303

【第1章】日本語からみたフランス語（1） ────────── 307
　1.0　はじめに／307
　1.1　語義の相違にみられる異文化／307
　1.2　"vous" と "tu"／310
　1.3　動詞／313
　　1.3.1　"regarder" と "voir"／314
　　1.3.2　"avoir" と「もっている」、「ある／いる」／316
　　1.3.3　"aller" と "venir"／320
　1.4　"être en train de ＋不定詞"／323
　1.5　おわりに／327
　第1章　注／328

【第2章】日本語からみたフランス語（2） ────────── 331
　2.0　はじめに／331
　2.1　名詞をめぐる問題／332
　　2.1.1　フランス語名詞と "dans"、"sur"／332
　　2.1.2　"dans・N" に対応する「N・格助詞」／335
　2.2　動詞をめぐる問題／342
　　2.2.1　動作の方向性－ "apprendre"、"louer"／342
　　2.2.2　動詞の自他と表現構造－ "commencer"、"finir"／344
　　2.2.3　身につけ動詞と動作・状態
　　　　　　－ "mettre"、"porter"、"avoir"、"s'habiller"／346
　2.3　おわりに／349
　第2章　注／351

【第3章】 "dans" を用いた空間表現をめぐる日仏対照 ……………… 355
  3.0　はじめに／355
  3.1　トコロと手段／356
  3.2　トコロ、手段の連続性／357
    3.2.1　「N・デ」表現にみられるトコロ、手段の連続性／357
    3.2.2　"dans・N" 表現にみられるトコロ、手段の連続性／362
  3.3　"dans・N" の使用条件／365
    3.3.1　"dans・N" と "avec・N"／365
    3.3.2　"dans・N" と「N・デ」／368
  3.4　"dans・N" と「Nの中・デ」／369
  3.5　まとめ／373
  第3章　注／376

【第4章】 フランス語の進行表現にみられる諸相（1）……………… 379
  4.0　はじめに／379
  4.1　非アスペクト形式による進行表現／381
    4.1.1　動作の進行と話者の判断／381
    4.1.2　非アスペクトの進行表現に用いられる動詞の性格／384
  4.2　アスペクト形式による進行表現／385
    4.2.1　空間表現から時間表現へ／385
    4.2.2　進行と持続／390
    4.2.3「テイル（トコロダ）」表現が対応しない "être en train de ＋不定詞"
      ／395
  4.3　アスペクト形式に含まれるムード性／399
    4.3.1　"être en train de ＋不定詞"、「テイルトコロダ」のムード性
      ／399
    4.3.2　"在 V"、"V 着" のムード性／402
  第4章　注／405

【第 5 章】 フランス語の進行表現にみられる諸相（2） ……………………… 411
 5.0 はじめに／411
 5.1 アスペクト性を有する時制の形式／411
 5.2 半過去形と "être en train de ＋不定詞"／415
 5.3 まとめ／420
 第 5 章　注／423

【第 6 章】 むすび ……………………………………………………………… 425

 用例出典／428
 主要参考文献／431
 あとがき／445

第Ⅰ部　日中対照編

－"Ｖ到"表現をめぐる日中対照－

序章

研究の対象と方法

　中国語の"V到"形式が表わす出来事を日本語で表現する場合、日本語の他動詞や自動詞、複合動詞、可能表現のようないくつかの対応パターンがみられる。"V到"はいわゆる「動詞＋結果補語」の一例としてとり上げられるのが一般的であり、日本語との対応についてとり上げた研究は存在するものの、対応関係成立の要因にまでふみこんだ考察は少ないと言わざるをえない。"V到"についての研究の多くは、「動詞＋結果補語」全般をとり上げたもの、いわゆる主要部前項型と主要部後項型の双方を対象としたものであり、日本語との対応関係に着目したものであっても、日本語複合動詞との相違について論じたものが主流であるように思われる。しかし、"V到"とそれに対応する日本語諸形式との間には、動詞の意味構造、表現構造をはじめとする様々な面での相違が存在する一方、対応関係成立には、統語上・意味上の共通点・相似点あるいは接点が関わっている。これらについて考察することは、先行研究においては着目されなかった"V到"および対応する日本語諸形式の特徴を明らかにすることにつながる。

　"V到"の類義表現としては"V着(zháo)"、"V上"が存在し、3者は「動作の目的達成」を表わすとされる点において共通している。"V到"、"V着"については、両者が普通話において並存するにいたった歴史的経緯について記述したものがみられ、"V上"についてはいわゆる「動詞＋方向補語」の一例としてあつかわれることが多いが、3者を直接に比較してその使い分けを明らかにしたものはみあたらない。

　また、"V到"形式には、"看"、"听"、"闻"のような感覚動詞が用いられるケースがあり、この場合には"V见"形式との相違が問題となる。両者の使い分けには、例えば"看――见"と「見る――見える」が、あるいは"看见"と「見える」がしばしば対比されることからもみてとれるように、日本語におけるいわゆる他動詞、自動詞の使い分けに通じる部分が存在する。このことは、

3

第Ⅰ部　日中対照編 ── "V 到"表現をめぐる日中対照 ──

"看到 ── 見る"、"看見 ── 見える"という単純な対応関係を意味するものではないが、日本語であれば動詞の自他によって表現し分けられる出来事が、中国語においては"V 到"、"V 見"によって、視覚動作であればさらに"看"、"見"、"見到"をも含めた諸形式によって表現し分けられるケースが存在するため、中国語における動作表現の本質を考える上でも重要であると言えよう。視覚動作を表わす上記の中国語諸形式の中には、「見る」、「見える」のほか「読む」、「会う」などの動作を表わすことも可能なものが存在する。中国語には、「読む」、「会う」にそれぞれ限定して表わす方法も存在はするものの、視覚動作を表わす諸形式においてはこれらの動作は連続した一つの領域をなしているようであり、この点についての研究はいまだなされていない。

　さらに、日本語には視覚動作を表わす動詞として「見る」、「見える」のほか、「見つける／見つかる」、「見かける」が存在する。これらが表わす出来事は、視覚動作を表わす中国語諸形式のいずれかによって表わすことが可能であるものの、対応関係成立の要因についてはいまだ解明されていない。

　第Ⅰ部は、以上の問題についての考察を行なうことを目的とする。日中対照を最終的な目的とするものであるが、"V 到"表現をめぐる対照作業を可能にするためには、"V 到"が有する統語上・意味上の特徴を、類義表現である"V 着(zháo)"、"V 上"との相違を含めて明らかにするとともに、感覚動詞と組み合わされる"V 見"その他の視覚動作を表わす諸形式との相違をも明らかにしておく必要がある。このため、第Ⅰ部の各章における中心的な考察対象は、それぞれ下記のようになっている。

　　第1章 ── "V 到"とそれに対応する日本語他動詞、複合動詞、自動詞、可能表現
　　第2章 ── 非感覚動詞を用いた"V 到"、"V 着(zháo)"、"V 上"
　　第3章 ── 感覚動詞を用いた"V 到"、"V 見"
　　第4章 ── 視覚動作を表わす"見到"、"見"
　　第5章 ── 視覚動作を表わす"見"、"看到"、"看見"
　　第6〜8章 ── 視覚動作を表わす"看到"、"見到"
　　第9章 ──「見つける／見つかる」、「見かける」とそれに対応する中国語諸形式

第10章 ── 「見る」、「見える」とそれに対応する中国語諸形式
第11章 ── 「見る」、「読む」、「会う」とそれに対応する中国語諸形式

　これらの多くは、先行研究においては正面からとり上げられることのなかったものであるため、本書においては、可能な限り先行研究をふまえつつも、個々の具体例から法則を抽出するという手法によった部分がかなりを占めることとなった。それらは、本書にかぎらず、対照研究における不可欠の作業であるといえよう。

第1章

"V到"とそれに対応する日本語の表現

1.0 はじめに

　中国語の"-到"は、他動詞の後に置かれていわゆる結果補語となり、例えば

　(1)　我好容易才找**到**了朋友的家。
　　　　　　　　　　　　(『岩波　日中辞典』「さがしあてる」の項を一部修正)

のような表現を構成することが可能である[1]。一般に、"V到"表現においてはVと"-到"が「動作の過程(働きかけ) ── 結果」の関係を表わし、"-到"が表わす「結果」は、動作がその目的を達したこと、成就したことであるとされる[2]。このような"V到"表現が表わすコトガラを日本語で表現した場合、例えば(1)に対する

　(1)'　私はやっと友人の家を**さがしあてた**。(同上)

のように、"V到"に対して日本語のいわゆる複合動詞が対応するケースがみられる一方で、

　(2)　　我捡**到**了一个钱包。(荒川1989：17)
　(2)'　私は財布を**拾った**。(同上を一部修正)

　(3)　　你找**到**了什么好工作了吗？(『岩波　日中辞典』「みつかる」の項を一部修正)
　(3)'　何かよい仕事が**見つかりました**[3]か。(『岩波　日中辞典』「みつかる」の項)

のように他動詞、自動詞が単独で対応するケースや、

第Ⅰ部　日中対照編 ── "V到"表現をめぐる日中対照 ──

(4) 戏票买**到**了。(郭春貴 2001：319)
(4)' 芝居の切符が**買えました**。(同上)

のように可能表現が対応するケースも存在する。このような対応関係が成立するのは、言うまでもなく、"V到"とそれに対応する日本語諸形式との間に統語上・意味上の共通点・相似点あるいは接点が存在するためと考えられる。本章は、上記のような対応関係が成立する要因について考察を行なうとともに、先行研究において十分には明らかとされなかった"V到"や日本語の複合動詞、他動詞、自動詞、可能表現の諸特徴についても一定の見解を提示することを目的とする。

1．1　"V到"表現について

1．1．1　主要部前項型の"V到"

　"V到"は一般に、「動詞＋結果補語」形式をとる他の成分と同様に一つのまとまった単位として働き[4]、意味的な比重はいわゆる前項のVにあるとされる。

　待場 1990：43-45、51、53 は、結果を表わす動補構造には、例えば

(5) 我推**醒**他。

における"推醒"のように、語義の重点が後項である補語にあり、前項である動詞は二次的な意味しか表わさないものと、

(6) 我们要抓**住**这个机会。

における"抓住"のように、語義の重点が前項である動詞にあり、後項である補語には二次的な、補足的な意味しか認められないものが存在するとした上で、"V到"は後者のパターンに属するとして

8

第 1 章 "V 到" とそれに対応する日本語の表現

(7) 他不知道别人怎么会碰到那么多新鲜事儿，怎么会想得出那么多特别的主意，怎么会具备那么多离奇的经历，怎么会记牢那么多怪异的故事，又怎么会讲得那么动听。（高晓声＜陈奂生上城＞）

を挙げている。同様に、山口 1993：124、132-133、138 は、中国語の複合動詞（いわゆる「動詞＋結果補語」、「動詞＋方向補語」）のうち、後項が結果補語であるものは、例えば

(8) 她洗累了。

における "洗累" のような、複合動詞全体の意味を後項が伝えているもの、すなわち意味的な重点が後項にあるために後項が主要部[5]となっているものと、

(9) 孩子睡着了。

における "睡着(zháo)" のような、意味的な重点が前項にあって後項は動詞としての本来の意味が虚化し、前項に対する修飾語やアスペクト辞のように働いているに過ぎないために前項が主要部となっているものとに分けることができるとし、"-着(zháo)" と同様に前項が主要部である複合動詞の後項となりえる成分として "-到" を挙げている[6]。"V 到"、"V 着(zháo)" における "-到"、"-着(zháo)" の意味が虚化している点については、陈永生 1992：351、王红旗 1995：148、154、项开喜 1997：179 にも記述がみられ、V に対して従属的な地位を占める成分であることがみてとれる。

このように、"-到" は前項である V にいわば従属する形で動作の結果を表わす成分である。「結果」が具体的な場面においてどのようなものとなるかは、言うまでもなく前項の V が表わす動作により決定されるため、"-到" 自身が表わす概念は抽象化しているということができる[7]。

ところで、大河内 1980：65 が指摘しているように、結果補語をいわゆる「補語」とみるか語の形態変化とみるかについては意見が分かれており、"V 到" における "-到" の位置づけについてもさまざまな見解が存在する。このことは、黄华 1992：630-632 が、"V 到" を一つの動詞とし "-到" を "构词成分"

9

とする郭翼舟、黎錦熙や、"-到"を"助詞"とする李人鉴の考え方を批判的に紹介する一方、"-到"を"趨向動詞"であるとする≪现代汉语八百词≫の考え方を支持していることからもうかがわれる。"V到"形式をとる成分の中には、『岩波 中国語辞典("感到"の項)』における"感到"のように一語として辞書に収録されているものも存在するため、"-到"を"构词成分"とする考え方を完全に否定することはできない。また、前掲の山口 1993 のように "-到" をアスペクト辞のような働きをする成分とみなすものや、大河内 1980：69-70 のように可能補語の否定形においては「結果体の否定」というアスペクトの問題から「可能」の意味が生じるとする考え方をとるもの、あるいは木村 1981：43 のように "V到" を含めた「動詞＋結果補語」が表わす「働きかけ —— 結果」を「動作アスペクト対結果アスペクト」のような対立とみなすことを提唱しているものも存在する。一方、讃井 1996 a：29-31 には、"-到"、"-着(zháo)" は "-完" や "-起来" などと同様に、「動作それ自体の展開のしかた」を表わす成分であっていわゆるアスペクト辞とは異なる、すなわち

(10) 你丢的钱包我找到了。

のような表現に用いられる "-到" は「動作の完結」を示すと同時に、その結果「どうなったか」についての抽象的な意味をも合わせもっているが、動作の完結は動作の展開に関与する言語形式の文法的意味であり、"了"、"着(zhe)"、"过"、"的" などによるアスペクトとは区別されるべきものである旨の記述がみられる [8]。讃井の記述からは、"-到" が "-完" などと同様に語彙的意味をとどめつつも動詞に対して文法的な働きをする成分としての性格を帯びており、アスペクト辞のような純然たる機能語とはなりきっていないものの、動作のありようについて述べる成分である点においてそれに準じる働きを有することがうかがわれる。このことは、前掲の

(5) 我推醒他。　　　　　　　(8) 她洗累了。

における "醒"、"累" がいずれも具体的な概念を表わしており、かつ、それぞれの前項が表わす動作 "推"、"洗" によって生じた別個の出来事を表わしてい

るのに対し、"V到"においては"-到"が表わす意味の具体性が弱く、「"V到"が表わす動作＝過程＋結果」の形で一つの出来事を表わしていることによっても明白である。

　従って、同じく「動作の過程（働きかけ）── 結果」の関係を表わすとはいうものの、主要部前項型の"V到"と主要部後項型の"推醒"、"洗累"などでは性格が大きく異なり、両者を「動詞＋結果補語」という一つの類としてあつかうことや、それぞれの後項が表わす概念をともに「結果」とよぶことの妥当性についても再検討の余地があると考えられる[9]。

1．1．2　"V到"における"-到"の働き

　1.1.1で述べたように、"V到"における"-到"はその意味が虚化・抽象化しているものの、本来の語彙的意味を失っているわけではない。"-到"の位置づけについて様々に意見が分かれているのも、アスペクト辞に比べ語彙的意味を強くとどめているためと考えられる。荒川1989：20-21は、結果性を表わす補語の中には（前項の）動詞の意味の一部に重なるものがあり、これらは単に「動作の結果」を表わすだけでなく、程度の差こそあれ実質的な意味をも保持しているとしている。このことは、張麟声1993：151-152が、日本語の複合動詞は、例えば

　　押し込む：無理に入れる
　　書き出す：多くの中から必要なところを一部取り出して書く

のように、文字通りの意味以外にしばしば一種の付加的な意味を帯びるのに対し、中国語の「動詞＋結果補語」からなる動詞フレーズは原則としてその文字通りの意味しか表わさないとしている[10]こととも符合する。張麟声の指摘によれば、"-到"も文字通りの意味しか表わさないこととなるが、"-到"の文字通りの意味とは、言うまでもなく「到達する」であり[11]、これが"-到"の表わす「結果」である。"-到"が「到達する」という具体的な概念をとどめていることは、荒川1986：31に、

　　(11) 礼物，我收下了。　　　　　　(12) 礼物，我收到了。

11

第Ⅰ部　日中対照編　——"Ｖ到"表現をめぐる日中対照——

の両者を比較した場合、(11)は「自分のものにした」ことを、(12)は「とどいた」ことを表わす旨の記述がみられる点からも理解できようし、一般には、前項動詞と後項動詞が「動作の過程(働きかけ)——結果」という意味構造をもつ場合、日本語複合動詞においては、「動作・行為を表わす他動詞＋結果を表わす他動詞」の組み合わせによってコトガラが表現されるのに対し、中国語の「動詞＋結果補語」においては、「動作・行為を表わす他動詞＋結果を表わす自動詞」の組み合わせによってコトガラが表現されると解されている[12]ことによっても裏づけられよう。後項成分である"-到"が自動詞としての性格を有することは、石村1999：151が、中国語の結果構文は日本語や英語のような「ある行為をするか否か」といった行為者視点から述べられるのではなく、「ある状態(完了点)に至ったか否か」という叙述の仕方をするとしていることとも符合する。石村の記述からは"-到"が空間的到達点(客体)から時間的到達点(動作の完結段階)を表わす働きをも帯びるにいたった[13]ことがうかがわれ、この過程は"-到"の概念の虚化・抽象化の過程であるということができよう。このように、"-到"は「到達する」という動詞としての概念をとどめているが、どのような形で何に到達したかは、前項であるＶおよび"Ｖ到"に後続する名詞が表わす概念によって決定されることとなる。このことは換言すれば、"-到"は動詞としての具体的な概念をとどめつつも、組み合わされる個々の動詞の側からみれば、一定の共通した働きをする成分としてその意味が抽象化されているということである[14]。このことを、例えば(2)の表現例にあてはめれば以下のようになる。すなわち、"捡到"が表わす内容を、前項、後項それぞれの役割に忠実に日本語で表現すると、「"捡"という動作を行なった(＝拾おうとした)結果、動作が客体である"钱包"に到達した」となる。この場合、"捡"は客体である"钱包"に働きかける過程段階を表わしている。このように、"Ｖ到"におけるＶは、日本語であれば「～(し)ようとする」によって表わされるような、客体に働きかける動作の過程段階を、"-到"は動作の完結段階をそれぞれ表わす[15]。

　ところで、荒川1989：18には、"-到"には

(13) 这本书我到处托人买，今天可买到了一本。(《实用现代汉语语法》：330)

12

のように達成を表わす場合と

(14) 在哪儿捡**到**的？

のように偶然性を表わす場合があり、(14)は

(14)' 在哪儿捡的？

と同様に「どこで拾ったの？」とたずねる場合に用いることが可能であるのに対し、例えば

(15) 这是**偶然**捡**到**的。　　　　(15)' ＊这是**偶然**捡的。

のように表現中に"偶然"のような副詞が含まれている場合には"-到"が必要となる旨の記述がみられる。荒川の記述からは、"Ｖ到"が表わす出来事は必ずしも主体の意図によって実現するものであるとは限らず、偶然の結果として非意図的に実現するものであるケースも存在し、偶然の結果であることを明示する成分が含まれる場合には"-到"が不可欠となることがうかがわれる。前述したように"-到"はその「到達する」という語彙的意味によって前項の動作が「空間的・時間的到達点に達する」ことを表わし、この働きが(13)においては「あらかじめ行なおうとしていた動作が完結した」という達成として、(14)、(15)においては「本来は行なうつもりのなかった動作をなりゆきによって行なうこととなり、それが完結した」という偶然の結果として、それぞれ具現化していると考えられる[16]。

　1.0で述べたように、"Ｖ到"において"-到"が表わす「結果」は一般に、動作がその目的を達したこと、成就したことであるとされる。しかし、目的が存在することは主体の意図によって動作を行なうことが前提であり、意図とは無関係に実現した動作を表わす場合についての説明ができないため、"-到"の働きについてのこのような説明は厳密性に欠けるといわざるを得ず、≪动词研究≫：340のように"表示动作的着落(動作の結着あるいは帰結)"とする方が実態をより正確に反映しているということができよう[17]。

1．2　"V到"、日本語他動詞・複合動詞の意味構造

1．2．1　"V到"と日本語他動詞

"V到"に対して日本語他動詞が対応する例としては、

(2)　我捡**到**了一个钱包。
(2)'　私は財布を**拾った**。

のほか、さらに以下のようなものが挙げられる。

(16)　警察已经抓**到**那个小偷了。(郭春貴 2001：366)
(16)'　警察はもうあの泥棒を**捕まえた**。(同上)

(17)　我买**到**了书。(丸尾 1997：117)
(17)'　私は本を**買った**。(同上)

(18)　我借**到**了一本书。
(18)'　私は本を一冊**借りた**。

(19)　他看**到**了桌子上的黑面包。(来思平・相原茂 1993：153)
(19)'　彼は机の上の黒パンを**見た**。(同上)

(20)　我听**到**一阵脚步声。
(20)'　私は足音を**聞いた**。

このような対応関係が成立する要因としては、中国語動詞は必ずしも日本語動詞のように動作の完結段階までを表わさないこと、すなわち日中両言語で対応するとされる動詞の意味構造の相違が挙げられる。この点についてはこれまでにもしばしば指摘がなされており、杉村 1982：60-61 には、日本語には形態的に対応する自動詞（またはそれに準じる表現）[18]をもつ結果偏重の他動詞が多いのに対し、中国語には結果までをも含めていう動詞が少なく[19]、自他両用

の「動詞＋結果補語」によってこれを補っている旨の記述がみられる[20]。また、荒川 1981：19-20、同 1982：82、同 1985ａ：5、同 1986：30 には、"記住"における"記"は覚えようとする行為そのものであって"記住(了)"となってはじめて結果までが含まれるため、

　(21) 記了，可是没记住。

は自然な表現として成立するのに対し、これに対応する日本語の表現である

　(21)'？覚えたが覚えられなかった。

は不自然(あるいはやや不自然)であり、

　(21)"覚えようとしたが覚えられなかった。

としなければならない[21]一方、

　(22) 找了，可是没找到。

に対応する

　(22)' さがしたが、見つからなかった。

は、「さがす」が行為(本章でいう「動作の過程(働きかけ)」)を、「見つかる」が結果を表わしているため自然な表現として成立することから、一見対応すると考えられる動詞のペアでは、日本語の動詞が多く結果までをもその意味範囲に含めているのに対し、中国語では行為のみに重点を置くものが多い旨の記述がみられる[22]。
　(21)'が不自然となるのは、「覚える」が(21)の"記"とは異なり、結果を含意する動詞であるため、前件と後件との間に論理的な矛盾が生じていることに起因する。

丸尾 1997：115 の記述にみられるように、中国語においては

(23) 今天我买了一本书。

のような"-到"を用いない"V了"形式によっても結果を含意することが可能である。このことは、荒川 1989：17 に

(2) 我捡到了一个钱包。　　　　　(2)" 我捡了一个钱包。

はいずれも「(財布を)偶然ひろった」ことを表わす表現として用いることが可能である旨の記述がみられる点によっても理解できよう[23]。しかし、"V了"は働きかけについて述べる形式であって必ずしも結果までを含意せず、結果を含意するためには一定の条件が必要である[24]。このため、"V了"単独でみれば、動作が客体に到達したか否か(＝動作が完結したか否か)はそれが形式に反映されていないため必ずしも確定してはいないこととなる。動作の過程に比重を置く中国語動詞のこのような性格は、動作そのものが客体への到達をともなわない"找"や、結果に比重を置く"见"をペアとし、それ自身は過程を表わす傾向が強い"看"において最も鮮明にあらわれる[25]が、他の動詞にも程度の差こそあれ備わっている。このことは、荒川 1986：31-33 に、中国語動詞が"V了,(可是)没VC"の形式に用いられた場合にはこの形式の影響を受けて動作の過程を表わすにとどまる旨の記述がみられることや、同 1982：83 が、

(24) 借了半天，可是没借到。　　　(25) 买了半天，可是没买到。

における"借了"、"买了"はそれぞれ「借りよう」、「買おう」としただけで結果までを意味しないとしていることによっても理解できよう[26]。同 1986：31 には、

(26) 买了，可是没买到。

はインフォーマントによって成立の可否についての判断が分かれる旨の記述

第 1 章　"V 到"とそれに対応する日本語の表現

がみられるものの、(24)、(25)や

(27)　你要的那本书我给你借了，可是没借**到**。(丸尾 1997：115)
(28)　这本书现在买**不到**了，不信你去**买买**看。(松村 1997 a：60 を一部修正)

が成立することからみて、中国語の動詞が動作を行なおうとする過程段階を表わすにとどまるケースが存在することは否定できず、この点において動作の客体への到達が確定されている"V 到"とは異なることがみてとれよう。

　ところで、待場 1990：50 には、(5)の"推**醒**"のような主要部後項型「動詞＋結果補語」が表わす出来事を日本語で表現する場合には、後項のみを日本語に置き換える方が自然な表現となるのに対し、(6)の"抓**住**"や本章の考察対象である"V 到"をはじめとする主要部前項型「動詞＋結果補語」の場合には、前項を中心に表現する旨の記述がみられる。前述したように、"-到"が表わす「結果」は「動作の客体への到達」であり、どのような形で何に到達するかというような、動作によって異なる結果の具体性は捨象されているため、1.1.1 で述べたように主要部後項型「動詞＋結果補語」の場合のように前項 V が表わす動作と切り離された別個の出来事ではなく、動作(＝過程＋結果)の一部分であり、この段階は"V 到"に対応する日本語他動詞に内包されていることとなる。このような考え方に対しては、前掲の(2)'、(16)'～(20)'における動詞が「-タ」をともなっているため、動作の完結は「-タ」によって表わされているのではないかという疑問が想定されるが、この疑問は、例えば

(29)　他领**到**往返电车费，常常只乘单程，而走着回来。

　　　　　　　　　　　　　　　　　　　　(≪学友现代日语Ⅲ≫：275)
(29)'　彼は前から往復の電車賃を**もらう**と片道を買って、帰りは歩いて来ることをよくした。(同：259、志賀直哉『小僧の神様』)

のような対応関係が成立することによって解消される[27]。(29)'は、全体としては発話時点においてすでに完了したコトガラを表わしているものの、「もらう」自身は「-タ」をともなってはいない。

17

第Ⅰ部　日中対照編 ── "Ｖ到"表現をめぐる日中対照 ──

１．２．２　"Ｖ到"と日本語複合動詞

　"Ｖ到"に対して日本語複合動詞が対応する例としては、

(1) 　我好容易才找到了朋友的家。
(1)' 　私はやっと友人の家を**さがしあてた**。

のほか、さらに以下のようなものが挙げられる。

(30) 　我一定要做**到**。(『岩波　中国語辞典』"-到"の項)
(30)' 　ぼくはきっと**やりとげて**みせる。(同上)

(31) 　这个人好像在哪儿看**到**过。(≪现代汉语八百词≫"-到"の項)
(31)' 　この人はどこかで**見かけた**ことがあるようだ。
　　　　　　　　　　　　(『中国語文法用例辞典』"-到"の項)

(32) 　孩子在柜橱上看**到**了点心。(≪日语动词用法词典≫「みつける」の項)
(32)' 　子供が戸棚にお菓子を**見付けた**。(同上)

(33) 　或许您已经听**到**了那件事。
　　　　　　　　　　(『岩波　日中辞典』「ききおよぶ」の項を一部修正)
(33)' 　そのことについてはすでに**お聞きおよび**のことかと存じますが。
　　　　　　　　　　　　　　　　　　　　　　　　　(同上)

(34) 　我把几件临时想**到**的事说一说。(『岩波　日中辞典』「おもいつく」の項)
(34)' 　**思いついた**ことを２、３申し上げます。(同上)

これらの表現例においては、一見したところ、"Ｖ到"の前項Ｖに対して日本語複合動詞の前項が、"-到"に対して後項がそれぞれ対応しているかのようである。しかし、(30)〜(34)に対しては、

(30)" 　ぼくはきっと**やって**みせる。

18

(31)″この人はどこかで**見た**ことがあるようだ。
(32)″子供が戸棚にお菓子を**見た**。
(33)″そのことについてはすでに**お聞き**かと存じますが。
(34)″**思った**ことを２、３申し上げます。

のような単独の他動詞を用いた表現を対応させることも可能であり、これらの表現例における"V到"と日本語複合動詞の意味構造が異なることがみてとれる[28]。日本語複合動詞が中国語の「動詞＋結果補語」とは異なり、文字通りの意味以外にしばしば一種の付加的な意味を帯びるという点については前述した通りである。(30)～(34)に対して(30)'～(34)'が成立することからは、このような意味構造の相違が"V到"と日本語複合動詞の間における対応関係の成立を必ずしも妨げるものではないことが、複合動詞を用いた(30)'～(34)'、他動詞を用いた(30)″～(34)″がともに成立することからは、前者に用いられている複合動詞の主要部が前項であることがそれぞれみてとれる[29]。

1.2.1で述べたように、"V到"表現における"-到"に相当する働きは、"V到"に対応する日本語他動詞に内包されている。とすれば、日本語複合動詞の表わす意味は、中国語"V到"が表わす意味に加えて、さらに何らかの付加的意味が加わったものであるということとなる。にもかかわらず、"V到"に対して日本語他動詞が単独で対応するケース、複合動詞が対応するケースのいずれもが存在するという現象は、どのように理解すればよいのであろうか。この点についてのヒントとなる記述が、荒川1989にみられる。同：15-16は、"記住"の"-住"を「しっかり」とまで訳す必要はないが、"-住"を単に結果とだけいうのも不十分であるとした上で、例えば

イ) "記住(おぼえる)"、"抓住(つかまえる)"、"拦住(さえぎとめる)"、"堵住(ふさぐ)"、"塞住(うめる)"、"接住(うけとめる)"、"停住(とまる)"、"留住(ひきとめる)"

においては、動詞の語彙的意味と"-住"とに共通のものがあるから、"-住"は単に結果を表わすだけと考えたくなるが、

ロ)"拿住(しっかりもつ)"、"拉住(ひきとめる)"、"叫住(よびとめる)"、
"劝住(説得してとめる)"、"问住(といつめる)"

においては、動詞の語彙的意味に対し補語の意味が分離できるとしている。イ)、ロ)を比較すると、後者における方が"-住"から読みとられた情報がより明確な形で日本語に反映されている。すなわち、イ)は前項動詞が単独で用いられる場合にも同一の日本語成分が対応するのに対し、ロ)は前項動詞の意味に付加的意味が加わっており、それが日本語の「連用修飾成分＋動詞」あるいは複合動詞に置き換えられている[30]。このことから、「動詞＋結果補語」を日本語に置き換えた表現の中には、結果補語の語彙的意味を反映する形で連用修飾成分あるいは複合動詞の後項が対応するケースの存在することがみてとれる。これらのことを参考にして"V到"表現とそれに対応する日本語表現をみていくと、以下のようになる。すなわち、"V到"に対して日本語他動詞が単独で対応するケースにおいては、Ｖの語彙的意味を中心とした表現、すなわち動作中心の表現に置き換えられているのに対し、複合動詞が対応するケースにおいては、"-到"の「到達する」という語彙的意味を後項に反映した表現、すなわち結果を明確に表わす表現に置き換えられている。前掲の表現例のうち、"-到"の語彙的意味が最も明確に反映されているのは、(30)、(30)'の"做到――やりとげる"である。「やりとげる」は、「終わりまでする／完全にやる(『広辞苑』「やりとげる」の項)」を表わし、動作が最終的な到達点に達したことが明白である[31]。同様の例としては、≪漢日辞典("-到"の項)≫に収録されている"看到――見とどける"の対応が挙げられる。「見とどける」も、「終わりまで見きわめる(『広辞苑』「みとどける」の項)」のように動作が最終的な到達点に達したことを表わすため、"-到"の語彙的意味を反映した日本語表現として"看到"に対応させることが可能である。また、(33)、(33)'の"听到――聞きおよぶ"、(34)、(34)'の"想到――思いつく"の場合には、日本語複合動詞の後項である「およぶ」、「つく」が、いずれも本来は「ニ」によってトコロ(到達点)と組み合わせられることの可能な動詞である。さらに、(32)、(32)'の"看到――見付ける"の場合には、「見つける」が「探していた物を発見する／何かを偶然見て知ってしまう(『日本語 基本動詞用法辞典』「みつける」の項)」を表わし、佐治1992：213の記述にみられるように「視線を接着させ

る」ことを意味するため、到達と深く関わっているということができよう。一方、(31)'の「見かける」は、「偶然に目にする／ちょっと見る(国立国語研究所1972：439、姫野1999：134、『外国人のための 基本語用例辞典』「みかける」の項)」を表わし、偶然の結果として実現する出来事を表わすことが可能な"V到"との間に用法上の相似点を有する一方、客体映像を短時間あるいは瞬間的に視覚でとらえることを表わす点において、「到達」という瞬間的な動作の概念を表わす"-到"との間に接点を有する。

　このように、"V到"に対して日本語複合動詞が対応する例の中には、「到達する」という"-到"の語彙的意味を反映させることの可能な動詞、換言すれば"-到"との間に意味上の共通点・相似点あるいは接点を有する動詞を後項とする日本語複合動詞が用いられるケースが存在するのである。

　ところで、

(1)　我好容易才找到了朋友的家。
(1)'　私はやっと友人の家を**さがしあてた**。

(35)　我说，玛丽，把产生放射线的性质称为放射能，这真是找**到**了一个非常恰当的词啦！(《学友现代日语Ⅳ》：259)
(35)'　だがマリー、放射線を出す性質を、放射能とは、全くよく言葉を**さがし出した**ものだよ。(同上：239)

の場合には、"找到"における"找"、"-到"が、それぞれ日本語複合動詞の前項「さがす」、後項「-あてる／-出す」に対応し、働きかけ、結果がそれぞれ前項、後項によって表わされている一方、「さがす」は客体への到達をともなわない動作を表わすため、"找到"に対して「さがす」を対応させることはできない[32]。また、"-到"は1.1.1で述べたように抽象的な概念を表わす成分としての性格を有し、かつ広範な動詞と組み合わされる[33]のに比べ、日本語複合動詞の後項となりえる「-あてる」、「-出す」のような成分は具体的な概念を表わす働きがより強く、組み合わせ可能な動詞が限定されている。このため、複合動詞を形成するための組み合わせ可能な後項動詞をもたない日本語他動詞の場合には、単独で"V到"に対応することとなると考えられる[34]。

21

一方、

(36) 你要的那本书我已经找**到**了。(《现代汉语八百词》"-到"の項)
(36)' あなたが欲しがっていたあの本はもう**見つけました**よ。

(『中国語文法用例辞典』"-到"の項)

の場合には、(1)、(1)'および(35)、(35)'のケースに比べると、"-到"から読みとった付加的意味の方により一層比重を置いて日本語に置き換えた形となっている。(36)'の「見つける」は結果を中心として日本語に置き換えるために選択された動詞であり[35]、(36)の"找(さがす)"との間には直接の意味的な対応関係が存在しない。「見つける」は、これ自身が複合動詞であり結果の段階を表わしている[36]が、これに対してはさらに「-出す」をともなった「見つけ出す」も存在し、例えば

(37) ……玛丽，你终于找**到**了世界上头一份纯粹的镭！

(《学友現代日語Ⅳ》：264)
(37)' ……マリー、とうとうおまえは、世界で最初の純粋ラジウムを**見つけ出した**ぞ！(同上：248)

のように"找到"に対して「見つけ出す」を対応させたケースがみられる。(36)、(36)'のような対応関係が成立することからも明白なように、(37)、(37)'の対応関係においては、"找到"が「動作の過程(働きかけ)——結果」の関係を表わすため、"找"に対して「見つける」が、"-到"に対して「-出す」がそれぞれ対応していると解することは妥当ではない。「見つけ出す」が表わす内容は、「さがし出す／見つける」の場合とは異なり、"找到"が表わす内容にさらに付加的意味が加わったものである。このことは(37)'について言えば、「純粋なラジウムを(多くの物質の中から)さがし出して取り出す」というニュアンスが明確に表わされているということであり、「-出す」は「見つける」がもともと含意している結果をさらにとりたてる働きをしている点において、"找到"における"-到"の働きとは異なる。

"V到"に対して日本語複合動詞が対応する例としてはさらに、

第 1 章　"Ｖ到"とそれに対応する日本語の表現

(38)　一个月以后，我终于收**到**了他的回信。
　　　　　　　　　　　　　（≪汉语动词——结果补语搭配词典≫）
(38)'　1ヶ月後に、私はついに彼の返事を**受け取った**。（丸尾 1997：114）

(39)　在会上，老赵提**到**了这件事。
(39)'　会議の席で、趙さんはこの件を**持ち出した**。

が挙げられる。但し一方では、(38)'、(39)'に対する

(38)"　一个月以后，我终于收了他的回信。（丸尾 1997：114）
(39)"　在会上，老赵提了这件事。

のように、中国語のＶに対して日本語複合動詞が対応する例も存在する。このようなケースについて、待場 1990：52 は

(40)　但是，接**到**发票，低头一看，陈奂生便象给火钳烫着了手。
　　　　　　　　　　　　　　　　　　　　（高晓声＜陈奂生上城＞）

における"接（受け取る）"に対する結果補語の"-到"は「確かにその動作が行なわれた、目的に達した」という意味しかもたないため、"接到"は「受け取った」としか訳しようがないとしている[37]。このように、"Ｖ到"と日本語複合動詞との間に対応関係が存在するといっても、Ｖ、"Ｖ到"のいずれであるかによって相違がみられないケースも存在する。このようなケースにおける日本語複合動詞は前項、後項の一体性が極めて強く、単独の日本語他動詞に極めて近い性格を有するということができよう。すなわち、「受け取る」、「持ち出す」に対して中国語のＶが単独で対応する、(38)'と(38)"、(39)'と(39)"のような表現例の存在によっても明白なように、「受け取る」は

(41)　我从姐姐那儿得**到**了一个本子。
　　　　　　　　　　　　（『岩波　日中辞典』「もらう」の項を一部修正）
(41)'　私は姉からノートを 1 冊もらった。（同上）

23

における「もらう」と同様に一つの動詞相当の働きをしており、「持ち出す」は本来の具体的な動作を表わす用法ではなく「話題にする、言及する」のような一つの動詞相当の成分として比喩的に用いられている。このため「受け取る」、「持ち出す」は、前項が表わす動作の意味に対して後項が付加的意味を加えているケースとは性格が異なり、前項、後項の意味上の一体性が極めて強く、いずれが主要部であるかの判別が困難である[38]。

ところで、"V到"に対しては主要部前項型複合動詞だけでなく、例えば

(42) 我在路上碰**到**了一位熟人。(≪漢日辞典≫"碰"の項を一部修正)
(42)' 私は道で知人に**出会った**。

(43) 他一生遇**到**了很多好机会。
(43)' 彼は生涯の中ですばらしい機会に多く**めぐり会った**。

のように主要部後項型複合動詞が対応するケースも存在する[39]。このような対応関係が成立するのは、(42)'の「出会う」、(43)'の「めぐり会う」がいずれも偶然に実現する出来事を表わす成分であり、「偶然の結果」を表わす"碰到"、"遇到"との間に意味上の共通点を有することに起因すると考えられる。「出会う」、「めぐり会う」のような主要部後項型の日本語複合動詞は中国語の主要部後項型「動詞＋結果補語」とは異なって、後項動詞に対して前項動詞が付加的意味を加え、全体として一つの出来事を表わしている。但し、上記のような対応関係は固定したものではなく、例えば待場1990：53において"見**到**——であう"のような対応パターンが例示されている一方で、例えば

(44) 昨天下午我见**到**了你哥哥。(≪实用现代汉语语法≫：333)
(44)' きのうの午後私は君のお兄さんに**会った**。

(『現代中国語文法総覧(下)』：452)

のように日本語動詞が単独で対応するケースもみられる。

1．3　動作と状況

1．3．1　"V到"と日本語自動詞
　"V到"に対して日本語自動詞が対応する例としては、

　(3)　你找到了什么好工作了吗？
　(3)'何かよい仕事が**見つかり**ましたか。

のように、ペアとなる他動詞をもつ自動詞が対応するケースが存在する。辞書の記述においては、"找到"に対して「見つける」を対応させているケース(『岩波　日中辞典』、≪日语动词用法词典≫における「みつける」の項)、「見つかる」を対応させているケース(『岩波　日中辞典』、≪日语5000基本词词典≫における「みつかる」の項)のいずれも存在する。
　「見つける」は

　(3)"君は何かよい仕事を**見つけ**ましたか。

のようにコトガラを主体の動作として表現するのに対し、「見つかる」は「〜ガ　見つかる」形式により動作主体を問題とはせずにコトガラを状況として表現する[40]ため、主体を表わす成分を含まない(3)'のような表現を構成する。(3)'、(3)"の両者を比較すると、コトガラを状況中心に表現する傾向のある日本語においては、前者を用いる方がより自然であると考えられる[41]。このように、"找到"に対しては「見つける」のみならず「見つかる」を対応させることも可能であるため、例えば

　(22)　找了，可是没找到。

に対する

　(22)'さがしたが、**見つからなかった**。

のように"找"、"找到"に対してそれぞれ「さがす」、「見つかる」を対応させること、すなわち、動作の過程段階と結果まで生じた段階とを別個の出来事として表現することも可能である[42]。

"V到"に対して日本語自動詞が対応するケースとしてはこのほか、例えば

(45) 正好那时，看**到**从后面有人出来。
(≪中文版 日本語句型辞典≫「みえる」の項)
(45)' ちょうどそのとき、裏からだれかが出てくるところが**見えました**。
(同上)

(46) 响声很大，很远都能听**到**。(≪现代汉语八百词≫"-到"の項)
(46)' 音がとても大きかったので、遠い所でも**聞こえた**。
(『中国語文法用例辞典』"-到"の項)

(47) 一进到房间里就闻**到**了咖啡的香味。
(≪日语动词用法词典≫「におう」の項)
(47)' 部屋に入るとコーヒーが**におってきた／におった**。
(同上／同上を一部修正)

のような感覚動詞を用いた表現が挙げられる[43]。これらの表現例に用いられている「見える」、「聞こえる」、「におう」も、「見つかる」の場合と同様にそれぞれペアとなる他動詞「見る」、「聞く」、「嗅ぐ」をもち、前者が状況表現を、後者が動作表現をそれぞれ構成する。前者を用いた状況表現においては、寺村1982：271-272、279-280が「見える」、「聞こえる」について述べているように主体が意識されず、コトガラは「ひとりでにそうなる」ものとして表現されることとなる。

1.1.2で述べたように、"V到"は、出来事を「意図的な動作の結果」、「偶然の結果」のいずれとして表現することも可能である。"V到"に対して日本語自動詞が対応しえるのは、コトガラを状況中心に表現するという日本語の傾向のほか、「偶然の結果」を表わすことが可能な"V到"が、意志性を含まない日本語自動詞との間に意味上の接点を有することとも無関係ではないと考え

第1章　"V到"とそれに対応する日本語の表現

られる。
　"V到"に対して日本語他動詞、自動詞の双方が対応する例としてはさらに、例えば

(48)　你买**到**票了吗？
(48)'あなたは切符を**手に入れました**か。
(48)"切符は**手に入りました**か。

が挙げられる。この場合には、(48)の"买"に対応する動詞が(48)'、(48)"には用いられておらず、結果の部分を中心として日本語に置き換えられている。このような対応関係は辞書の記述にもみられ、例えば『岩波　中国語辞典（"-到"の項）』は"买**到**了"に対して「手に入れた」を対応させている。(48)に対して「買う」を用いた日本語表現を対応させようとすると、

(49)　あなたは切符を**買いました**か。

のような他動詞表現となる[44] 一方、

(49)'あなたは切符を**買って手に入れました**か。

を対応させることも可能ではあるものの、表現の自然さの度合いは(48)'、(48)"に劣る[45]。これは、(49)'の「買って手に入れる」は、「〜テ〜スル」形式によって「買う」と「手に入れる」が別個の出来事として表現されているため[46]、一つの出来事を表わす"买**到**"との間に意味上のアンバランスが生じていることによると考えられる。"买**到**"における"-到"の段階は、1.2.1で述べたように日本語動詞「買う」に内包されているため、"买**到**"表現を日本語に置き換えるにあたって"买"の部分を中心とするのであれば(49)のように「買う」が用いられる。一方、「どのようにして（手に入れたか）」という働きかけのありようを問題とせずに結果の部分を中心とし、かつ、動作として表現するのであれば(48)'のように「手に入れる」が、状況として表現するのであれば(48)"のように「手に入る」がそれぞれ用いられる。

27

第Ⅰ部　日中対照編 ── "V到"表現をめぐる日中対照 ──

1．3．2　"V到"と日本語可能表現

1.3.1 で述べたように、

(22) 找了，可是没找**到**。

のような"V**到**"表現に対しては、

(22)'さがしたが、**見つからなかった**。

のような日本語自動詞表現が対応するケースが存在する。(22)に対してはさらに、

(22)''さがしたが、見つけ**られなかった／見つけることができなかった**。

のような他動詞を用いた可能表現を対応させることも可能である。
　周知のように、中国語にはいわゆる可能補語の形式が存在し、"V**到**"の場合も"V得／不**到**"の形で可能・不可能を表わすことが可能であるものの、上記のように"V**到**"に対して日本語可能表現が対応するケースが存在するのである。このような対応関係が成立する要因としては、"V**到**"自体が可能を表わす形式としての性格を有することが挙げられる。この点について、大河内1980：67、70 は、中国語の「動詞＋結果補語／方向補語」と「動詞＋不＋結果補語／方向補語」の間には可能・不可能の対応関係が存在し、「動詞＋得＋結果補語／方向補語」は強意の可能形式であるという見方を提唱した上で、否定においては結果の否定によって出た不可能の意味が、肯定では結果体の表明というだけでは可能の意味が希薄になり、語彙的に可能を意味する"得"を補ってやらねばならないとしている。また、杉村 1988：215 は、いわゆる可能補語形式に用いられる"得"、"不"を挿入辞であるとする見方に対し、両者が意味的に肯定・否定の対をなしていないことや使用頻度における差異が大きいことなどの点から疑問を呈している。同：218、225-226 はさらに、「動詞＋結果補語／趣向補語」を「動詞＋"不"＋結果補語／趣向補語」に対応する一次的な肯定形とみなし、「動詞＋"得"＋結果補語／趣向補語」を二次的な肯定形と

28

みなすことが可能であるとする一方、可能補語の「可能」とは結果補語によって示される事態が実現するか否かという蓋然性や、実現しているか否かという状態をいうものであり、「動詞＋結果補語／趣向補語」、「動詞＋"得"＋結果補語／趣向補語」という"得"の有無によってもたらされる本質的な相違は、大河内のいうような可能の意味の濃淡にあるのではなく、「変化対状態」というアスペクト的対立を形成していることであるとしている。大河内、杉村の記述は、「動詞＋結果補語／方向補語(趣向補語)」、「動詞＋"得"＋結果補語／方向補語(趣向補語)」間の本質的相違に対する見解の相違はあるものの、前者を「動詞＋"得／不"＋結果補語／方向補語(趣向補語)」とともに可能表現を構成する形式の一つとしてあつかっている点、換言すれば"得"、"不"を用いた可能補語形式とともに可能表現の系列を構成するものと位置づけている点において共通している。このように、「動詞＋結果補語」は可能を表わす形式としての性格を有するため、このことが"V到"と日本語可能表現との対応関係を成立させる一因であると考えられる。"V到"が有するこのような可能表現としての側面は、1.1.1、1.1.2で述べたような動作が完結したことを確定する働きとは異なり、"-到"が存在することにより備わっているものというよりは、"V到"が「動詞＋結果補語」形式であることにより備わっているものである。このため、例えば

(50)　抓了，可是没抓住。(荒川1982：83)

のような"V住"を用いた表現例の場合も同様に、

(50)'（どろぼうを）つかまえようとしたが、**つかまらなかった。**
　　　　　　　　　　　　　　　　　　　　　　（同上を一部修正）

のような自動詞表現のほか、

(50)"（どろぼうを）つかまえようとしたが、つかま**られなかった／つかまえることができなかった。**（同上を一部修正）

のような可能表現を対応させることが可能である。ちなみに、(50)の"-住"を"-到"に置き換えた

(50)''' 抓了，可是没抓**到**。(同上を一部修正)

も自然な表現として成立する。

ところで、「見つかる」が他の自動詞と同様にコトガラを状況として表わす成分である点については1.3.1で述べた通りであるが、この動詞自体にも可能の意味が含まれている。この点については、『日本語 基本動詞用法辞典(「みつかる」の項)』がその用法の一つとして「探していた物を見つけることができる」を挙げていることによっても理解できよう。同様のことは、「見える」、「聞こえる」などの感覚動詞についてもあてはまり、例えば

(51) 我看了一看，可是没看**到**。
(52) 我听了一听，可是没听**到**。

に対応する

(51)' 見ようとしたが、見えなかった。
(52)' 聞こうとしたが、聞こえなかった。

は、可能表現の形式を用いた

(51)'' 見ようとしたが、**見られなかった／見ることができなかった**。
(52)'' 聞こうとしたが、**聞けなかった／聞くことができなかった**。

と同様の内容を表わす。このことは、寺村1982：272、276-277に、「見える」、「聞こえる」が「見られる」、「聞ける」と同様に「可能」の意味を表わす旨の記述がみられることとも符合する[47]。

"V到"に対して日本語可能表現が対応する例としてはこのほか、

(4) 戏票买**到**了。
(4)'芝居の切符が**買えました**。

(25) 买了半天，可是没买**到**。(石村1999：147、荒川1982：83)
(25)'ずいぶん買おうとしたが、**買えなかった**。(同上を一部修正)

や、あるいは

(24) 借了半天，可是没借**到**。(石村1999：147、荒川1982：83)
(24)'ずいぶん借りようとしたが、借り**られなかった**。(同上を一部修正)

(27) 你要的那本书我给你借了，可是没借**到**。
(27)'君が欲しがっていたあの本は、借りようとしたけど、借り**られなかった**。(丸尾1997：115-116を一部修正)

などが挙げられる。

　上記の表現例に用いられている「買う」、「借りる」は、「見つける」、「見る」などとは異なり、ペアとなる自動詞をもたない。1.3.1で述べたように、「見つかる」、「見える」のような自動詞表現はコトガラを状況として表現する場合に用いられるのに対し、「買う」、「借りる」の場合は状況表現を構成するための自動詞がそもそも存在しない。一方、可能表現の場合には、自発態と同様に「～**ガ**買える／～を買うこと**ガ**できる」、「～**ガ**借りられる／～を借りること**ガ**できる」のような、動作主体を問題としない形式をとることが可能である。また、寺村1982：269、275、277には、日本語の可能態が表わす中心的な意味は「何々しようと思えば、その実現についてさまたげるものはない」ということであり、自発態とは異なって状態性の表現、「可能な状態が(発話の場を離れて一般に)存在する」ことを表わす表現である[48]旨の記述がみられ、日本語可能表現が有する非動作表現としての性格がみてとれる。このように、日本語可能表現は状況表現としての性格を備えているため、ペアとなる自動詞をもたない他動詞を用いた場合には、可能表現によって状況を表わすこととなると考えられる。換言すれば、日本語可能表現は可能を表わすことを中心的な役割としつつ、コト

ガラを状況中心に表わす働きをになうという側面をも有するのである[49]。
　ところで、1.2.1で述べたように、"V到"と日本語他動詞との対応関係が成立するのは、両言語間で対応するとされる動詞の間に、動作の完結までを含意するか否かの点で相違がみられることによる。これに対し、"V到"と日本語可能表現が対応するケースについては、「動作の客体への到達」以外の意味を"-到"から読みとった結果であるという見方が可能である。すなわち、他動詞が対応するケースにおいては、"V到"が表わす内容が客観的事実として日本語表現に置き換えられているのに対し、可能表現が対応するケースにおいては話者の主観的判断が"-到"から読みとられているということである。このことは、例えば

　(53)　越汉辞典我今天可买**到**了一本。(讃井1996a：31)

のような話者の主観を表わす成分("可")を含んだ中国語表現に対しては、

　(53)'　越漢辞典今日やっと買ったよ。(同上)

のような他動詞表現よりも

　(53)"　越漢辞典今日やっと**買えた／買うことができた**よ。

のような可能表現の方がふさわしいことによって理解されよう。(53)、(53)"のような対応関係は、日本語可能表現が、あらかじめ意図された動作の達成を表わす働きを有することもその一因となって成立すると考えられる。日本語可能表現が有するこのような特徴について、『日本語学キーワード事典』:76は、動詞の可能形のタ形はある行為の達成の意を表わすことができるとし、川村2004：116-117は、日本語可能表現が表わす「可能」の意味の一つとして＜意図成就＞、すなわち「やろうとしてその行為が実現したこと＝意図した行為の意図どおりの実現」を表わすことを挙げている。動作の達成は、それがあらかじめ意図されたものであるだけに、それに対して話者による肯定的な主観的判断がなされるとしても不自然ではない。このことは、井島1991：160-161に、

日本語可能表現に「やっと(のことで)」のような副詞句が加わると「実現した事態」を含意する旨の記述がみられることとも矛盾しない。
　(53)と同様に

(13) 这本书我到处托人买，今天可买**到**了一本。

の場合にも、話者の主観を表わす"可"が含まれている。このような"可"の用法は、『岩波　中国語辞典("可"の項)』の「容易に実現しなかったことや久しく期待していたことが実現したときに、意外だと言いたいほどの気分を示す」にあたると考えられる。(53)、(13)は、讃井1996ａ：31、丸尾1997：115の記述にみられるように"-**到**"を除くと自然な表現としては成立しないことから、これらの表現における"可"と"-**到**"との意味的な関わりの強さがみてとれよう。ちなみに、(13)に対しても、(53)、(53)"の場合と同様に

(13)'この本を、私は買っておいてくれるようあちこちで頼んであったが、
　　　今日やっと買う**ことができた**。(丸尾1997：115)

のような日本語可能表現が対応する。
　このように"-**到**"は、動作の完結を確定する働きを有するとともに、動作の完結に対する話者の主観的判断を表わす成分との結びつきが強い。"Ｖ**到**"が有するこのような特徴は、日本語可能表現が動作の達成を表わす場合にみられる前述した特徴との間に意味上の接点を有し、この点も"Ｖ**到**"と日本語可能表現との対応関係を成立させる要因の一つであるということができよう。上記のような"Ｖ**到**"の特徴は、この形式が「動詞＋結果補語」形式であることにより可能表現としての性格を備えていることとも深く関わっていると推察される。

1．4　まとめ
　以上、中国語の"Ｖ**到**"に対して日本語の他動詞、複合動詞、自動詞、可能表現が対応するケースを対象として、それらの対応関係が成立する要因につい

ての考察を行なった。

　"V到"に対して日本語他動詞が対応するケースにおいては、日中両言語の間で相互に対応するとされる動詞の意味構造が異なり、中国語においては"-到"によって確定される客体への動作の到達段階が日本語においては動詞自身に内包されていることが要因となる。また、日本語複合動詞が対応するケースにおいては、"V到"が表わす内容を日本語に置き換えるにあたって"-到"との間に意味上の共通点・相似点あるいは接点を有する動詞を後項とする複合動詞や、"V到"が表わす内容を結果中心に置き換える、さらにはとりたてることの可能な複合動詞、前項と後項との意味上の一体性が強い（一つの動詞に相当する）複合動詞、動作が偶然に実現することを表わす主要部後項型の複合動詞が存在することなどが要因となる。さらに、日本語自動詞が対応するケースにおいては、コトガラを状況中心に表現する日本語の傾向や、"V到"が「偶然の結果」を表わすことが可能な点において意志性を含まない日本語自動詞との間に意味上の接点を有することが要因となり、日本語可能表現が対応するケースにおいては、「動詞＋結果補語」形式の"V到"が可能表現としての性格を有することに加え、日本語可能表現が状況表現としての性格を備えている点において自動詞表現に近い性格を有することや、動作の達成を表わす働きを有するため話者の肯定的な主観的判断を含意しやすい点において、動作の完結に対する話者の主観的判断を表わす成分との結びつきが強い"-到"との間に意味上の接点を有することなどが要因となる。

第 1 章　"V到"とそれに対応する日本語の表現

注

1）本章の考察対象である"V到"表現は、Vがいわゆる他動詞で客体を表わす名詞を目的語とするものであり、Vが他動詞であっても"他一直把我送到村口。(≪现代汉语八百词≫"到"の項)"、"昨天晚上我们谈到十点半。(≪实用现代汉语语法≫：333)"のような、"-到"に後続する名詞がVの客体を表わさないケースや、"汽车停到学校门口。(黄华1992：620)"、"他跑到复旦大学。(陈永生1992：350)"のような移動動作を表わすいわゆる自動詞表現は除く。本章であつかう表現においては、"-到"に後続する名詞は陈永生1992：352がいうように"V到"の目的語であり、Vの補語は"-到"のみであるのに対し、上記の表現例においては"-到"は後続の名詞と一体になり"到+N"で一つの成分（Vに対する補語）とされる。"V到+N"表現の分類については陈永生1992：350-351、黄华1992：620-625、项开喜1997：156-158を参照。

2）中国語の動詞と結果補語の間に「働きかけ」と「結果」という意味的な分担があるという点については、木村1981：39を参照。"-到"の働きについて、≪现代汉语词典("到"の項)≫は"用做动词的补语，表示动作有结果"、≪现代汉语八百词("到"の項)≫は"动+到〔+名(受事)〕。表示动作达到目的或有了结果。"、『中日大辞典("到"の項)』は「動作が目的に到達したこと、成就したことを表す」としている。

3）"找到"に対しては「見つかる」のほか「見つける」を対応させることも可能である。この点については1.3.1、9.2で論じる。

4）朱德熙1982：126は、"带结果补语的述补结构在语法功能上相当于一个动词"としている。陈永生1992：349-350には、"V到"は"短语"であり"一个相对完整的语言单位"である旨の記述がみられる。

5）「主要部」については、中国語の結果構文について論じた石村1999：142、日本語の複合動詞について論じた森山1988：46を参照。また、山口1993：123は、中国語の"動詞+結果補語"、"動詞+方向補語"と日本語複合動詞との対照を行なうにあたり、前項、後項のうち、1.意味的な重点はいずれにあるか、2.それぞれの形式全体の自・他を決定するのはいずれか、3.文中の名詞句と共起しえるのはいずれか、のような基準によって主要部を認定している。

6）"V到"における主要部がVである点については、さらに陈永生1992：350を参照。

7）"-到"が表わす概念の抽象性については、さらに陈永生1992：351、松村1997a：59を参照。一方、木村1981：39-40が、動詞が語彙的意味の明確な結果補語をともなう他動表現においては、結果補語の表わす情況あるいは状態は常に（仕手ではなく）受け手のことをいったものであるとしていることから、主要部後項型「動詞+結果補語」における結果補語が具体的な概念を表わすことがみてとれる。ちなみに、『岩波 中国語辞典("-到"の項)』は、"-到"の働きの一つとして「動作が具体的なものや場所に到達するのではなく、抽象的にある点に到達し、またはある程度に達したこと、ある程度を獲得したことなどを示す（この場合は到達点を示す目的語は必ずしも必要でない）」を挙げ、"看到了"、"买到了"などの表現例を収録している。

8）讚井1996a：29は、このような文法的意味はアスペクト論において「アクチオンスアルト」とよばれてきたものであるとしている。「アクチオンスアルト」の概念については、コムリー1988：22-23、副島2007：40-46、須田2010：121、137-138、150-151、175-177を参照。ちなみに楊凱栄2001：63には、"了"はperfectiveとして、ある動的事態が完結性を有し、かつその動的事態が完了している性質を有するものとして認識されるアスペクト形式であり、より結果補語に近いといわれる"-完"によって表わされる終結相とはおのずと異なるものである旨の記述がみ

35

第Ⅰ部　日中対照編 ── "V到"表現をめぐる日中対照 ──

られる。一方、石村 2011：97-120 は、英語の進行形、完了形のように文法化されたアスペクトに対し、「語あるいはそれを含む述語の持つ意味と結びついたアスペクト (Aktionsart ともよばれる)」の意味でアスペクトという用語を用いている。

9) 待場 1990：44-45, 53 は、前項との間に意味上の因果関係を有しない後項を結果補語とよぶことの妥当性について疑問を呈しており、そのような場合の例に "见**到**(であう)"、"买**到**(買って手に入れる)" のような "V到" 形式の成分を含めている。

10) 但し、同：161 の記述にみられるように、張麟声は「結果補語」の中にいわゆる "趨向補語" の派生的意味を含めている。日本語複合動詞が一種の付加的な意味を帯びるという点については、「～て～する」形式との相違について述べた石井 1987：59、待場 1990：44、森田 1990：289-291 を参照。

11) 『現代中国語辞典 ("-到" の項)』は、"-到" の働きの一つとして「獲得・感覚・認識を表す動詞の後につけ、動作が対象に到達したことを表す」を挙げ、"买**到**了"、"听**到**了声音" などの表現例を収録している。黄华 1992：625 には、"V＋到＋N" には "持续态" が用いられない旨の記述がみられ、このことは、"-到" が "到達する" といういわゆる瞬間動詞としての意味をとどめていることと関連があると考えられる。

12) この点については、杉村 1982：60、石井 1987：59-60、望月 1990：13、山口 1993：125、石村 1999：142 を参照。但し、荒川 1985a：5 の記述にみられるように、中国語の「動詞＋結果補語」の中には "听懂" のように「他動詞＋他動詞」の組み合わせをもつものも存在する。

13) 木村 1981：39 は、「動詞＋結果補語」が表わす「働きかけ」と「結果」との間の先後関係もしくは因果関係の間には、一種の時間軸に沿った方向をみてとることが可能であるとしている。

14) この点については 1.1.1 でもふれた。

15) ≪实用现代汉语语法≫：331 には、"-到" が "-完" とともに "表示动作是否'完结'、是否'达到了目的'" という働きを有する旨の記述がみられる。ちなみに、木村 1981：39, 41 には、結果補語が表わす「結果」とは「働きかけ」のいたるところ、すなわち結着点 (＝時間的な「帰着点」) である旨の記述がみられる。「完結」という用語については 1.1.1 で紹介した讃井 1996a：29-31 のほか、安本 2009：25-26 を参照。

16) 意図性の有無にかかわらず動作が完結したことを表わす "V到" の働きについては、≪动词研究≫：339-341、项开喜 1997：159-160 を参照。

17) 陈永生 1992：350-351 には、"V到" における "-到" の働きは "表示动作行为的实现" である旨の記述がみられる。

18) 「自動詞に準じる表現」としては、例えば「受身表現」、「使役表現」などが考えられよう。これらの表現は、自動詞の場合と同様に、コトガラを「ドウスル」ではなく「ドウナル」として表わす働きを有する。この点については、森田 1977：467-468、同 1990：136-138 を参照。

19) 但し中国語動詞の中には、結果に比重を置いた "见" のようなものも存在する。この点については荒川 1981：22 を参照。

20) この点については、さらに荒川 1986：31-32, 33、杉村 1988：221 を参照。杉村 1982：61 には、"**到**" が "**完**" や "**死**" と同じく結果偏重の自動詞である旨の記述がみられる。

21) (21)' と同様の例としては、石村 1999：147 の「＊ずいぶん買ったが、買えなかった。／＊ずいぶん借りたが、借りられなかった。」が挙げられる。

22) 荒川 1981：21-22 には、中国語の "找" と日本語の「さがす」との間にも結果までを含意する

第 1 章　"V 到"とそれに対応する日本語の表現

か否かの点で相違が存在する旨の記述がみられる。石村 1999：147-148 は、動詞が行為の結果の達成までを含んでいるか否かという観点から、英語・日本語・中国語における動作主の行為の影響がおよぶ範囲の相違について考察を行なっている。池上 1981：256-269 を参考にした同：147 には、日英両言語で対応するとされる動詞を比較した場合には、行為の結果の達成を含意するのは常に英語動詞であり、達成を必ずしも含意しないのは日本語動詞であるため、このようなことは言語の指向性の問題である旨の記述がみられる。

23) 1.1.2 で述べたように、"V 到"表現は意図的な動作の結果、偶然の結果のいずれを表わすことも可能である一方、表現中に "偶然" のような成分が含まれる場合には "-到" が必要である。このことから、"V 到＋客体" 表現は意図的な(＝動作が客体におよぶことまでが主体によって意識される)動作、非意図的な(＝動作が客体におよぶことまでは主体によって意識されない)動作のいずれを表わすことも可能であることがみてとれる。ちなみに、"V (他動詞)＋到・トコロ"表現は、荒川 1984 a：12 の記述にみられるように非意図的な動作を表わす。

24) 荒川 1981：21 は、行為に重点のある動詞であっても、目的語がその行為によって生み出されたものである場合には全体として結果の表現になるとし、同 1985 b：6 には、"吃"、"看" のように持続可能な動作を表わす動詞を用いた場合、"V 了" 表現が成立するためには「一定量の動作である」という前提が必要である旨の記述がみられる。この点についてはさらに同 1981：2 を参照。また、同 1986：31-33 は、"看了／听了／说了／吃了／买了" などは、ある特定の対象についての発話とすればこれだけで一定の結果に達したことを意味し、目的語に数量限定語を加えても結果が生じたことを表わすとしている。

25) 荒川 1985 a：5 は、"看了，可是没看见。"の "看" は単に見ようとする行為だけで見えたかどうかまではいっていないとしている。この点については 10.1.1 で詳述する。

26) 杉村 1988：221 は、"修了"、"治了" は「直った」、「治った」までも意味することがないわけではないが、これは言語外の状況に負ぶさって表わされた「結果」であるとしている。

27) 荒川 1981：20-21 には、結果までを意味範囲に含める日本語動詞と行為のみに重点を置く中国語動詞との傾向の差は、それぞれの動詞が「夕形」をとった場合、"-了" をともなった場合に明確にあらわれる旨の記述がみられる。但し荒川は、日本語動詞の「結果」が「夕形」によって表わされるとはしておらず、結果までを意味するかどうかは動詞そのものだけでなくその動詞の syntagmatic な環境からも問題になるものであるとしている。

28) (32)" の「子供が戸棚にお菓子を見た。」は、コンテクストフリーでは不自然とされる可能性があるものの、"看到 — 見る" の対応そのものを排除するわけではない。≪漢日辞典("-到"の項)≫は、"看到"、"听到" に対応する日本語成分の一つとしてそれぞれ「見た」、「聞いた」を挙げている。

29) 長嶋 1976：80、82、84-85 は、前項動詞が意味の上で中心をなす例として「捜しあてる」、「為し遂げる」、「見つける」、「聞きつける」、「知り及ぶ」、「思い至る」を挙げている。

30) この点についてはさらに待場 1990：44、50、53 を参照。

31) 森山 1988：51 には、「-遂げる」が意味的にはアスペクト的であり、統語論的であるとみられる一方、語彙的な性格をも有する旨の記述があり、この点においても "-到" との共通点が見いだされる。

32) この点については木村 1981：38 を参照。

33) "-到" をはじめとする結果補語が日本語複合動詞の場合に比べ広範な動詞と結びついて様々な

37

第Ⅰ部　日中対照編 ――"Ｖ到"表現をめぐる日中対照――

意味構造を表わすという点については、待場1990：58、望月1990：22を参照。
34) "Ｖ到"と日本語複合動詞の間におけるこのような相違は、日本語話者による誤用を生む原因ともなっている。待場1990：59は、日本語話者の中国語作文にみられる傾向として、中国語では主要部前項型の「動詞＋結果補語」によって表現するのが適切と考えられるケースにおいて、ほぼ8割が動詞のみを用いて中国語に置き換えることを挙げている。
35) 荒川1985ａ：5は、"找"、"找到"に対してそれぞれ「サガス」、「見ツケル」を対応させている。この点については9.2.1で述べる。
36) 「見つける」が複合動詞である点については、長嶋1976：84-85を参照。国立国語研究所1972：219-220には、「さがす」は経過(本章でいう「動作の過程(働きかけ)」)を、「見つける」は結果の実現をそれぞれ表わす傾向がある旨の記述がみられる。「さがす」と「見つける」との間には形態的なつながりはなく、「働きかけ ―― 結果」の対応関係は語彙的なものである。語彙的な対応については、「する」とその可能形「できる」について述べた寺村1982：256を参照。
37) 荒川1989：12は、「うけとる」に対応する中国語の成分として"收到"、"收下"、"收了"を挙げている。"收到、收 ―― 受け取る"の場合と同様の対応関係を有する点においては"接到、接"、"領到、領"も同様であり、"小李接到妈妈的信了。(黄华1992:620)／李さんは母親からの手紙を**受け取った**。"、"我領到了这个月的工资。／私は今月分の給料を**受け取った**。"、"一手接钱、一手交货。／一方の手では金を**受け取り**、他方の手では品物を渡す。(≪漢日辞典≫「接」の項)"、"他領了工资就马上花了一干二净。／彼は給料を**受け取る**とすぐに使ってしまう。"などの例が挙げられる。但し、日本語との対応関係において目立った相違がみられずとも"-到"の有無によって内容やニュアンスが異なるケースがあり、例えば(39)の"提到"は「言及する」、(39)"の"提"は「話題に(ちょっと)ふれる」を表わすという相違がみられる。
38) これに対し長嶋1976：77、80には、「受け取る」は「被修飾要素＋修飾要素」の関係を有する複合動詞に分類され、意味の上で中心をなすのは前項動詞の方である旨の記述がみられる。
39) 待場1990：51には、"碰"は「出会う」という意味を表わすものの、このような用法の場合には単独では用いられず、"-到"、"-見"、"-上"と組み合わされて一つの動詞のように使われる旨の記述がみられる。同様に、黄华1992:630-631には、"遇"が他の多くの動詞とは異なって単独で用いられることはない旨の記述がみられる。また、(42)'、(43)'は、述語動詞が「ニ」格の名詞と組み合わされている点において主要部前項型の複合動詞が対応するケースとは異なるが、本章においては"Ｖ到"との対応関係が成立するケースとして「ヲ」格の名詞と組み合わされるケースと同列にあつかっている。森田1994：147-150には、日本語においてある成分が目的語であるか否かの判断基準は「ヲ」格の助詞をとるか否かに依拠し、「ニ」格をとる場合は自動詞とされるものの、両者の間には明確な線が引けるものではない旨の記述がみられる。本章では、この点をふまえた上で、(42)、(43)における"Ｖ到"がいわゆる目的語をとっている点を考慮し、「ヲ」格をとる場合と同様にあつかっている。ちなみに久野1973：61は、「ニ会う」表現において「ニ」により示される名詞的成分を目的語としている。
40) 「見つかる」が状況中心の表現に用いられるという点については、國廣1974ａ：48-49を参照。
41) 日本語が状況中心の表現方法をとる傾向を有する点については、國廣1974ａ：48-49、同1974ｂ：47-48、石綿・高田1990：96-102、神田1994：111、113、森田1994：148、井上2006：26-29、成戸2009：195-196を参照。
42) "找"、"找到"に対してそれぞれ「さがす」、「見つかる」が対応する点については、讃井1996

38

a：30、丸尾 1997：115 を参照。
43) "看**到**"、"听**到**"、"闻**到**" に対してそれぞれ「見える」、「聞こえる」、「におう」が対応するケースについては、≪漢日辞典（"-到"の項）≫、荒川 1985 a：5、郭春貴 2001：319 を参照。
44) 郭春貴 2001：365 は、"我买**到**那本书了。" に対して「あの本を**手に入れた**。」とともに「あの本を**買った**。」を対応させている。
45) 待場 1990：53 にみられる "买**到** ── **買って手にいれる**" のような対応は、"买**到**" における前項、後項の働きを説明するための便宜的なものであるとみるのが妥当である。『現代中国語辞典（"-到"の項）』の "买**到**了 ── **買って入手した**" も同様である。
46) 石井 1987：59 は、複合動詞は動きを動作面と変化面に分析しそれらを継起的に配列して表わす一方、動きをひとまとまりのものとして表現するのに対し、「**～テ～スル**」においては一連の動きが別個のものとして表現されているとしている。
47) 但し、寺村 1982：277 には、自発態を用いての可能は、発話の場・時点において具体的にあるものが視覚・聴覚によってとらえられることが可能か否かを問題とする点において可能態を用いての可能とは異なる旨の記述がみられる。「見える、聞こえる」が可能の意味を含んでいる点については、さらに小矢野 1979：84-85 を参照。(46)、(46)' においては「聞こえた」に対して "能听**到**" が対応しており、「聞こえる」から可能の意味が読みとられていることがうかがわれる。
48) 可能表現が状態表現としての性格を備えているという点については、さらに小矢野 1981：31、寺村 1982：275、かねこ 1986：79、井島 1991：160 を参照。
49) 大野 1978：123-124 には、可能は自発とともに自然のなりゆきを表わす旨の記述がみられるほか、小矢野 1979：94-95 には、いわゆる可能動詞が自発の意味を表わす点についての記述がみられる。可能と自発の連続性については、さらに寺村 1982：256-257、271-273、井島 1991：161、張威 1998：1-4、74-76、88-92、同 2008 を参照。両者の相違については、他動詞を用いた可能表現と自動詞表現との相違について述べた森田 1988：85-90、可能と自発との相違点について述べた寺村 1982：275-278、井島 1991：178-181、川村 2004：118-119 を参照。対応する自動詞をもたない他動詞を用いてコトガラを状況中心に表現する方法としては可能表現のほか、「他動詞の受身形＋**テイル**」形式が存在する。この点については、森田 1977：473、同 1988：144-146、同 1990：39、成戸 2009：284-286 を参照。

第2章

"V到"とそれに類する表現

2.0 はじめに

　第1章においては、"V到"とそれに対応する日本語表現との対照を行なった。中国語には、動詞の後に置かれて動作がその目的を達成したことを表わすとされる成分として"-到"のほか、さらに"-着(zháo)"、"-上"が存在し[1]、例えば

　(1) a　我买**到**了一本书。
　(1) b　我买**着**了一本书。
　(1) c　我买**上**了一本书。

はいずれも自然な表現として成立する。"V到"、"V着"おける主要部は、1.1.1で述べたように前項であるVの部分であり、この点は"V上"についても同様である[2]。しかし、"-到、-着、-上"が同じく動作の目的達成を表わすとはいうものの、3者のいずれを用いて表現するかの選択に際しては、話者の表現意図あるいはコトガラそのものの相違が深く関わっている。上記の3者の相違について詳しく論じた先行研究は現在のところみあたらないため、この点について考察を加えることにより、"-到、-着、-上"についての従来の記述に加えて、さらに一定の見解を提示することができよう。
　本章は、"-到"が客体を必要とする動詞に付加されて動作の完結を表わす働きをするケースを主な対象として、"V着"表現および"V上"表現との比較を通して"V到"表現についての考察をさらに深めることを目的とする。但し、"-到"、"-着"、"-上"と組み合わされる動詞は数多く種類も様々であり、それらの性格も一様ではない。本章では、「具体的な動作を表わし、かつ非感覚動詞であるもの」に限定してあつかうこととする[3]。

第Ⅰ部　日中対照編 ── "Ｖ到"表現をめぐる日中対照 ──

2．1　"Ｖ到＋客体"と"Ｖ到＋トコロ"

　"Ｖ到"と"Ｖ着"、"Ｖ上"との比較を行なうに先だち、第1章で得られた"Ｖ到"の特徴についての結論に加え、さらに考察を深めることとする。このことにより"Ｖ到"の特徴が一層明白となり、"Ｖ着"、"Ｖ上"との比較が容易となるためである。

　1.1.2 で述べたように、"-到"はその「到達する」という語彙的意味により、前項Ｖの表わす動作が「完結という時間的到達点に達する」ことを表わす。この用法は、「動作の結果として主体あるいは客体がトコロに到達する」ことを表わすという"-到"の用法から派生したものであると考えられる。このことは、同一の動詞を用いた"Ｖ到"が"Ｖ到＋客体"、"Ｖ到＋トコロ"いずれの表現形式にも用いられる以下のようなケースが存在することによっても明白である。

(2)　我好容易才找到了朋友的家。（第1章の(1)）
(3)　我找孩子正好找到他家。（项开喜 1997：161 を一部修正）
(4) a　昨天书店卖≪新英汉词典≫，我买到了一本。
　　　　　　　　　　　　　　　　　　　　　（黄华 1992：621 を一部修正）
(5)　几个大商场我都买到了，也没买着。（≪动词用法词典≫"买"の項）

　(2)、(4) a においては、"找到"、"买到"がそれぞれ"朋友的家"、"一本（≪新英汉词典≫）"を客体としており、"-到"は"找"、"买"という動作がそれぞれの客体におよぶことによって完結段階に達することを表わしているのに対し、(3)、(5)における"他家"、"几个大商场"は"找到"、"买到"の客体ではなく、"找"、"买"という動作を行なうために主体"我"が到達するトコロである [4]。但し、(3)、(5)における"找"、"买"は、"Ｖ到＋トコロ"形式に用いられてはいるものの、例えば

(6)　他一路小跑，跑到教室。
(7)　小胖要被妈妈送到乡下姥姥家。（项开喜 1997：161 を一部修正）

における"跑"、"送"のように、「移動」という意味特徴を含んでいるわけで

第2章 "V到"とそれに類する表現

はない。一般に、(6)、(7)のような"V到＋トコロ"表現においては、"到＋トコロ"が一つの成分（Vに対する補語）であり[5]、表現全体の意味的な比重はVではなく"到＋トコロ"にあるのに対し、(2)、(4) a のような"V到＋客体"表現においては、1.1.1で述べたように、"V到"は一つのまとまった単位として働き[6]、意味的な比重は前項のVにあるとされている。(3)、(5)の"找到"、"买到"はいずれも、動作の結果として主体がトコロに到達することを表わしている点において(6)の"跑到"と共通している[7]ため、意味的な比重は"找"、"买"ではなく、"-到"およびこれによって示される"他家"、"几个大商场"にあると考えてさしつかえない。但し、(3)、(5)の"找"、"买"は、上記のように「移動」という意味特徴を含んでおらず、この意味特徴は後続の"-到"に含まれている。このことは、(3)、(5)における"-到"は主体の動作（"找"、"买"という動作を行なおうとした結果、主体が"他家"、"几个大商场"というトコロに到達した）を表わしており、"找"と"到(他家)"、"买"と"到(几个大商场)"はいずれも相互に別個の動作であることを意味する。このため、同じく到達点としてのトコロを示す成分であっても、(3)、(5)の"-到"と(6)、(7)のそれとでは、前者の方が一つの動作を表わす成分としての独立性がより強いこととなる。(6)、(7)の"跑到"、"送到"の場合には、"跑"、"送"は"-到"と一体化した動作であり[8]、"-到"は動詞としての意味特徴は有するものの、(3)、(5)のそれに比べると、到達点を示すマーカーとしての性格がより強いということができる。従って、(3)、(5)の"找到"、"买到"は、主要部前項型ではないという点において(6)、(7)の"跑到"、"送到"と共通する一方、前項Vの"-到"に対する意味的な独立性がより強い点においては"跑到"、"送到"と異なるということができよう。

　以上のことは、(3)、(5)および(6)、(7)を、以下のような日本語の表現と比較することによって一層明白となる。

　　(3)、(5)を日本語の表現に置き換えると、

　(3)'私は子供をさがしまわっていて、ちょうど彼の家に**(たどり)着いた**ところだ。
　(5)'いくつかの大きな店すべてに買いに**行った**が、買えなかった。

第Ⅰ部　日中対照編 —— "V 到"表現をめぐる日中対照 ——

となり、"-到"に対してはそれぞれ、「(たどり)着く、行く」という動詞が対応することとなる。

これに対し(6)、(7)は、例えば

(6)' 彼は小走りに教室マデ走っ(て行っ)た。
(7)' 小胖はお母さんによって田舎のおばあさんの家ニ送られることになった。

という日本語の表現に置き換えることが可能である。(6)、(7)においては、"-到"に対して日本語の動詞ではなく、「マデ」、「ニ」のようなトコロを示す成分が対応している。「移動」という意味特徴を有しない動詞"找"、"买"に後続している(3)、(5)の"-到"は、(3)'、(5)'においては移動動作を表わす動詞に置き換えられているのに対し、上記の意味特徴を含んだ動詞"跑"、"送"に後続している(6)、(7)の"-到"は、(6)'、(7)'においては移動動作を表わす動詞に置き換えられていない[9]。

(3)、(5)におけるように、"-到"は、移動をともなわず、かつ客体を必要とする動作を表わす動詞の後続成分となって移動の到達点を示すことが可能である。非移動動詞と結びつく"-到"のこのような性格が、(2)、(4) a のような、"V 到"の後にトコロではなく客体を表わす成分を続けて動作が客体におよぶことを表わす表現の成立を可能ならしめる要因となっていると考えられる。移動をともなう動作を表わす(3)、(5)における"他家"、"几个大商场"は動作の結果として主体がいきつくトコロ、すなわち移動の空間的到達点であり、(2)、(4) a の"朋友的家"、"一本(《新英汉词典》)"は"找"、"买"という動作の空間的到達点(客体)であるため、両者は空間的到達点であるという限りにおいては共通点を有することとなる。但し、(2)、(4) a の"-到"は、空間的到達点である客体を示すと同時に、V に対する従属的な成分として動作の完結段階をも表わしているため、純然たる空間的到達点であるトコロを示す成分である(3)、(5)の"-到"に比べ、より抽象的な概念を表わしていることとなる。

(2)、(4) a と同様に、

(8) 她寄来的礼物，我收到了，可是没收下。(荒川 1989：12)

44

においては、"-到"は動作の完結を表わしている。但し、荒川1989：12にみられるように、(8)が表わす内容は「かの女が送ってきた品物は、確かに**私のところに到着した**が、私はそれを**もらわなかった**」である[10]。(8)における"-到"は動作の完結を表わしながらも、「(トコロに)到達する」という本来の概念が(2)、(4)aの"-到"に比べるとより鮮明にみてとれる一方、移動の到達点を示す(3)、(5)の"-到"に比べると、Vの従属成分としての性格がより強い。(8)のような表現例の存在によって、トコロを示す"-到"と動作の完結を表わす"-到"との間の意味上の境界は明確ではなく連続性があることが理解できよう[11]。

2.2 "V到+客体"と"V着+客体"

2.1で述べたことから、"-到"は、「到達する」という移動動作を表わす動詞としての用法から、"V到+トコロ"におけるような動作の空間的到達点としてのトコロを示す用法を経て、"V到+客体"のような動作の時間的到達点(動作の完結段階)を表わす用法へと発展的に用いられるようになったと考えられるが、同じく動作の目的達成を表わす成分である"-着"と比較することにより、さらにいくつかの特徴がうきぼりとなる。

"-到"、"-着"間における相違の一つとしては、前者よりも後者を用いた方が、より話し言葉的な表現となるということが挙げられる[12]。

(1)aの"买到了"と(1)bの"买着了"は、いずれも"买"という動作の結果として"一本书"が手に入ったことを表わす点においては共通する一方、前者はより書き言葉的な、後者はより話し言葉的な表現であるという相違がみられる。同様の例としては、

(4) a　昨天书店卖≪新英汉词典≫，我买**到**了一本。
(4) b　昨天书店卖≪新英汉词典≫，我买**着**了一本。

(9) a　小芳抓**到**了一只蜻蜓。（黄华1992：620を一部修正）
(9) b　小芳抓**着**了一只蜻蜓。

第Ⅰ部　日中対照編 ── "V到"表現をめぐる日中対照 ──

(10) a　"你要**到**了吗？"──"要不**到**。"
(10) b　"你要**着**了吗？"──"要不**着**。"

(11) a　你的来信，我收**到**了。
(11) b　你的来信，我收**着**了。

が挙げられる。特に、(11) a と(11) b を比較した場合には、例えば、手紙の文面としては(11) a の方が better であるのに対し、電話での発話としては(11) b の方が better であるといったように、それぞれの表現が用いられる場面が具体的に想定される。また、

(12) a　　◎人们可以在这里买**到**各种各样的玩具。
(12) b　？○人们可以在这里买**着**各种各样的玩具。

を比較すると、"各种各样的玩具"を「(買って)手に入れる」というニュアンスがより明確な"买**到**"を用いた(12) a の方が表現の整合性が高く、"买**着**"を用いた(12) b は表現の整合性が劣るか、非文もしくは不自然とされるケースがあった。但し、(12) b から"人们"を除き、"可以"を"在这里"の後ろに移し換えて

(13)　在这里可以买**着**各种各样的玩具。

とすると、話し言葉的な表現として成立する。
　"-到"、"-着"間の上記のような相違について述べたものとしては、例えば≪实用现代汉语语法≫がある。同：332-333 は、"-到"については"表示动作达到了目的，与'着'的第一个意思相同，口语、书面语都用"として

(14)　你丢的那支钢笔找**到**了。
(15)　我借**到**了一本非常有趣的书。
(16)　昨天下午我见**到**了你哥哥。(第1章の(44))

を挙げ、"-着"については"表示动作达到了目的，多用于口语"として

　(17) b　你说的那本书我借**着**了。

などを挙げている。同書の記述においては、"-着"は話し言葉で多用されるのに対し、"-到"は話し言葉、書き言葉のいずれにおいても用いられるとされるにとどまり、"V到"が"V着"に比べてより書き言葉的な表現形式であるとまでは断定していない。一方、香坂 1983：42 は、「"-着(zháo)"は一般に北京語＝北方語でよく用いられる。他の地方、華中、華西、華南一帯では"-到"を用いるが、現在普通話では共存している。」とし、項开喜 1997：160 も同様に、"在普通话及华北地区的方言中，'着'的出现频率要比江淮方言、西南方言及其他方言中'着'的出现频率高很多。"としている。また、頼明 1993：184 は、「もともと北方方言に存在していた"动词＋着"構造において、その使用される動詞に制限があり、用例もまた狭く、目的物を目的語に持ち、『獲得』を表す用法として、十分機能していないため、"动词＋到"が何等かの影響を受けて、"动词＋着"の用法を補助する形で、現在一般に見られるような"动词＋到"の用法が、生まれてさらに広がっていく兆しを我々に見せているのではないか」としている。さらに項开喜 1997：161 が、"表示'获得'义的'V到NP'格式"について"如果动词是书面色彩较浓的双音节动词，'到'也不能用'着'替换。"としていることからは、二音節動詞と組み合わされた場合に"-到"の書き言葉的な成分としての特徴が鮮明となることがみてとれる。この反面、同：160 は"口语当中'着'的出现频率要比书面语当中高得多。"とし、"-着"が話し言葉だけでなく書き言葉においても用いられる場合があることを否定してはいない。

　《实用现代汉语语法》、香坂、項开喜、頼明の上記の記述からは、動作の目的達成を表わす表現形式として北方方言に従来から存在していた"V着"に加えて、本来は南方方言の表現形式であった"V到"が"V着"を補う形で用いられるようになったこと、"-到"、"-着"の両者が現代中国語において共存しつつも、前者が後者に比べ書き言葉において用いられる傾向が強いことがうかがわれる。従って、話し言葉においてごく普通に用いられる一音節動詞を用いた場合には、"V到"が"V着"に比べ書き言葉的なニュアンスをより強く帯

47

びたとしても不自然ではない。但し、書き言葉的ということは、見方を変えれば共通語として標準化された表現形式としての性格がより強いということであり、"-到"が書き言葉においてのみ用いられるということではない。
　一方、例えば

(18)　A：星期六你有时间吗？
　　　B：有哇！
　　　A：我想去看杂技，你去不去？
　　　B：去，最近没看过。
　　　A：那咱们一起去吧。
　　　B：太好了。
　　　A：但就怕买不**着**票。
　　　B：不要紧，有办法。　　　　　　（『Step-up Chinese』：49）

の場合には、"但就怕买不**着**票"を"但就怕买不**到**票"とすることも可能ではあるものの、(18)は純然たる話し言葉であるため"-着"を用いる方がbetterであり、この点は(10) a、(10) bの場合も同様である。
　ところで、

(19) a　◎我捡**到**了一个钱包。（荒川1989：17）
(19) b　○我捡**着**了一个钱包。

では、(19) aの方がbetterである。これは、"-到"の方が"-着"よりも偶然に実現したコトガラを表わすのに適しているためである[13]。『中国語教科書 上巻』：247は、"-着"が結果を表わす補語に立つ場合は、動作がすでに予期した目的を達し、または成果をおさめたことを意味するとしている。(19) a、(19) bにおける「財布を拾う」という動作は、通常は主体があらかじめ予期しえるものではなく、偶然の結果として非意図的に実現するものであるため、このようなコトガラを表わすには"-着"よりも"-到"を用いる方がbetterである。これに対し、

(20) a　○我挖**到**了很多蛤蜊。　　　　(20) b　◎我挖**着**了很多蛤蜊。

の場合には、「アサリを掘る」という動作が通常はあらかじめ目的をもって行なわれるものであるため、このような場合には"-着"を用いた(20) b の方が better である。

また、

(21) a　　◎在那家餐厅可以吃得**到**一流的中餐。（顾盘明 1995:6）
(21) b　？○在那家餐厅可以吃得**着**一流的中餐。

の両者を比較すると、(21) a は、「あのレストランでは一流の中国料理が食べられる」ことを表わす表現として成立するのに対し、(21) b は「以前から食べたかったある特定の料理が食べられる」ことを前提とした表現であり、「一流の中国料理」という漠然とした概念との間に矛盾が生じているため、不自然あるいは表現の整合性が(21) a に劣る。

さらに、

(17) a　○你说的那本书我借**到**了。　　(17) b　◎你说的那本书我借**着**了。

の場合には、「あなたがかつて話題にしたことのある（特定の）本をさがしていてそれを見つけて借りることができた」という内容を表わす表現であり、このようなコトガラは偶然性に欠けるため、"-着"を用いた(17) b の方が better である。

このように"V着"は、主体があらかじめ行なおうとしていた動作の完結を表わすのに適した表現形式であるため、(1) a と(1) b とでは、前述したような「書き言葉的、話し言葉的」という相違に加えて、さらに表現の整合性に差異がみられることとなる。すなわち、(1) a、(1) b における"一本书"は不定物であり、「あらかじめ主体が意図した結果としてそれを買って手に入れた」、「偶然のきっかけから買って手に入れた」のいずれとも考えられ、後者の場合には(1) a の方が表現の整合性がより高い。(1) b は、"一本书"を"那本书"に置き換えて

49

第Ⅰ部　日中対照編 ── "V 到"表現をめぐる日中対照 ──

(1)'b　我买着了那本书。

とすると表現の整合性が高くなるが、これは、既定物である"那本书"は、あらかじめ主体がそれを買って手に入れようと意図するものである可能性が高いことによる。

　同様の相違は、(4) a、(4) b 間にも存在する。前述したように、(4) b は(4) a よりも話し言葉的な表現としての性格が強いとされる一方、別の角度からみれば、(4) b は「以前から買うつもりであったがなかなか手に入らなかった『新英汉词典』が昨日書店に並んでいたので、私はそれを買った」ことを前提として用いられる表現であるのに対し、(4) a は、(4) b と同様のことを前提として用いられるほか、「昨日たまたま書店に『新英汉词典』が並んでいるのを目にし、その場で買いたくなって買った」ことを前提として用いることも可能である。

　また、以下の会話においては、話者それぞれの表現意図によって、"-到"、"-着"いずれを用いるかの選択がなされている。

(22) －①　A：你什么时候回来的？
　　　－②　B：刚回来。
　　　－③　A：那本书买**到**了吗？
　　　－④　B：我在书店里转来转去，找了半天也没找**着**。
　　　－⑤　A：那太遗憾了。
　　　－⑥　B：没关系。自己的书没买**着**，但顺便给你买了本儿"时装"。

(『Daxue Hanyu Ⅰ』：50)

　(22)－③において、話者Aは、外出先から戻ってきたBに対し、"那本书买**到**了吗？"のような"-到"を用いた表現により「(例の)あの本は買えたか」とたずねている。これに対し話者Bは、(22)－④においては"我在书店里转来转去，找了半天也没找**着**"、(22)－⑥においては"自己的书没买**着**，但顺便给你买了本儿'时装'"のような"-着"を用いた表現で「自分が買おうと思っていた(例の)あの本は見つからなかった／買えなかった」と述べている。上記の表現例において、本を手に入れたいという意志をあらかじめ有していたのは言

うまでもなくBの方であり、(22)-④、(22)-⑥においてBが"-到"ではなく"-着"を選択したのは、「自分があらかじめある特定の本を買おうと意図して外出し、書店に行って店の中をあちこちさがしたが見つからなかったために買うことができなかった」ことを表現するためである。これに対し、(22)-③においてAが"-到"を選択したのは、"那本书"は既定物であっても、自分が買おうと意図したものではないため、"-着"を用いて表現する必然性が特にないことによる。(22)-③の"买到"を"买着"とすると自然な表現として成立はするものの、"买到"の場合に比べると、相手であるBの立場により近い視点に立った発話となる。

　以上のように、主体があらかじめ意図していた動作の完結を表わすという性格が強い"V着"表現に対し、"V到"表現は、その「到達する」という語彙的意味によって、「あらかじめ行なおうとしていた動作が完結した」という達成を表わす場合にも、「本来は行なうつもりではなかった動作をなりゆきによって行なうこととなり、それが完結した」という偶然の結果を表わす場合にも用いることが可能であるという相違を有する[14]。

　"-到"とは異なる"-着"の特徴としては、さらに以下のような点が挙げられる。すなわち"-着(zhāo)"は、動詞の後ろに付加されて持続(動作の持続状態、動作結果の持続状態)を表わす"-着(zhe)"に通ずるニュアンスを有する場合があり、例えば

(23) a　老张找到了那本书。(木村1981 : 31)
(23) b　老张找着了那本书。

の両者を比較すると、(23) bは、発話時において"老张"の手元にまだ本があるかも知れないというニュアンスを含んでいるのに対し、(23) aはそのようなニュアンスを含んではいない。このことは、讃井1996 a : 31が、"-着(zhāo)"が結果補語として用いられた場合には「動作が極限の段階まで進んで完結し、かつ何らかの結果が生じる」こと、すなわち動作が完結した結果、その目的が達成されたことを表わすとする一方、動作の結果何かを手に入れることを含意しない場合には"-着"を"-到"に置き換えることができないとしていることとも符合する。また、

(24) a 我刚来北京，对北京还不太熟悉，找了很长时间，才好不容易找**到**小李的家。(『中国語中級コース』: 28)
(24) b 我刚来北京，对北京还不太熟悉，找了很长时间，才好不容易找**着**小李的家。

　の両者を比較すると、(24) b は、発話時において"我"がまだ"小李的家"にいるかもしれないというニュアンスを含んでいるのに対し、(24) a はそのようなニュアンスを含んではいない。(23) b、(24) b はいずれも、"找"という動作の結果が発話時においてまだ残存しているというニュアンスを、(23) a、(24) a に比べてより強く含んでいる。このことは、"-着"という成分が、動作の完結を表わす"-着(zháo)"として用いられる一方で、動作の持続を表わす"-着(zhe)"として用いられるということと無関係ではないと考えられる。
　上記のような特徴をもつ"-着(zháo)"に対し、"-到"の方は、本来は「着く、到着する」という瞬間的に終了する動作、すなわち過程が問題とはならない動作を表わす成分であるため、「持続」という概念とは相容れない性格を有している。従って"V到+客体"は、動作の客体への到達、すなわち動作の完結までを視野におさめてコトガラを表現することは可能であるものの、"V着+客体"のように完結した動作の結果が発話時においてまだ持続しているか否かについてまでは問題としない表現形式であるということができよう。(23) a、(24) a と (23) b、(24) b との間にみられる前述したような相違は、"-到"、"-着"が有する意味上の相違、すなわち「持続」という概念と相容れるか否かの相違に起因するのである。

2.3　"V到+客体"と"V上+客体"

　"-上"は、動作がその目的を達成したことを表わすことが可能な点においては"-到"、"-着"と共通する一方、動作の目的達成が、同時に「動作の結果として一定の水準に達すること」でもあるケースが存在する[15]点においては"-到"、"-着"と異なる。例えば

(25) a 他去姥姥家才能吃**到**好菜。

(25) c　他去姥姥家才能吃上好菜。

の両者を比較すると、(25) c は、「"他"の家では、貧しいために"好菜"を食べることはできないが、"姥姥家"は"他"の家よりも豊かで食生活の水準が高いため、"姥姥家"に行けば"好菜"が食べられる」ことを前提とした表現であるのに対し、(25) a は必ずしもそうではなく、食生活の水準をとりたてて問題とはしない表現であるという相違がみられる。

　また、

(26)　经过十年的改革，他们都吃上饭了。
　　　（十年間の改革を経て、彼らは皆食べていけるようになった。）
(27)　过去他穷得连饭都吃不上。（≪漢日辞典≫"上"の項）
　　　（以前かれはくちすぎもできないほど貧しかった。）

は、いずれも「ある時点までは食事も満足にとれないような生活をしていたが、発話時においてはすでに生活レベルが向上しており、食事がきちんととれるようになっている」ことを前提とした表現である。これらの表現における"吃上"は、「食べる」という具体的な動作の概念よりはむしろ、「ご飯を食べる→生活する」のようなより抽象的な概念を表わしていることが明白であり、「一定水準への到達」を表わす"-上"の特徴が、(25) c におけるよりも一層明白にあらわれている。(26)、(27) は、"-上"を"-到"に置き換えるといずれも非文もしくは不自然な表現となる。

　一方、"吃到"は例えば

(28) a　震区的人已经三天没吃到饭，今天终于吃到了。

のように「食事をする」という具体的な動作の完結を表わすのに用いられるが、"V上"は具体的な動作の完結を表わすことを必ずしも妨げず、(28) a の"-到"を"-上"に置き換えた

(28) c　震区的人已经三天没吃上饭，今天终于吃上了。

も自然な表現として成立する[16]。さらに、

  (29) c 这会儿吃不上青菜。

は、「このごろは(高くてなかなか買えないため)野菜を食べることができない」という、一定の経済水準への到達を問題とした表現として用いることも、「このごろは(不足しているためなかなか)野菜を食べることができない」という、具体的な動作の完結を表わす表現として用いることも可能であるのに対し、

  (29) a 这会儿吃不**到**青菜。

は、具体的な動作の完結を表わす表現として用いることは可能であるが、一定の経済水準への到達を問題とした表現として用いることはできない。このことは、"-着"を用いた

  (29) b 这会儿吃不**着**青菜。

についても同様にあてはまり、一定水準への到達を表わすことができない点において、"-到"、"-着"は、"-上"との間に一線を画している。"-上"が有するこのような特徴は、以下のような文脈においても鮮明にあらわれている。

  (30) 第二天，果然有十几个仙女来到湖里洗澡，其中有个叫织女。当织女洗完澡来取衣时，猛然看见一个小伙子正拿着她的衣服，吓得掉头就往回跑。牛郎费了好大劲才把织女叫住，并请求织女答应做他的妻子。织女觉得牛郎挺老实，也挺可怜，于是就同意了。
   从此他俩结成了夫妻。织女到底是经织布锻炼出来的，家务事样样都拿得起。牛郎每天回到家都能吃上热饭热菜，乐得他合不拢嘴。织女也觉得人间要比天堂好上一百倍。后来他们生了一男一女，日子过得挺美满。(『中国歴史文化風俗』: 70-71)

  (30)の実線部においては、「いままで一人身であった"牛郎"は、家に帰っても

暖かい食事を用意して待ってくれている人もいなかった(＝そのような恵まれた水準の生活をすることはできなかった)が、"织女"と結婚したことによって、毎日家に帰ると暖かい食事をとることができるような恵まれた生活を楽しむようになった」という前提のもとに"-上"が選択されている。

　また、(1) a、(1) b、(1) cの3者を比較すると、(1) cは例えば

　　(1)' c　我买上了一辆汽车。　　　　(1)" c　我买上了一台彩电。

のように、"一本书"よりも高価な、それを手に入れるためには一定の経済水準に達していることが必要とされるようなモノを客体とする方が better であるのに対し、(1) a、(1) bは、一定の経済水準への到達にかかわりなく"一本书"を買って手に入れたことを表わす表現として成立する。同様に、

　　(31) a　录音机、电视机我们家都买**到**了。
　　(31) b　录音机、电视机我们家都买**着**了。
　　(31) c　录音机、电视机我们家都买**上**了。
　　　　　　　　　　　　　　　(《现代汉语八百词》"-上"の項を一部修正)

の3者を比較すると、(31) a、(31) bは、例えば「"录音机、电视机"というモノの在庫があったために買って手に入れることができた」ことを表わす表現であるのに対し、(31) cは、「"录音机、电视机"を買うだけのお金が手元にあったために買って手に入れることができた(＝普通なら高くて簡単には買うことができないようなそれらのモノを買うだけの経済的な水準に達しているために買えた)」ことを表わす表現であるという相違がみられる。

　さらに、

　　(32) c　人太多，票买不上。(『中日大辞典』"上"の項)

は「混んでいるために切符が買えない」という、一定水準への到達とは関わりないコトガラを表わす[17]ため自然な表現として成立はするものの、"-上"を"-到"あるいは"-着"に置き換えて

(32) a 人太多，票买不**到**。　　　　(32) b 人太多，票买不**着**。

とする方がより自然である。
　動作の結果を「一定水準への到達」という側面からとらえる"V上"の特徴は、数量を表わす成分をともなった

(33) 收**上**一千斤粮食，一年就饿不着。

のような表現例において最も鮮明にあらわれる。(33)における"一千斤粮食"は、"收"という動作の客体であると同時に、穀物の収穫が達した水準としての数量を表わす成分でもある[18]。これに対し、同じく"收"を用いた

(11) c ＊你的来信，我收上了。

は、"你的来信"が"收"という動作の客体ではあるが、動作の結果として到達する水準ではないため非文となる。
　また、"拿"を用いた

(34) a 拿不**到**租金。
(34) b 拿不**着**租金。
(34) c 拿不**上**租金。（『中日大辞典』"上"の項）

の3者を比較すると、(34) a、(34) bは「家賃を取る（徴収する）ことができない」ことを、(34) cは「(お金がないため)家賃を払うことができない」ことを表わすという相違がみられ、表わされる動作そのものが異なる。(34) a、(34) b、(34) cにそれぞれ主体を補うとすれば、例えば

(34)' a 房东拿不**到**租金。／大家が家賃を徴収することができない。
(34)' b 房东拿不**着**租金。／同上
(34)' c 我拿不**上**租金。／(住人である)私はお金がなくて家賃を払うことができない。

となり、動作の結果として一定水準に到達することを表わす"-上"の特徴がみてとれよう。

本節で述べた"-上"の特徴は、これまでに挙げたいわゆる他動詞表現の場合だけでなく、自動詞表現についてもあてはまる。例えば

(35) 老王一直干到退休才住上新房。(『中国歴史文化風俗』:68)

における"新房"は、"老王"が退職までずっと働いてやっとそこに住むことができるようになったトコロであると同時に、働いた結果として到達した生活水準の具体的な形でもある。

2.4 まとめ

以上、動作の目的達成を表わす点において共通した働きを有する"V到"、"V着"、"V上"を対象として、それらの使い分けについて考察を行なった。

"V到"、"V着"間には、前者は書き言葉的な、後者は話し言葉的な表現形式であるという相違、前者はあらかじめ意図されていたか否かにかかわらず動作の完結を表わすことが可能であるのに対し、後者はあらかじめ意図された動作の完結を表わす傾向、完結した動作の結果が発話時においてまだ残存していることを含意する傾向が前者よりも強いという相違がみられる。また、"V上"の場合には、"-上"によって表わされる「動作の目的達成」が「動作の結果として一定の水準に達すること」でもあるケースが存在する点において、"V到"、"V着"との間に一線を画している。

第Ⅰ部　日中対照編 ── "V 到"表現をめぐる日中対照 ──

注

1) ≪现代汉语八百词≫は "-着"、"-上" の働きについて、それぞれ "表示达到目的。("-着" の項)"、"表示动作有结果("-上" の項)"、"有时兼有达到一定的目的或标准的意思。("-上" の項)" としている。"-到" の働きについては、第１章の注２を参照。３者の意味上の共通点・相似点については、さらに≪动词研究≫：319、王红旗 1995：148、项开喜 1997：160 を参照。

2) ≪动词研究≫：314 には "V 上" における "-上" の位置づけについての諸説が紹介されている。同：324 は、"买上好书"、"吃上好菜" のような表現における "-上" は "动态助词" であり、"表示动作实现" という意味上の特徴を有するとしている。

3) "看、听、闻" などの感覚動詞は、"-到、-着、-上" のほか、"-见" を補語とすることが可能な点において非感覚動詞とは異なる性格を有すると考えられる。黄华 1992：620-621 は、"V 到" に用いられる動詞を、①"带 '取得' 义的，如 '找、捉、捡、买、吃、喝、收、打听' 等"、②"表示感知，思维的，如 '看、听、闻、尝、想、猜、考虑、体会' 等"、③"'说、谈、讲、问、讨论、影响' 等词" に分類した上で "V 到" 表現について論じている。本章の考察対象である "V 到" 表現に用いられる動詞は上記の①に属するものである。

4) この点については、项开喜 1997：161 を参照。(3)と同様の表現例としては、黄华 1992：628 の "你找人找到我家里了。" が挙げられる。"V 到 + N" 表現における N がトコロ、非トコロ(客体)のいずれであるかによって異なる "-到" の働きについては、陈永生 1992：350-351、黄华 1992：620-626、≪动词研究≫：331-332、项开喜 1997：156-166 を参照。ちなみに(5)における "-到" の働きについて丸尾 1997：116、120-121 は、"又找到谢的桌上(曹禺≪蜕变≫)／更に謝の机の上まで探す" における場合と同様に、「目的の達成」ではなく「範囲の広さ」を表わすとしている。(5)の後件における "没买着" は "没买到" とすることも可能であるが、前件において "-到" が用いられているため、重複を避けるという意味からも "-着" を用いる方が better である。

5) この点については第１章の注１、黄华 1992：620、629 を参照。これらに対し、朱德熙 1982：130 は、"V 到 + トコロ" 表現におけるトコロを "V 到" の "处所宾语" としてあつかっている。

6) この点については、第１章の注４を参照。

7) 「移動」という意味特徴を含まない動詞を用いた "V 到 + トコロ" 表現がこの形式全体で移動を表わす点については、项开喜 1997：178、野田 2000：118-119 を参照。

8) 陈永生 1992：351 は、"他跑到复旦大学。" のような表現における "跑" は、"到" という動作行為の状態あるいは方式を表わすとしているが、"到" は "跑" という動作の結果ととらえることも可能である。この点については丸尾 1997：105、野田 2000：106 を参照。

9) 但し、「移動」という意味特徴を含まない動詞であっても、例えば "她被人贩子卖到山东。(项开喜 1997：161)／彼女は人買いによって山東ニ売られた。" における "卖到" の場合には、対応する日本語の表現として「(トコロ)ニ売られる」が存在するため、"-到" に対して日本語の「ニ」が対応する。上記の表現例は、「彼女は人買いによって山東(の買い手)ニ売られた。」という内容に解することが可能であり、この場合の「ニ」は、「売る」という動作の相手を示す成分としての性格をも帯びている点で、純然たるトコロを示す成分である(7)' の「ニ」とは異なると考えられる。同様の例としては丸尾 1997：117 の "我把书卖到了旧书店。／私は本を古本屋ニ売った。" が挙げられる。

10) "V 到"、"V 下" 間のこのような相違については、1.1.2 を参照。(8)については、インフォーマ

ントによって成立・不成立の判断が微妙に分かれ、このままでは不自然だが、例えば"她的礼物我收**到**了，可是没收下，又退回去了。"とすれば自然な表現として成立するとされるケースがあった。

11) "钱搞**到**手了。(大島 1993：355)"や"票已拿**到**手了。(≪漢日辞典≫"拿"の項)"、"我把书买**到**手了。(丸尾 1997：118)"のような"V**到**手"形式をとる表現においては、"手"は動作の結果として客体が到達するトコロ(身体部分としてのトコロ)であり、"钱、票、书"は、動作の結果として主体が手に入れるものである。このような表現における"-**到**"も、トコロを示す働きをになっていると同時に、動作の完結を表わしているとみてさしつかえない。身体部分がトコロとしての性格を有する点については、≪动词用法词典≫：498、527、731、三宅 1998：64-65、丸尾 2004：158、成戸 2009：108-109 を参照。

12) この点については讃井 1996a：31 を参照。

13) 但し、荒川 1989：13 の記述にみられるように、"捡**着**"が「偶然ひろった」ことを表わす可能性を完全に排除するものではない。

14) "V**到**"のこのような働きについては 1.1.2 を参照。但し、これらは"-**到**"、"-**着**"の両者を比較した場合にみられる傾向であって絶対的なものではなく、讃井 1996a：31 に述べられているように、"**着**"表現が「望ましくない結果」を表わすのに用いられるケースも存在する。讃井のいう「望ましくない結果」とは、「意図しなかった結果」すなわち「偶然の結果」である。

15) "-**上**"の働きについて、≪实用现代汉语语法≫：340 は"表示达到了很不容易达到的目的"としている。この点については注1および待場 1992：52、大橋 2001：90-91 を参照。ちなみに、≪现代汉语虚词例释("到"の項)≫に"表示行为动作所达到的程度"という"-**到**"の働きを示す例として挙げられた表現例においては、"-**上**"の場合とは異なり、後ろに客体ではなく程度を表わす成分が置かれている。この点については、さらに黄华 1992：624-625、郭春贵 2001：367-368 を参照。

16) "V**到**"と"V**上**"との置き換えが可能なケースの存在については、≪动词研究≫：319 を参照。

17) 本章で述べている"V**到**"、"V**上**"の相違は絶対的なものではなく傾向の相違である。このことは、≪动词研究≫：340 が"喝**到**白兰地"について、"'喝到白兰地'中'到'表明'喝'的动作着落到了'白兰地'，这意味着'喝'的东西可能不只是白兰地，或是从前没喝上白兰地，现在喝上了。"のような"V**上**"表現を用いて解説を行なっていることによっても理解できよう。ちなみに大橋 2001：97 は、「動詞＋"**上**"」構造は日常会話や文学作品では使用頻度が高いが、説明文、書類および社説などの文章では使用頻度が低いとしており、"V**到**"、"V**上**"間の相違の多面性がうかがわれる。

18) 注1を参照。待場 1992：52-53 は、"V**上**"に数量(or 概数)、非数量のいずれを表わす成分が後置されるかによって"-**上**"の働き(派生義)を区別しているが、前者の例として挙げられているものの中には、数量であると同時に客体でもある成分が後置されるケースが含まれている。项开喜 1997：167-169 には、"V**上**"に後続する名詞が客体であるか数量であるかの点でいわゆる"歧义"が生じるケースについての記述がみられる。

第3章

感覚動詞に後置される "-到"、"-见"

3.0 はじめに

　第2章においては、具体的な動作を表わす非感覚動詞を用いた "V到" 表現を対象として、"V着(zháo)" 表現、"V上" 表現との相違についての考察を行なった。一方、"看、听、闻" のようないわゆる感覚動詞を用いた "V到" 表現に対しては、例えば

(1)　他看**到**了桌子上的黑面包。(第1章の(19))
(1)'　他看**见**了桌子上的黑面包。(来思平・相原茂1993：153)

(2)　你的话我们听**到**了。(黄华1992：626)
(2)'　你的话我们听**见**了。

(3)　我一进屋就闻**到**了一股药味儿。
(3)'　我一进屋就闻**见**了一股药味儿。(≪实用现代汉语语法≫：332 を一部修正)

のように同じ動詞を用いた "V见" 表現が成立する。"V见" は "V到" と同様に一つの動詞相当の成分として働き、"-见" はいわゆる補語として動作の結果を表わす成分であるとされる[1]。1.1.2 で述べたように、"V到" における "-到" が表わす結果とは、動作が「完結段階」という時間的到達点に達することであり、"到" が本来もつ語彙的意味から生じている。これに対し感覚動詞に後置された "-见" は、项开喜 1997：160 が "'见' 本来是指视觉活动的结果，由于类化作用的影响，也可以用来表示听觉、嗅觉等感官活动的结果。" としているように、視覚動作の結果を表わす働きが聴覚・嗅覚動作の結果を表わす用法にまで拡大して用いられるようになり、動作の結果として映像、音声、におい等を感覚器官によって感じとることを表わすにいたっている。このため、"-到"、

61

"-見"は同じく動作の結果を表わしてはいても、いずれが動詞に後置されるかによって表現される出来事そのものが異なったり、話者の表現意図あるいはニュアンスが異なったりする。

　本章は、"V到"、"V見"間の相違についてのネイティヴ・チェックの結果をもとに、両者の使い分けが具体的な表現の中でどのような形をとってあらわれるかについて考察することを通して、先行研究においては明らかにされていない"-到"、"-見"の諸特徴を記述することを目的とする。考察にあたっては、"看、听、闻"が"-到"、"-見"と組み合わされた場合にみられる相違の具体例を分析した上で"-到"、"-見"それぞれの特徴をまとめるという手順をとることとする。

3．1　"听到"と"听見"

3．1．1　理性の働きをともなう"听到"

　聴覚動作を表わす(2)、(2)'を比較すると、以下のような相違がみられる。
　(2)は、"你的话"を自分の耳で直接に聞いた場合、人から間接的に聞いた場合のいずれにも用いられ、後者の場合には、例えば

　　(4)　你的话我们听到了，老王已经告诉我们了。

のように後件を続けることが可能である。これに対し(2)'は、自分の耳で直接"你的话"を聞いた場合に用いられるにとどまるため、例えば

　　(4)'　我们刚才正好在隔壁，你的话全听見了。

のように、直接に耳にしたことが明白となるような前件を付加することは可能である[2]が、人から間接的に聞いたことを表わす"老王已经告诉我们了"を後件として続けた場合には不自然となる。また、

　　(5)　◎我在城里听到了一些风声。　　(5)'　○我在城里听見了一些风声。

の両者を比較した場合、"风声（うわさ、評判）"は、人から人へ伝わった結果として間接的に耳にするものであるため、"听到"を用いた(5)の方がbetterである[3]。さらに、

(6) ◎经常听**到**人们说起日本社会的结构有某些与家庭组织相似的地方。
（≪实用句型日语教程≫:547 を一部修正）
(6)' ○经常听**见**人们说起日本社会的结构有某些与家庭组织相似的地方。

の両者を比較すると、"日本社会的结构有某些与家庭组织相似的地方"という内容は、いわば一般的に、多くの人々によってそのように言われているものであるため、話者が直接それらを耳にしたものとして表現する(6)'よりは、間接的に聞いたものとして表現する(6)の方がbetterである。
　"听**到**"、"听**见**"間には上記のような相違がみられるため、以下の文章における"听**到**"を"听**见**"に置き換えると不自然な表現となる。

(7) 例如文戏≪将相和≫说的是赵国的蔺相如不顾秦国的威胁，保住了国宝和氏璧，因此赵王封蔺氏做了上卿。大将军廉颇很不服气，扬言要么不碰到蔺相如，要碰到的话，非得给他点儿颜色看看。蔺相如知道后，就处处有意避开，以免遇见廉颇。部下以为这么做丢脸得很，蔺相如却笑笑说，秦国之所以不敢来，就因为赵国武有廉颇，文有蔺相如。如果我俩闹不和，秦国就会来打赵国了。廉颇听<u>到</u>这话，顿时清醒过来，赶忙去蔺相如那儿请罪。两人从此成了好朋友。（『中国歴史文化風俗』:60-61）

(7)の実線部を"听**见**"に置き換えると、"廉颇"が"蔺相如"の話をその場で直接に耳にしたことを表わす表現となり、"廉颇"が"蔺相如"の話を第三者から間接的に伝え聞いたことを表わす文章内容との間に矛盾が生じる。"廉颇听**见**这话，顿时清醒过来，赶忙去蔺相如那儿请罪"は、(7)のような文脈においては不自然とされるが、"廉颇"が"蔺相如"の話をその場で直接に耳にしたことを表わす表現としてであれば問題なく成立する。
　一方、

第Ⅰ部　日中対照編 ── "V到"表現をめぐる日中対照 ──

(8)　○你这么大声说话，里面会听得到的。

(≪学友现代日语Ⅲ≫：183 を一部修正)
(8)'　◎你这么大声说话，里面会听得见的。

(9)　○响声很大，很远都能听得到。(第1章の(46)を一部修正)
(9)'　◎响声很大，很远都能听得见。

の場合には、"话"、"响声"が主体の耳に直接に入ることが明白であるため、"听到"を用いた(8)、(9)よりは、"听见"を用いた(8)'、(9)'の方がbetterである。また、

(10)　她请求我看在她和他们的儿子小鲲的面上，原谅他的文化大革命中对我所做的一切。我答应了，并保证尽量照顾小鲲。此刻，我好象又听见她的恳切的话语："把过去的恩恩怨怨都忘了吧，孙悦！"

(戴厚英≪人啊，人！≫を一部修正)

は、あたかも実際に"把过去的恩恩怨怨都忘了吧，孙悦！"という声が聞こえるように感じたことが描写されているため、"听到"を用いるよりもbetterである。

　以上のことから、"听见"は、(言語を含む)音声を聴覚によって主体が直接に耳にすることを表わす場合に用いられる傾向が強いのに対し、"听到"は、主体が直接に耳にする場合、第三者を通して間接的に耳にする場合のいずれに用いることも可能であることが明白となった。このことは換言すれば、"听见"は聴覚器官によって直接的にとらえられる音声を客体とする傾向が強いのに対し、"听到"は音声、非音声のいずれを客体とすることも可能であるということである。"听到"と"听见"との間にこのような相違が生じるのは、"-见"は前述したように動作の結果として音声を感覚器官によってとらえることを表わすのに対し、"-到"は必ずしもそうではないということに起因する。
　主体が第三者を通して間接的に情報を耳にする場合、"听到"はその情報をもたらした者の話を聴覚によって「聞く」ことを表わすと同時に、理性によって「情報内容をとらえる」ことをも表わす。"听到"によって表わされる動作

64

第3章　感覚動詞に後置される"-到"、"-見"

(11)　○我听**到**外面有脚步声，就出门去看，可是我出去以后，脚步声远了，没有看到是谁。
(11)'◎我听**见**外面有脚步声，就出门去看，可是我出去以后，脚步声远了，没有看见是谁。（来思平・相原茂 1993 : 281）

(11)の"听**到**外面有脚步声"は、「外で足音がするのを聞いた」のはもしかしたら主体である"我"の勘違いであって、実際には誰も歩いてはおらず足音はしていなかったか、あるいは他の音を足音と聞き間違えた可能性を含んでいるのに対し、(11)'の"听**见**外面有脚步声"は、誰かが歩く足音がしていたという事実を前提としている。「主体の勘違いによって足音らしき物音を聞いた」場合には「思いこみ」すなわち理性の働きが加わってそのようなことが起こるのであり、このような内容は"听**到**"によって表わされる。(11)、(11)'はいずれも「外で足音がしたので出てみたが、私が出た時には、足音はすでに遠ざかって人影は見えなかった」という内容を表わし、"我"が外に出る前に実際に誰かが歩いていたことは明白であるため、"听**见**"を用いた(11)'の方が better である。

3．1．2　客体概念の具体性・抽象性

　主体が情報を人づてに聞いた場合、その情報は、具体的な音声言語よりも抽象性が強いということができる。
　例えば、(2)'の"你的话"は具体的な音声言語であるのに対し、(2)のそれは人づてに聞かれた場合、発話時においては音声言語として存在しないため抽象性がより強いこととなる。同様のことは、(6)の"人们说起日本社会的结构有某些与家庭组织相似的地方"、(7)の"这话"についてもあてはまり、いずれも第三者を介した情報として主体の耳に入るものであるため、最初にそれらの情報を発した者の音声言語に比べると抽象性が強いこととなる。
　一方、(5)、(5)'の"风声"は、場面や文脈にかかわりなく抽象的な概念を表わす成分である。同様の例としてはさらに、

(12)　◎她听到这个消息后才松了一口气。

(水上勉＜越后荷石亲不知＞を一部修正)

(12)'　○她听见这个消息后才松了一口气。

が挙げられ、(12)の方が better である。"消息"は「ニュース、情報、うわさ」であり、"风声"と同様にそれ自身は必ずしも音声という形では存在しない抽象的なものである。

このように、主体が人づてに情報を耳にすることと、その情報が抽象的な概念であることとは表裏一体をなしており、そのようなコトガラを表わす場合には"听见"よりも"听到"が用いられる傾向が存在する。このため、"听到"、"听见"のいずれが用いられるかが客体概念そのものに影響する以下のようなケースもみられる。

(13)　他听到一点儿动静。(大島 1993 : 355)
(13)'　他听见一点儿动静。

"动静"は、"消息"と同じく「うわさ」という概念を有すると同時に、"声音"と同じく「音」という概念をも有する語であるが、いずれの概念を表わすかは、"听到"、"听见"のいずれと共起するかによって相違がみられ、"听到"を用いた(13)においては「うわさ」という抽象的な概念を、"听见"を用いた(13)'においては「音」という具体的な概念を表わす。このことは、それぞれの表現例に対して以下のように適切な前件あるいは後件を続けるとより一層明白となる。

(14)　现在正在评职称，他听到一点儿动静，他已经被内定为副教授。
(15)　他听见一点儿动静，是不是进来小偷儿了。

"动静"は、(14)においては「彼がすでに助教授に内定した」ことを指し、具体的な物音を指す(15)のそれに比べると抽象性が強い。

3．1．3　意志性を含まない"听见"

　"听到"は、主体の意志によって実現する出来事を表わすことが可能な点において"听见"とは異なる。例えば

（16）　电话机里老嗡嗡响，听不**到**对方的话。
　　　　　　　　　　　　　　（≪动词用法词典≫"听"の項を一部修正）
（16）'电话机里老嗡嗡响，听不**见**对方的话。

の両者を比較すると、(16)'は単に「雑音がひどくて相手の話が聞こえなかった」という事実を表わすにとどまるのに対し、(16)は「(いろいろな方法を試してみたが)雑音がひどくて相手の話が聞こえなかった」という、相手の話を聞きたいという話者の意志をより強く含意した表現であるという相違がみられる。同様に、

（17）　◎这种物体发出的声音太小，我听了半天也没听**到**。
（17）'○这种物体发出的声音太小，我听了半天也没听**见**。
　　　　　　　　　　　　　　　　　　　　（≪实用现代汉语语法≫：332）

は、「この物体の発する音はとても小さいので、私はいくら聞こうとしても聞き取れなかった」という内容を表わし、主体がその意志によって物体の音を聞こうとしたことが"听了半天"から明白であるため、"听**到**"を用いた(17)の方がbetterである。
　また、

（18）　　○昨天的报告特别好，但是我有别的事，没听**到**。
　　　　　　　　　　　　　　（『中国語教科書　下巻』：378 を一部修正）
（18）'＊？昨天的报告特别好，但是我有别的事，没听**见**。

の両者を比較すると、(18)は自然な表現として成立するのに対し、(18)'は非文もしくは不自然な表現である。上記の表現例においては、話者が"报告"を聞きたかったことが明白である。すなわち、「聞きたい」という話者の意志が

67

第Ⅰ部　日中対照編 ―― "V到"表現をめぐる日中対照 ――

あった上で「聞くことができなかった」ため、(18)' においては、このような内容と、単に「聞かなかった」という事実を表わす "听见" との間に矛盾が生じ、非文もしくは不自然な表現となるのである。

　このような相違が生じるのは、"-见" には前の動詞が表わす動作の意義から意志性を失わせる働きがある[4]のに対し "-到" にはそのような働きはなく、1.1.2、2.2で述べたように主体があらかじめ意図して動作を行なった場合、意図せずに偶然に動作を行なう結果となった場合のいずれに用いることも可能であるため、両者を直接に比較すると、"V到" の「あらかじめ意図された動作」を表わす側面が際立つことによると考えられる。

　さらに、

(19) 　◎以前说起"私房"，联想到的是家庭成员个人攒下的"私房钱"或不愿被外人听**到**的"私房话"。
(19)'　○以前说起"私房"，联想到的是家庭成员个人攒下的"私房钱"或不愿被外人听**见**的"私房话"。（『China Today』: 29）

の両者を比較すると、(19)は、「他の人に聞かれたくない」という話者の気持ちが(19)'よりも強く感じられる表現であるという相違がみられる。上記の表現例にはいわゆる被害意識を表わす "被外人" が含まれているため、「耳にする」という無意志の動作を表わす "听见" を用いた(19)'よりは、意志をもって積極的に聞こうとする動作である可能性を含意する "听到" を用いた(19)の方が、「話を聞かれては困る」との間に整合性を有することによってbetterとなるのである。

　一方、

(20) 　○因为他没有好好儿地听，我说的问题他没有听**到**。
(20)'　◎因为他没有好好儿地听，我说的问题他没有听**见**。

（『中国語教科書 上巻』: 248）

においては、"他" が私の話を聞く意志をあまりもっていなかったことが前件内容から明白であり、この内容との間に整合性を有するのは "听见" を用いた

(20)'の後件である。
　意志性を含まない"听见"表現の中には、聞く意志をもたない相手に対する話者の不満・非難の気持ちが含まれる以下のようなケースがみられる。

(21) 刚才我的话，你听见了吗？

(21)は、「今の私の話は、あなたはわかりましたか」という内容を表わすとともに、"你"が聞く意志をもっていなかったために聞いていなかった、あるいは聞きたくないものであるためにわざと聞いていなかったという話者の判断、聞く意志をもっていなかったことに対する話者の不満・非難の気持ちが感じられる表現となっている。同様に、

(22) 　○你想什么来着？ 我叫你好几声都没听**到**。
(22)'◎你想什么来着？ 我叫你好几声都没听**见**。（『中国歴史文化風俗』：73）

も"你"が私の呼び声に注意をはらっていなかったことに対する話者の不満・非難の気持ちを含んだ表現となっており、このような場合には主体の意志を含意しない"听见"を用いた(22)'の方がbetterである。
　意志性を含んだ動作を表わすことが可能か否かという点における"听**到**"、"听**见**"の相違は、同じ名詞を客体とする以下のような表現例において一層鮮明にあらわれている。

(23) 　　最近你听**到**好消息没有？（来思平・相原茂1993：281を一部修正）
(23)'？最近你听**见**好消息没有？

"好消息"は明らかに誰もが聞きたいと願うものであるため、"听**到**"を用いた(23)は自然な表現として成立するのに対し、"听**见**"を用いた(23)'は不自然である。これに対し、

(24) 　○她一听**到**这个消息就吓得几乎要下晕了。
　　　　　　　（『新編・東方中国語講座 第3巻 作文篇』：191を一部修正）

(24)′ ◎她一听见这个消息就吓得几乎要下晕了。

においては、"这个消息"の内容が、"她"が気絶しかけるような思いがけない情報（＝予期せずに耳にした情報）であるため、"听见"を用いた(24)′の方がbetterである。

3．1．4　内容理解を含意する"听到"

　ところで、(19)が(19)′よりもbetterとなるのは3.1.3で述べた要因のほか、"私房话"というものは単にその声を聞かれたくないのではなく、その内容を聞かれたくないものであるため、音声を耳にすることを表わすにとどまる"听见"よりは"听到"を用いる方が表現の整合性が高くなることも影響している。このことは換言すれば、"听见"は音声を客体としてとる成分であり、客体が言語であったとしても音声の形をとっているものに限られ、その内容を理解したか否かについてはあまり問題とはされないのに対し、"听到"は、客体が言語である場合には、単に音声としてそれを聞くばかりではなく、理性によりその内容までをも理解することを表わす傾向があるということである。このことは、以下の表現例をみると理解しやすい。

(25)　◎我听到了远处传来的歌声。
(25)′○我听见了远处传来的歌声。（来思平・相原茂1993：280を一部修正）

(25)、(25)′を比較した場合に前者の方がbetterであるのは、歌の内容までをも話者が聞いて理解したことを表わすためである。これに対し

(26)　老金听到了同志们的喊声。
(26)′老金听见了同志们的喊声。（≪动词用法词典≫"听见"の項）

を比較した場合には、"喊声"は言語というよりは単なる音声としての性格が強いため、表現の整合性という点において両者の間に優劣の差異はみられない。但し、客体が非言語的な音声の場合であっても、例えば

(27) 我听到一种奇怪的声音。
(27)' 我听见一种奇怪的声音。(≪动词用法词典≫"听见"の項)

では、前者は"奇怪的声音"の正体について"我"が一定の推測をしたことを前提に用いられる表現であるのに対し、後者はそうではないという相違がみられる。(27)、(27)'に対して適切な後件を続けるとすれば、例えば

(28) 我听到一种奇怪的声音，是不是洗衣机又出毛病了。
(28)' 我听见一种奇怪的声音，但不知道是什么声音。

のようになる。(28)においては、"奇怪的声音"はひょっとしたら洗濯機が故障した音かもしれないという推測がなされている。"我"は以前に洗濯機が故障した時に出る音を聞いたことがあり、発話時に聞こえている音はそれではないかと推測しているのである。これに対し(28)'は、"奇怪的声音"が聞こえたけれども何の音かまったくわからないという前提で用いられる表現である。このことから、客体が非言語的な音声である場合には、"听到"を用いると音声の正体について一定の理解あるいは推測がなされているというニュアンスを含んだ表現となるのに対し、"听见"を用いるとそのようなニュアンスを含まない表現となるケースが存在することが理解できよう。

３．１．５　"听到"、"听见"と動作性の強弱

"听到"、"听见"間にみられる相違点としてはさらに、前者は後者よりも動作性が強いことが挙げられる。例えば

(29) 听到上课铃响了。
(29)' 听见上课铃响了。(『岩波 日中辞典』「きく」の項)

に対して適切な前件もしくは後件を続けると、

(30) 听到上课铃响了，就走进了教室。
(30)' 正想上厕所(时)，听见上课铃响了。

第Ⅰ部　日中対照編 ── "Ｖ到"表現をめぐる日中対照 ──

のようになる。(30)の"听到"は後件の"走进"とともに時間的に前後して行なわれる主体の動作となっているのに対し、(30)'の"听见"は前件が表わす動作との間にそのような意味上の関係を有しない。(30)'の"听见上课铃响了"は、「(ちょうどトイレに行こうとしていた時に)授業のチャイムが鳴るのが聞こえた」という一種の状況に近い内容を表わしているとみるのが妥当であり、動作としての性格は"听到"を用いた場合よりも弱いと考えられる。"听见"表現がもつこのような性格は、以下のような表現例において一層明白となる。

(31)　○……在波浪声和叫喊声中，可以听**到**确乎是那条船的汽笛在断断续续地呜呜叫。(小林多喜二著/李思敬译注≪〔日汉对照〕蟹工船≫:55)
(31)'　◎……在波浪声和叫喊声中，可以听**见**确乎是那条船的汽笛在断断续续地呜呜叫。

(31)、(31)'は、"在・トコロ＋Ｖ＋モノ"表現と同様の形式をとっている点、主体の意志にかかわりなく「汽笛の音が聞こえる」という状態を表わしている点において、動作表現というよりはいわゆる現象文、すなわち状況表現に近い性格を有していると考えられ、このような場合には"听见"を用いた(31)'の方が better である。

3．2　"闻到"と"闻见"

3．2．1　意志性を含まない"闻见"

3.1.3 で述べたような"-到"、"-见"の相違は、"闻"に後置された場合には、例えば以下のような形であらわれる。

(32)　"刚才准是听**到**了什么声音，闻**到**了什么味儿，兔子才跑了！"
(舆水優 1980：55 を一部修正)
(32)'　"刚才准是听**见**了什么声音，闻**见**了什么味儿，兔子才跑了！"

(32)は、例えば「あたりの様子に対して常に注意をはらっているウサギが、

何かの音やにおいをとらえたので逃げた」ことを前提とした表現であるのに対し、(32)'は、例えば「予期せずにとらえた何かの音やにおいに驚いてウサギが逃げた」ことを前提とした表現であるという相違がみられる。このことは、(32)の"听到"、"闻到"は意志性を含んでいるのに対し、(32)'の"听见"、"闻见"は意志性を含んでいないことを意味する。また、例えば

(33)　○他忽然闻**到**手绢有一股香味儿。(輿水優 1980：55 を一部修正)
(33)'◎他忽然闻**见**手绢有一股香味儿。(同上)

においては表現中に"忽然"が用いられているため、ハンカチから香りがすることを"他"が予期していなかったのは明白であり、聴覚動作を表わす(24)、(24)'の場合と同様に、意志性を含まない"闻见"を用いた(33)'の方が better である。同様に、

(34)　一进门我就闻**到**一股香味儿。(≪实用现代汉语语法≫：332 を一部修正)
(34)'一进门我就闻**见**一股香味儿。(同上)

の両者は表現の整合性という点において優劣の差異はみられないものの、予期しなかったことを表わす"突然"を用いた

(35)　○一进门突然闻**到**了一股香味儿。
(35)'◎一进门突然闻**见**了一股香味儿。

(≪实用现代汉语语法≫：332 を一部修正)

の場合には、"闻见"を用いた(35)'の方が better となる。さらに、

(3)　我一进屋就闻**到**了一股药味儿。
(3)'我一进屋就闻**见**了一股药味儿。

の"一股药味儿"は、(3)'においては主体が嗅ぎたくないにおいであるというニュアンスを含んでいるのに対し、(3)においてはそうではない。これは、

73

意志性を含んだ動作を表わすことの可能な"闻到"表現が表わすコトガラにおいては、主体があらかじめ予期または期待していたにおいをとらえた可能性があるのに対し、意志性を含まない動作を表わす"闻见"表現が表わすコトガラにおいては、主体が予期も期待もせずににおいをとらえたのであり、そのようなにおいはむしろ嗅ぎたくないものである可能性も存在するためである。このことは、(3)、(3)'に適切な後件を続けた

(36)　我一进屋就闻**到**了一股药味儿，是不是谁病了。
(36)'我一进屋就闻**见**了一股药味儿，我就退出来了。

を比較すると一層明白となる。(36)'においては、"药味儿"が「嗅ぎたくないにおいである」というニュアンスを帯びており、「(薬のにおいがしたのでそれがいやで)部屋から出て来た」ことの原因となっているのに対し、(36)の"药味儿"は、"我"にとって必ずしも拒否すべきにおいとして表現されてはいない。

このように、"闻见"表現の中には「主体の意志に反してにおいをとらえた」というニュアンスを含むケースが存在し、この効果は、動詞から意志性を失わせる"-见"の働きによって生じると考えられる。これに対し、例えば

(37)　甲：你们这里喝茶不是把茶叶放进茶壶里，而是直接放进这种带盖的杯子里呀？
　　　乙：我呢，开头觉得这样可能喝不好，没想到茶叶自然就沉下去了。
　　　丙：对。因为用来沏的是滚水。这种喝法从17世纪就开始了。这样，冲开水的时候能直接闻**到**它的香味，又因为有盖儿，茶的香味也能保住。(《日语口译教程》:316-317)

においては、においをとらえる動作は意志性を含んでいるか、含んでいる可能性が高いため、"闻到"を用いる方がbetterである。また、"香味"自身が有する肯定的な概念と、「湯飲みに直接茶葉を入れ、そこに熱湯を注ぐという方法によってお茶の香りを直接にかぐ(＝楽しむ)ことができる」という対話の内容からは、"香味"に対する丙の「嗅ぐに値する」という肯定的価値判断がみ

てとれよう。同様に、

(38) 当我们走进刘老师家时，看见桌子上摆满了丰盛的酒菜。刘老师的爱人正在厨房里忙着，可以闻**到**炸鱼的飘香。(『中国語中級コース』: 68)

においては"炸鱼的飘香"が肯定的な概念を有する成分であり、かつ、"刘老师的爱人正在厨房里忙着"という情景を目にした時点で、"炸鱼"のにおいがすることを"我们"が予期していた可能性があるため"闻到"が用いられており、"闻见"に置き換えると非文もしくは表現の整合性が劣ることとなる。また、

(39) ◎走到了A仓库门口，狗就闻**到**了毒品味儿。
(39)' ○走到了A仓库门口，狗就闻**见**了毒品味儿。

における"走到了A仓库门口"は、"狗"が何らかの目的をもって(多くの場合ヒトに連れられて)倉庫の入り口まで行ったことを表わすと考えるのが自然である。そして、通常は、犬は食物などのにおいなら自分の意志で嗅ぎあてるのであるが、"毒品味儿"は、訓練された犬がヒトに連れられ、与えられた役目として嗅ぎあてたにおいである可能性が高い。いずれにしても、(39)、(39)'は、犬が最初から倉庫の中を調べる目的をもって嗅ぎまわった結果として"毒品味儿"を嗅ぎあてたことを表わす表現であり、この動作は目的をもった動作、すなわち意志性を含んだ動作であるため、"闻到"を用いた(39)の方がbetterである。

3．2．2　内容理解を含意する"闻到"

　"闻见"表現の中には、主体が嗅覚器官によってにおいをとらえることを表わす反面、そのにおいがどのようなものであるかを問題としない

(40) 伤了风就什么也闻不**见**，吃东西也没滋味。
(41) 有鼻炎，闻不**见**味儿。

(大島1993 : 359、《动词用法词典》"闻"の項を一部修正)

第Ⅰ部　日中対照編 ―― "V到"表現をめぐる日中対照 ――

のようなケースが存在する。(40)、(41)はそれぞれ、「風邪をひくとにおいがわからなくなり、ものを食べてもまずい」、「鼻炎なので、においがわからない」という内容を表わしている。いずれの表現例も、個別の具体的なにおいではなくにおい全般について述べている。におい全般がわからないということは言うまでもなく嗅覚が働かないということであり、主体の嗅覚能力が問題とされているため、このような場合には"闻不到"よりも"闻不见"が用いられる傾向にある[5]。

また、

(42)　你没闻**到**一股糊味吗？
(42)'　你没闻**见**一股糊味吗？（来思平・相原茂 1993：158）

の両者を比較すると、前者は例えば「どうして焦げたにおいなんかがするのだろう」と話者が感じた上で、聞き手である"你"に対して「焦げたにおいがしませんか（＝するでしょう）？」とたずねる場合に用いられる表現であるのに対し、後者は例えば、焦げたにおいがしているにもかかわらず"你"がそれに気づいていないことに対する話者のいらだちを含んだ表現として用いられる、という相違がみられる[6]。(42)'における話者のいらだちは、例えば

(43)　你没闻**见**一股糊味吗？ 光顾聊天儿，锅还在炉子上放着呢。火忘了关了。

のように後件を続けると一層明白となり、"闻**到**"を用いるよりも better である。(42)'、(43)において感じられる話者のいらだちを具体的に表現すれば、「あなたはにおいがわからないのか→あなたは鼻がおかしいのではないか」ということであり、(40)、(41)の場合と同様に嗅覚能力が問題とされているのである。

一方、

(44)　◎闻**到**炉子上的汤，使我觉得饿了。
(44)'　○闻**见**炉子上的汤，使我觉得饿了。

は、"炉子上的汤"のにおいが"我"におよぼした作用、換言すればにおいに対する主体の反応が後件で述べられており、"闻到"を用いた(44)の方がbetterである。同様に、

(45)　◎狗闻**到**食物时，常常吸鼻子。
(45)'　○狗闻**见**食物时，常常吸鼻子。

の場合も、"闻**到**"を用いた(45)の方がbetterである。においに対する主体の反応を述べた表現は、主体がにおいをとらえたばかりでなく、何のにおいであるか、どのようなにおいであるかをも理解したことを前提としている可能性が高いため、3.1.4で述べた"听**到**"表現の場合と同様に"闻**到**"が用いられる傾向がある。また、

(46)──门开了，开门处赫然站着一个高大的黑女人。虽然我住的这个城市黑人很多，但像这么纯种的黑人我却第一次见到，她真是黑得跟炭一样，短鼻子，厚嘴唇，大胸脯，像一头黑色的母猩猩一样挡在门口。我估摸她应该是戈登这一家的管家或女仆，肯定不会是主人，但我还是把几句简单的话说得磕磕绊绊，嘴里像含了碎石子一般。她听明白了我的来意，笑都不笑，只哼了一声(也像猩猩)挪动了一下身子让出道来。经过她的时候，我闻<u>到</u>她身上有一股奇怪的香味。(王瑞芸＜戈登医生＞)

においては"我闻**到**她身上有一股奇怪的香味"の部分が、

(47)他的房门关着，我听到房间里隐约有爱米的笑声传了出来，我还闻<u>到</u>门缝里透出的一股异香，就是我从他和凯西身上闻<u>到</u>过的那种香味，令人想到童话中阿拉伯深宫中使用的东方香料。(王瑞芸＜戈登医生＞)

においては"我还闻**到**门缝里透出的一股异香"、"我从他和凯西身上闻**到**过的那种香味，令人想到童话中阿拉伯深宫中使用的东方香料"の部分が、それぞれにおいについて述べている。
　(46)は、"我"がある家を訪ね、入り口で出迎えたメイドらしき黒人女性に

第Ⅰ部　日中対照編 ── "Ｖ到"表現をめぐる日中対照 ──

よって家の中に通された際の描写であり、"我"が家の中に入ろうと黒人女性のそばを通った時に "一股奇怪的香味" がにおったことを表わし、"奇怪" は "香味" に対する "我" の判断を含んだ成分である。一方、(47)は、部屋の外にいる "我" が、ドアの隙間からただよってくる "一股异香" をとらえ、そのにおいは "我" の記憶に残っている "他"、"凯西" の体のにおいであると判断したことを表わしている。(46)、(47)は、主体の判断という、においの内容を理性によってとらえることを前提とした成分を含んでいるため、"闻见" を用いるよりも better である。(47)の場合はさらに、"那种香味" が "我" の記憶に残っているにおいであり、このにおいから "令人想到童话中阿拉伯深宫中使用的东方香料" という想像(＝主体の反応)が引き起こされているため、発話時においてその場に存在するにおいではない。この点において個別の具体的なにおいに比べると抽象性が強く、この点からも "闻到" が選択されていると考えられる。客体の抽象性が強い例としてはさらに、

(48) 送两个孩子回家的人一个劲地夸孩子，说他们那么小，又身无分文，却知道往家乡的方向走，特别是那个小的，知道沿着铁路走，又迷不了路，又能弄到吃的，瞅准了还能爬上一辆货车，让车带上一段路。家里人就问远子，问他怎么就知道沿着铁路走。远子想了想，说，是推子。推子说，他能闻<u>到</u>家乡的味道。家里人就笑骂道，胡说什么呀，家乡是什么味道？牛屎味道？苦艾味道？梨花味道？就算家乡有味道，隔着几千公里，拿什么去闻？骂过以后又抱着小哥俩，哭一阵，笑一阵，亲得不行。（邓一光＜怀念一个没有去过的地方＞）

が挙げられる。(48)は、幼い兄弟二人が故郷に帰ろうとして線路に沿ってずっと歩き続けた後、人に助けられて故郷まで送りとどけられ、家族から「どうして線路に沿って歩くことを思いついたの」とたずねられたのに対して、「僕は故郷のにおいがわかるんだ」と答えたことを表わしている。"家乡的味道" は明らかな比喩であって、嗅覚によってとらえることのできるにおいではないため、"闻见" よりは "闻到" を用いる方が better である。

第3章　感覚動詞に後置される"-到"、"-见"

3.3　"看到"と"看见"

3.3.1　内容理解を含意する"看到"

　視覚動作を表わす"看到"、"看见"の場合にも、3.1.1、3.1.4、3.2.2で述べた聴覚・嗅覚動作の場合と同様の相違がみられ、"看见"は視覚によって映像をとらえる動作を表わすにとどまるのに対し、"看到"は映像内容を理性によってとらえることをも表わす。例えば

　　(49)　昨天可把我吓了一跳，当时看**到**你那么难受。
　　　　　　　　　　　　　　　　　　　　　（≪日语口译教程≫:325を一部修正）

においては、「目にした」ことに対する"我"の反応を表わす"把我吓了一跳"が表現中に含まれている。この場合は、"你那么难受"が表わす状況を理解したために驚いたのであり、"**看见**"を用いると非文もしくは不自然な表現となる。同様に、

　　(50)　看**到**它，由于太滑稽，不由得笑了起来。
　　　　　　　　　　　　　　　　　　　　　（≪日语语法疑难辨析≫:94を一部修正）
　　(51)　自己在前些天看**到**小伙计那可怜的样子，从心里同情他。
　　　　　　　　　　　　　　　　　　　　　（≪学友现代日语Ⅲ≫:280）

においては、"太滑稽"、"那可怜的样子"が主体の判断を、"不由得笑了起来"、"从心里同情他"が目にした情景に対する主体の反応をそれぞれ表わしているために、

　　(52)　去外国旅游仅半年，归来后看**到**富士山时，不禁吃了一惊，多么美丽的山峰！（≪实用句型日语教程≫:552を一部修正）

においては"不禁吃了一惊"が主体の反応を表わし、"多么美丽的山峰！"が主体の反応を具体的な言葉にした成分となっているために"看**到**"が用いられている。(50)～(52)いずれの表現例も、"**看见**"を用いるより better である。

79

第Ⅰ部　日中対照編 ──"Ⅴ到"表現をめぐる日中対照 ──

　これは、"看见"を用いてコトガラを表現すると、「目にした」こと自体を述べる点に表現の比重が置かれるため、「目にした」ことに対する主体の判断・反応のような内容理解を前提とした成分との間に矛盾が生じることによると考えられる[7]。
　また、以下の表現例においては、"看到"、"看见"のいずれが用いられるかによって表現の前提となる事実が異なる。

(53)　◎看到他有那么多的钱，我感到奇怪。
(53)'　○看见他有那么多的钱，我感到奇怪。

(54)　◎看到他的面孔，总觉得有些害怕。（≪日语语法疑难辨析≫:446)
(54)'　○看见他的面孔，总觉得有些害怕。

　これらはそれぞれ、"我感到奇怪"、"觉得有些害怕"のような主体の反応を表わす成分を含んでいるため、"看到"を用いた(53)、(54)の方が"看见"を用いた(53)'、(54)'よりもbetterである。(53)'は"我"が"那么多的钱"を実際に目の前にしたことを表わす表現であるのに対し、(53)は(53)'と同様の内容を表わすほか、例えば、"他"が預金などの形で多くのお金を持っているのを見たこと、すなわち、目の前にある現金を見たのではなく、"他有那么多的钱"を抽象的な情報の形でとらえたことを表わす表現として用いることも可能である。同様に、(54)'は主体が"他的面孔"を直接に見ることを表わす表現であるのに対し、(54)は(54)'と同様の内容を表わすほか、写真などで間接的に見ることを表わす表現として用いることも可能であり、この点は聴覚動作を表わす(2)、(2)'間の相違と同様である。
　主体が視覚、理性の双方によって客体をとらえたことを表現するには"看见"よりも"看到"を用いる方がふさわしいことは、以下のような表現例において一層明白となる。

(55)　今天早上，山田醒来时，我看到他的眼睛已有精神，不象昨天发病时那样灰暗无光了。但他仍感到全身乏力，不想吃东西。

（『中国語中級コース』:20)

80

(55)においては、病気であった彼の様子を観察した結果、"他的眼睛"が前の日よりも元気で生き生きとしていることをみてとったことが"看到"によって表わされており、"他的眼睛已有精神，不象昨天发病时那样灰暗无光了"の部分が"我"の判断を表わしているため、"看到"を"看见"に置き換えると非文となる。また、

(56) 我第一次参加这样的追悼会，追悼我所熟悉和敬爱的人。死者的老伴递给我一朵小黄花。他的黑苍苍的脸上没有一丝泪痕，但比挂满泪珠还叫人受不了。在这张脸上，我看**到**了孤独，人到老境的孤独，失去配偶的孤独。(戴厚英≪人啊，人！≫)

における"看**到**"の客体は"孤独"という抽象的なものであり、これは主体が"死者的老伴"の表情を観察した結果として読みとったものであるため、"看见"を用いるよりも better である。これに対し、

(57) 我定了定神，对站着等我回话的许恒忠说："我在给小鲲做鞋子。就要好了。"我看**见**他的眼光闪了一下，立即又熄灭了。(戴厚英≪人啊，人！≫)

における"他的眼光闪了一下，立即又熄灭了"は、"我"が"他"の目の表情を読みとった結果としてとらえたものであり、実際に彼の目が光ったわけではないため本来ならば"看到"が用いられるべきところ、"看见"が用いられている。このような"看见"の用法は、"他"の目の表情を、あたかも読者の目の前に存在しているかのように具体的に生き生きと描写する効果を生じさせる [8] ことにつながっており、無意志のマーカーである"-见"がコトガラを客観的に描写するのに適していることに起因すると考えられる。さらに、以下の表現例は、主体が心に思い描いた想像上の情景を表わしている。

(58) 啊，这些给荒凉的大地铺上了锦绣花巾的人们，这些从狗尾草、蟋蟀草中给我们选出了稻麦来的人们，我们该多么感念他们！想像的羽翼可以把我们带到古代去，在一家家的门口清清楚楚看**到**他们在劳动，在饮食，在希望，在叹息，可惜隔着一道历史的门限，我们却不能和他们作半句

81

第Ⅰ部　日中対照編 ── "V到"表現をめぐる日中対照 ──

的交谈！(秦牧＜社稷坛抒情＞)

　想像上の情景は言うまでもなく実際に目で見ることはできないため、この場合に"看见"を用いると表現の整合性が劣るか不自然となる。
　一方、

(59)　无论多么缺乏感情的人，看**到**那种情况也不能不流泪的。

(≪日语语法疑难辨析≫：155)
(59)'　无论多么缺乏感情的人，看**见**那种情况也不能不流泪的。

の両者を比較すると、(59)の後件が表わすコトガラは人から伝え聞いたか、もしくは仮定の内容であるというニュアンスを含んでいるのに対し、(59)'の後件は話し手、聞き手の双方が実際に"那种情况"を目にすることを前提としているという相違がみられる。(58)および(59)、(59)'からは、"看见"は実際に見たことを前提として用いられるにとどまるのに対し、"看到"は必ずしもそうではなく、事実を前提としているか否かにかかわらず用いられることが理解できよう[9]。

3．3．2　意志性を含まない"看见"
　3.1.3、3.2.1において、"听见"、"闻见"が表わす動作は意志性を含まないのに対し"听**到**"、"闻**到**"が表わす動作は意志性を含むケースが存在することを述べたが、このことは"看到"、"看见"を用いた表現についても同様にあてはまる。例えば

(60)　要看**到**成绩，要看**到**光明！(『現代中国語辞典』"看"の項)

は命令表現の一種であり、話者の意志を表わす。かつ、抽象概念を表わす"成绩"、"光明"を客体とする"看**到**"はおのずと抽象的な動作を表わすこととなるため、"看见"を用いた

(60)'＊要看见成绩，要看见光明！

は非文である。
　一方、主体の意志によらないで映像を目にしたことを表わす場合には、"看见"が用いられる傾向にある。例えば

　(61)　从火车的车窗里看见了海。

は、列車の窓から海が見えたことを表わす表現であり、これに適切な後件を続けると、例えば

　(62)　从火车的车窗里看见了海，海上有两条船。

のようになる。(62)の"从火车的车窗里看见了海"は、"トコロ＋V＋モノ"形式で「列車の窓から海が見えた→列車の窓の外には海があった」というコトガラを表わす情景描写の表現、すなわち聴覚動作を表わす(31)'の場合と同様に現象文に近い性格を有する表現であるということができる[10]。このような場合には、主体の意志を含意する可能性のある"看到"よりは、そのような可能性のない"看见"を用いた方が表現の整合性が保たれるようであり、

　(62)'？从火车的车窗里看到了海，海上有两条船。

は、(62)よりもやや不自然な表現である。また、

　(63)　他低下头看见了地下有一个盒子。

は、"地下有一个盒子"の部分がいわゆる存現文の形をとっており、「下を見たらたまたま"地下有一个盒子"という情景が目に入った」という無意志の視覚動作を表わす表現となっている。(63)の"看见"を"看到"に置き換えても不自然な表現とはならないものの、前者を用いる方がbetterである[11]。さらに、

　(64)　 我看到远处跑过来三个人。
　(64)'我看见远处跑过来三个人。（来思平・相原茂 1993：163）

83

の両者を比較すると、(64)は(64)'よりも動作表現としての性格が強いという相違がみられ、それぞれに適切な後件を続けると、例えば

(65)　我看**到**远处跑过来三个人，马上同他们打招呼。
(65)'　我看**见**远处跑过来三个人，每个人抱着很多行李。

のようになる。(65)の後件は、前件の"看**到**"とともに時間的に前後して行なわれる一連の動作を表わしているのに対し、(65)'の後件は"三个人"の様子を描写している。ちなみに(64)においては、動作表現としての性格がより強い"看**到**"形式であることと、いわゆる現象文の形をとっているため描写性が強い"远处跑过来三个人"を客体としていることとの間に矛盾が生じている。このため(64)は単独で用いることができず、(65)のように動作を表わす後件を続けてはじめて安定する。これに対し、"看**见**"を用いた(64)'は単独でも自然な表現として成立する。

(65)、(65)'と同様に、

(1)　他看**到**了桌子上的黑面包。
(1)'　他看**见**了桌子上的黑面包。

(66)　我在自由市场看**到**了一个竹花篮。(『中国語中級コース』：60を一部修正)
(66)'　我在自由市场看**见**了一个竹花篮。

の場合も、"看**到**"を用いた(1)、(66)に対しては、例えば

(67)　他看**到**了桌子上的黑面包，马上就拿了过来。
(68)　我在自由市场看**到**了一个竹花篮，当场就买下来了。

のような動作について述べた後件を続けるのがふさわしいのに対し、"看**见**"を用いた(1)'、(66)'は、動作表現としての性格が"看**到**"を用いた(1)、(66)の場合ほど強くないため、例えば

第3章 感覚動詞に後置される"-到"、"-见"

(67)' 他看见了桌子上的黑面包，那个面包都发了霉。
(68)' 我在自由市场看见了一个竹花篮，里边放着几枝花儿。

のような、客体について詳しく描写する内容の後件を続けるのがふさわしい。
　ところで、(67)、(68)の"看到"は、"看见"のように単に「見た」ことを表わすだけでなく、それぞれ「(手にとるに値するものを)見つけた」、「(買うに値するものを)見つけた」ことをも表わしている。このことは換言すれば、"他"、"我"が"黑面包"、"竹花篮"に対し、あらかじめ見ることを意図してはいなかったが、見た時点においては「見るに値する」という肯定的価値判断をしたということである。1.3.2で述べたように、"-到"は動作の完結を確定する働きを有すると同時に、動作の完結に対する話者の主観的判断を表わす成分との結びつきが強く、このことが上記のような効果を生じさせていると考えられる。同様に、

(69) 我在自由市场看<u>到</u>了一个竹花篮。这个花篮做工精细，表面编织着山水，又好像是一幅小小的山水画儿。真可以说是一件工艺品了。
(『中国語中級コース』:60を一部修正)

は、"这个花篮做工精细，表面编织着山水"が"看到"の客体である"一个竹花篮"について描写している点においては"看见"を用いた(67)'、(68)'の場合と同様である一方、"又好像是一幅小小的山水画儿"および"真可以说是一件工艺品了"が客体を描写すると同時に"我"の肯定的価値判断を含んでいる点においては異なり、"看到"を"看见"に置き換えると表現の整合性が低くなる。これに対し、例えば

(70) 我们还看见路两旁的货摊儿排成一排呢。都在卖衣服、青菜、水果、还有各种吃的。(≪日语口译教程≫:301)

の場合には、後件の"都在卖衣服、青菜、水果、还有各种吃的"が"路两旁的货摊儿"について描写するにとどまるために"看见"が用いられている。
　(69)と同様の例としてはさらに、

85

(71) 从窗户看**到**的雪景像一幅画儿一样。(来思平・相原茂1993:158を一部修正)

が挙げられる。(71)においては、"像一幅画儿一样"が"雪景"を描写すると同時に肯定的価値判断を含んでいる。一方、

(72) 在陪我妻子回娘家的火车上，从火车的车窗里看**到**了海，这是我第一回看**到**海。

においては、"这是我第一回看**到**海"が海を初めて見たことを表わしている。海を初めて見た場合、一種の感動を覚えるのが通常であり、"这是我第一回看**到**海"は肯定的価値判断を含んでいるとみてさしつかえない。(71)、(72)の"看到"を"看见"に置き換えると表現の整合性が低くなる。

3.2.1で述べたように、肯定的価値判断は客体が有する肯定的な概念によっても表わされ、例えば

(73) 我有个朋友从外国回来，在他那儿我看**到**了不少好东西。
(74) 不，谈不到感兴趣，不过是看**到**一些自己觉得新奇的，就想问一问。
　　　　　　　　　　　　　　　　　　　　　　　(≪日语口译教程≫:260)
(75) 看**到**中意的句子就随手抄写下来。(『岩波 日中辞典』「であう」の項)

における"好东西"、"自己觉得新奇的"、"中意的句子"はいずれも、「見るに値する」という肯定的価値判断がいわゆる連体修飾成分によって明示されている。上記の表現例において"看见"を用いると、

(75)' ＊？看**见**中意的句子就随手抄写下来。

が非文もしくは不自然な表現となるほか、

(73)' 我有个朋友从外国回来，在他那儿我看**见**了不少好东西。
(74)' 不，谈不到感兴趣，不过是看**见**一些自己觉得新奇的，就想问一问。

第3章　感覚動詞に後置される"-到"、"-見"

の整合性は(73)、(74)よりも低いこととなる。同様に、

(76) 到日本去，可以看**到**真的富士山。(≪日语语法疑难辨析≫:356)
(77) 如果到上野动物园去，就可以看**到**大熊猫。(同上)
(78) 在故宫我看**到**了很多历史文物。(『Daxue Hanyu II』:35)

における"富士山"、"大熊猫"、"历史文物"は、いずれもこれら自身が「見るに値するもの」としての性格を備えていると考えてさしつかえなく、"看到"を"看见"に置き換えた

(76)' 到日本去，可以看**见**真的富士山。
(77)' 如果到上野动物园去，就可以看**见**大熊猫。
(78)' 在故宫我看**见**了很多历史文物。

の整合性は(76)〜(78)に劣る。また、

(79) 新婚夫妇胸前戴着印有'囍'字的红花，热情地招待客人。客人们不时地开上几次有趣的玩笑。气氛活跃，毫无拘束之感。听说晚上还有闹洞房的习惯。遗憾的是我有事没能<u>看**到**</u>那最精彩的一幕。
(『中国語中級コース』:36)

の場合には、"那最精彩的一幕"が見るに値するものであることが、連体修飾成分"最精彩"が用いられている点、"闹洞房"の場面が見られなかったことに対して"遗憾"という"我"の判断が述べられている点によって明白であるため"看**到**"が用いられており、"看见"を用いるよりもbetterである。

「見るに値するもの」を目にすることを表わす場合に"看**到**"を用いる傾向があるということは、

(80) 甲：前几天去了特区，真使我惊奇。
　　　乙：是吗。你都看**到**什么了，那么兴奋。(『Step-up Chinese』:81)

87

第 I 部　日中対照編 ── "V 到"表現をめぐる日中対照 ──

(80)'　甲：前几天去了特区，真使我惊奇。
　　　　乙：是吗。你都看**见**什么了，那么兴奋。

のように主体と話者とが異なる表現例についても同様にあてはまる。上記の表現例における"看**到**"、"看**见**"の主体は甲である一方、"你都看**到**什么了"および"你都看**见**什么了"は乙の発話である。(80)の"你都看**到**什么了"では、乙が甲の話に関心をもった、すなわち見るに値すると判断した上で「何を見たのか」とたずねているのに対し、(80)'の"你都看**见**什么了"では、乙は甲の話に対して特に関心をもってはいないという相違がみられる。同様に、

(81)　 小王，你看**到**我的字典了吗？(来思平・相原茂 1993：154 を一部修正)
(81)'　小王，你看**见**我的字典了吗？(同上)

も、"看**到**"、"看**见**"の主体と話者とが異なっている。両者を比較すると、(81)の場合には、例えば"小王"が"我的字典"をさがすのを手伝ってくれており、発話時において小王はすでに"我的字典"のありかを知っているであろうという話者の期待を前提としている可能性があるのに対し、(81)'の場合にはそのような可能性はなく、"我的字典"を見かけたかどうかを単純にたずねる表現であるという相違がみられる。(81)の"我的字典"は「見るに値するもの→見られることが期待されているもの→見つかることが期待されているもの」であり、この期待は主体の"你(＝小王)"ではなく、話者によるものである。

　見られることが期待されているものの例としては、さらに以下のようなものが挙げられる。

(82)　　一到春节，在中国去哪儿都会看**到**红纸黑字的对联。
　　　　　　　　　　　　　　　　　　　　　　(『中国歴史文化風俗』：30)
(82)'　? 一到春节，在中国去哪儿都会看**见**红纸黑字的对联。

(83)　　◎在中国的大街小巷，你可以看**到**，有的男子提着篮子在买菜，有的
　　　　　抱着孩子在哄逗，　有的在洗衣或做饭。(『中国はてな物語』：42)
(83)'　○在中国的大街小巷，你可以看**见**，有的男子提着篮子在买菜，有的

88

抱着孩子在哄逗，有的在洗衣或做饭。

　(82)、(82)'の場合、春節になると家々の門に"対聯"を貼ることは中国の伝統的な習慣であり、春節になれば当然それを目にすることが期待されるため、"看到"を用いた(82)は自然な表現として成立するのに対し、"看见"を用いた(82)'は不自然である。また、(83)、(83)'の場合、中国では男性も家事をするのが普通であり、男性が買い物かごを下げて買い物をしたり、子供を抱いてあやしたり、洗濯や炊事をしたりする姿が当然見られることを前提としているため、"看到"を用いた(83)の方がbetterである。また、

　(84) 怎么看不**到**穿旗袍的呢？那样更显得苗条呢。（≪日语口译教程≫:76）

は「どうしてチャイナドレスを着た人がいないのだろう」という話者の疑問を表わし、話者がそのような人の姿を目にすることを期待していたことは"怎么"の存在から明白であるため、"看不见"を用いると不自然となる。
　一方、主体が予期せずにある情景を目にした場合には、"看见"が用いられる傾向がある。例えば

　(38) 当我们走进刘老师家时，看**见**桌子上摆满了丰盛的酒菜。刘老师的爱人正在厨房里忙着，可以闻到炸鱼的飘香。

における"看见桌子上摆满了丰盛的酒菜"は、"我们"が"刘老师家"に入った時に目にした情景を表わしており、意志性を含まない"看见"を用いることによって、「劉先生がもてなしの準備をしているとは思いもよらなかった」というニュアンスを含んだ、主体が予期していなかった突然のコトガラとして情景が目に入ったことを表わす表現となっている。これは、「意志性を含む→客体を目にすることに対する期待を含意する」のような効果が生じる"看到"の場合とは異なり、"看见"を用いると「意志性を含まない→予期せずに客体を目にすることを含意する」のような効果が生じるためと考えられる。

第Ⅰ部　日中対照編 ── "Ｖ到"表現をめぐる日中対照 ──

3．3．3　「読む／会う」を表わす"看到"

3.3.1で述べたように、目にしたことに対する主体の判断・反応を表わす成分を含む表現においては、"看见"よりも"看到"が用いられる傾向が存在する。主体の判断・反応は、映像を視覚でとらえた上、そこから映像以外の様々な情報をも読みとることによってなされる。さらに例を挙げると、

(85) 有个北京人去河南出差，正在过一小桥时，忽听桥下一妇女大喊"我的ＨＡＩＺＩ啊"，心想不好了，就跳入河里救孩子。他在河里找了半天也不见孩子的影子，只好垂头丧气地上岸。妇女看<u>到</u>他那副样子，说："算了吧，不就是只ＨＡＩＺＩ嘛！"他才知掉到河里的原来是只鞋。
(『China Today』:13)

においては、"妇女"が彼の姿を表面的に目にしたことだけではなく、川から上がってがっくりしている様子をとらえたことが表現されており、彼の姿からその気持ちを読みとった上で"算了吧，不就是只ＨＡＩＺＩ嘛！"と言ったことが文脈から明白である。同様に、

(86) 我有时在电视上看<u>到</u>过靠气功一下子就把病人治好，好厉害呀。那是真的吧？(≪日语口译教程≫:293)

は、気功によって病人の治療が行なわれている場面を話者がテレビで見たことを表わしている。"我"はテレビで治療の風景を見るとともに、気功による治療の驚くべき効果を見て驚いたために"好厉害呀"と言ったのである。また、

(87) 黄浦江对岸是浦东开发区。可以看到许多新造的高楼大厦，还有一座四百多米的亚洲最高的电视塔。站在黄浦江边，<u>看到</u>了新老两个上海的面貌，我感到了上海的活力。(『アクセス中国(教科書版)』: 70)

においては、上海の風景を映像としてとらえるのみならず、昔ながらの上海の姿、変わりつつある新しい上海の姿を観察した結果として"上海的活力"を感じたことが述べられており、

90

(88) 香港的回归是举世注目的一件大事。我们**看到**香港回归之后，依然持续繁荣，感到非常欣慰。(≪日语口译教程≫:296)

も映像としての香港の姿にとどまらず、香港が中国に返還された後も相変わらず繁栄している様子をとらえた表現、すなわち、香港の町を具体的な風景として見ただけではなく、中国に返還された後も依然として繁栄を続ける香港の状況を観察したことを表わす表現であり、観察した結果に対して"感到非常欣慰"という反応が生じている。"看到"を"看见"に置き換えると、(86)、(88)の場合には不自然な表現となり、(85)、(87)の場合には自然な表現として成立はするものの、表現の整合性が"看到"を用いるよりも劣ることとなる。

"看见"が映像のみをとらえる動作であるのに対し、"看到"が映像に加えてその内容をもとらえる動作であるということは、以下のような表現例において一層明白となる。

(89) 看**到**这信，她不由得哭了起来。(『中国歴史文化風俗』: 8)
(90) 昨天我看**到**的一份杂志上说，现在以茶叶为出口商品的有二十多个国家。
(『中国語中級コース』: 10)
(91) 前几天在报上看**到**一个标题，叫"要关心下岗工人的生活"。
(『China Today』: 50)

(89)は、「この手紙を読んで、彼女は思わず泣き出した」ことを表わす表現であるのに対し、

(89)'？看**见**这信，她不由得哭了起来。

は、手紙の内容ではなく「手紙が届いているのを見て彼女が泣き出した」ことを表わす表現であり、場合によっては、封も開けていない手紙、すなわちまだ読んでもいない手紙を見て彼女が泣き出したことを表わすため、不自然な表現である。同様に、(90)は「"现在以茶叶为出口商品的有二十多个国家"という内容を雑誌で読んだ」ことを表わす表現であるのに対し、

(90)'＊昨天我看见的一份杂志上说，现在以茶叶为出口商品的有二十多个国家。

は、雑誌を読んだのではなく「雑誌そのものを見た」ことを表わす前件が後件内容と矛盾するため、非文となる。"看见"は、例えば

(92) 我看见一本儿杂志在桌子上放着。

のように、雑誌が置いてある情景を見たことを表わす表現においてであれば用いることが可能である。(90)の場合と同様に、(91)においては"标题"の具体的な内容が後件で述べられ、主体がそれを読んだことは明白であるため"看到"が用いられており、"看见"に置き換えて

(91)'？前几天在报上看见一个标题，叫"要关心下岗工人的生活"。

とすると不自然な表現となる[12]。
　ところで、"看到"、"看见"間の相違は、ヒトを表わす成分を客体としてとる場合には以下のような形であらわれる。例えば

(93)　你看到他了吗？　　　　　(93)'你看见他了吗？

は、「あなたは彼に会いましたか」、「あなたは彼の姿を見かけましたか」のいずれの内容を表わす表現として用いることも可能である一方、(93)は「あなたは彼に会いましたか」の意味が、(93)'は「あなたは彼の姿を見かけましたか」の意味がそれぞれ強いという相違がみられる[13]。同様に、

(94)　昨天我看到他了。
(94)'昨天我看见他了。(『岩波 中国語辞典』"看见"の項)

の両者を比較した場合も、(94)は「昨日私は彼に会った」の意味が、(94)'は「昨日私は彼の姿を見かけた」の意味がそれぞれ強い。このことは、(94)に対

第3章 感覚動詞に後置される"-到"、"-见"

しては、例えば

(95) 昨天我看**到**他了，他精神状态不太好。

のように、彼に会ったことを前提とする内容の後件を続けることも、さらには

(95)' 昨天我看**到**他了，他穿着一件红毛衣。

のように、彼の姿を見かけたことを前提とする内容の後件を続けることも可能であるのに対し、(94)' の場合には、

(96) ?昨天我看**见**他了，他精神状态不太好。

は自然な表現として成立せず、

(96)' 昨天我看**见**他了，他穿着一件红毛衣。

であれば自然な表現として成立可能な点からも明白である。
　上記のような相違は、視覚によって客体映像をとらえる動作を表わすことにその用法が限定される"看见"と直接に比較された結果として、"看到"が表わす動作の非視覚的な側面が際立ち、何らかの接触をともなったことを読みとられるにいたったことが一因となっていると考えられる。

3．3．4　"看到"、"看见"と表現の比重
　ところで、"看见"を用いた以下の表現例においては、どんな映像が見えるかではなく、主体の視力が問題とされている。

(97) 猫在夜里也能看**见**东西。（『岩波 日中辞典』「みえる」の項）
(98) 病好了之后，右眼睛看不**见**了。（≪日语语法疑难辨析≫:356）

(97)における"东西"は特定のモノではなく、モノ全般を表わしている。表

93

現の比重は「何が見えるか」ではなく「見えるかどうか」に置かれており、"看見"を"看到"に置き換えると表現の整合性が低くなる。また、(98)は「右目の視力が失われた」ことを表わすのに対し、

(98)'＊病好了之后，右眼睛看不到了。

においては"右眼睛"が"看不到"の客体となり、「右目がなくなっていた」という内容を表わすこととなるため非文である。このことは、"看見"よりも"看到"の方が、客体に対する必須度が高いということを意味する[14]。一方、

(99) 自己的脸庞不用镜子照就看不到。(≪日汉互译教程≫:69)

の場合には、「自分の顔は鏡を使わなければ見ることができない」を表わし、表現の比重は「目が見えるかどうか」ではなく「自分の顔が見えるかどうか」にある。このことは、(99)の"自己的脸庞"は(97)の"东西"よりも情報価値が高いこと、すなわち(99)は(97)よりも客体に対してより一層比重を置いた表現であることを意味する。(99)の"看不到"を"看不見"に置き換えると非文あるいは不自然な表現となる。

"看見"は視力を問題とする場合に用いることが可能な表現形式であるため、否定形で用いられると、何も視界に入らなかったことを表わす表現となるケースが存在する。例えば

(100) 我看了，但是没看到。
(100)' 我看了，但是没看见。(荒川 1981：19、同 1986：30)

を比較すると、前者は「見えたことは見えたが、はっきりとは見えなかった」ことを表わすのに対し、後者は「まったく見えなかった」ことを表わすという相違がみられる。"看到"を用いた(100)の場合、視覚によってはっきりと客体をとらえることはできなかったが、視界には入っていたことになる。一方、"看見"を用いた(100)'の場合、主体の視力がたとえ正常であったとしても客体は視界にまったく入っていなかったことになる。このことは、以下の表現例に

おいて一層明白となる。

(101)　因为漆黑，我什么也看不**到**。
(101)'　因为漆黑，我什么也看不**见**。

(101)、(101)'を比較すると、前者は、例えば「真っ暗な闇の中に何かがある(or いる)ことはわかるものの、それがどんなものであるかがはっきりとは見えない」、すなわち「視覚によって客体をはっきりととらえることができない」ことを表わすのに対し、後者は「真っ暗で何も見えない」ことを表わすという相違がみられる。
　このように、"看**到**"は「何が見えるか」に比重を置いた表現形式であるのに対し、"看**见**"は「見えるかどうか」に比重を置いた表現形式である。このことは、以下の表現例においても同様であり、

(102)　○电灯太暗，画看不**到**。　　(102)'　◎电灯太暗，画看不**见**。

の両者を比較すると、(102)'の方が better である。これは、電灯が暗ければ絵だけでなく、視界全体が見えにくいためである。これに対し、

(103)　◎有几个人站在画前，一动不动，后面的人只能看**到**画上的上半部分和他们的背影。(《实用句型日语教程》:546)
(103)'　○有几个人站在画前，一动不动，后面的人只能看**见**画上的上半部分和他们的背影。

においては、前に人が立っていて視界をさえぎっているために絵が見えないのであって、主体の視力に問題があるためでも暗くて視界全体が見えにくいためでもないため、"看**到**"を用いた(103)の方が better である[15]。
　また、

(104)　◎看**到**船了，我们得救了。
(104)'　○看**见**船了，我们得救了。(《口语语法疑难辨析》:355)

の場合には、「船が見えた」ことに対して後件内容が続くのであるため(104)の方がbetterであるのに対し、

(105)　？○从外面能看**到**啊，请把窗帘拉上！
(105)'　○从外面能看**见**啊，请把窗帘拉上！(≪日语语法疑难辨析≫：355-356)

の場合には、「見える（見られる）」のは都合が悪いからカーテンを引くのであるため、"看**到**"を用いた(105)は不自然もしくは表現の整合性が(105)'よりも劣ることとなる。同様に、

(106)　＊？字写得这么小，谁看得**到**？
(106)'　○字写得这么小，谁看得**见**？(杉村1988：224)

の場合も、前件において聞き手の書いた字のことがすでに話題に出されており、その字が見えるか見えないかというレベルで「誰にも見えませんよ」と言っているため、(106)'は自然な表現として成立するのに対し、(106)は非文もしくは不自然な表現である。
　さらに、

(107)　○我亲眼看**到**的。(『岩波　中国語辞典』"见"の項を一部修正)
(107)'　◎我亲眼看**见**的。(同上)

は"亲眼"を含んでおり、「（自分の目で）見た」ことに比重が置かれた表現であるのは明白であるため(107)'の方がbetterであるのに対し、

(108)　把看**到**的如实说出。(≪现代日语语法≫：63)
(109)　看**到**什么就说什么。(同上)

においては、「何を見たか」に表現の比重が置かれているため"看**到**"が用いられているのであり、"看**见**"に置き換えると表現の整合性が低くなる。
　"看**到**"が"看**见**"よりも客体に対する必須度が高いのは、到達点を示す成

分としての"-到"の働きから生じていると考えられる。"看到"表現における客体は、視覚動作がいきつく一種の到達点であり[16]、コトガラ成立のためには不可欠の成分である。これに対し"看見"表現の場合には、視覚そのものについて問題とする表現にみられるように、客体は必ずしも不可欠の成分ではない。

3.4 "V到"と"V見"

3.4.1 "V到"、"V見"の相違点

以上の考察によって明白となった"V到"、"V見"間の相違は、以下のようにまとめることができる。

- "V見"は、感覚器官によって映像、音声、においをとらえることを表わすのに対し、"V到"は、感覚器官によってそれらをとらえるとともに、理性によってその内容をもとらえることを表わす。従って、映像、音声、においをとらえたことに対する主体の判断・反応を表わす成分を含んだ表現の場合には、主体が感覚器官によって客体をとらえた上、そのことが意味する状況を理解することが前提となるため、"V見"よりも"V到"を用いる方が better である。また、"V見"の客体は、一般に個別の具体的な映像、音声、においを表わす成分に限定されるのに対し、"V到"の場合は抽象的な概念(ex. 想像上の情景、人から伝え聞いた情報やうわさ、記憶に残っているにおい)を表わす成分を客体とするケースも存在する。このことは、"V見"は動作が実際に行なわれたことを前提として用いられるにとどまるのに対し、"V到"は話者の意志を表わす表現に用いられるケースが存在することからも明白なように、動作が実際に行なわれたという事実を前提としないで用いることも可能であるという相違につながっていく。

- 無意志の動作を表わす場合には、"V到"よりも"V見"を用いる方が better である。"V見"は、主体が予期せずに客体をとらえたことを表わす場合や、主体の意志とは関わりなく何かが見えたり聞こえたり、におっ

たりしたことを表わす場合に用いられる。これに対し、"V到"は有意志、無意志いずれの動作を表わすことも可能であり、主体があらかじめ客体をとらえようと意図していた場合や、そのような意図がなくても、発話時に客体に対して肯定的価値判断がなされている場合には"V見"よりも"V到"が用いられる傾向にある。これは、客体に対する肯定的価値判断は、客体をとらえようという意志につながるためであると考えられる。このような意志性の有無における"V到"、"V見"の相違は動作性の強弱と表裏一体をなしており、動作性が比較的弱い"V見"を用いた表現の中には、"V到"を用いた表現よりも描写性が高いケースが存在する。

・"V到"は、"V見"よりも客体に対する必須度が高く、客体の情報価値も"V到"表現における方が高い。このことは、"V到"表現においては「どんな映像、音声、においをとらえたか」に比重が置かれるのに対し、"V見"表現においては「映像、音声、においをとらえたかどうか」に比重が置かれることを意味する。このような相違が生じるのは、3.3.4で述べたように到達を示す"-到"の働きから生じていると考えられる。"V到"表現における客体は、視覚、聴覚、嗅覚を用いた動作がいきつく一種の到達点であり、コトガラ成立のためには不可欠の成分であるのに対し、"V見"表現における客体は、視覚、聴覚[17]、嗅覚など感覚そのものについて問題とする表現にみられるように、必ずしも不可欠の成分ではない。

・"見"は本来、「視覚によって映像をとらえること」を表わす動詞であり、補語として感覚動詞に後置される場合には聴覚、嗅覚による動作についても用いられるという点において用法の拡大がみられる。しかし、"-見"が表わすのは「感覚器官によって映像、音声、においをとらえること」であり、"-到"のそれよりも具体的かつ限定された概念である。これに対し"-到"が表わすのは、1.1.2で述べたように「動作の客体への空間的到達」であり、それは同時に「動作が完結という時間的到達点に達すること」であるため"-見"の場合よりも抽象的かつ広範な概念である[18]。このことは、"-見"が主として"看、听、闻"のようないわゆる感覚動詞に後置されるのに対し、"-到"は感覚動詞、非感覚動詞のいずれに後

第3章 感覚動詞に後置される"-到"、"-見"

置されることも可能であることと表裏一体をなしている。

1.1.1で述べたように、"V到"はいわゆる主要部前項型の表現形式であり、"-到"は前項であるVに従属する形で動作の完結を表わす。これに対し、"V見"における"-見"は"-到"よりも具体的な概念を表わし、とりわけ"看見"においては、"看到"における"-到"に比べると"-見"の意味的な比重が重い。このことは、例えば

(110) 他进了门一看，就见一个蝈蝈笼子挂在窗前葫芦架上。

(浩然≪幼苗集≫を一部修正)

のように、"见"が"看"とは別に一つの動詞として用いられる表現の存在によっても明白である。(110)における"看"は「見ようとする」動作を表わすにとどまり、例えば

(111) 扭头见前面走廊拐弯处走来几个穿白衣服的医生。(山崎1982：36)

における"扭头"が"前面走廊拐弯处走来几个穿白衣服的医生"と直接的に結びつかないのと同様に、"见"とは切り離された一つの動作として表現されている。"看见"における"-见"は、"看"とは別個の動作ではないが、"看到"の"-到"が前項の"看"に完全に従属しているのに比べると意味的な独立性が強い。このことは、(110)の"见"を"看见"に置き換えることは可能である一方、"看到"に置き換えることはできないという点によっても明白である。これらのことから、"看见"は"看到"に比べると主要部前項型の表現形式としての性格が弱いということができよう。一方、"听见"、"闻见"における"-见"は、視覚動作を表わす本来の用法から拡大している点において"看见"におけるそれよりも意味的に抽象化されてはいるものの、「感覚器官によって客体をとらえる」という限定された具体的意味を表わしているため、"听见"、"闻见"は"听到"、"闻到"に比べると主要部前項型の表現形式としての性格が弱いということができよう。

3.4.2 "-到"、"-见"選択の主たる要因

最後に本節では、これまでに明らかとなった"-到"、"-见"の特徴が単純にはあてはまらないケースについて考察を加えることとする。

3.1.1および3.3.1で述べたように、(10)、(57)は"-见"が使用されることによって表現の描写性が高くなっている。(10)、(57)における音声、映像はいずれも具体的なものではないため、本来ならばそれぞれ"听到"、"看到"が用いられるべきところ、場面を生き生きと描写することを主たる表現意図とした結果として"听见"、"看见"が選択されているのである。一方、(69)においては、3.3.2で述べたように、客体を描写する成分、客体を描写すると同時に肯定的価値判断を含む成分が並存し、主たる表現意図が客体に対する肯定的価値判断を述べることにあるため"看到"が用いられている。また、

(112) ≪C城大学文化大革命如火如荼，走资派奚流终于被揪了出来≫。这是我偶然看到报纸上的一条消息的标题。(戴厚英≪人啊，人！≫)

においては、無意志の動作であることを明示する"偶然"が存在するにもかかわらず"-到"が用いられている。(112)は「新聞を読む」という動作を行なっている時に"标题"を目にしてその内容を理解したことが前提となっており、これが主たる要因となって"看到"が用いられていると考えられる。さらに、

(113) 我的眼睛好极了，能看到远处的那个人。

(来思平・相原茂1993：154を一部修正)

は"我"の視力がよいことを表わしているため"看见"を用いることも可能である。但し、"看到"が用いられることにより、"那个人"がいる遠くまで見えるということがより強く感じられる表現となっている。これは、"-到"が用いられることにより、"那个人"が"看"という動作の空間的到達点としての性格を強く帯びるためであると考えられる。

このように、"-到"、"-见"の選択に際しては、話者(筆者)の主たる表現意図や、コトガラの中心的な内容が何であるかということが最終的な選択の要因となるケースが存在するのである。

第3章　感覚動詞に後置される"-到"、"-见"

注

1) これらの点については、第1章の注4、第2章の注3、荒川1985a：5、王红旗1995：154-155、项开喜1997：158-160を参照。"-见"が主として感覚動詞に後置される点については、『中国語教科書 上巻』：248、≪现代汉语八百词（"见"の項）≫、≪实用现代汉语语法≫：332、项开喜1997：160を参照。
2) (4)'の後件には"全"が含まれており、これがあることによって前件との整合性が増すものの、不可欠な成分であるというわけではない。
3) "听见"を用いるのであれば、例えば"我听见了老王说：'县里新来了个县长'。"のように、主体が直接に耳にしたことを表わす表現とする方がbetterである。
4) "-见"のこのような働きについては、山崎1982：36、42、香坂1983：36を参照。
5) 大島1993：359は、"我有鼻炎，闻不着味儿。"を、個別のにおいではなく、においそのものに言及する表現であるとしている。この表現は、"我有鼻炎，闻不到味儿。"よりは"我有鼻炎，闻不见味儿。"に近い内容を表わすこととなる。
6) このような現象は、(21)および(20)'、(22)'と共通している。
7) "闻到"を用いた(36)の後件も、(50)～(52)と同様に主体の判断を表わしている。
8) このことは、"听见"を用いた(10)についてもあてはまると考えられる。"V见"を用いることで生じるこのような効果は、荒川1986：30の指摘にみられるように「感覚的に存在をとらえる」という結果を意味する"-见"の働きによると考えられる。
9) この点は"听到"、"听见"を用いた(11)、(11)'の場合と同様である。
10) 同様の例としては、例えば"街上看不见人影儿。(『现代中国語辞典』"看"の項)"が挙げられる。この表現例は、「通りには人の姿が見えない」というコトガラを表わしており、"街上没有人。"と同様に、「通りには人がいない」という情景を客観的に描写する働きを有する。これに対し、"街上看不到人影儿。"は、「通りには人がいるはずだ」という話者の予測を前提とした表現であり、「通りには人の姿が（見えるはずなのに）見えない」というコトガラを表わす表現である。
11) 山崎1982：36は、中国語の"看"が"见"、"到"等の結果補語をとったり（"看见"、"看到"）、無意志動詞専用の"见"に変わったりすると非恣意的な知覚行為を表わすとしているが、(63)にみられるように、無意志の動作を表わす場合には"看见"を用いる方がbetterである。また、(60)にみられるように"看到"は意志を表わす表現に用いることも可能であるため、"看到"が常に非恣意的な知覚行為を表わすと断定することは厳密性に欠ける。
12) (74)の"看到"は、「(主体が自分の目で)見る」、「(本などで)読む」のいずれに解することも可能である。このことから、内容理解をともなう"看到"が「読む」動作を表わす働きをすることがみてとれる。この点については5.3.1および第11章で述べる。
13) この点については5.3.2および8.2で述べる。
14) (98)と同様の表現例で"听见"を用いたものとしては、例えば"得了病以后，这只耳朵听不见了。(≪日语语法疑难辨析≫：357を一部修正)"が挙げられ、"听不到"を用いるよりもbetterである。
15) ちなみに≪实用现代汉语语法≫：354は、(103)、(103)'と同様の客観的事実を前提とした表現として"前边的人挡着我，看不见黑板上的字。"のような"看见"表現を挙げている。
16) "远处可以看到流水的尽头。(≪日汉互译教程≫：116)"における"-到"は動作の完結を表わす

101

第Ⅰ部　日中対照編 ── "Ｖ到"表現をめぐる日中対照 ──

一方、"-見"に置き換えた表現と比較した場合には「遠くまで見えた」というニュアンスがより強く感じられるため、空間的到達点を示す成分としての性格が残っていると考えられる。"看到"の働きにみられるこのような二面性については、項开喜 1997：168-169 を参照。

17) 聴覚を問題とする場合の例としては、例えば"使用这个助听器，耳朵听不**见**的人也可以听**到**。(≪日语语法疑难辨析≫：357)"における"听不见"が挙げられる。ちなみに、表現末尾の"听到"は聴覚を問題としているのではなく、「聞きたい」という意志を前提とした動作を表わしている。

18) 松村 1997 a：59 には、"-見"が"-**到**"、"-**着**(zháo)"、"-**完**"、"-**过**"などとともに意味的に抽象化している旨の記述がみられる。但し、これらの間には抽象化の度合いにおいて差異が存在し、"-見"よりも"-到"の方が抽象化の度合いが高いと考えられる。

第4章

"见"に後置される "-到"

4.0 はじめに

　中国語の視覚動詞"见"は、いわゆる結果補語"-到"をともなって、例えば

(1) 我见到了一个外国人。

のように"见到"形式で用いられることがある。1.1.2、1.2.1で述べたように、"-到"がいわゆる他動詞に後置される場合には、動作の結果（＝動作が完結したこと）を表わす働きを有し、"-到"をともなわない場合には、動作が完結したか否かは必ずしも確定していない。しかし"见"は、それ自身が結果を含意しているとされる点[1]において、同じく視覚動作を表わす"看"やその他の非視覚動詞が、一般に主体の客体に対する働きかけ（動作の過程）を表わすことに比重を置いているのとは性格を異にする。例えば"看"は、主体が視覚により客体をとらえようとする動作を表わすが、客体が視覚によってとらえられたことは、"-到"をともなってはじめて確定する。この場合、"-到"の有無は、"看"という動作が完結したことを明示するか否かに直接的に影響する。これに対し"见"は、主体が視覚により客体をとらえたことを含意するため、動作が完結したことを明示するために"-到"を付加する必要性は、それが不可欠である"看"の場合に比べると少なく、"-到"の付加は任意的であるかのような観がある。しかし、"见到"表現における"-到"の必須度が"看到"表現におけるそれほどには高くなくても、"见到"、"见"が表わす内容は等価値ではなく、両者の間には何らかの知的意味やニュアンス、あるいは統語的機能の相違が存在していると考えられる。本章は、"见到"表現と"见"表現とを比較することにより、"见到"における"-到"の働きを明らかにすることを目的とした成戸2004を修正したものである。

第Ⅰ部　日中対照編 ── "Ｖ到"表現をめぐる日中対照 ──

4．1　動作の方向性と客体との関わり

4．1．1　単方向動作を表わす"見到"

　"见"の代表的な語彙的意味としては、日本語であれば「見る、見かける、目にする、見える」などによって表わされるもののほか、「会う」によって表わされるものが挙げられる。前者は視覚によって客体をとらえるにとどまり、視線を支えとした空間的な性格を有するのに対し、後者は言葉を交わすなど視覚以外の接触行為をともなっており、非空間的な側面をも有している。"见"が有するこのような語彙的意味の区別に対して"-到"が関わることがあり、具体的には、"见到"は"见"に比べると、視覚のみによって客体をとらえる動作、主体から客体に向けての空間的単方向性を有する動作を表わす傾向が強い。例えば

　　(2)　七月二十六日下午，贺捷生见到范曾，劈头就问："范曾，你会不会喝酒呀？今天我请你吃烤鸭！"（杨匡满・郭宝臣＜命运＞）

　　(3)　那天，他挑着担子来到我们村，见到我就乐了。说："娃呀，你要给我做媳妇吗？"
　　　　"对呀！"
　　　　他张着大嘴笑了，露出了一嘴的黄牙。他那长在半个葫芦样的头上的白发，也随着笑声一齐抖动着。（巴金＜怀念萧珊＞）

　　(4)　他都不记得了；只记得吴书记好象已经完全明白了他的意思，便和驾驶员一同扶他上了车，车子开了一段路，叫开了一家门(机关门诊室)。扶他下车进去，见到了一个穿白衣服的人，晓得是医生了。

　　　　　　　　　　　　　　　　　　　　　　　　　（高晓声＜陈奂生上城＞）

における"见到"は、いずれも主体が客体の姿を視覚によりとらえたことを表わす。(2)、(3)は、"贺捷生"、"他"がそれぞれ"范曾"、"我"の姿を目でとらえた結果として"劈头就问"、"乐了"という反応をしたこと、すなわち、主体が客体の姿をまず目でとらえ、それに続いて客体との接触・交流が始まると

104

いうコトガラを表わしている。(4)は、"他"が"扶他下車进去"という動作に続いて"一个穿白衣服的人"の姿を目でとらえた結果、その人物が"医生"であることが明らかとなったことを表わしている。このため、"见到"が表わす概念も、「会う」という非空間的性格を帯びた双方向動作よりは、視覚のみによる動作、すなわち「見る＝客体の姿を表面的にとらえる」の方に傾いていると解するのが妥当である。(2)〜(4)の"见到"を"见"に置き換えると、非文もしくは不自然な表現となるか、あるいは"见到"の場合よりも表現の整合性が劣る。(2)の"见到"は「見る」、「会う」いずれに解することも可能であるが、どちらかと言えば「見る」の意味に傾いている。"见"を用いると非文もしくは不自然となり、"-到"が欠けているという印象をぬぐいきれない。また、(3)の"见到"は(2)のそれよりも「見る」の意味合いが強く、"-到"を除くと自然な表現として成立はするものの、"见到"を用いる方がbetterである。さらに、(4)の"见到"は「見る」動作を表わすが、"见"に置き換えると「会う」を表わすこととなり、後件の"晓得是医生了"という客体の姿に対する判断を表わす内容とは相容れない。すなわち、"一个穿白衣服的人"、"晓得是医生了"の部分がそれぞれ、客体についての表面的な描写、客体の外見に対する主体の判断を表わしているため、"见"が表わす内容は視覚動作に限定されることとなって、非文もしくは不自然な表現となる。(2)〜(4)はいずれも、表現全体の内容が主体から客体に向けての単方向動作の描写であるという点で共通しており、このような場合には、"见到"を用いる方が表現の整合性が保たれるのである。

一方、

(5) 他进城去，见了老王，事情就解决了。
(6) 老王为了公司财务上的一些事情，今天去了税务局一趟，见了局长。

における"见"は、主体が視覚により客体の姿をとらえただけでなく、客体との間に何らかの交渉をもったことが文脈上明白であるため、いずれも「会う」動作を表わすこととなる。すなわち、(5)の場合、"他"が"老王"の姿を目にするだけでは"事情就解决了"という結果は生じないし、(6)の場合、"老王"は"局长"に会って"公司财务上的一些事情"を処理するために税務署に行っ

たのであり、単に"局長"の姿を見るためではない。(5)、(6)はいずれも、主体が客体との間に何らかの交渉をもったことを前提としてはじめて表現内容が自然なものとして理解される。(5)の"见"に"-到"を付加すると、例えば「老王は強い人脈をもっており、会って助力を請うに値する有力な人物である」のような前提の存在が推測されるものの、"见到"が「見る」の意味に傾くことはない。(6)は、"老王"があらかじめ"局长"に用事があり、「会う」目的をもって税務署に行ったことが表現内容から明白であるため、"见"に"-到"を付加すると非文もしくは不自然となる。同様のことは

(1) 我见**到**了一个外国人。　　　　　(1)' 我见了一个外国人。

についてもあてはまり、(1)は、例えば「公共の場などで外国人の姿を見かけた」ような場合に用いられるのに対し、(1)'は、例えば「外国人と会って打ち合わせなどをした」ような場合に用いられる。"见到"、"见"間にみられる上記のような相違は、さらに、以下のような表現において一層明白となる。

(7) 我今天在天安门广场见**到**了一群外国人。

は、「私は今日天安門広場で外国人の集団を見かけた」ことを表わす表現であるが、"-到"を用いない

(7)' ？我今天在天安门广场见了一群外国人。

は不自然である。(7)'における"见了"は、「見かけた」ではなく「会った」ことを表わすが、"一群外国人"は「会う」という双方向的な接触の相手とはなりにくいため、表現の整合性は(7)よりも劣る。これに対し、

(8) 我今天在天安门广场见了一个外国人。

の場合には、"一个外国人"は"见（会う）"の客体となることが可能であり、(8)は「私は天安門広場で一人の外国人に会った」ことを表わす自然な表現と

して成立する。従って、(7)に対しては、例えば

(7)″ 我今天在天安门广场见**到**了一群外国人，他们正在排队照相。

のように、"外国人"の外見的な様子を表わす後件を続けるのがふさわしい。一方、(8)に続ける後件としては、例えば

(8)' 我今天在天安门广场见了一个外国人，跟他聊了聊。

のように、"我"が"外国人"と「会った（＝何らかの非視覚的な接触をもった）」ことを意味する成分がふさわしい。また、(8)の"见"に"-**到**"を付加した

(9) 我今天在天安门广场见**到**了一个外国人。

の場合には、(7)″と同じく例えば

(9)' 我今天在天安门广场见**到**了一个外国人，他个子特别高。

のように、"外国人"の外見的な様子を表わす後件を続けるのがふさわしい。「見る」は、主体が客体に向けて単方向的に視線を向ける動作であるのに対し、「会う」は、主体と客体の両者が共同で行なう、いわば双方向的な動作である。
　(1)～(4)および(7)、(7)″、(9)、(9)'の"见**到**"が「見る」を表わすのは、移動の到達点を示すのが本来の働きであった"-**到**"が"见"に後置されたことにより、"见"という動作の客体への到達（動作の完結）[2]点を示すに至り、"见**到**"全体で主体から客体への単方向動作を表わすこととなったためと考えられる。換言すれば、"见**到**"においては、"-**到**"が付加されることによって、"见"の働きが単方向動作を表わすことに限定されているということである。"-**到**"のこのような働きを示す端的な例としては、例えば以下のようなものが挙げられる。

(10) 扭头见到前面走廊拐弯处走来几个穿白衣服的医生。

(第3章の(111)を一部修正)

(10)は、"扭头"という動作の結果として"前面走廊拐弯处走来几个穿白衣服的医生"という情景が見えたことを表わしているが、この情景は"扭头"という動作の結果として主体の視線がとらえた一種の到達点(視線の空間的到達点)であるため、客体に対する空間的方向性が"见"よりも強い"见到"を用いる方がbetterである。

4．1．2　双方向動作を表わす"见"

本節では、"见"の働きを"看"のそれと比較することによって考察をすすめていく。4.1.1で述べたように、"见"は主体、客体間の双方向動作を表わすことが可能である。これに対し、"看"は主体から客体に向けての単方向動作を表わす[3]。例えば

(11) 明天到我家去，大家见见。

は、「明日私の家に来て、皆さんお互いに知り合いになりましょう」という内容を表わす表現であり、"见见"の客体は、"互相见见"、"认识认识"の場合と同様にヒトである。これに対し、

(12) 明天到我家去，大家看看。

における"看看"の客体はヒトではなく、表現には登場していない何らかのモノであるため、(12)は例えば

(12)' 我家有个古玩，明天到我家去，大家看看。

のような表現に用いられるのがふさわしい。このような場合、"看"を"见"に置き換えて

(12)"＊我家有个古玩，明天到我家去，大家见见。

とすることはできない。また、ヒトを客体とする

(13) 明天从日本来个朋友，你们二位见一见。

は、"见"を"看"に置き換えて

(13)'＊？明天从日本来个朋友，你们二位看一看。

とすると、(13)と同様の内容を表わす表現としては非文もしくは不自然となる。これに対し、モノを客体とする

(14) 这是下面交上来的材料，你们二位看一看。

は、"看"を"见"に置き換えて

(14)'＊？这是下面交上来的材料，你们二位见一见。

とすると非文もしくは不自然な表現となる。"看"は、視覚によって客体をとらえようとする意志的な動作であり、それによって客体をとらえたか否かまでは問題とはされないため、客体よりも主体との結びつきが緊密であるということができる。従って、"看"は主体から客体に向けての空間的方向性が"见"よりも強く、双方向動作(＝会う)の相手となる可能性のあるヒトよりは、モノを客体とする傾向が強いと考えられる。但し、これはあくまでも傾向であって、例えば

(15) 明天我女朋友从日本来，你们二位看一看。

のように"看"がヒトを客体とする場合も存在する。(15)は、例えば"我女朋友"が美しい人かどうか、あるいはいい人かどうかなど、話し手が聞き手に対

第Ⅰ部　日中対照編 ―― "V到"表現をめぐる日中対照 ――

して何らかの感想を期待しているような場面で用いられる表現である。(15)の"看"は「会う」という双方向動作ではなく、「会ってその容姿や人柄などを見る(＝観察する)」という単方向動作としての性格を有している点で(11)、(13)の"见"とは異なる。(13)'は、例えば

　(13)"明天从日本来个朋友，你们二位看一看他长得怎么样。

のように、"朋友"の様子を見るという内容であれば自然な表現として成立する。このように"看"は、客体がヒトである場合においても、ただ単に客体を視覚でとらえようとつとめるだけでなく、客体の姿から何らかの情報を得ようとつとめるという積極的な動作としての側面をも有している。"看"のこのような特徴は、例えば以下の(16)、(17)において一層明白となる。

　(16)　这个人你见不见？(≪现代汉语八百词≫"见"の項)

　(16)のように、「(ヒトに)会う」動作を表わすことが明白である表現の場合には、"见"を"看"に置き換えると、"看"は双方向的な動作を表わさないため、非文もしくは不自然な表現となる。これに対し、

　(17)　这个电影你看不看？

のように"看"が「見る＝鑑賞する」という、客体に対する積極的な働きかけをともなう動作を表わす表現の場合には、"你"と"电影"との間には双方向的な関係が成立しないため、"看"を"见"に置き換えると非文となる[4]。(15)は、客体がヒトである点においては(17)と異なるものの、"看"が客体を視覚でとらえることにとどまらず、さらに客体から何らかの情報を得ようとすることをも表わす点においては(17)と共通しているため、自然な表現として成立するのである。

　ところで、主体、客体の双方がヒトである表現において客体が主体よりも目上の場合には、一般に"看"を用いることができないとされる[5]。例えば

(18) 我想见张先生。(『日・中・英 言語文化事典』: 1508)
(18)' 我想看张先生。

の両者を比較すると、(18)は「私は張さんに会いたい」という内容を表わすのに対し、(18)'は「私は張さんのお見舞をしたい」という内容を表わす。"张先生"という呼称から、"张"という人は"我"よりも目上の人としてあつかわれていることが明白であり、このような場合には、単に「会う」の意味で"看"を用いることはできない。同様に、

(19) 毛主席事情很多，我想他不会有时间来的，可是，我多么想看看他呀！
(輿水 1980：53)

における"看"は「会う」ことを表わすのではなく、"我多么想看看他呀！"の部分は「私はどれほどあの方のお姿を見たいと思っていることか」という内容を表わす[6]。「会う」の意味で"看"を用いるのであれば、例えば

(20) 下午我要去看一个朋友。

のように主体と同格か、あるいは

(21) 王老师要去宿舍看一个学生。

のように、客体よりも主体の方が目上であることが条件となる。これは、会う相手が目上のヒトである場合には、主体のみの意志あるいは都合で一方的に「会う」という行為を実現することは困難あるいは不適切であるため、主体から客体への単方向動作としての性格を有する"看"を用いると表現の整合性が保てなくなることに起因すると考えられる。また、ヒトを客体とする"看"は、(18)'の「見舞う」あるいは「様子を見る」のような、「会う」よりも客体に対する積極的な働きかけをともなう動作、すなわち、主体から客体への単方向性がより強い動作を表わすことがある。黄利恵子 2001：168 は、

(22) 我要去看中国来的朋友。

は「私は中国の友の様子を見に行く(私は中国から来た友人の様子を見に行く)※カッコ内は筆者」という内容を、

　(22)' 我要去见中国来的朋友。

は「私は中国からの友に会いに行く(私は中国から来た友人に会いに行く)※カッコ内は筆者」という内容をそれぞれ表わすとしている。いずれも、"我"が"中国来的朋友"に会いに行きたがっていることを前提とした表現である。(22)の場合には、発話時において"我"と"中国来的朋友"との間に会う約束が存在しないであろうことが推測されるのに対し、(22)'の場合にはそのような約束が存在し、"中国来的朋友"の方でも"我"に会う予定である可能性がある。このことは、客体が主体よりも目上のヒトである場合には"看"が使えないということと符合する。すなわち、"看"を用いた(22)は、"我"のみの意志あるいは都合によって一方的に"中国来的朋友"に会いたいと述べているのに対し、"见"を用いた(22)'は、"我"、"中国来的朋友"双方の意志あるいは都合によって会いたいと述べている表現である。このような相違は、(18)、(18)'の場合と同様に、単方向動作としての"看"、双方向動作としての"见"の性格の相違に起因するものと考えられる。また、"看"の場合とは異なり、"见"は主体、客体間の社会な地位関係にかかわりなく用いられる。このことを端的に示す例として、黄利恵子2001：167は

　(23) 总经理要见我，所以我去见他。

を挙げ、"见"が表わすヒトの認識は社会的対人関係の上下とは関わらない、としている。"见"が一般に目上のヒトに会うことを表わす場合に用いられるのは、前述したように、主体の意志や都合によって一方的に会うというニュアンスを含んだ"看"よりは、そのようなニュアンスを含まない"见"の方が、表現の整合性が保たれるためである。但しこのことは、主体と同格あるいは目下のヒトに会うことを表わす場合における"见"の使用を必ずしもさまたげる

ものではなく、(22)'のように主体、客体の地位が同格の場合や、

(24) 劳模去见主席，给主席送去了一些茶叶。

のように客体が主体よりも目上の場合、さらには(23)の前件や

(25) 主席出来见了劳模，说了几句鼓励的话。

のように客体が主体よりも目下の場合に用いることも可能である。従って"见"自身は、主体、客体の２者によって行なわれる「会う」という双方向動作を事実として客観的に描写しているにすぎないと考えられる。
　以上の考察により、"见"表現については以下のことが明白となった。

① 客体はモノよりもヒトとなる傾向がある。
② "看"のような、客体から何らかの情報を得ようとする積極的な動作としての側面はない。
③ 主体、客体間の社会的な地位関係にかかわりなく用いられる。
④ 上記の①〜③の特徴は、双方向動作を表わす"见"の性格に起因する。

4.1.3　「会う」を表わす"见到"

　4.1.1においては、"见到"が"见"に比べ、視覚のみによって客体をとらえる動作、主体から客体に向けての空間的単方向性を有する動作を表わす傾向が強いという点について述べたが、このような現象はあくまで傾向であって、"见到"が「会う」動作を表わす働きを全く排除するものではない。例えば

(26) 我去见他了，可是没见到。
(27) 我想下一个星期天可以见到你。

における"见到"はいずれも「会う」を表わしている。(26)、(27)の"见到"においては、"-到"は「会う」という動作の完結を表わしていると考えられる。前述したように、"见"は動作の結果までを含意した動詞である点で、客体を

113

視覚によってとらえようとする動作の過程を表わす"看"とは異なる。このため"見到"においては、"見"が動作の過程を、"-到"が動作の結果(完結段階)をそれぞれ表わしているという明白な役割分担がなされているとは考えにくい。"見"が動作の結果を含意しているということは、必ずしも動作の結果を表わしているということではなく、ヒトを客体とする場合においては、主体と客体との間に動作を通じて双方向的な関係が成立すること(＝主体が客体を相手とする双方向的な動作を行なおうとすること)を表わしているにすぎない。このことは、(26)の前件"我去見他了"における"見"のような未然の出来事の場合、未然であるがゆえに、当然ながら結果を生じていないことをみれば明白である。従って、(26)、(27)の"見到"においては、"見"が主体、客体間の双方向動作を行なおうとする過程段階を、"-到"がその動作の完結段階を表わしていると考えられる。とはいえ、"見"は本質的に、動作が行なわれていながら未だ結果を生じていない段階と、動作の結果が生じた段階とを明確に区別することが困難な動詞であり、動作の実現が同時に結果の実現でもある場合が存在するという点において"看"とは異なる。例えば

(28) 看了，但没看到。　　　　　(28)' ＊見了，但没見到。

のうち、(28)は、"看了"が目で見ようとする動作が完了したことを明示するにとどまり客体が目に入ったか否かは問題とされておらず、後件の内容とは矛盾しないため自然な表現として成立する[7]。(28)と同様に、

(29) 因为漆黑，我怎么看也没看到。

においても、"看"という動作が行なわれたことと、その結果として客体が目に入らなかったこととが別個の出来事として表現されている。これに対し(28)'は、"見了"が動作の完了を明示すると同時に客体が目に入ったことをも含意し、このことが後件内容と矛盾するため非文である。(28)'が非文であることから、"見"が已然の出来事として表現される場合には、動作の結果が実現していることは明白である。このような性格を有する"見"は、結果の実現を見ない段階における動作自身のアスペクト形式などをもたず、例えば進行

表現に用いられる"(正)在"、動作の終了を表わす"-完"、動作の持続を表わす"-着(zhe)"、いわゆる動作の完成を明示する"-过"とは共起しない[8]。"(正)在"、"-着"と共起しないという点は、"见"が時間的な幅をもたないという特徴を有することを、"-完"、"-过"と共起しないという点は、"见"が過程よりはむしろ結果が問題となる出来事を表わす動詞であることを意味する[9]。これらのことから、"见"が"看"に比べて時間の流れとの関わりが疎であることは明白である。このため、同じく"V到"形式をとっていても、"看到"と"见到"とでは"-到"の役割が異なる場合が存在する。(26)、(27)のように"见到"が「会う」という双方向動作を表わす場合には、"看到"や、視覚のみによって客体をとらえる動作を表わす"见到"の場合に比べると、主体から客体に向けての視線の到達という空間的方向性が相対的に弱い反面、"见"という動作の完結段階に向けての、いわば時間的方向性が強い。従って、(26)、(27)の"见到"においては、"-到"が付加されることにより、"见"という動作に対して結果への時間的方向性を帯びさせる効果が生じていると考えられる。

4．2　"见到"、"见"間にみられる相違

4．2．1　"见"のもつ抽象性

　これまでの考察によって、"见到"表現における"-到"は、空間的あるいは時間的な到達点を示す働きを有することが明白となった。これは、移動の到達点を示すという"-到"の本来の働きから派生したものであると考えられる。"-到"が移動の到達点を示す場合にはトコロを表わす名詞的成分が続くのに対し、"见到"の場合には、視線の空間的到達点あるいは動作の時間的到達点としての客体を表わす名詞的成分が続くのが自然である。しかし、例えば以下の表現例のように、非名詞的成分が置かれる場合もある。

(30)　○我见到他给你一盆紫罗兰。
(30)'　◎我见他给你一盆紫罗兰。(《动词用法词典》"见"の項)

(30)、(30)'において"我"が目にしたのは"他"ではなく"他给你一盆紫

第Ⅰ部　日中対照編 ── "V 到"表現をめぐる日中対照 ──

罗兰"というコトガラである。このような場合には、"见"を用いた(30)'の方がbetterである。これは、(30)においては"-到"が存在することにより、"见"という動作が"他"という客体そのものに向かうという表現内容となるため、"他给你一盆紫罗兰"のような一つのコトガラを表わす非名詞的成分との間に矛盾が生じていることに起因すると考えられる[10]。同様に、

- (31)　〇老新**见到**她不闹了，又不知怎样转了一个念头，把枪口向上，对准了正在暗中睁大两只绿幽幽眼睛的猫儿。
- (31)'◎老新**见**她不闹了，又不知怎样转了一个念头，把枪口向上，对准了正在暗中睁大两只绿幽幽眼睛的猫儿。(≪日汉互译教程≫:160)

の場合も、"老新"が目にしたのは、"她"というヒトではなく"她不闹了"というコトガラであるため、"见"を用いた(31)'の方がより自然である。(31)'の"见"は、"她不闹了"という情景を目にしたことを表わすにとどまらず、例えば"发现、感觉到、注意到"などと同様に、「気づいた」ことをも表わしている。このことは、後続の"又不知怎样转了一个念头，把枪口向上，对准了正在暗中睁大两只绿幽幽眼睛的猫儿"が、"她不闹了"という状況を読みとった"老新"の反応を表わしていることと符合する[11]。(31)'の"见"は、視覚によって情景をとらえただけでなく、理性によって"她不闹了"という状況を読みとったことをも表わし、目にしたことを表わすにとどまる(31)の"见**到**"に比べると、より抽象的であるということができよう[12]。また、

- (32)　〇他见**到**剪票员不在，就趁机混过了剪票口。
- (32)'◎他见剪票员不在，就趁机混过了剪票口。(『中国歴史文化風俗』:48)

- (33)　〇他见**到**枪已搁在脖子上了，只好举手投降。
- (33)'◎他见枪已搁在脖子上了，只好举手投降。(『中国歴史文化風俗』:69)

- (34)　〇因为寻找不到丈夫，她失声痛苦，她的哭声过于凄惨，感动了天地，终于使城墙崩裂而现出她丈夫的尸骸。孟姜女见**到**丈夫已死，悲伤过度，最后投海自尽。

(34)′ ◎因为寻找不到丈夫，她失声痛哭，她的哭声过于凄惨，感动了天地，终于使城墙崩裂而现出她丈夫的尸骸。孟姜女见丈夫已死，悲伤过度，最后投海自尽。(『中国語中級コース』:32)

においても、(30)、(30)′および(31)、(31)′の場合と同様に客体が名詞的成分ではなく一つのコトガラを表わしており、このコトガラを理解した結果としての主体の反応が後件で述べられているため、"见"を用いる方が better である[13]。従って、"见到"表現においては、例えば

(35) 你见**到**他了吗？ —— 没见**到**。

のように名詞的成分("他")を客体とする方がふさわしいのに対し、"见"表現においては、

(36) 你见他来了吗？ —— 没见他来。

のようにコトガラを表わす非名詞的成分("他来")を客体とする方がふさわしい。(35)の"见**到**"から"-**到**"を除いた

(35)′你见他了吗？ —— 没见。

は自然な表現として成立はするものの、"见"は「会う」を表わすこととなる。一方、(36)の"见"に"-**到**"を付加した

(36)′? 你见**到**他来了吗？ —— 没见**到**他来。

は不自然である。これは、(36)′の"见**到**"が視覚動作を表わすにとどまる一方、"你见**到**他来了吗？"においては、通常は"你见**到**他了吗？"あるいは"他来了吗？"のいずれかによってたずねられるべき内容が一つになってしまっているためである。(36)′は、特に"他"をとりたてる意図がある場合、例えば相手に対して「彼が来たかどうか」について確認するような場合を除いては用

第Ⅰ部　日中対照編 ── "V到"表現をめぐる日中対照 ──

いることができない。また、例えば

(37)　见**到**他，替我问个好。(≪现代汉语八百词≫"见"の項)
(38)　你要见**到**了张主任的话，就告诉他一声。

においては、それぞれの後件が"替我向他问个好"、"就告诉张主任一声"と同じ内容を表わしており、これらによって表わされるコトガラを直接に構成する前件の成分は、"他"、"张主任"である。従って、前件における客体の情報価値は動作よりも高く、"见到"を用いる方がbetter である。一方、

(39)　○也许是因为他不想见**到**我，所以他没有来。
(39)'　◎也许是因为他不想见我，所以他没有来。(≪日语语法疑难辨析≫：398)

の場合、「(私に)会いたくなかった」から「(彼が)来なかった」のであるため、二つの出来事は「原因 ── 結果」の関係を通じて対比されていると考えられる。このため、客体である"我"に表現の比重を置いた(39)よりは、"-到"を用いない(39)'の方がbetter である。同様に、

(40)　○我送你一个礼物，你见**到**了准喜欢。
(40)'　◎我送你一个礼物，你见了准喜欢。

の後件においては、「目にする」ことと「気に入る」ことが「条件 ── 結果」の関係を通じて対比されているため、"见**到**"よりも"见"を用いる方がbetter である。

4．2．2　"见到"、"见"と表現の他動性

　無情物が表現の中心に置かれた場合には、以下のように、"见到"よりは"见"を用いる方が自然である。

(41)　○三轮汽车最近不常见**到**了。
(41)'　◎三轮汽车最近不常见了。(『岩波 日中辞典』「みかける」の項)

118

(41)' の "常见" は、「よく見かける＝多く見かける＝多い」という一つのまとまった概念を表わす形容詞的な成分であるため、"不常见了" は "不太多了" と同様に「あまり見かけなくなった＝少なくなった」という状況の変化を表わすこととなる。このため、(41)' は動作ではなく状況変化を表わす表現であり、感覚主体としてのヒトは表現の背後に後退しており、コトガラは "见" と "三轮汽车" の2者で構成されているということができる。一方、(41)においては、"-到" が存在することによって "见" が動作の過程を表わす成分としての性格を帯び、主体の存在が(41)' よりも強く感じられる。かつ、"不常见到了" の部分は、主体自身が "三轮汽车" をあまり見かけなくなったという個別の状況変化を表わしている点において、(41)' の "不常见了" が一般的な状況変化を表わしているのとは異なる。(41)が表わすコトガラを構成する成分としては "见到"、"三轮汽车" のほか、さらに主体が存在することが意識されるため、(41)は(41)' よりも他動性が高い表現であるということができる[14]。無情物 "三轮汽车" が表現の中心に置かれた(41)、(41)' においては、話者の視点が "三轮汽车" に置かれているため、通常は一般的な状況変化について述べる表現と解される。しかし、このことと、無情物 "三轮汽车" に視点を置いて "不常见到了" の形式で個別の状況変化を表わそうとすることとの間には矛盾が生じるため、(41)は(41)' よりも整合性が劣ると考えられる。(41)、(41)' と同様に、

(42) ○车已经见不到了。
(42)' ◎车已经不见了。（『岩波 中国語辞典』"见"の項)

を比較した場合も、"见" を用いた(42)' の方が better である。(42)' の "不见了" は、「見えなくなった」こと、すなわち「視界内に存在しなくなった」ことを表わす。「存在しなくなった」ことを表わし、かつ、主体の存在が意識されないという点において、"不见了" は "没有了" と共通している。黄利恵子2001：164には、

(43) 铅笔不见了。

における"不见了"は、いままでは見えていたはずのモノが見えなくなったことを表わし[15]、"见"自体は対象の視界内存在の認識を意味しているものの、このような場合には、感覚主体は背景化され主体の視覚の関わりは表わされない旨の記述がみられる。(41)'、(42)'、(43)はいずれも、無情物である"三轮汽车"、"车"、"铅笔"の視界内存在について述べた表現であり、感覚主体としてのヒトは、

(44) 铅笔没有了。

の場合と同様に、コトガラ成立に不可欠の成分、すなわちコトガラを直接的に構成する成分ではないと考えられる。これに対し(41)、(42)においては、表現には含まれていない感覚主体の存在が感じられ、その主体が"三轮汽车"、"车"を目にすることができなくなったという個別の状況変化が表わされているため、感覚主体はコトガラを直接的に構成する成分であるということとなる。"见到"表現が主体の存在を含意することは、以下のような表現例をみれば一層明白となろう。

(45) ○那个人常见**到**吗？—— 常见**到**。

(45)は例えば、主体としての"你"を加えて

(45)' ◎那个人你常见**到**吗？—— 常见**到**。

とする方が better である。また、

(46) 这样的人很少见**到**。

は主体の存在を含意するため"这样的人我们很少见**到**"に近い内容を表わすのに対し、

(46)' 这样的人很少见。

は主体の存在を含意せず、「このような人は少ない」という一般的状況を表わすため、"这样的人很少"に近い内容を表わすこととなる。さらに、

(47)　○我就认识几个叫爱国的。对了，怎么见**不到**叫改革、开放的人呢？
(47)'　◎我就认识几个叫爱国的。对了，怎么不见叫改革、开放的人呢？

(『チャイニーズコミュニケーション』: 39)

の場合も、(45)、(45)'および(46)、(46)'と同様の理由によって"见到"よりも"见"を用いる方がbetterである。(47)'の"不见"は、(42)'、(43)における場合と同様に"没有"の意味に近い内容を表わし、感覚主体の存在は問題とはされていない。これに対し(47)においては、"见**不到**"が動作を表わす成分としての性格を有しており、(47)'における"不见"よりも主体との結びつきが強い。

"见**到**"、"见"間には以上のような相違が存在するため、例えば

(48)　街上见**不到**人影儿。(『現代中国語辞典』"看"の項を一部修正)
(48)'　街上不见人影儿。(同上)

の両者を比較すると、(48)はある特定の時点における町の一時的な状態、すなわち個別のコトガラについて述べた表現であるのに対し、(48)'は町の恒常的な状態、すなわち「町には(いつも)人の姿が見えない→町は(いつも)静かだ」という内容を表わす表現である。(48)'が表わす内容は、通常はあまりありえないコトガラであるため、例えば"已"を加えて

(48)"　街上已不见人影儿。

のように、「(時間の経過とともに)町にはすでに人の姿が見えなくなった」という内容を表わす表現とすると、より自然となる。このため、(48)'は(48)よりも時間の流れとの関わりが疎であり、他動性も低いと考えられる[16]。

4.2.3 "见到"、"见"と表現の視点

4.2.2で述べたように、"见到"表現においては主体の存在が意識されるが、このことは、話者の視点が主体の側に置かれているということと表裏一体をなしている。例えば

(49) 小姑娘没有停止前进。我用力拉扯，挣脱，藤条越缠越紧。小姑娘已经不见了。(戴厚英≪人啊，人！≫)

においては、主体である"我"の側の原因ではなく、"小姑娘"が歩いて"我"から遠ざかった結果としてその姿が見えなくなったことが述べられており、このような場合には"不见了"が用いられる。"小姑娘没有停止前进"、"小姑娘已经不见了"のいずれにおいても話者の視点は"小姑娘"に置かれ、後者においては"车已经没有了"の場合と同様に、感覚主体である"我"が表現の背後に後退している。一方、(49)の"不见"を"见不到"に置き換えて

(49)' ＊？小姑娘没有停止前进。我用力拉扯，挣脱，藤条越缠越紧。小姑娘已经见不到了。

とすると、"小姑娘"が主体であって"见不到"の客体が別に存在することとなり、"没有停止前进"の結果として"小姑娘"の姿が見えなくなったという内容との間に矛盾が生じるために非文もしくは不自然な表現となるのである。また、

(50) 越走越远了，村前的大树已经见不到了。

においては、表現には含まれていない動作主体が遠くに歩いて行った結果として"村前的大树"が見えなくなったのであり、"走"、"见"は同じ主体により行なわれる動作であるため"见不到"が用いられている。後件の"村前的大树已经见不到了"においては感覚主体に視点が置かれ、その視点からコトガラが描写されている。このような場合に"不见了"を用いて

第4章 "见"に後置される"-到"

(50)'？越走越远了，村前的大树已经不见了。

とすると、後件の"不见了"は、"村前的大树"が存在しなくなったことを表わすため[17]、主体に視点を置いてその動作を表わす"越走越远了"と、"村前的大树"に視点を置いて感覚主体の存在を問題としない"不见了"との間に矛盾が生じることによって非文もしくは不自然となる。(50)'と同様に、

(51) 我出来时，车已经不见了。

においては、前件の"我"は、後件の"车已经不见了"というコトガラを直接的に構成する成分ではない。"车已经不见了"は、前件のコトガラが起こった時点における状況変化であり、"车已经没有了"と同様に、これだけで一つの完結したコトガラ、すなわち、前件とは別個のコトガラを表わしているのである。(51)の"不见"を"见不到"とすると、"见不到"が"出来"と同様に"我"の動作として位置づけられることとなって矛盾が生じるため、非文となる。また、

(52) 他前天回山东去了，你见**不到**了。
　　　　　　　　（≪现代汉语八百词≫"见"の項を一部修正）

における"见**不到**"の客体は"他"であり、後件における話者の視点は、

(52)' 他前天回山东去了，你见**不到**他了。

の場合と同様に主体である"你"に置かれているのに対し、

(52)"＊他前天回山东去了，你不见了。

は、"你不见了"が「あなたの姿が見えなくなった」という内容を表わし、前件内容と矛盾するため非文である[18]。

　以上のように、"见**到**"表現が表わすコトガラには、表現中には含まれてい

123

なくても感覚主体が関わっているのに対し、"見"表現の場合には必ずしもそうではなく、感覚主体が存在するか否かにかかわらずコトガラは成立する。このため、"見到"表現は"見"表現に比べ、動作表現としての性格がより強いということができる。これに対し、"見"表現は"見到"表現に比べると動作表現としての性格が弱く、動作、非動作のいずれを表わす場合に用いることも可能である。また、4.2.2で述べたように、"見到"表現においては、"看"に比べると結果よりの動詞である"見"が、"-到"をともなうことによって、動作の過程を表わす成分としての性格を帯びると同時に感覚主体の存在をも含意することとなり、表現全体の他動性が高くなっている。このことは、動作の完結を表わす"-到"がいわゆる他動詞に付加されるということと符合する。"見"表現は"看"表現に比べると他動性が低く、主体の意志とは無関係に映像が目に入るというコトガラを表わすことが可能であるが、"見"が"-到"をともなうことで主体から客体に向けての単方向性が生じ、表現の他動性が高くなるのである。"見"が"-到"をともなわない場合には、

① 「（ヒトに）会う」という双方向動作
② 客体映像が自然に感覚主体の目に入ってくること＝客体映像が主体に向けて単方向的に入ってくること
③ 感覚主体の存在が問題とはならない「見える」状態、すなわちヒトやモノが視界内に存在すること

のいずれかとしてコトガラを表わす。①～③はいずれも、主体から客体への単方向動作ではないという点で共通している。"見"が"-到"をともなうことによって生じる上記のような変化は、"看"が"-見"をともなって"看見"を形成する場合に生じる変化とは正反対である。"-見"は感覚動詞に後置され、動詞が表わす動作の意義から意志性を失わせて無意志動詞にする働きを有するが、意志性を失うということは、コトガラに対する感覚主体の関与がその分だけ弱まる、すなわち他動性が低くなるということである。黄利恵子2001：171には、感覚動詞に後置された"-見"が用いられた表現においては、感覚機能が達する範囲内の対象存在の認識が表わされ、例えば

第 4 章　"見"に後置される"-到"

(53)　听见了鸟叫声。

においては鳥の声の存在認識が表現されており、主体的感覚の関与は背景化されている旨の記述がみられる。(53)が表わすコトガラを日本語で表現すれば

(53)'　鳥の(鳴き)声が聞こえた。

となるが、これは

(53)"　鳥の(鳴き)声がした。

と同様に感覚主体の存在を排除もしくは後退させた表現であり、一種の現象を表わしているということができる。同様のことは、"-见"が視覚動詞"看"に後置された場合にもあてはまる。"看"は主体の意志による動作を表わし、動作の結果を含意しない動詞である点において動詞"见"とは異なる。かつ、コトガラを構成する成分としての主体(有情物)が不可欠であり、表現中に主体が含まれていない場合でもそれを補うことが可能である。従って、"看"という動作は、客体よりも主体との結びつきの方が緊密であるということができる。このことを端的に示す表現例としては、

(54)　他不看了。　　　　　　　　(55)　他不见了。

が挙げられる。(54)、(55)はそれぞれ、「彼は見ないことにした」、「彼(の姿)が見えなくなった」というコトガラを表わす。(54)の"他"は動作主体であり、"不看了"は"看"という動作を行なわないという"他"の意志であるのに対し、(55)の"不见了"は「(彼の姿が)見えなくなった」という状況変化であり、一種の現象である。このことから、主体は、"看"という動詞にとっては常に必須項であるのに対し、"见"にとっては必ずしもそうではないということが明白である。一方、"看"は、主体が客体を目でとらえようとする意志的な動作であり、客体の必須度は"见"の場合ほど高くはないと考えられる。このように、同じく視覚動詞であっても、"看"、"见"間には、コトガラにおける主

125

体、客体との関わりの強さにおいて相違がみられる。このため、"看"に"-見"が後置される場合にはコトガラにおける客体の必須度が高くなり、その分主体の必須度が低くなることによって表現の他動性も低くなるのに対し、"見"に"-到"が後置される場合には、コトガラにおける主体の必須度が高くなることによって表現の他動性も高くなると考えられる。このことは、"看"に"-見"が後置される場合には、主体から客体に向けての動作の方向性が弱まるのに対し、"見"に"-到"が後置される場合にはそれが強まり、感覚主体に視点を置いた表現としての性格が強まるという現象としてあらわれる。

4．3　"見到"における"-到"の働き

4．3．1　客体をとりたてる"見到"

　これまでの考察を通して、"見到"、"見"間の相違が必ずしも日本語の「見る、見かける、目にする、見える」などと「会う」とのそれに対応するわけではなく、"見到"が「会う」動作を表わす(26)、(27)、(39)のようなケースが存在する一方で、"見"が視覚動作を表わすにとどまる(30)'～(34)'、(36)、(40)'のようなケースも存在することが観察された。このことから、"見到"、"見"という形式上の相違が「見る」動作、「会う」動作を区別する絶対的な手段とはなっていないことが理解できよう。

　"見到"表現の中には、"見"表現との間に「見る」、「会う」と平行した対応関係が観察される(1)、(1)'および(7)、(8)のようなケースのほか、さらに以下のような特徴がみられるケースが存在する。(1)は、4.1.1で述べたコトガラを表わす場合のほか、例えば「普段はなかなか外国人を見る機会がない」という前提のもとで、「外国人の姿を見ることができた」というコトガラを、話者の意外な気持ちとともに表現する場合に用いることも可能である。このことは、(9)においてさらに具体的な形であらわれる。すなわち(9)は、例えば「田舎から初めて北京に出てきた人が、天安門広場で(普段は見ることのない)外国人の姿を目にした」という事実を前提として用いることが可能である。(1)、(9)はいずれも、客体を目にしたことに対して話者が意外に感じたというニュアンスを含むと同時に、"外国人"に対する興味・関心をも含んだ表現となっ

第4章 "見"に後置される"-到"

ている。(9)は客体を置き換えて、例えば

(56) 我今天在天安门广场见**到**了伟大领袖毛主席。

とすると、"毛主席"は通常はなかなかその姿を見ることができない人物であるため、話者の客体に対する関心の高さ、表現における客体の比重が主体よりも重いことが容易に理解されよう。"見到"表現はまた、主体があらかじめ「会いたい／見たい」と感じていたヒトやモノを客体とする場合があり、例えば

(57) 我一天一天地等，等到第六天才见**到**他。(项开喜1997:177)

においては、「彼に会いたい」という意志を話者がはじめからもっていたことが明白であるのに対し、(57)から"-**到**"を除くと非文となる。同様に、

(58) 今天能见**到**各位先生，我感到很高兴。(≪日语口译教程≫:295)

の場合も、後件内容から、話者が以前から会うことを望んでいた可能性がある。しかし、仮にそのような意志がなくても、会えたことに対する肯定的価値判断が発話時になされている点においては「会いたい」という意志が存在する場合と同様であるため、"見"よりは"見**到**"を用いる方がbetterである。また、(38)は、例えば「(大事な伝言があるので)張主任に会ったら、ぜひ伝えてもらいたい」のような話者の意志が含意される点で、"見"を用いた場合とは異なる。さらに、

(59) 我还是第一次见**到**这么好的奖状呢！(荒川1985c:9)

においては、"这么好的"の部分が、"奖状"に対する話者の肯定的価値判断を表わしており、"奖状"が「見るに値する」ものであることが明示されている。このため、(59)においては、動作そのものよりも客体の方に表現の比重が置かれているとみてさしつかえない。
　ところで、"見**到**"を用いた

127

(60) 我在山里偶然见到过一只熊猫。

は、"偶然"が存在することからも明白なように、"我"の意志とは関わりなく"熊猫"を目にしたことを表わしている。また、"-到"が存在することにより、"熊猫"を目にしたことに対する話者の意外な気持ちを含んでいるという点において(1)、(9)と共通している。偶然のコトガラを表わす(60)のような表現の存在は、一見したところ、主体の意志によるコトガラを表わす(57)、(58)における"-到"の働きとは矛盾するようにみえる。しかし、稀少動物である"熊猫"を目にすることは通常の状況下ではなかなかあり得ないため、(60)においては、話者の"熊猫"に対する興味や関心が存在する、すなわち「見るに値する」という肯定的価値判断が発話時になされていると考えるのが自然である。この点において、(60)は、(1)、(9)および(56)、(59)と同様の性格を有する。さらに、

(61) 我今天见到了王老师。

は、例えば「王先生に質問しようと思っていて、以前から会いたいと思っていたところ、今日会うことができた」ことを前提とした表現としても、「私は今日偶然に王先生を見かけた」ことを前提とした表現としても用いることが可能である。このことは、"见到"表現が

① 主体が「見たい／会いたい」という意志・目的をもって見た／会ったこと
② 主体が予期せずに偶然に見た／会ったこと

のいずれを表わす場合にも用いられることを意味する[19]。"-到"の働きは、①の場合には動作の単方向性を明示するという側面が前面に出ているのに対し、②の場合には客体をとりたてるという側面が前面に出ていると考えられる。

4.3.2 "见到"、"见"と「見る」、「会う」

4.1.1で述べたように、"见到"は"见"に比べると、視覚のみによって客体

をとらえる動作を表わす傾向が強い。但し、このような"見到"、"見"の意味上の区別は絶対的なものではないため、"見到"が「見る」に、"見"が「会う」に、それぞれ常に対応するわけではない。"見到"と"見"との本質的な相違は、前者が主体から客体に向けての単方向動作を表わすのに対し、後者は主体、客体間の双方向動作、もしくは客体映像が主体の目に単方向的に入ってくるという無意志の動作を表わす点にある。このような相違が存在することにより、(1)〜(4)における"見到"、(1)'および(5)〜(6)における"見"が、それぞれ「見る」動作、「会う」動作を表わす結果となっているのである。

4.3.1で述べたように、日本語において「見る」、「会う」という別個の語によって表現される動作は、中国語においては"見"という一つの語によって表現することが可能である。また、4.1.1、4.2.2、4.2.3、4.3.1で述べたように、"見到"表現における"-到"の働きは、"見"の概念を単方向動作に限定するほか、表現の他動性を高める効果や、話者の視点を感覚主体に置く効果、客体をとりたてる効果を生ぜしめるなど、動作そのものを表わすこととは別個の二次的な要素を含んでおり、多面的である。これらの働きのうち、いずれが主たる働きとして表面にあらわれるかは、表現全体の内容や話者の表現意図によって決定される。従って、中国語の"見到"、"見"間にみられる相違は、日本語の「見る」、「会う」間にみられる相違とは本質的に異なるものであり、"-到"が付加されることによって"見"の語彙的意味自体に変化が生じるわけではない。この点においては、例えば

(62)　我在北京吃到了北京烤鴨。
(62)'我在北京吃了北京烤鴨。

の両者において、"吃"が表わす語彙的意味には何らの相違も存在しないということと同様である。また、日本語の「見る」、「会う」は、主体を必須項とするのに対し、中国語の"見"はそうではなく、無情物が表現の中心に置かれたケースにみられるように、主体は必ずしも"見"の項とはならない。しかし、"見"に"-到"が後置されると主体が潜在的な項となり、"見"を用いた場合よりも表現の他動性が高くなる。さらに、「見る」、「会う」は「〜ヲ見る」、「〜ニ会う」の形式をとり、主体から客体に向けての単方向動作、主体とその相手

との間で行なわれる双方向動作をそれぞれ表わす。これに対し中国語の"见到"は、主体から客体に向けての空間的な単方向動作(「見る」動作)、あるいは過程から結果への時間的な単方向動作(「会う」動作)を表わす働きはするものの、"见"との間に明確な語彙的意味の相違を有するものではない。

第4章 "见"に後置される"-到"

注

1) この点については、荒川 1981：22、同 1984 b：7、同 1985 c：1-2 を参照。
2) 感覚動詞に後置された"-到"が表わす「動作の完結」については 3.4.1 を参照。
3) "看"の単方向性、"见"の双方向性については、黄利恵子 2001：168、172 を参照。
4) 但し、黄利恵子 2001：165 には、対象(本書でいう「客体」)が主体にとって非日常的なモノであって対象認識に困難性をともなうため、必然的に経験の有無に焦点が置かれる"我没见过大海。(私は海を見たことがない。)"、"我想见见大海。(私は海を見たい。)"のような場合には、自然な表現として成立する旨の記述がみられる。
5) 輿水 1980：53、『日・中・英 言語文化事典』：1508 を参照。
6) (19)の表現例および"看"の働きについては輿水 1980：53 を参照。
7) "我看了，但是没看到。(第3章の(100))"は、「見ようとしたが、はっきりとは見えなかった。」という内容を表わす。この場合、客体は視界に入ってはいたが、視覚によってはっきりととらえることはできなかったこととなる。"看到"のこのような特徴については 3.3.4 を参照。
8) これらの点については、松村 1997 b：59、黄利恵子 2001：166、武文杰 2011：92 を参照。
9) 過程よりも結果が問題となる動詞である"见"に後置された"-过"は動作の完成ではなく、いわゆる経験を表わす。この点については、黄利恵子 2001：165-166 を参照。
10) 荒川 1985 c：8 は、"见到"の客体が文である形式は、単文、複文いずれに用いても不自然となるという調査結果を紹介している。
11) 黄利恵子 2001：167 は、"见"は主体の経験に強く根ざした主体の感情・衝動・行動を引き起こす心理的誘因となる二次的要素を認識することを意味するとしており、(31)'はこれにあてはまる。また、原田 1997：125-127 は、"见"をはじめとする知覚動詞がいわゆる複文の前件において果たす役割について考察を行なっている。
12) "见"のこのような働きについては荒川 1981：22 を参照。また、同 1985 c：9-10 は、複文中の従文(前件)において"见＋文"の形式をとる表現が用いられると、"见"が明白に「見る」の意味に解される場合と、「みとめる、みてとる、気づく」の意味にずれてくる場合があることを指摘している。後者の場合、"见"は純粋な視覚動作ではなく、より抽象的な心理動作としての性格を帯びているということができよう。"见"が有する心理動詞としての性格については、武文杰 2011：134 にも記述がみられる。
13) (30)'～(34)'に対し、(10)の場合には、"前面走廊拐弯处走来几个穿白衣服的医生"という情景は視線の空間的到達点としての性格が極めて強いため、"见到"を用いる方が適切である。
14) Hopper＆Thompson 1980：251-252 は、表現の他動性の高低を決定する 10 の意味特徴の一つとして「コトガラに関与する者の数」を挙げ、コトガラの関与者が二つ以上の場合は一つの場合よりも他動性が高いとしている。
15) ちなみに大河内 1980：71 には、"见"は意志的に見ることではなく、「あらわれる」ことを表わす旨の記述がみられる。
16) 注 14 で紹介した表現の他動性の高低を決定する意味特徴の中に「時間的有限性(Punctuality)」があり、時間有限的なコトガラを表わす表現は、非時間有限的なコトガラを表わす表現よりも他動性が高いとされる。
17) (50)'の後件は、例えば"隔了三年回来一看，村前的大树已经不见了。"において用いられるのであれば自然な表現として成立する。

18) "你不见了"は、例えば"一转眼你不见了，我只能一个人回去了。"のような表現に用いられると自然である。
19) 動作の完結が「主体が意図していた動作の達成」、「偶然の結果」のいずれである場合にも"V到"によって表現することが可能であるという点については、1.1.2、2.2を参照。

第5章

"见"、"看到"、"看见"の使い分け

5．0　はじめに

　中国語の視覚動詞"见"の基本義については、≪实用现代汉语语法≫:332における"'见'的基本意义是'看而有结果——看到'的意思"のように"看到"によって説明するものや、≪现代汉语八百词（"见"の項）≫のように"看见"によって説明するもの、あるいは≪动词用法词典（"见"の項）≫のように、"看到"、"看见"の双方によって説明するものがみられる。これは、"见"という動詞が、客体を目でとらえたことをその意義範疇に含んでいる点において"看到"、"看见"と共通しているためであると考えられる。しかし、客体映像の把握段階がそれ自身に内包されている"见"と、いわゆる結果補語によって表わされている"看到"、"看见"との間には、様々な用法上の相違が存在する。"看到"、"看见"間の相違については、第3章において考察を行ない一定の結論に達したが、さらに"见"、"看到"、"看见"の間にみられる相違について考察することは、現代中国語における代表的な視覚動詞"看"、"见"[1]の使用条件や、視覚動詞に後置される"-到"、"-见"の働きについて従来よりも一層正確に記述することにつながる。
　本章は、"见"、"看到"、"看见"が、具象物を表わす名詞的成分や具体的なコトガラを表わす非名詞的成分を客体とする表現を対象に、それぞれが使用される場合にみられる各種の制約や支持について考察することを目的とする。

5．1　"见"、"看到"、"看见"の基本的な相違

5．1．1　事実と価値判断

　"见"という動詞は、いわゆる「動詞＋結果補語」形式をとる"看到"、"看见"とは異なり、動作の過程と結果とが形式上区別されていない。このことは、

133

第Ⅰ部　日中対照編 —— "V到"表現をめぐる日中対照 ——

"看到"、"看见"の場合には、例えば

(1) 我看了，但是没看到。(第3章の(100))
(2) 我看了，但是没看见。(第3章の(100)')

のように「見ようとする」という過程と「見えた」という結果とを別々に表現することが可能であるのに対し、

(3) ＊我见了，但是没见到。

が成立しないことによっても明白である。"见"の場合、出来事の実現と客体映像の把握は同時であり、結果は"见"自身に内包されている。このように、"见"は過程よりも結果が問題となる動詞であり時間的な幅をもたないため、進行のマーカーである"(正)在"や持続のマーカーである"-着(zhe)"と共起しない[2]点において"看"とは異なる。過程よりも結果に比重が置かれる"见"は「見た」経験を述べるのに適しており、以下のような場合には"看"よりも"见"を用いる方がbetterである。

(4) 我没见过大海。(黄利恵子 2001：165)
(5) 象这样的大江，我从来也没见过。(荒川 1985 c：13)
(6) 牛犊，我这个城市姑娘过去连见都没见过。(同上を一部修正)

(4)、(5)はいずれも"看到"を用いた場合に比べると表現の整合性が高く、(6)は"见"を"看到"に置き換えると不自然となる。経験した(or しなかった)動作は、発話時においては確定したコトガラである。"见过(没见过)"について言えば、「見たことがある(見たことがない)」は、発話時においては事実として確定しており、「見ようとする」という動作の過程が問題となることはない。
　一方、"看到过"は"见过"のように「見たことがある」という事実を表わすにとどまらず、客体を目にしたことに対する話者の肯定的価値判断を含意する[3]。例えば、(4)、(5)はいずれも「見たことがない」という事実を述べた表現であるのに対し、

(4)'我没看到过大海。
(5)'象这样的大江，我从来也没看到过。

はそれぞれ、例えば「海というものを見てみたいが、いまだに見たことがない」、「思いもかけずこんなに大きな川を見ることができた」のようなニュアンスが感じられ、「見たことがない」という事実を表わすにとどまらず、客体を目にすることに対する話者の肯定的価値判断をも含んでいる。また、(4)'、(5)'は(4)、(5)に比べると、話し言葉的な表現としての性格が強い。

(6)は、「見たことがない」という事実を強めた"连见都没见过(見たことすらない)"の形式となっている。このため、"看到"を用いた

(6)'牛犊，我这个城市姑娘过去连看都没看到过。

は、例えば

(7) 这么大的牛犊，我这个城市姑娘过去连看都没看到过。

のような、客体についてより詳しく述べる表現とする方がbetterである。(7)においては、"这么大的"の部分が、一般の"牛犊"とは比べ物にならないほど大きいことに対する話者の驚き、すなわち肯定的価値判断を含んでいるため、(6)'の場合よりもコトガラにおける"牛犊"の情報価値は高いと考えられる。また、(4)'、(5)'の場合と同様に、(7)も"看到"が用いられることによって話し言葉的な表現となっている。

(6)と同様に、

(8) "好了，好了！"孙悟空打断老猴的话说："可惜就是没有茶叶！"
"茶叶？"老猴眨巴眨巴眼睛问，"大王，茶叶是什么样儿的？怎么我们见也没见过？"(≪茶酒的传说≫:82)

も、「見たことがない」という事実を強めた"见也没见过"の形式となっている。(8)の"怎么我们见也没见过？"においては「(茶の葉を)見たことすらな

いのはなぜか」が述べられており、"茶叶"に対して"老猴"が関心をもっているか否かは問題とされておらず、"茶叶"を目にすることに対して何らの価値判断もなされてはいない。(8)は"见"を"看到"に置き換えて

(8)'？"好了，好了！"孙悟空打断老猴的话说："可惜就是没有茶叶！""茶叶？"老猴眨巴眨巴眼睛问，"大王，茶叶是什么样儿的？怎么我们看也没看到过？"

とすると不自然な表現となる。
　前述したように、"见"は過程よりも結果が問題となる動詞である。このため、経験を表わす"-过"とは共起可能であるが、動作の完成を明示する"-过"とは共起しえない。そのような例として、黄利恵子 2001：165 は、「あなたが送ってくれた写真はもう見ました」に対応する中国語の表現である

(9)　你寄给我的相片儿，我已看过。
(9)'＊你寄给我的相片儿，我已见过。

を挙げている。「見る」という動作の完成は"见过"によって表現することができないため、(9)'は非文である。黄はさらに、「知らないでしょ！ あなたの昔の写真見たことあるのよ。」に対応する

(10)　你不知道吧！　我已看过你小时候的相片儿。
(10)'你不知道吧！　我已见过你小时候的相片儿。

においては、"你小时候的相片儿"は「本人が知らない小さいころの写真」という、対象認識に困難性がともなう非日常的なモノであるため、動作そのものよりも、視覚的対象認識にもとづいた経験に焦点のある表現となっているとしている。黄の記述によれば、"看"に対しては、(9)、(10)のように完成の"-过"、経験の"-过"のいずれを付加することも可能であるのに対し、"见"に対しては経験の"-过"は付加しえる反面、完成の"-过"は付加しえないこととなる。

"看过"とは異なり、"看到过"における"-过"は経験を表わすことは可能であるが、動作の完成を明示することはできない。例えば(9)、(10)の"看"に"-到"を付加した

(9)″ 你寄给我的相片儿，我已看到过。
(10)″ 你不知道吧！ 我已看到过你小时候的相片儿。

における"-过"は、いずれも経験を表わす成分である。これは、「見えた」という完結段階までを表わす"看到"が、結果の実現をみない段階における動作自身のアスペクト形式とは相容れない点において"见"と共通しているためと考えられる。但し、(10)'、(10)″の両者を比較すると、"看到过"を用いた(10)″の方が、"你小时候的相片儿"に対する"我"の関心が強く感じられる、すなわち、「以前から見たいと思っていた写真を目にした」あるいは「偶然にも興味深い写真を目にした」というニュアンスが感じられ、「写真を見た」ことに対する話者の肯定的価値判断を含んだ表現となっている。

5．1．2　書き言葉的な"见"、話し言葉的な"看到"、"看见"

5.1.1で述べたように、"看到"は、客体を目にしたことに対する話者の肯定的価値判断を含んでいる点において"见"とは異なる。話者の肯定的価値判断とは、「見たい(or 見るに値する)モノを見た」と判断することである。従って、以下のように「あるモノを見つけた」ことを表わす場合には"见"ではなく"看到"が用いられる。

(11) 他看到了桌子上的黑面包，马上就拿了过来。（第3章の(67)）

(11)においては、あらかじめ欲しいと思っていて目にしたにせよ、偶然に目にしたにせよ、"桌子上的黑面包"を目にした時点で"他"はそれを欲しいと思い手にしたのであり、肯定的価値判断がなされたことは後件内容から明白である。(11)の前件は、以下のように単独でも一つの完結した表現として成立する。

(11)' 他看到了桌子上的黑面包。(第1章の(19)、第3章の(1))

(11)'においても、(11)の場合と同様に「見つけた」のような肯定的価値判断がなされている。これに対し、単に見たことを表わす表現としての

(12) ＊他见了桌子上的黑面包。

は成立せず、

(13) 他看见了桌子上的黑面包。(第3章の(1)')

としなければならない。(13)は、"他"が"桌子上的黑面包"を目にした事実を客観的に描写する表現であるため、これに適切な後件を続けるのであれば、例えば

(13)' 他看见了桌子上的黑面包，那个面包都发了霉。(第3章の(67)')

のような、目にした情景について詳しく述べる表現とするのがふさわしい[4]。
(12)は単独では非文であるが、

(12)' 他见了桌子上的黑面包，马上就拿过来咬了一口。

のように後件を続けると自然な表現として成立する。(12)'においては、"黑面包"を目にしたことに対する"他"の反応としての動作が後件で述べられているが、"见"は単に「目にした」ことを表わしており、"看到"のような肯定的価値判断を含んではいない。"见"を"看到"に置き換えると、「見つけた」ことを表わす話し言葉的な表現となる。(12)'、(13)'の前件は、いずれも目にした事実を客観的に表わしている点において、(11)、(11)'のような"看到"表現との間に一線を画している。また、"看见"を用いた(13)は単独で成立するのに対し、"见"を用いた(12)は単独では成立せず、(12)'のように後件を続けなければならないことから、主体の反応を引き起こす原因となる客観的事

第5章 "见"、"看到"、"看见"の使い分け

実をとらえたことを表わす"见"の特徴が理解できよう。この点は、"见"表現が小説などにおいて、登場人物があるモノを目にしたことを描写する場合にしばしば用いられるという事実とも符合する[5]。そのような例としては、例えば

(14)　第二天，老汉非要走，崔大爷也不挽留，给他打上个小红布包，把他送出了大门。
　　　　回到儿子家后，老汉照着崔大爷说的话办了。<u>小孩子见了那东西，也不辨真假，果然回家就跟大人说了</u>："啊呀，我爷爷有好多好多银子做的元宝呢！"（≪中国民間教子故事≫：51）

が挙げられる。(14)の実線部は、"小孩子"が"那东西"を目にし、それに反応した様子を第三者的な視点から描写した書き言葉的な表現である。この場合に"看到"、"看见"を用いると、表現の整合性が低くなる。(14)の実線部に"看到"、"看见"を用いるのであれば、例えば"小孩子看到/看见了那东西，也不知道是真的还是假的，就回家跟大人说了"のような話し言葉的な表現に改めなければならない。従って、"见"、"看见"、"看到"はそれぞれ、

①"见"〜目にした事実を客観的に述べる書き言葉的な表現形式
②"看见"〜目にした事実を客観的に述べる話し言葉的な表現形式
③"看到"〜目にした事実と、その事実に対する肯定的価値判断を述べる話し言葉的な表現形式

であるということができる。
　前述したように、「あるモノを見つけた」というコトガラを表わす表現の場合、客体を目にしたことを表わすにとどまらず、話者による肯定的価値判断がなされている。また、「偶然に見つけた」のではなく、「さがしていて見つけた」場合には、主体の意志的な動作であることが明白である。そのような場合の例としては、

(15) 她用手电筒照着它，凝视着上面的粒粒细尘。俺有点儿紧张，有点儿失

望。她没有**看到**丝毫的夜的痕迹。（李贯通＜洞天＞）

が挙げられる。(15)においては、"她"が懐中電灯で照らしながら"夜的痕迹"をさがし続け、結局は見つからなかったことが表現されており、"她"の動作が一貫して有意志であることは明白である。また、

(16) 参观鲁迅小时候常去玩的"百草园"时，**看到**一种树枝打着结的树。老人告诉我："这不是人打的结，是自然长成这样的。"真是不可思议的植物啊。（『アクセス中国(教科書版)』: 58）

においては、"参观"という意志的な行為を行なっている最中に偶然"一种树枝打着结的树"を見つけたことが表現されている。(15)の場合に比べ、"看到"が意志的な動作であると判断する根拠には乏しいものの、"真是不可思议的植物啊"が存在することにより、発話時において"一种树枝打着结的树"を目にしたことに対する話者の肯定的価値判断がなされていることは明白であり、この点においては(15)と同様である。客体を目にしたことに対する価値判断を含んだ表現は、それを含まない場合に比べると表現における客体の情報価値が高く、「見たかどうか」よりも「何を見たか(or 見なかったか)」に比重が置かれているということができる[6]。このように、(15)、(16)においては、客体に表現の比重が置かれているため、"看到"が選択されているのである。意志的な視覚動作を表わす(15)の"看到"は、"见"、"看见"のいずれに置き換えることもできない。一方、意志性の有無が明確ではない(16)の場合には、"看到"を"看见"に置き換えることが可能であるものの、"看到"を用いる方がbetterであるとされ、書き言葉的な"见"を用いることはできない。

このように、客体を目にしたことに対する価値判断を含んだ"看到"表現は、有意志、無意志いずれの動作を表わす場合に用いることも可能である。

5．2　動作の方向性について

5．2．1　動作の空間的方向性

　"看到"における"-到"は、視線の空間的到達点としてのトコロを示すことがある。例えば

(17)　黑后生把鲁妹从脚看**到**头，又点点头说："对了，对了！我看你这么苗条的身材、纤巧的小手，想必有一手描龙绣凤好针线。走，跟我绣锦被去。"（≪西湖民间故事≫:9）

においては、"黑后生"の意志によって"看"という動作が行なわれ、視線が"鲁妹"の脚の先から頭のてっぺんにまでおよんだことが述べられており、"-到"は、起点を示す"从"と呼応して"看"の終点(空間的到達点)を示している。従って、"看到头"における"头"は、客体というよりは、"看"という動作がいきついたトコロとしての性格が強い。このようなケースにおける"-到"は、動作の完結段階(「見えた」という結果)を表わす働きが希薄であると考えられる。一方、例えば

(18)　到了文具柜前，我想给她买支好钢笔，她说："妈妈早给买了。"**看到**半导体收音机，我想，这作为礼物最合适了。（谌容＜永远是春天＞）

(19)　姑娘泪珠直流，她来到茶树旁边，**看到**嫩绿的茶叶，心里想：这些茶叶是用阿祥的鲜血滋润的，是我的口含着长成的，我采几片叶子给阿祥泡水喝，也表一表我的心意吧。（≪茶酒的传说≫:90）

の場合には、(17)のように動作の起点が明示されておらず、"-到"によって示されるのは主として「動作の完結段階」という抽象的概念である[7]。但し、このような場合においても、空間的到達点としてのトコロを示す"-到"の働きは完全に消失するわけではない[8]。(18)においては、"我"が"她"にプレゼントを買ってあげるつもりで店の中をあちこち歩き回り、やがて"半导体收音机"を見つけたことが述べられている。移動しながら、"我"の視線は店の中

141

の様々な品物を経て、やがて"半導体收音机"に到達したのである。(19)も同様に、"姑娘"が"茶树旁边"に移動した結果、その視線が"嫩绿的茶叶"をとらえたという内容である。(18)、(19)のいずれにおいても、主体が空間的に移動した結果として視線の先にある客体をとらえたことが明白であるため、"-到"によって示される"半导体收音机"、"嫩绿的茶叶"はトコロとしての性格を完全には失っていないということができる。このように、"看到"に後置される名詞的成分がトコロ、客体のいずれであるかについては相対的に判断せざるを得ない側面があるため、"-到"についても、「視線の到達点としてのトコロを示す」、「"看"という動作の完結段階を表わす」のいずれの働きが中心となっているかという相対的な判断をせざるをえないケースが発生するのである。このような見方をすれば、(17)の"头"はトコロとしての性格が強いのに比べ、(18)、(19)の"半导体收音机"、"嫩绿的茶叶"は客体としての性格が強い成分であるということとなる。それと同時に"-到"の働きにも相違がみられ、(18)、(19)の"-到"は(17)のそれに比べると「動作の完結段階」という抽象的概念を表わす性格がより強い。

(18)、(19)とは異なり、以下の表現例の場合には、客体を目にする以前における主体の空間移動はない。

> (20) 男人们鼓起掌。巧巧汗水涔涔，尴尬地环视着人们，右手徐缓地向头上摸去……倏地，手停住了，麻酥酥地垂落下来 —— 在蹿动的人头中，她看到了她的小个子丈夫沮丧恐惶的眼。一只兔子闯进她的心房，她晃晃膀子，逃了出去。(李贯通<洞天>)

(20)は、"在蹿动的人头中"という一定の範囲内を"她"が眺めていたところ、その視線がやがて"她的小个子丈夫沮丧恐惶的眼"をとらえたという内容を表わしている。"她"自身は移動せず、固定した場所から視線を送っている点で(18)、(19)とは異なるが、(20)における"她"の視線は、"在蹿动的人头中"という比較的広い視界を見わたしている段階から、一定の時間を経て、やがて客体である"眼"に到達したのである。(20)が表わすコトガラにおいては主体自身の空間的な移動はないものの、より広い範囲の空間から視界を絞り込んでいった結果として視線が客体に到達したという点では(18)、(19)の場合と

第5章 "见"、"看到"、"看见"の使い分け

同様であり、主体から客体への空間的方向性を有する点において(18)～(20)は共通している。このような場合には"见"を用いることはできず、(18)～(20)の"看到"を"见"に置き換えるといずれも非文となる。"见"が用いられるのは、例えば以下のように、客体が主体の目に自然に入ってきたことを表わす場合である。

(21)　哪知来得不巧，这时清明、谷雨已过，武夷山那山坡上、沟垅里溪边上的头春茶早就采下山了。可是，寒秀堂见了武夷的奇峰峻岭，山光水色，兴致还是浓极了，满心高兴地欣赏起那满山遍岭姿态万千的奇种茶来。
　　　他爬过一道又一道峰，看到了九龙窠半山腰上驰名天下的大红袍。
(≪茶酒的传说≫:168)

(21)の実線部は書き言葉的な色彩の強い部分、波線部は話し言葉的な色彩の強い部分であり、全体としては話し言葉、書き言葉双方の要素が入り混じっている。"见了"の後ろには"奇峰峻岭，山光水色"という書き言葉的な成分が客体として続いている。さらに、この成分が表わす景色は"寒秀堂"の目に自然に入ってきたものであり、客体から主体に向けての単方向性が認められる[9]。これに対し、"看到了"の前には"一道又一道峰"という話し言葉的な成分があるのに加え、"他"がいくつもの山を越えて移動した後、ついに"大红袍"という珍しい茶の木を見つけたことが述べられているため、客体に対する単方向性が存在することとなり、"看到了"を"见了"に置き換えることはできない。このように、一つの文章内においても、書き手の表現意図やコトガラの内容によって"见"、"看到"が使い分けられるケースが存在するのである。

　以上のように、"看到"は客体に対する空間的単方向性を有しており、この特徴は、目にした事実に対して肯定的価値判断がなされていることや、表現の比重が客体に置かれていることと表裏一体をなしている。"看到"表現にみられるこのような特徴は、視覚により客体をとらえようとする意志的な動作を表わす"看"と、動作の到達点を示す"-到"の働きによって、主体から客体に対して動作がおよぶというニュアンスが強くなること、すなわち表現の他動性が高くなることに起因すると考えられる。

5．2．2 動作の時間的方向性

5.1.2で述べたように、話者の判断を加えずに「あるモノを目にする」ことを表現する場合には、"见"を用いると書き言葉的な表現となり、"看见"を用いると話し言葉的な表現となる。例えば

(22) 小时候，从我的房间可以看见院子里的樱花树。
　　　　　　　(≪中文版 日本語句型辞典≫「みえる」の項を一部修正)

は「子供の頃、私の部屋からは中庭の桜の木が見えた」というコトガラを、事実として客観的に述べた話し言葉的な表現である。これに対し、

(22)'＊小时候，从我的房间可以见院子里的樱花树。

の場合は、表現全体が話し言葉的であるにもかかわらず、書き言葉的な"见"が用いられていることが非文となる一因である。一方、

(22)"小时候，从我的房间可以看**到**院子里的樱花树。
　　　　　　　　　(≪中文版 日本語句型辞典≫「みえる」の項)

の場合は、動作の空間的・時間的到達点を示す"-到"が用いられていることからも明白なように、客体への空間的単方向性が認められる。この方向性と動作の起点を表わす"从・N"の方向性が矛盾しないため、(22)よりも整合性が高くなる。(22)と同様に、

(23) 从火车的车窗里看见了海，海上有两条船。(第3章の(62))

の場合も、"看见"を"见"に置き換えた

(23)'＊从火车的车窗里见了海，海上有两条船。

は非文である。(22)'、(23)'においては、客体に向かう視覚動作の起点を表

わす"从・N"と、客体の姿が自然に目に入ってくることを表わす"见"との間に方向性の点で矛盾が生じていることが、非文となる主な要因となっている。これに対し"看见"を用いた(22)、(23)が成立するのは、「動詞＋結果補語」形式をとる"看见"が「動作の過程——結果」を表わすため、視線の方向もおのずと客体に向けての単方向的なものとなり[10]、方向性において"从・N"とは矛盾しないことによると考えられる。客体に視線を向けようとする動作"看"と、"看"から意志性を失わせて無意志動詞にする働きを有する"-见"との組み合わせである"看见"は、客体への単方向動作を表わす働きを完全に失っているわけではないのである。一方、

(24) 去外国旅游仅半年，归来后看到富士山时，不禁吃了一惊，多么美丽的山峰！(第3章の(52))

は"归来后"という主体の移動を表わす成分を含んでおり、移動先にある"富士山"への単方向性が強いため、"看到"が用いられている。"看到"を"见"に置き換えると非文となる。これに対し、

(24)' 去外国旅游仅半年，归来后看见富士山时，不禁吃了一惊，多么美丽的山峰！

は、「富士山を見た」という事実を表わす自然な表現として成立はするものの、無意志の動作を表わす"看见"は客体への方向性が"看到"ほどには強くなく、表現の整合性は(24)に劣る。

　前述したように、"看见"は無意志の動作を表わす表現形式であるが[11]、客体への単方向性を完全に失っているわけではない。"看见"は、意志によらない視覚動作を表わす点においては"见"と共通している一方、「過程——結果」の形で動作を表現する点においては"看到"と共通している。動作の過程と結果は、時間的終点への単方向性を有しているため、"看见"、"看到"は、時間的単方向性をもった動作を表わす点において、"见"との間に一線を画しているということができる[12]。従って、"看见"は、「時間的単方向性を有する無意志の動作」を表わす形式であり、その方向性の強さにおいて、空間的・時間

的単方向性をあわせもつ"看到"に次ぐ形式であるということができる。

　以上のことから、客体を目にする動作を表わす場合にみられる"见"、"看见"、"看到"の特徴は、

　　①"见"〜無意志の動作を表わす。客体から主体への空間的単方向性を有する。
　　②"看见"〜無意志の動作を表わす。結果への時間的単方向性を有する。
　　③"看到"〜有意志、無意志いずれの動作をも表わす。客体への空間的単方向性、結果への時間的単方向性を有する。

のようにまとめることができよう。"看见"は時間的単方向性を含んでいるため、主体が移動した結果としてあるモノを目にしたことを表わす(24)'のような表現に用いられても問題は生じない。空間的到達点への単方向性と時間的到達点へのそれとは矛盾しないためである。

　一方、

(24)"＊去外国旅游仅半年，归来后见富士山时，不禁吃了一惊，多么美丽的山峰！

が非文となるのは、"见"が、書き言葉的な成分であるため後続の"不禁吃了一惊，多么美丽的山峰！"という話し言葉的な成分とは相容れないのに加え、客体への空間的単方向性、結果への時間的単方向性のいずれをも含まないことに起因すると考えられる。

5．3　語義の分化と表現形式

5．3．1　「見る」と「読む」

　5.1、5.2 では、客体を目にする動作を表わす場合における"见"、"看到"、"看见"の相違についての考察を行なったが、3者の間にはさらに以下のような語彙的意味の相違が生じる場合がある。例えば、純然たる書き言葉的な表現

第 5 章 "見"、"看到"、"看見"の使い分け

としての

　(25)　見此信，泣不止。

における"見此信"は、「手紙を読んだ」、「手紙を(モノとして)見た」のいずれの意味にも解されるのに対し、話し言葉的な表現としての

　(25)'　看**到**这信，她不由得哭了起来。（第 3 章の(89)）

における"看**到**这信"は、「この手紙を読んだ」の意味に、同じく話し言葉的な表現である

　(25)"　?看**见**这信，她不由得哭了起来。（第 3 章の(89)'）

における"看**见**这信"は、不自然ながらも「この手紙を(モノとして)見た」の意味に解される。(25)の"見"の場合には「読む」、「見る」が形式上区別されていないのに対し、(25)'、(25)"の"看**到**"、"看**见**"の場合には両者が"-**到**"、"-**见**"によって区別されている。「読む」、「見る」を比較すると、前者は、文字そのものを表面的にとらえるにとどまらず、文字によって表わされた内容を理解する動作であるのに対し、後者は文字そのものを表面的にとらえる動作であるという相違がみられ、前者の方が客体に対して動作がおよぶというニュアンスが強く、客体への動作の方向性がより強いと考えられる [13]。上記の表現例において"看**到**"が「読む」を、"看**见**"が「見る」を表わすのは、客体への"看"の方向性が、動作の到達点を示す"-**到**"が後置された場合には強められ [14]、他動詞を自動詞化する働きを有する"-**见**"が後置された場合には弱められることに起因すると考えられる。
　このように、"看**到**"、"看**见**"は、「過程──結果」の形で動作を分析的にとらえる形式であるため、(25)'、(25)"のように「見る」、「読む」を区別する効果を生じるケースが存在する。これに対し、(25)のような純然たる書き言葉に用いられる場合の"見"は、形式上は非分析的であり、意味上は未分化であるということができる [15]。

147

(25)の場合とは異なり、以下の表現例における"见"は「見る」動作を表わしている。

(26) 唐使心中大喜，打开边关大门，迎接回纥使臣。
　　　只听回纥使臣说道："今年想与天朝上国换一本种茶制茶的书，名叫≪茶经≫"。
　　　<u>唐使没有见过这本书</u>，又不好言明，只好顺水推舟地问道："贵国打算用多少马匹换我们这本书呢？"（≪茶酒的传说≫：105）

(26)は小説における情景描写の表現であり、書き言葉的な性格を帯びている。文章全体の内容から、"唐使"が"茶经"という書物の存在すら知らなかったことが明白であり、実線部は「唐の使いはその本（＝"茶经"）を目にしたことがない」という内容を表わしている。(25)の場合とは異なり"见"が「読む」動作を表わす可能性はなく、"见"の語義は、文脈によって「見る」動作に特定されている。「読む」動作を表わすためには、"看"を用いて"唐使没有看过这本书"としなければならない。言うまでもなく、現代中国語においては、"看书"、"看报纸"のような「"看"＋名詞」形式における"看"と名詞との意味上の関係が基本となって"看"の語義が「読む」動作に特定されるためである。但し、(25)'の"看到"が「読む」動作を表わすのは、意志的な動作を表わす"看"と"这信"との意味上の関係のみによるものではない。すなわち、(25)"のような"看见"表現が「見る」動作を表わすことを考え合わせると、(25)'においては、"看"と"这信"のような動詞と目的語との意味上の関係だけではなく、"-到"も動作の概念を「読む」に特定する要因となっていると考えるのが妥当である。"-到"が付加されることによって動作の客体への方向性が強まるため、客体映像をとらえるだけでなく内容をも理解すること、すなわち「読む」動作を表わすこととなるのである[16]。

さらに"看到"は、以下のような点において日本語動詞の「読む」とも異なる。

(27) 昨天我看到的一份杂志上说，现在以茶叶为出口商品的有二十多个国家。
（第3章の(90)）

第5章 "見"、"看到"、"看见"の使い分け

　(27)においては、後件内容から"看到"が「読む」動作を表わしていることが明白である一方、例えば「いつも雑誌などでお茶について調べていたところ、昨日ある雑誌でその記事を見つけた」のような前提の存在が感じられる。すなわち、"看到"は「さがしていて見つけ、そして読んだ」という事実を前提として用いられているということである。このことは換言すれば、(27)の"看到"は「読む」のような内容理解をともなう動作を表わすと同時に、日本語であれば「見つける」によって表わされるような、動作の目的達成をも含意しているということである。さらに以下の表現例をみてみよう。

(28) ……我装作很有兴趣的样子，叫他把填的表拿来。他真的拿来，上面写着：我自愿脱离共产党。一看到这个我气坏了，你这个叛徒！
（陈国安＜恍惚的人们＞）
(29) 当他拿起第六份档案，看到陆文婷这个名字时，他感到有点累，也并不期待还能出现奇迹。（谌容＜人到中年＞）

　(28)の"一看到这个我气坏了"は、"见"を用いるのであれば"见此言，不由大怒"という純然たる書き言葉的な表現となるが、上記のような文章において用いることが不適切であるのは言うまでもない。同様に、(29)も話し言葉的な文体で書かれているため"看到"が用いられている。(28)、(29)における"看到"はいずれも、「読む」動作を表わすと同時に「見つける」というニュアンスを含んでいる。(28)では、"他"が持って来た"表"に"我自愿脱离共产党"と書かれているのが目にとまったのであり、(29)では、"他"が"第六份档案"を手にしたところ、"陆文婷"の名前が目に入ってきたのである。(28)、(29)はいずれも、「近づいてきた客体を主体が見つけ、そして読んだ」という内容を表わしており、(18)～(20)の場合と同様に、"看到"は、より広い範囲の空間から視界を絞り込んだ結果として客体をとらえる動作であるため、視線の空間的単方向性は(27)の場合よりも明白であるということができる。(28)、(29)の"看到"を"看见"に置き換えると、「読む」の概念は消失し、文字が目に入ったことを表わす表現となる。

5.3.2 「見る」と「会う」

これまでの考察によって、話し言葉においては、動詞としての語義が未分化である"见"よりは、"看到"、"看见"を用いて「見る」動作を表現する傾向が存在することが明白となった。一方、話し言葉における"见"の主要な働きとしては、ヒトを客体として「会う」動作を表わすことが挙げられる。「会う」動作は「見る」動作とは異なり、主体、客体間に双方向的な関係が成立する。"见"が「会う」動作を表わす場合、例えば

(30) 他要见张主任。(≪现代汉语八百词≫ "见"の項)

のように、発話時において実現していないコトガラを表わす表現に用いることが可能である。このような場合には、動作の完結段階までを表わす"看到"、"看见"を用いることはできず、以下の表現例はいずれも非文となる。

(30)' ＊他要看到张主任。　　　　(30)" ＊他要看见张主任。

一方、発話時においてすでに実現しているコトガラを表わす

(31) 这时，家里人找进洞来，爹，娘，哥哥，见了妹妹，高兴得哭了起来。
(≪中国民间教子故事≫:31)

における"见"は、「(妹の姿を)見た」、「(妹に)会った」いずれの動作に解することも可能である[17]。(31)は物語における情景描写の表現であり、"见"が用いられることにより、"家里人"の動作を第三者的な視点から客観的に述べる効果が生じている。"见"が「見る」動作にも解されるのは、"家里人找进洞来"という移動を表わす成分が存在することによって、表現全体として"家里人"から"妹妹"への空間的方向性が生じていることに起因すると考えられる。これに対し、

(31)' 这时，家里人找进洞来，爹，娘，哥哥，看到了妹妹，高兴得哭了起来。

第5章 "见"、"看到"、"看见"の使い分け

の"看到了妹妹"は、「(見たいと思っていた)妹の姿を見ることができた」、「(会いたいと思っていた)妹に会うことができた」のいずれに解することも可能である。(31)'の"看到了"は、「見た、会った」という事実のみならず、「見たい、会いたい」という"家里人"の願望・目的が実現したことをも表わす点から、事実のみを表わす(31)に比べると表現における"妹妹"の情報価値は高く、動作の空間的方向性も強いと考えられる。また、

(31)" 这时，家里人找进洞来，爹，娘，哥哥，看见了妹妹，高兴得哭了起来。

における"看见"は「妹の姿を目にした」ことを事実として表わす表現である。(31)"の"看见"は、(31)の"见"、(31)'の"看到"が「見る」、「会う」いずれの動作を表わすことも可能であるのに比べると、語義の点において限定されている。"见"のように主体の反応としての動作を後件として続けることを必要とせず、かつ、客体への方向性が"看到"ほど強くない"看见"を用いた(31)"の整合性は、(31)、(31)'におよばない。

ところで、荒川 1985c：12-13 は、

(32) 八年前我被拉上威虎山，在山上见过他，(荒川1985cでは以下省略)

の"见"は、「私はあいつに"见"したが、相手は自分を知らないというケースであって、これを『会う』と訳すと正確ではなくなる」とし、その根拠として、日本語の「会う」は相互確認的である点を挙げている。(4)～(6)にみられるように、"见"は、モノを客体として「見る」動作を表わすことが可能である一方、ヒトを客体とする場合においては、(31)のように「見る」、「会う」いずれの動作に解することも可能なケースが生じる[18]。すなわち、"见"の意義範疇においては、「見る」動作、「会う」動作が連続的な関係にある点で、両者を別個の動詞によって表現する日本語の場合とは異なっている。(32)に対し、

(32)' 八年前我被拉上威虎山，在山上看到过他，

は話し言葉的な表現としての色彩がより強い。(32)'は、「(偶然に)彼の姿を

151

見たことがある」、「(偶然に)彼に会ったことがある」のいずれに解することも可能な表現であり、「見たことがある」という事実のみを表わす(32)とは異なる。また、

 (32)″八年前我被拉上威虎山，在山上看**见**过他，

は、「彼の姿を見たことがある」を表わす話し言葉的な表現として成立はするものの、表現の整合性という点においては(32)に劣る。これは、5.1.1で述べたように、経験を表わす場合には動作の過程が問題とはならないため、「見たことがある」という事実を述べる場合には"见"を用いる方が適していることによると考えられる。さらに、例えば

 (33) 技术员让司机开车。这小子是个舞迷。三十多岁了，还在舞场上厮混。
    <u>见</u>了好姑娘就缠上。（李悦＜死光＞）

における"见了好姑娘"は、「すてきな若い女性を見かけた」だけでなく、その女性と何らかの交流をもったであろうことが前提となっている。(33)の"见"を"看到"に置き換えると、"见"を用いた場合と同様の内容を表わす話し言葉的な表現として成立する一方、"看见"に置き換えると不自然となる。"看见"はヒトの姿を表面的にとらえることを表わし、(33)のようなコトガラを表わすのには適さないためである。このように、"见"、"看到"の概念はいずれも、「見る」動作、「会う」動作の双方の領域にまたがっている点において、"看见"との間に一線を画している。但し、"见"と"看到"を比較すると、客体への単方向性を有する"看到"の方が「見る」動作を表わす傾向が強く、例えば「昨日私は駅で王さんを見かけた」に対応する中国語の表現として

 (34) 昨天我在车站看**到**了小王。（郭春貴2001：317を一部修正）

は成立するが、

 (34)′＊？昨天我在车站见了小王。（郭春貴2001：317）

152

第5章 "见"、"看到"、"看见"の使い分け

は非文もしくは不自然である。「見かける」は、主体が一方的に客体の姿を視覚によってとらえる動作であり、客体に対する単方向性を備えているため、"见"が有する双方向性とは相容れない。(34)'は、「昨日私は駅で王さんに会った」という主体、客体間の双方向動作を表わす表現としてであれば成立する。また、(34)は、「見かけた」という事実を述べるにとどまる

(34)" 昨天我在车站看见了小王。

よりも客体への方向性が強く、例えば「王さんの姿を求めてさがしていたところ、昨日駅で見かけた」のような場合に用いることが可能である。さらに、(34)は「会う」動作を表わす表現として用いることも可能であり、その場合には、「会った」ことに対する"我"の肯定的価値判断を含んだ表現となる。

5.2.1で述べたように、客体への単方向動作を表わす"看到"は、例えば

(35) 一路上，我不停地设想即将相逢的情景，当我兴冲冲而又心神不安地走进家门时，一眼就看到出来接我的您，您象孩子一样的高兴，但我却愣住了：一个声音嘶哑、头发花白、驼背的老人出现在我面前。

(陶斯亮〈一封终于发出的信〉)

のような、主体が移動した結果として、その移動先にいる人の姿を目にしたという内容を表わすことが可能である。(35)の"看到"を"看见"に置き換えると、表現の整合性においては"看到"に劣るものの、非文ではない。これは、"看见"は客体への空間的単方向性が"看到"に比べると弱いながら、結果への時間的単方向性を有している点において"看到"と共通しているためであると考えられる。一方、(35)の"看到"を"见"に置き換えると非文となるのは、"见"が客体、結果いずれに向けての単方向性も備えていないことと、"我不停地设想即将相逢的情景"が存在することからも明白なように、"我"があらかじめ"您"の姿を目にすることを期待あるいは予測していたこととの間に矛盾が生じているためと考えられる。すなわち、(35)においては、偶然ではなく、"我"の意志によって"您"の姿をとらえたのであり、この点においても客体への単方向性が強く認められる。ちなみに、"看见"を用いるとこのような意

153

志性が希薄となり、客体を目にした事実のみを表わす表現となる。
　前述したように、ヒトを客体とする表現に用いられる場合、"看到"は「(ヒトに)会う」、「(ヒトの姿を)見る」いずれの動作を表わすことも可能であるのに対し、"看见"は「(ヒトの姿を)見る」動作を表わす傾向が強い[19]。一方、"见"は、日本語において「見る」、「会う」という別個の動詞により表現される概念のいずれをも含んだ動詞であり、語義の上で未分化であるということができる。しかし、未然のコトガラを表わす(30)のような表現が存在することからも明白なように、話し言葉においては「会う」動作を表わす傾向が強い。

5．4　コトガラを客体とする表現について

5．4．1　"见"にみられる状態性

　"见"、"看到"の2者は、以下のように、具体的なコトガラを目にすることを表わすのに用いられる場合がある。

(36)　你见过鲤鱼跳龙门吗？(《动词用法词典》"见"の項)
(36)'　你看到过鲤鱼跳龙门吗？

　(36)は書き言葉的、(36)'は話し言葉的な表現である。いずれも「見たことがある」という経験を表わす自然な表現として成立し、動作の過程が問題とはされないため、特に客体をとりたてる表現意図がない限り、"见"を用いた(36)の方がより自然である。一方、

(36)"　＊你看见过鲤鱼跳龙门吗？

には(36)'のような客体とりたての表現意図は込められておらず、「過程──結果」を表わす"看见"と、経験を表わす"-过"との間に矛盾が生じることによって非文となっている[20]。また、

(37)　我见他正在跟小王谈话。(黄华1992:621を一部修正)

の場合には、"他正在跟小王谈话"という進行中のコトガラが客体となっており、"见"は、そのような情景が自然に目に入ってきたことを表わしている。5.1.1で述べたように、"见"自身は時間的な幅をもたないが、(37)のような表現においては、動きをともなった情景が持続的に目に入ってくることを表わすのである。(37)は単独では成立せず、例えば

(37)' 我见他正在跟小王谈话，就没进去。

のように、情景を目にしたことに対する主体の反応を表わす成分を後件として続けると自然な表現として成立する。これに対し、

(37)" 我看**到**他正在跟小王谈话。(黄华1992:621を一部修正)

は単独で成立可能な表現である。"看到"は、"他正在跟小王谈话"という進行中のコトガラを、発話時点において"我"の側から瞬間的にとらえたことを表わす点において、「一定の時間持続的に目にした」ことを表わす(37)の"见"とは異なる。
　一方、

(38) 兰香见我两眼怔怔地看着她，笑得更甜更腻，身子也与我靠得更紧。
　　　　　　　　　　　　　　　　　　　　　　　　　　(戴厚英≪人啊，人！≫)
(39) 爷爷见我望着信纸直发呆，问我怎么回事？(谌容<永远是春天>)

の場合には、持続中のコトガラが客体となっている。(38)、(39)の"我两眼怔怔地看着她"、"我望着信纸直发呆"はいずれも一種の動態を表わす成分であるため、"见"自身も「見える」に近い、状態性を帯びた成分であることがみてとれる。(38)、(39)の"见"を"看到"に置き換えた

(38)' 兰香看**到**我两眼怔怔地看着她，笑得更甜更腻，身子也与我靠得更紧。
(39)' 爷爷看**到**我望着信纸直发呆，问我怎么回事？

第Ⅰ部　日中対照編——"V 到"表現をめぐる日中対照——

は話し言葉的な表現として成立はするものの、(38)、(39)の方が better である。(38)'、(39)'においては、(37)"の場合と同様に、視覚動作が発話時点における瞬間的なものとして表現されている。5.2.2 で述べたように、"看到"は空間的・時間的単方向性を有する動作であるため、(37)"、(38)'、(39)'のように進行あるいは持続中のコトガラが客体となっている場合においても、"-到"は主体の視線がいきつく空間的到達点を示すと同時に動作の完結段階という時間的到達点をも示すこととなり、その結果として瞬間的に目にしたことを表わすと考えられる。(38)'、(39)'よりも(38)、(39)の方が better であるのは、空間的・時間的単方向性を有しない"见"の表わす出来事が一種の状態としての性格を帯びているため、持続中のコトガラ、すなわち動態を目にすることを表現するのに適していることによると考えられる。このことは、以下のような表現例をみると一層明白となる。

(40) 正好那时，看**到**从后面有人出来。
　　　　　　　　　　　　　(《中文版 日本语句型辞典》「みえる」の項)

(40)は、特定時点を表わす成分"正好那时"を含んでいるため"看到"が用いられている。これに対し、"见"を用いた

(40)'＊正好那时，见从后面有人出来。

は非文である。
　また、例えば

(41) 扭头见前面走廊拐弯处走来几个穿白衣服的医生。(第3章の(111))

は、"几个穿白衣服的医生"が主体に向かって歩いているという情景を、主体が持続的に目にしていることを表わす表現である。(41)の"见"を"看到"に置き換えると非文となる。"看到"を用いるためには、例えば

(41)' 他一扭头，就看**到**前面走廊拐弯处走来几个穿白衣服的医生。

のように、特定時点において目にしたことを表わす表現としなければならない。(41)'における"前面走廊拐弯处走来几个穿白衣服的医生"は、"一扭头"に続いてすぐに目に飛び込んできた瞬間的な映像であり、視線の到達点としての性格が強い。

"看到"と同様に"看见"を用いた場合も、以下のように客体映像を瞬間的にとらえたことを表わす表現として成立する。

(40)" 正好那时，看见从后面有人出来。

但し、(40)"は自然な表現として成立するものの、表現の整合性は(40)におよばない。(37)"の"看到"を"看见"に置き換えた場合も同様である。これは、空間的・時間的到達点を有する動作を表わす"看到"の方が、空間的方向性が希薄であり、かつ、空間的・時間的いずれの到達点をも有しない動作を表わす"看见"に比べ、客体映像の把握を時間軸上の点として表現するのにより適しているためと考えられる。

５．４．２　動作の方向性と状態性

5.2.2で述べたように、"见"は客体から主体への空間的方向性を有するため、ある情景が主体の目に自然に入って来たことを表わす場合にしばしば用いられる。例えば

(42) 傅家杰见来了这么多人，忙站起来。（荒川1985 c : 10）

においては、"来了这么多人"という情景を目にした"傅家杰"が"忙站起来"という反応をしたことが述べられており、"见"が用いられていることによって"傅家杰"の意志にかかわりなく情景が目に入って来たことが含意されている。かつ、"来了这么多人"というコトガラの把握は瞬時になされたのではなく一定時間を要した可能性があり、例えば「多くの人々が入って来る様子を、入って来る以前から目にしていた」ことを前提とするような場合に用いられる。このような場合に"看到"を用いると、例えば「多くの人々が入って来る様子を突然に目にした」のように、瞬間的に情景をとらえたことを前提とする表現

第Ⅰ部　日中対照編 ── "V到"表現をめぐる日中対照 ──

となる。
　上記のような"见"の性格が一層明白となっているのが、以下の表現例である。

(43) 吴掌柜正在酒馆里招呼客人，老远见古井旁边坐着一个人，仔细一瞧，是八年前那个疯老汉，他连忙吩咐人准备美酒好菜，然后，亲自走出酒馆，去请那老汉。疯老汉见吴掌柜来请他，就问道："姓吴的，这几年生意怎么样呀？"（《茶酒的传说》:185）

　"老远见古井旁边坐着一个人"は、古井戸のそばに誰かが坐っている姿を"吴掌柜"が偶然目にしたことを前提とした成分であり、"疯老汉见吴掌柜来请他"は、"酒馆"を出て自分の方に向かって来る"吴掌柜"の姿を"疯老汉"がしばらく見ていたことを前提とした成分である。前者における"见"は、ヒトが坐っている様子を静態として、後者における"见"は、"吴掌柜"が"疯老汉"に向かって移動してくる様子を一定時間続いた動作として、それぞれ持続的に目にしたことを表わしている。(43)の場合と同様に、

(44) "腊梅呀？　她的手都裂成口子了。"
　　我听了没头没脑，就跟着到了女同志们的住处，只见几个人围着腊梅。她低着头坐在炕上，一声不响。见我进去，那些叽叽呱呱说话的人也不言语了。(谌容＜永远是春天＞)

における"见"も、"我"が"女同志们的住处"に入る様子を、部屋に入る前後を含めて"那些叽叽呱呱说话的人"がしばらく目でとらえていたことを表わす。"见"を"看到"に置き換えるのであれば、例えば"看到我要进去"あるいは"看到我进去了"のように、"我"が部屋に入る前後のある時点において動作をとらえた表現とするのがふさわしい。また、

(45) 也不知走了多久，正德皇帝终于看到了一间茅屋。他二话没说，急匆匆地就跨进了门。屋内有一对白发老人，正围着桌子吃粥。见有人突然闯进屋来，慌忙站起。（《美食佳肴的传说・上》:18）

においては、「"正徳皇帝"が歩いて行きついた先に"一間茅屋"を見つけた」ことが"看到"によって表現される一方、「("一対白発老人"が家の中で粥を食べていたところ)突然に人が入って来たのを目にした」ことが"見"によって表現されている。"看到"の客体"一間茅屋"は、コトガラではなく名詞的成分であるものの、"正徳皇帝"の視線の最終的な到達点であり、"看到"という動作は時間軸上の点として位置づけられている。これに対し"見"の場合には、"有人突然闖進屋来"という情景が"一対白発老人"の目に入って来たことが時間軸上の線として位置づけられており、家の中に人が入って来る前後の様子をしばらく見ていたことを前提として用いられている。このため、"見有人突然闖進屋来，慌忙站起"が表わすコトガラにおいては、「人が入って来たのを目にする」、「あわてて立ち上がる」という二つの動作が時間的に重複して行なわれた可能性が存在するのに対し、"看到有人突然闖進屋来，慌忙站起"の場合には、「人が入って来たのを目にした」後で「あわてて立ち上がった」という内容となり、二つの動作が時間的に重複することはない。

　以上のように、客体を視覚によってとらえることが、"看到"表現においては到達点を示す"-到"の働きにより時間軸上の点として位置づけられるのに対し、そのような働きや効果を有しない"見"表現においては時間軸上の線として位置づけられる。また、"看到"が、客体を主体の側から視覚によってとらえる動作であるのに対し、"見"は、目の前の情景を受動的にとらえるという性格が強く、日本語の「見える」に近い、状態性の強い形式としての性格を帯びている。

第Ⅰ部　日中対照編 ―― "V 到"表現をめぐる日中対照 ――

注

1) 武文杰 2011：126 の記述にみられるように、"看"、"看见"はそれぞれ古代中国語の"视"、"见"に代わって用いられるようになったとされるが、言うまでもなく本章では現代中国語における"见"を考察対象の一つとする。
2) "见"が有するこのような特徴については 4.1.3 を参照。
3) "看到"表現にみられる肯定的価値判断については 3.3.2 を参照。
4) "看见"表現が有する描写性については 3.3.2 を参照。
5) 原田 1997：124-125 は、日本語の小説の中国語訳には、日本語の原文にはみられない「目の前で起こっていることを見る」の形でコトガラを表わす例がしばしばみられるという現象に着目し、ある状況を説明する場合に、中国語では「(状況を)知覚した」という形によって表現する傾向がある点で日本語とは異なると推測している。
6) このような相違は、"看见"、"看到"間にみられる相違の一面でもある。この点については、3.3.4 を参照。
7) 感覚動詞に後置された"-到"の概念にみられる抽象性については、3.4.1 を参照。
8) 同様の例としては、"我的眼睛好极了，能看到远处的那个人。(第3章の(113))"、"远处可以看到流水的尽头。(第3章の注16)"が挙げられる。これらの表現における"-到"は、動作の完結を表わす働きを中心としつつも、到達点(トコロ)を示す成分としての性格をとどめているということができる。ちなみに、郭熙 1990：92 に挙げられている"他看书看到学校。"は、「本を読んでいるうちに学校に着いた」という客観的事実を前提としており、"-到"は純然たるトコロを示す。
9) "见"は、① 「(ヒトに)会う」という双方向動作、② 客体映像が主体に向けて単方向的に入ってくること、③ ヒトやモノが「見える」状態、を表わすことが可能である。①～③はいずれも客体に向けての単方向性を有しない点で共通している。
10) 木村 1981：41 には、「動詞＋結果補語」表現における「空間的帰着点」と「時間的帰着点」の一致、重なり合いについての記述がみられる。
11) この点については、3.3.2 を参照。
12) "见"が時間的方向性を有しないことは、例えば"街上不见人影儿。(第4章の(48)')"のような表現に用いられることからも明白である。4.2.2 を参照。
13) "看到"、"看见"の相違は、常に(25)'、(25)"のように「読む」、「見る」の相違に対応するとは限らないが、客体への方向性の強さにおいて"看到"は"看见"にまさっている。3.3.3 を参照。
14) "看到"とは異なり、"见到"の場合には、"-到"が付加されることによって"见"には欠けていた客体への単方向性が備わることとなる。この点については 4.1.1、4.2.3 を参照。
15) 武文杰 2011：129-130 には、"看见"、"见"の用法の歴史的変遷についての記述がみられる。
16) 内容理解を含意する"看到"の働きについては、3.3.1 を参照。
17) 但し、"见"よりは"见到"の方が「見る」動作を表わす傾向が強い。この点については 4.1.1 を参照。
18) 同様の表現例としては"好像在哪见过你。"、"我没见过象他那样日语讲得那么好的中国人。"、"见着王二就摇头。"が挙げられる。これらの表現例はそれぞれ、≪中級日語≫：67、≪日语语法疑难辨析≫：267、『岩波 中国語辞典("见"の項)』において、「どこかで君を見たようだ。」、

160

「中国人であれほど日本語の達者な人をみたことはない。」、「王二を見るとしかめつらをする。」に対応する中国語の表現として挙げられている。
19) "昨天我看**到**他了。"、"昨天我看**见**他了。"を比較した場合も、"看**到**"は「会う」動作の意味が、"看**见**"は「見る」動作の意味がそれぞれ強いという相違がみられる。この点については3.3.3を参照。
20) このような矛盾が生じていなければ、"看**见**"が具体的なコトガラを表わす成分を客体とする"我看**见**他正忙着做饭。(王红旗1995：165)"のような表現が成立する。

第6章

"看到"、"见到"の使い分け（1）

6.0　はじめに

　中国語の視覚動詞"看"、"见"は、いずれも"-到"をともなって"看到"、"见到"形式で用いられることがある。4.0、5.1.1で述べたように"看"においては客体を視覚でとらえようと働きかける動作の過程（見ようとする）に比重が置かれているのに対し、"见"は結果（見えた）を含意する。"看"、"见"自身にこのような意味上の相違が存在する一方で「動詞＋結果補語」形式をとる"看到"、"见到"が並存しているということは、両者の間に何らかの使い分けが存在すると考えるのが自然であり、それらを明らかにすることは、"看"、"见"間の相違や"-到"の働きについての従来の見解をもさらに深めることとなる。"见到"、"见"間の相違については第4章において、"看到"、"见"間の相違については第5章においてそれぞれ考察を行ない、一定の結論に達した。本章は、具象物を表わすモノ名詞を客体とする表現を主たる考察対象として"看到"、"见到"を直接に比較し、それぞれの使用条件を明らかにすることを目的とする。

6.1　"看到"、"见到"の基本的な相違

6.1.1　話し言葉的な"看到"、書き言葉的な"见到"

　現代中国語の話し言葉において"见"は通常「会う」動作を表わし、「見る」動作を表わす場合には書き言葉的となる。5.1.2においては、「見る」動作を表わす場合における"看到"、"见"間の相違について

　　①"看到"～目にした事実と、その事実に対する肯定的価値判断を述べる話し言葉的な表現形式

163

②"见"～目にした事実を客観的に述べる書き言葉的な表現形式

との結論を得た。"见"の有する書き言葉的な性格は、"-到"をともなった場合にも失われることはなく、"见到"は"看到"に比べると書き言葉的な表現形式である。例えば

(1) 小王，你看**到**我的字典了吗？（第3章の(81)）
(2) 果然，接着让瞿海良写第二份材料："你看**到**过什么，听**到**过什么，想些什么？"（杨匡满・郭宝臣＜命运＞）

のような純然たる話し言葉的な表現には、"看到"を用いるのがふさわしい。(1)、(2)における"看到"を"见到"に置き換えると、

(1)'＊？小王，你见**到**我的字典了吗？

のように非文もしくは不自然となるか、

(2)'果然，接着让瞿海良写第二份材料："你见**到**过什么，听**到**过什么，想些什么？"

のように自然な表現として成立はするものの、"看到"を用いた(2)の方がbetter である。(2)'の場合、「見る、聞く、思う(考える)」を表わす中国語の動詞として、話し言葉であれば"看、听、想"が、書き言葉であれば"见、闻、思"が用いられるという通常の用法からはずれている。また、

(3) 回到彭家围子，彭老总在向乡亲们告别前，对大家说："我就要走了。根据我在其他地方和在家乡看**到**听**到**的情况，我觉得，大跃进、人民公社是要搞。但要定个章法，立个规矩，不能瞎搞一气。"

（翟禹钟・何立岸・罗海欧・江立仁＜彭大将军回故乡＞）

の場合には、"看**到**听**到**的情况"の部分を"见**到**听**到**的情况"とすると表現の

第 6 章 "看到"、"见到"の使い分け（1）

整合性が劣るか、インフォーマントによっては非文とされる。これは、"看到听到的情况"が「見聞きしたこと」という一つのまとまった概念を表わしており、(2)の場合よりも話し言葉としての一貫性が強く求められるためと考えられる。さらに、

(4)　◎他看到了桌子上的黑面包，马上就拿了过来。

(第3章の(67)、第5章の(11))

(4)'　○他见到了桌子上的黑面包，马上就拿了过来。

の場合、表現全体が話し言葉であるため、"看到"を用いた(4)の方がより自然である[1]。

"看到"、"见到"間には上記のような相違が存在するため、例えば

(5)　把见到的如实说出。（≪现代日语语法≫:63 を一部修正）

のような表現には"见到"を用いるのがふさわしい。"看到"を用いるのであれば、"如实说出"の部分を話し言葉的な"老老实实地说出来"に改めて

(5)'　把看到的老老实实地说出来。

としなければならない。同様に、

(6)　著作得以出版，殷切切送某人一册，扉页上恭正题写："赠×××先生存正。"一月过去罢，偶尔去废旧书报收购店见到此册，逐折价买回，于扉页上那条题款下又恭正题写："再赠×××先生存正。"

（贾平凹＜笑口常开＞）

のような書き言葉的な色彩が極めて強い文章においては、"见到"を"看到"に置き換えると表現の整合性が劣ることとなる。(6)の"见到此册"に対応する話し言葉的な成分は"看到这一本"であり、これを用いるのであれば、文章全体が話し言葉的な文体でなければならない。書き言葉的な性格を有する"见

165

第Ⅰ部　日中対照編 ―― "Ｖ到"表現をめぐる日中対照 ――

到"を用いた表現は、"看到"を用いた場合に比べると改まった丁寧な表現としてのニュアンスがより強く感じられるケースがあり、例えば

(7)　"是啊，她是想的。每回见到我，她总要问：我爸爸找到没有？ 有一回，她在报上见**到**你的名字，又问我：这个李梦雨会不会就是我爸爸？ 我说：不会，世界上同名同姓的多得很。她逼我写信去问。我只好说：我早问过了，那不是你爸爸！"（谌容＜永远是春天＞）

における"她在报上见**到**你的名字"は、"看到"を用いた場合よりも改まった表現であり、話者の"你"に対する敬意が感じられる。

6．1．2　意志性の強弱について

　周知のように、"看"は本来、「見よう」という意志をもって行なわれる動作であるため、"看到"表現も主体の意志による動作を表わすことが可能である。例えば

(8)　新婚夫妇胸前戴着印有'囍'字的红花，热情地招待客人。客人们不时地开上几次有趣的玩笑。气氛活跃，毫无拘束之感。听说晚上还有闹洞房的习惯。遗憾的是我有事没能<u>看**到**</u>那最精彩的一幕。（第３章の(79)）

における"没能看**到**"には、「見たかったが見ることはできなかった→残念だ」のような話者(＝主体"我")の意志が込められている。一方、(8)の"看**到**"を"见**到**"に置き換えると表現の整合性が劣る。これは、(8)の文章全体が話し言葉的なものであることに加え、"见**到**"に置き換えることによって話者(＝主体"我")の意志性が希薄となり、表現内容との間に矛盾が生じることによると考えられる。同様に、

(9)　怎么看不**到**穿旗袍的呢？ 那样更显得苗条呢。（第３章の(84)）
(9)'　怎么见不**到**穿旗袍的呢？ 那样更显得苗条呢。

の両者を比較した場合も、(9)の"看不**到**"は、「（チャイナドレスを着た人の

166

第6章 "看到"、"見到"の使い分け（1）

姿を見たいがなかなか）見ることができない」ことを表わすのに対し、(9)'の"見不到"は、「見たい」という主体の意志が"看不到"ほど強くは感じられず、「(チャイナドレスを着た人の姿がなかなか)目の前にあらわれない」ことを表わす。(9)'と同様のことは、以下の表現例についてもあてはまる。

(10) 每年十月至二月是"邦邦鱼"的冬眠时期，这时候，它隐藏在石缝或洞穴中，不容易<u>见到</u>。(≪美食佳肴的传说・下≫:211)

(11) 一天，他在大队干部和社员的陪同下上山去了。他顺着楠木冲往上走，一股山溪顺着峡谷往下流。走到中间，<u>见到</u>一个水库。这就是由他建议并投资五百元修成的乌石水库。他放眼望去，一潭秋水，碧波荡漾。
(翟禹钟・何立庠・罗海欧・江立仁＜彭大将军回故乡＞)

(10)の"不容易见**到**"においては、"邦邦鱼"がなかなか姿をあらわさないことが、(11)の"见**到**一个水库"においては、"他"が歩いて行くにつれて"水库"が視界に入ってきたことが表現されている。(10)、(11)の"见**到**"を"看**到**"に置き換えると、主体の意志によって客体映像をとらえるというニュアンスのより強い表現となって文章内容との整合性が劣ることとなるため、"见**到**"を用いる方がbetterである。

"看**到**"に比べて"见**到**"の意志性が弱いのは、"见"がもともと無意志の出来事を表わす働きを有することによると考えられる。4.2.3において、"见"はコトガラを

① 「(ヒトに)会う」という双方向動作
② 客体映像が自然に感覚主体の目に入ってくること＝客体映像が主体に向けて単方向的に入ってくること
③ 感覚主体の存在が問題とはならない「見える」状態、すなわちヒトやモノが視界内に存在すること

のいずれかとして表わすことが明白となった。これらのうち、「会う」動作を表わす①を除けば、②、③はいずれも主体の意志とは無関係である。そして、

167

「見る」動作を表わす"見到"は、"-到"の働きにより主体から客体への単方向動作を表わすにいたっているものの[2]、必ずしも主体の明確な意志によって目にしたことを表わしているのではない。一方、"看到"においては、"看"という意志的な動作の結果として視線が客体に到達したこと、換言すれば、視覚によって客体の姿をとらえようとつとめた結果として客体映像を目にしたことが表現されているため、明確な意志性が含まれているということができる。3.1.3、3.2.1、3.3.2、5.2.2でふれたように、"见"は知覚動詞に後置されて"V见"形式をとり、動作が無意志であることを明示する働きをする。一方、「動作の過程──結果」を表わす"V到"形式に用いられる前項動詞Vは、通常は意志性を含んだ他動詞である。"见到"は、意志性を含まない動詞"见"が"V到"形式に用いられた成分であるため、"看到"をはじめとする通常の"V到"表現の場合とは異なり、意志的な動作を表わす働きが弱いとしても不自然ではない。但しこのことは、"见到"が主体の意志とは全く無関係に客体をとらえる動作を表わす成分であることを意味するものではない。荒川1985ｃ：2は、"听"の中には結果に重点のある、「聞コエル」に近い"听"があるという予測のもとに表現例を調査し、"听"には

　　a）（意識的に注意深く）聞ク
　　b）（意識的だが受身的に）聞ク
　　c）（無意識的に）聞ク、耳ニ入ル

のような、おおよそ三つの段階があると結論づけている。荒川のこのような考え方を参考にすれば、感覚動詞が表わす動作が意志的なものであるか否かの判断に際しては、上記のb）のような領域の存在を考慮することが重要であり、"看到"よりも意志性に乏しいからといって、"见到"が"见"と同じく主体の意志とは全く無関係であると結論づけるのは厳密性に欠けることとなる。"见到"は、意志性が極めて強い"看到"と、意志性を含まない"见"との中間にあって、意志性が弱いながらも主体から客体に向けて視線が到達したことを表わす形式であると位置づけるのが妥当と考えられる。

　ところで、第3章で述べたように、"看到"は「あらかじめ見たいと思っていたものを見た」ことのほか、「見るに値するものを偶然に見た」ことを表わ

第6章 "看到"、"见到"の使い分け（1）

す働きをも有する。これらの働きはいずれも、「見るに値する」という話者の肯定的価値判断が発話時になされることと表裏一体をなしている[3]。例えば

(12) 我在自由市场<u>看到</u>了一个竹花篮。这个花篮做工精细，表面编织着山水，又好像是一幅小小的山水画儿。真可以说是一件工艺品了。

(第3章の(69))

における"看到"は、「(さがしていたお目当ての竹カゴを)見つけた」、「(気に入った竹カゴを偶然に)見つけた」のいずれに解することも可能である。
一方、

(12)' ? 我在自由市场<u>见到</u>了一个竹花篮。这个花篮做工精细，表面编织着山水，又好像是一幅小小的山水画儿。真可以说是一件工艺品了。

も(12)と同様に、上記のいずれの内容に解することも可能であるものの、「(さがしていたお目当ての竹カゴを)見つけた」は、意志性を"看到"ほど明確には表わさない"见到"の性格にそぐわない内容であり、かつ、文章全体が話し言葉的であるため表現の整合性は(12)に劣り、やや不自然である。このことは換言すれば、前もってさがし求めていた結果として客体を目にしたことを表わす場合には、"见到"よりも"看到"を用いる方がbetterであるということである[4]。このように、"看到"よりも意志性に乏しい"见到"が「あらかじめ見たいと思っていたものを見た」ことを表わす場合、表現の整合性は"看到"におよばない。但し、このことによって、"见到"が客体を目にしたことに対する肯定的価値判断を含まないということにはならない。肯定的価値判断とは、発話時における「見るに値する」という判断であり、「見るに値するものを偶然に見た」場合にも肯定的価値判断はなされるのである。4.3.1においては、"见"との比較を通して、"见到"が上記のような肯定的価値判断を含んでいることが明白となった[5]。"见到"が"看到"と異なるのは、「あらかじめ見たいと思っていたものを見た」ことよりは、例えば

(13) 我在山里偶然<u>见到</u>过一只熊猫。(第4章の(60))

のように、「見るに値するものを偶然に見た」ことを表わす働きの方に比重が置かれている点である。

　以上の考察により、"见到"は"看到"よりも意志性に乏しく、客体を目にした事実と、その事実に対する肯定的価値判断を述べる書き言葉的な表現形式であることが明白となった。

6.2　距離・視界と方向性

6.2.1　主体、客体間の距離と視界の広さ

　"看到"、"见到"の使い分けには、例えば以下の表現例のように、主体、客体間の距離の遠近が関係しているケースがある。

(14) 也许是头一次**看到**这种陌生的装束；也许是头一次感到手术室异样庄严的气氛；也许是头一次**见到**手术台上雪白的有孔巾下露出的一只血淋淋的眼球，造反派们给吓住了。(谌容＜人到中年＞)

　(14)においては、手術室に入って来た"造反派们"が医師たちの見慣れぬ服装を目にしたことが"看到"によって、手術台の患者に掛けられた白布の穴を通して血まみれの眼球を目にしたことが"见到"によって、それぞれ表現されている。"看到"、"见到"の両者を比較すると、前者は手術室に入った時点で実現可能であるのに対し、後者はさらに手術台に近づいてはじめて実現するという相違がみられる。かつ、"看到"の客体である"陌生的装束"は"手术室"に位置するのに対し、"见到"の客体である"血淋淋的眼球"は"手术室"の中にあって、それよりもさらに狭い空間である"手术台上"に位置するという関係にある。このため(14)においては、"见到"よりも"看到"によって表現される動作の方が、主体、客体間の距離が遠く、視界も広いこととなる。

　1.2.1、4.0、5.1.1で述べたように、"看"は過程を表わす傾向が強く、主体が一定方向に視線を向ける動作を表わす一方で、視線の客体への到達が確定していないことも少なくないのに対し、"见"はその実現と同時に客体が目に入るという特徴を有する。このため、"看"、"见"が共起する以下の表現例に

おいては、"看"という動作の向かった空間の範囲内に"見"の客体が存在するという関係が成立することとなる。

(15) 鲁义一声长叹，惊动了侯魁，她透过门缝朝外一看，见这位过路客人还缩在屋檐下，就产生了恻隐之心。(≪茶酒的传说≫:42)
(16) 他进了门一看，就见一个蝈蝈笼子挂在窗前葫芦架上。(第3章の(110))

(15)においては、"見"という動作によってとらえられた"这位过路客人"が位置する"屋檐下"は、"看"という動作の向かった空間すなわち門の外側に含まれている。同様に、(16)においては、"一个蝈蝈笼子"が位置する"窗前葫芦架上"は、門の内側という空間に含まれている。(15)、(16)のいずれにおいても、主体の視線は、"看"の段階では、客体を含む一定の広がりをもった空間に向けられているのに対し、"見"の段階では、さらに狭い空間に視界が絞り込まれた上で客体に到達している。"見"は「見えた」という結果を含意し、その実現と客体映像の把握とが同時である点において"看"とは異なるため、一定の方向ないしは空間に視線を向けること、すなわち動作の過程を表わす場合には用いることができない。"看"、"見"間にはこのような相違が存在するため、視界の広さという点において"看"は"見"よりも広く、主体、客体間の距離という点においても"看"の方がより遠いこととなり、このことは"看"、"見"が"-到"をともなった場合も同様であると考えられる。

　(14)における"看到"、"見到"は、それぞれ別個の客体を視線の最終的な到達点としている点において(15)、(16)の"看"、"見"とは異なる。しかし、(14)の"看到"、"見到"が相互に置き換えられないことからも明白なように、一定の広がりをもった空間に向けて視線を送る"看"の段階から、より狭く限定された空間に視界を絞り込む"見"の段階に向かうという経過をたどっている点においては、(15)、(16)と共通している。

　6.1.2で述べたように、"看到"は"見到"に比べると意志性がより強い。このことは、上記の(15)、(16)にみられる"看"、"見"の特徴とも符合する。すなわち、客体が存在する方向に向けて意識的に視線を向ける動作を表わす"看"に対し、"見"はそのような性格を有していない。遠くに存在する客体、広い視界内に存在する客体を見ようとすれば、おのずと意識的に視線を送るこ

ととなる。このため、主体、客体間の距離の遠近や視界の広さと、動作の意志性の強さとは深く関わっているということができる。一方、主体、客体間の距離が比較的近く、視界も狭い場合においては、意識的に視線を送らずとも客体映像が自然に主体の目に入ってきやすいため、このようなコトガラを表わすには"看到"よりも"见到"を用いる方がbetterであると考えられる。

6.2.2 動作の方向性

主体から客体への視線の到達を表わす"看到"は、以下のように、動作の起点を表わす"从・N"との共起が可能である。

(17) 小时候，从我的房间可以看到院子里的樱花树。（第5章の(22)"）

一方、(17)の"看到"を"见到"に置き換えた

(17)'＊小时候，从我的房间可以见到院子里的樱花树。

は非文である。(17)'が非文となるのは、話し言葉的な表現に用いられた"见到"が「(ヒトに)会う」動作を表わす形式としての性格を帯びることに加え、"看到"と"见到"との間に、客体への方向性の強さの点で差異が存在するためと考えられる。この差異はどこから生ずるのであろうか。

5.2.2で述べたように、客体に向かう視覚動作の起点を表わす"从・N"と、客体から主体に向けての単方向性を有する"见"とが共起する表現においては、方向性の点で矛盾が生じることとなる。このため、

(18) ＊小时候，从我的房间可以见院子里的樱花树。（第5章の(22)'）

は非文となる。これに対し、客体への単方向動作を表わす"见到"を用いた(17)'の場合には、方向性の上で矛盾が生じていないにもかかわらず非文となる。一方、"看见"を用いた

(18)' 小时候，从我的房间可以看见院子里的樱花树。（第5章の(22)）

172

第6章　"看到"、"见到"の使い分け（1）

は自然な表現として成立する。"看见"は「動作の過程──結果」を表わす点において"看到"と共通しており、かつ、6.2.1で述べたように、"看"から"见"へと視覚動作の段階をふむことは、客体に向けての視界がより狭く絞られることである。このため、視線の方向も客体に向けての単方向的なものとなり、空間的方向性において"从・N"とは矛盾しないのである[6]。

　一方、"见到"の場合には、4.2.2、4.2.3で述べたように、"-到"が付加されることによって"见"が動作の過程を表わす成分としての性格を帯びることとなる。しかし、もともと結果を含意する動詞"见"に"-到"が付加された形式であるため、"见到"が表わす内容は、"看到"、"看见"をも含めた一般の「動詞＋結果補語」とは異なり、「動作の過程──結果」のように明確に分析することはできない。すなわち、"看到"、"看见"の場合には、"看"が客体に向けて視線を送る段階を、"-到"、"-见"が客体を視覚によってとらえる段階を表わすというように、二つの段階が明白に分かれているのに対し、"见到"の場合にはそうではない。このため"见到"は、過程から結果に向けての時間的単方向性を、"看到"、"看见"の場合ほどはっきりとは表わしていないということとなる。従って、"见到"においては、客体への空間的単方向性も"看到"、"看见"におけるそれほどには強くないと考えられる。4.1.1で述べたように、「見る」動作を表わす"见到"における"-到"は、動作の客体への空間的単方向性を明示する働きをしている[7]。客体への空間的単方向性を有する点において"见到"は"看到"、"看见"との間に共通点を有するものの、結果への時間的単方向性が明確でない分、"看到"、"看见"に比べると客体への空間的単方向性も弱いこととなって、"从・N"とは共起しにくいと考えられる[8]。(17)、(17)'と同様に、

(19)　　在陪我妻子回娘家的火车上，从火车的车窗里看到了海，这是我第一回看到海。（第3章の(72)）

(19)'　？在陪我妻子回娘家的火车上，从火车的车窗里见到了海，这是我第一回见到海。

の場合も、"看到"を用いた(19)は自然な表現として成立するのに対し、"见到"

173

第Ⅰ部　日中対照編 ── "Ｖ到"表現をめぐる日中対照 ──

を用いた(19)'はやや不自然となる。
　一方、

　　(20)　　从窗户看到的雪景像一幅画儿一样。（第3章の(71)）
　　(20)'　从窗户见到的雪景像一幅画儿一样。

の場合には、"看到"、"见到"いずれを用いた表現も成立する。両者を比較すると、(20)は意志的な動作の結果として"雪景"をとらえたことを、(20)'は"雪景"が自然に目に写ったことを表わすという相違がみられ、"看到"を用いた(20)の方が、客体に対する動作の方向性がより強く感じられる表現となっている。(20)、(20)'は、"像一幅画儿一样"が存在することからも明白なように描写性が強い表現であり、このような場合には、意志性が"看到"より弱い"见到"を用いても表現の整合性において差異は生じないと考えられる。また、

　　(21)　　我们从山顶可以看到远处的村子。（呂才楨・戴惠本・賈永芬 1986：19）

においては、"山顶"という起点から"村子"を目でとらえたことが表現されている。主体の視線の最終的な到達点は"村子"であるが、"远处"が存在することにより、"山顶"を起点とした視線の空間的な移動が(17)、(19)、(20)の場合よりも明確に示されている。すなわち(21)においては、"村子"が見えるだけでなく、そのような遠くまで見えることが含意されており、"远处的村子"は"看到"という動作の客体であると同時に、視線の移動先としてのトコロ、すなわち動作の空間的到達点としての性格をも帯びている[9]。このような場合には、客体に向けての単方向動作であることを明確に表わす"看到"を用いることは可能であるが、"见到"を用いた

　　(21)'　＊我们从山顶可以见到远处的村子。

は成立しない。前述したように、「見る」動作を表わす"见到"においては、客体への空間的単方向性が"-到"により明示されている。この場合の"-到"

174

は、動作の方向性を確定する働きを有するものの、動作の到達点を示す働きは"看到"の場合ほどには強くはないと考えられる。一方、"看到"における"-到"の働きは動作の到達点を示すことであり、これにより主体から客体に対して動作がおよぶというニュアンスが強まっている[10]。"看到"、"見到"間にみられるこのような空間的単方向性の強弱の差異は、6.1.2で述べたような意志性の強弱の差異とも符合する。すなわち、"看到"は、客体に対して視線を向けようとする意志の強さの点で"見到"にまさっている分、客体への空間的単方向性も強いということである。

以上のように、"見到"よりも"看到"の方が"从・N"と共起しやすいのは、客体への空間的単方向性の強さにおいて"看到"の方が優位にあるためと考えられる。

6.3 主体の必須度と表現の他動性

6.3.1 主体の必須度

4.2.2で述べたように、無情物が表現の中心に置かれた場合には、以下のように、"見到"よりも"見"を用いる方が自然である。

(22)　○车已经见不到了。(第4章の(42))
(22)'　◎车已经不见了。(第4章の(42)')

(22)においては、表現には含まれていない感覚主体の存在が感じられ、その主体が"车"を目にすることができなくなったというコトガラが表わされているのに対し、(22)'においては、"车"の視界内存在について述べられており、感覚主体の存在は意識されない。このように「ヒトやモノがみあたらなくなった(＝視界内に存在しなくなった)」という状況を表わす場合には、"没有了"と同様に主体の存在が意識されない"不见了"を用いる方がbetterである。

"见到"は感覚主体の存在を含意する点において"见"とは異なる性格を有するのであるが、"看到"と比較した場合にはどのような相違がみられるのであろうか。4.2.3で述べたように、主体は"看"にとっては常に必須項である

175

のに対し、"见"にとっては必ずしもそうではない。このことは、"看到"表現における主体の必須度が"见到"表現におけるそれよりも高いことを意味する。例えば

 (23) 从前那样的人力车已经看不**到**了。
 (23)' 从前那样的人力车已经见不**到**了。

はいずれも自然な表現として成立し、前者における"看不**到**了"は「見ようとしても見られなくなった」という内容を、後者における"见不**到**了"は「目にしなくなった」という内容を表わす[11]。意志がより強く含意される(23)の方が、(23)'に比べ、主体の存在がより強く意識される表現となっている。このため、(23)における主体と動作との結びつきは(23)'におけるそれよりも強いと考えてさしつかえない。(23)'は意志性の強さの点で(23)よりも劣る分、主体よりは、客体である"从前那样的人力车"の方に表現の比重が置かれることとなる。このため、主体と"见不**到**"との結びつきは(23)における主体と"看不**到**"との結びつきよりも弱く、その分だけ"见不**到**"と"从前那样的人力车"との結びつきが強いこととなる。同様のことは、6.1.2で挙げた(9)'、(10)、(11)にもあてはまる。これらの表現例も、"看到"を用いた場合に比べると意志性が弱く、客体の側よりに視点が置かれた表現となっている点において(23)'と共通している。また、

 (24) 车越走越远了，已经看不**到**了。

は、主体の位置する場所から"车"がだんだん遠く離れて行ったため、主体の視線が届かなくなっていったことを表わしており、話者の視点は主体の側に置かれていると考えてさしつかえない。(24)に対し、

 (24)' 车越走越远了，已经见不**到**了。

は表現の整合性が(24)におよばないか、インフォーマントによっては非文とされる。これは、"见不**到**"を用いると、主体と"见不**到**"との結びつきが"看

不到"の場合よりも弱くなるため、話者の視点が主体の側にあることが(24)の場合ほど明確ではなくなり、前件内容との間に矛盾が生じることによると考えられる。

　以上の考察により、主体との結びつきにおいては、"见到"は"见"よりも強く、"看到"よりも弱いことが明白となった。前述したように、"见"にとっては、コトガラを構成する成分としての主体は必ずしも必須項ではない。このような性格を有する"见"に"-到"が付加されると、主体から客体への動作の方向性が生じ、コトガラにおける主体の存在が含意されるのである。このように、"见到"表現においては主体がいわば潜在的な項としての性格を有しているのに対し[12]、主体が不可欠である"看到"表現においては主体がいわば顕在的な項としての性格を有しているのである。

6.3.2　表現の他動性

　6.3.1で述べたような主体あるいは客体と"看到"あるいは"见到"との結びつきの強弱の差異は、例えば以下のような表現例にもみられる。

(25)　一天，他在街上转，忽然看到一家铺子卖爆牛肉，十分鲜嫩。
(25)'　一天，他在街上转，忽然见到一家铺子卖爆牛肉，十分鲜嫩。

（≪美食佳肴的传说・上≫:91）

　(25)は、"他"が"一家铺子"を「見た(見つけた)」ことを表わしているのに対し、(25)'は、"一家铺子"が"他"の目の前にあらわれたというニュアンスを含んでいる。このことは具体的に言えば、(25)は、"他"がある方向に視線を送った結果、偶然に"一家铺子"を目にしたことを表わすのに対し、(25)'は、視線を送る過程がそれほど明白な形では存在せず、気がついたら"一家铺子"が視界に入ってきていたことを表わすということである。従って、(25)の"看到一家铺子卖爆牛肉"は主体である"他"に視点が置かれた動作表現であるのに対し、(25)'の"见到一家铺子卖爆牛肉"は、客体である"一家铺子"の側よりに視点が置かれており、(25)よりも意志性が弱いため動作表現としての性格も弱いということができる。

　"看到"表現が"见到"表現に比べて動作表現としての性格が強いというこ

とは、以下の表現例において一層鮮明にみてとれる。すなわち、

(26) 我在自由市场看**到**了一个竹花篮，当场就买下来了。(第3章の(68))

においては前件、後件がともに動作を表わす成分であるのに対し、"看**到**"を"见**到**"に置き換えるのであれば、例えば

(26)' 我在自由市场见**到**了一个竹花篮，这个竹花篮做得很精巧。

のように、客体である"竹花篮"について詳しく描写する内容を後件として続ける方がふさわしく[13]、描写表現としての性格を帯びることとなるため動作性は弱まる。また、

(27) 他从小惯用右手，左手笨拙软弱，连提个空桶都感到吃力，用扁担钩子钩着桶，慢慢往井里顺，整根扁担都进了井，他又大弯着腰，才<u>看**到**水桶底触破了平静的井水</u>，他的脸随着变成无数碎片，在井里荡漾着。

(莫言＜断手＞)

においては、"他又大弯着腰"という意志的な動作に"才看**到**水桶底触破了平静的井水"が続いているため、"他"がその意志によって"水桶底触破了平静的井水"という情景を目にしたことは明白である。このような場合に"见**到**"を用いると、非文もしくは不自然となる。

一方、例えば

(28) 后来便有了单位的周末舞会，有了集体春游，有了去北戴河的轮流休假，有了出差，还有电影院和音乐会……以前<u>这些地方从来见**不到**他的踪影</u>，现在他是回回不落。(张抗抗＜无序十题＞)

の実線部は「これらの場所で彼の姿を見かけることはなかった」という内容を表わし、"トコロ＋V＋モノ"形式をとることによっていわゆる現象文(＝状況表現)に近い性格を帯びているため、動作表現としての性格は通常の動詞表現

よりも弱い。このため、(28)の"見不到"を動作性のより強い"看不到"に置き換えると、自然な表現として成立はするものの、表現の整合性は劣ることとなる[14]。また、例えば

(29) 有些仪式，像"拜天地"现在已很少见了，尤其是在城市里。
（『中国歴史文化風俗』: 47 を一部修正）

における"现在已很少见了"の部分は、「今ではなかなか見られなくなった」という客観的状況の変化を表わしている。(29)を、"见"よりも動作性の強い"见到"、"看到"を用いた

(29)' 有些仪式，像"拜天地"现在已很少见**到**了，尤其是在城市里。
（『中国歴史文化風俗』: 47）
(29)" 有些仪式，像"拜天地"现在已很少看**到**了，尤其是在城市里。
（同上を一部修正）

と比較すると、いずれも自然な表現として成立はするものの、(29)＞(29)'＞(29)"の順で表現の整合性が低くなる。(29)が表わしているコトガラはヒトの動作ではなく、このような場合には事実を客観的に描写する"见"を用いるのが最も適切であり、主体の存在を含意する"见**到**"がこれに次ぎ、主体の存在を不可欠とする"看到"は適格性において最も低い順位を占めることとなる。このように、状況の変化を表わす場合には、"看到"よりも動作性が弱い"见**到**"を用いる方が better である。ちなみに、"见"を用いた(29)は書き言葉的な性格が最も強いのに対し、"看**到**"を用いた(29)"は話し言葉的な性格が最も強く、"见**到**"を用いた(29)'は両者の中間的な性格を有する。

ところで、6.3.1 で述べたように、"见**到**"表現は感覚主体の存在を含意するものの、それがコトガラ成立に不可欠というほどではないため、以下のように、主体が存在する可能性が極めて希薄であるコトガラを表わすケースが存在する。

(30) 这时，在河南林县第四招待所二楼一间见不**到**阳光的屋子里，著名诗人

郭小川，正支撑着由于哭泣和连续的失眠而红肿了的眼睛，奋笔疾写着长诗≪痛掉敬爱的周总理≫。(杨匡满・郭宝臣＜命运＞を一部修正)

(30)の"见不到阳光的屋子里"は、「日光のあたらない部屋」を表わしている。「日光のあたらない部屋＝日光を目にすることのない部屋」であり、主体の存在は含意されているものの極めて希薄であり、動作性も極めて低い。これに対し、"看到"を用いた

(30)′ ＊这时，在河南林县第四招待所二楼一间看不到阳光的屋子里，著名诗人郭小川，正支撑着由于哭泣和连续的失眠而红肿了的眼睛，奋笔疾写着长诗≪痛掉敬爱的周总理≫。

の場合には、ヒトの視界全体に自然に入ってくるはずの"阳光"を目にすることを表わすのに動作性の強い"看到"を用いるのは不適切であるため、非文となる。同様のことは、

(31) 从此以后，人们趁"邦邦鱼"活动的时期，夜间手持火把，沿着山溪，细听叫声，追踪捕捉。"邦邦鱼"见到火光，便呆视不动，人们可以轻易地伸手抓住。(≪美食佳肴的传说・下≫:212)

についてもあてはまる。(31)の場合、"邦邦鱼"は、ヒトの持つ"火把"の光をその意志とは関わりなく目にするのであるため動作性が低く、"见到"を"看到"に置き換えると不自然な表現となる。

以上のように、"见到"表現は、感覚主体の存在を含意する点においては、純然たる動作表現である"看到"表現に近い性格を有する。しかし"见到"は、"看到"表現ほどには意志性が強くなく、主体との結びつきの強さや、客体に向けての空間的方向性の強さにおいても"看到"に劣る。加えて"看到"は、動作を「過程──結果」のように時間の流れに沿って表現する形式であるのに対し、"见到"はそのような性格が弱いため、時間有限的な性格が"看到"よりも弱いこととなる。このことは、"见"が"看"に比べ時間の流れとの関わりが疎であるという 4.1.3 で述べたこととも符合する。従って、"见到"表現

は"看到"表現に比べると表現の他動性が低いということができ、4.2.2、4.2.3において、"见到"表現の他動性が"见"表現の場合よりも高いことが明白となっているため、"见到"表現の他動性は"看到"表現よりは低く、"见"表現よりは高いこととなる。

第Ⅰ部　日中対照編 ——"V到"表現をめぐる日中対照 ——

注

1）(4)'の整合性が(4)におよばない要因としてはさらに、"见**到**"が「会う」の意味に傾いている点も挙げられる。
2）この点については4.1.1を参照。
3）この点については3.3.2、3.4.1を参照。
4）(12)、(12)'と同様の相違は、(4)、(4)'の場合にもみられる。(4)は、「あらかじめ(何か食べる物が)欲しいと思っていて目にした」、「偶然に目にした」のいずれに解することも可能である一方、意志的な動作の結果として目にしたというニュアンスが(4)'よりも強い。
5）肯定的価値判断がなされることにより、客体とりたての効果が生じる。4.2.1、4.3.1においては、"见"表現と比較した結果、"见**到**"表現における客体の情報価値が動作のそれよりも高いことが明白となっている。
6）この点については5.2.2を参照。
7）但し、"见**到**"が「会う」動作を表わす場合には、"见"が主体、客体間における双方向動作の過程段階を、"-到"が完結段階を表わすこととなる。この点については4.1.3を参照。
8）"看到"、"看见"と「空間的単方向性」、「時間的単方向性」との関係については5.2.2を参照。
9）"看到"の客体がこのような性格を帯びるケースについては、3.4.2および第3章の注16、5.2.1を参照。
10）この点については5.2.1、5.3.1を参照。
11）(23)は話し言葉的な、(23)'は書き言葉的な表現であるという相違もみられる。
12）この点については4.3.2を参照。
13）"看见"も"见**到**"と同様に、"看到"と比較すると描写表現としての性格が際立つ。この点については3.3.2を参照。但し、5.1.2で述べたように"看见"は「目にした事実を客観的に述べる話し言葉的な表現形式」である点で、「目にした事実と、その事実に対する肯定的価値判断を述べる書き言葉的な表現形式」である"见**到**"とは異なる。
14）3.3.2においては、"从火车的车窗里看见了海，海上有两条船。(第3章の(62))"の前件が"トコロ＋V＋モノ"形式をとる情景描写の表現であり、このような場合には"看到"よりは"看见"を用いる方が表現の整合性が保たれることが明白となっている。意志性を有しない分だけ"看见"は"看到"よりも動作性が弱く、状況すなわち非動作を表わすのに適しているということができる。"看见"、"看到"間にみられるこのような相違は、"见**到**"、"看**到**"間にも同様に存在すると考えられる。

第7章

"看到"、"见到"の使い分け（2）

7．0　はじめに

　第6章においては、"看到"、"看见"間の相違について述べた第3章、"见到"、"见"間の相違について述べた第4章、さらには"见"、"看到"、"看见"間の相違について述べた第5章の考察結果をふまえ、"看到"、"见到"が具象物を表わすモノ名詞を客体として「見る」動作を表わす表現を主な対象として考察を行ない、一定の結論に達した。しかし、"看到"、"见到"間の相違には、具象物を表わすモノ名詞以外の成分を客体とする表現においてはじめて明白となるものも存在する。本章は、"看到"、"见到"が、具体的なコトガラを表わす非名詞的成分や、抽象物を表わす名詞を客体として「見る」動作を表わす表現例を中心に、"看到"、"见到"間の相違について考察することを目的とする。

7．1　動作の瞬間性、持続性

7．1．1　"看到／见到＋非名詞的成分"の表現

　"看到"、"见到"間にみられる相違については、第6章における考察によって、以下のような結論が得られた。

①　"见到"は、客体を目にした事実と、その事実に対する肯定的価値判断を述べる表現形式である点においては"看到"と共通しているが、"看到"に比べると意志性に乏しく、書き言葉的な表現形式としての性格が強い。(6.1.1、6.1.2)
②　"看到"、"见到"の使い分けには主体、客体間の距離の遠近、視界の広さが関係する場合があり、前者は後者に比べ、より遠い距離を隔てた、より広い視界の中に位置する客体をとらえる動作を表わすのに適した

第Ⅰ部　日中対照編 ── "Ｖ到"表現をめぐる日中対照 ──

　　表現形式である。(6.2.1)
　③　客体への空間的単方向性、結果への時間的単方向性の強さにおいては、
　　　"看**到**"の方が"见**到**"よりもまさっている。(6.2.2)
　④　主体との結びつきにおいて、"见**到**"は"见"よりも強く、"看**到**"よ
　　　りも弱い。(6.3.1)
　⑤　"见**到**"表現の他動性は"见"表現のそれよりも高く、"看**到**"表現の
　　　それよりも低い。(6.3.2)

　①〜⑤はいずれも、"看**到**"、"见**到**"が具象物を表わすモノ名詞を客体とする場合にみられる相違である。このほかに、両形式は、例えば以下のように具体的なコトガラを表わす非名詞的成分を客体とする表現に用いることも可能である。

　(1)　刚才我进去的时候，我看**到**他正在跟小王谈话。
　　　　　　　　　　　　　　　　　　　　(第5章の(37)"を一部修正)
　(1)'刚才我进去的时候，我见**到**他正在跟小王谈话。

　6.1.1 で述べたように、「見る」動作を表わす場合に"看**到**"を用いると話し言葉的な表現となるのに対し、"见**到**"を用いると書き言葉的な表現となる[1]。同様のことは(1)、(1)'を比較した場合にもあてはまり、前者は話し言葉的な表現、後者は書き言葉的な表現である。(1)、(1)'に対しては、"见"を用いた以下のような表現も成立する。

　(1)"刚才我进去的时候，我见他正在跟小王谈话。(第5章の(37)を一部修正)

　(1)"も(1)'の場合と同様に、(1)に比べると書き言葉的な色彩が強い表現である。"见**到**"表現、"见"表現がこのような性格を有するのは、いかなる理由によるのであろうか。5.1.2、5.3.2 で述べたように、現代中国語の話し言葉において「見る」動作を表わす場合には、"见"よりも"看**到**"、"看见"を用いる傾向が存在し、"见"を用いると書き言葉的な表現となる。話し言葉的な"看**到**"、"看见"はいずれも、「過程 ── 結果」の形で動作を分析的にとらえ

184

第7章　"看到"、"見到"の使い分け（2）

る形式であるのに対し、書き言葉的な"見"は非分析的である。このような点からみれば、"見到"は、書き言葉的な"見"が"V到"という話し言葉的な形式に用いられた成分であるということとなる。"見到"が"見"と同様に、純然たる話し言葉的な表現形式である"看到"よりも書き言葉的とされるのは、以上のようなことが要因となっていると考えられる。

　また、(1)は"他正在跟小王谈话"という情景を、発話時において"我"が瞬間的に目にしたことを表わすのに対し、(1)"は持続的に目にしたことを表わすという相違がみられる。このことは具体的には、(1)は"他正在跟小王谈话"という情景をちらりと目にしたことを表わすのに対し、(1)"は(1)よりも情景を目にした時間が長いと感じられるという相違となってあらわれる。このような相違が生じるのは、具体的なコトガラを表わす非名詞的成分を客体とする"看到"は、発話時において主体の側から瞬間的に映像をとらえたことを表わすのに対し、"見"は受動的かつ持続的に映像をとらえたことを表わすため状態性が強い[2]ことによると考えられる。一方、"見到"を用いた(1)'は、(1)"と同様に"他正在跟小王谈话"という情景を持続的に目にしたことを表わす。6.2.2で述べたように、"見到"における"-到"は、動作の到達点を示す働きが"看到"におけるそれよりも弱く、動作の過程から結果に向けての時間的単方向性の強さという点において"見到"は"看到"に劣る。このため"見到"表現においては、"-到"の働きによって視線が主体から客体に向かうことが明示されるものの、時間的単方向性を有しない"見"のもつ持続性までが失われることはなく、客体が持続的に目に入ってくることを表わす(1)'のような表現が成立すると考えられる[3]。

　さらに、(1)の後件である

(2)　我看**到**他正在跟小王谈话。（第5章の(37)"）

は単独で成立可能であるのに対し、(1)'、(1)"の後件である

(2)'　我见**到**他正在跟小王谈话。
(2)"　我见他正在跟小王谈话。（第5章の(37)）

第Ⅰ部　日中対照編 ── "V到"表現をめぐる日中対照 ──

はいずれも単独では成立せず、(1)'、(1)"のように前件に続けるか、あるいは

(3)　我见**到**他正在跟小王谈话，就没进去。
(3)'　我见他正在跟小王谈话，就没进去。(第5章の(37)')

のように後件を続けなければならない。5.1.2、5.4.1で述べたように、"见"は、主体の反応を引き起こす原因となる客観的事実を表わすという性格を有している。すなわち、(3)'においては、"他正在跟小王谈话"が"(我)没进去"の原因となっていることが"见"により示されているのである。この場合の"见"は、情景を視覚によってとらえたことのほか、どのような状況であるかを理解したことをも表わし、視覚動作だけでなく一種の心理動作を表わす働きをも帯びている。これに対し(3)の"见到"は、情景を目にしたことを表わすにとどまる点において(3)'の"见"とは異なるため、表現の整合性が(3)'に劣る[4]。但し、(3)、(3)'は情景を持続的に目にしたことを表わし、かつ、目にしたことが主体の積極的な意志によらない点[5]において共通している。一方、"看到"を用いた

(3)"　我看**到**他正在跟小王谈话，就没进去。(第5章の(37)"を一部修正)

は、積極的な意志による結果として情景を瞬間的に目にしたことを表わす点において(3)、(3)'とは異なる。このため、"见到"を用いた(3)は、"看到"を用いた(3)"よりは、"见"を用いた(3)'の方により近い性格を有しているということができる。

7．1．2　文脈からみた動作の瞬間性、持続性

客体映像を持続的に目にしたことを表わす場合に"见**到**"が用いられる例としては、(1)'、(3)のほか、さらに以下のようなものが挙げられる。

(4)　有一天，她在半山腰见**到**一只色彩斑斓的雉鸡被一头狐狸踩在脚下，她立刻拉开弓箭，"嗖"的一声，狐狸应声倒毙。(《茶酒的传说》:123)

第7章 "看到"、"见到"の使い分け（2）

(4)の"见到"は、"她"が実線部の情景を一定時間持続的に目でとらえたことを表わしている。(4)の"见到"を"看到"に置き換えても自然な表現として成立はするものの、"她"の側から瞬間的に実線部の情景をとらえたことを表わす表現となり、表現の自然さの度合いは"见到"に劣る。同様に、

(5) ……她往外走，踩着湿润的沙地，沙地上生着一圈圈瘦弱的茅草，还有葛蔓萝藤，黄花地丁。四只拳头大小的褐色野兔，灵活地啃着野菜，<u>见到她来，一哄儿散了</u>，站在半箭之处，斑斑点点地望着她。（莫言＜断手＞）

の実線部は、「彼女が近づいて来る様子を野ウサギたちがしばらく見ていた後、いっせいに逃げた」ことを表わしているのに対し、"看到"を用いると「彼女が近づいて来る様子を野ウサギたちが見たとたん、いっせいに逃げた」ことを表わす表現となる。

このように、"见到"は持続的な動作を表わすため、例えば

(6) 红兰十岁就没了爹妈，从小就在风里熬雨里滚，炼得身体结结实实，所以这次没有染上病。可她<u>见到乡亲们让病折磨得可怜</u>，心里就象挨猫爪抓一样难受。（≪茶酒的传说≫：214）

の実線部のような、短時間には把握しがたい状況をとらえたことを表わす場合にも用いられる。この状況は「同郷の人々が病気によって哀れにも苦しんでいる状態」であり、その把握には一定の時間あるいは期間を要するため、"看到"よりも"见到"を用いる方が better である。

5.4.1 で述べたように、"看到"は空間的・時間的到達点を有する動作を表わす表現形式であり、客体映像の把握を時間軸上の点として表現するのに適しているため、具体的なコトガラを表わす非名詞的成分を客体とする場合には、そのコトガラを主体の側から瞬間的にとらえたことを表わす傾向がある。"看到"のこのような性格は、以下のような表現例において一層明白となる。

(7) 更令人心痛的是，田里丢下了很多禾穗，谷子撒了一地。他不由自言自语地说："这是怎么搞的嘛！"又往前走到红薯地里，<u>看到满垅的薯叶一片</u>

187

<u>枯黄</u>，立冬已过，红薯却烂在地里。

(翟禹钟・何立庠・罗海欧・江立仁＜彭大将军回故乡＞)

(7)においては、"他"が"红薯地"に近づいて行った結果、実線部が表わす情景を移動先で瞬間的に目にしたことが表現されている。このことはすなわち、主体が移動している段階ではその視線は客体をとらえてはおらず、移動先に到達した時点において最終的に目にしたということである。「到達」とは瞬時に実現する動作であるため、それと同時に実現した"看**到**"も瞬間的動作であると考えられる。(7)と同様に、

(8)　茶花保住了白茶，可是<u>再也没见**到**鹤哥儿回来</u>。她背上茶篓整天到山上各处找呀，找呀……这天，<u>她爬到赤木山顶上，突然看**到**一只白鹤从云外飞来</u>，朝着她叫到："茶花茶花莫伤心，鹤哥驮你进天堂。"

(≪茶酒的传说≫:27)

の実線部においては、"她"が"赤木山顶上"に到達した時点で、"一只白鹤从云外飞来"という情景を瞬間的に目にしたことが表現されており、このことは"突然"が用いられている点によっても明白である。一方、波線部は「"鹤哥儿回来"という情景が再びあらわれることはなかった」ことを表わし、"见**到**"が瞬間的な動作であるか否かは不明である。(8)においては、瞬間的な視覚動作であることが明白であるか否かにより"看**到**"、"见**到**"の使い分けがなされていると考えてさしつかえない。

(7)、(8)に対し、

(9)　"小媞！"站在小媞家院门外，他大声喊。院子里静悄悄的，没有人说话，<u>他把眼贴在门缝上</u>，看**到**了小媞那辆花花绿绿的自行车支在院子里。想走，却又张嘴喊小媞，从门缝里，看**到**小媞的爹板着脸走过来。

(莫言＜断手＞)

の実線部が表わす内容は、主体である"他"の移動そのものではないが、主体が門内の様子をうかがうべく視線を門の隙間に近づけたことは、移動に準ずる

動作である。(9)においては、門の隙間から中の様子をうかがう動作が比較的短時間に行なわれたことが明白であり、かつ、文章全体が話し言葉的であるため、"看到了小媞那辆花花绿绿的自行车支在院子里"、"看到小媞的爹板着脸走过来"いずれの場合も、"见到"に置き換えることはできない。また、

(10) 在地委过了一夜，第二天早上，他驱车在市区缓缓地转了一圈。透过车窗，他看到：<u>冷落的长街上，行人衣衫褴褛；副食品商店摆满了空酒瓶子，自由市场人声喧嚷。</u>

　　　　　　　　　　　　（翟禹钟・何立庠・罗海欧・江立仁＜彭大将军回故乡＞）

の場合には、"他"が車で市街地を移動しながら実線部が表わす情景を窓からのぞいて見たことが表現されている。表現内容からは、主体の具体的な移動先は不明であるものの、移動中のある地点において窓から情景を目でとらえたことを表わしているため、移動の結果として客体を目にしたことを表わす(7)、(8)と、視線を起点に近づけた上で客体を目にしたことを表わす(9)の特徴とを兼ね備えた動作であるということができる。(10)の"看到"も"见到"に置き換えることはできない。(7)～(10)においては、主体の移動先を視線の起点として客体をとらえたことが"看到"によって表現されており、いずれも客体への空間的方向性が極めて強い視覚動作となっている。

　7.1.1の③で挙げたように、"看到"は"见到"に比べると客体への空間的単方向性が強く、結果への時間的単方向性も強い表現形式である。これに対し"见到"は、6.2.2で述べたように、動作を「過程──結果」のように分析的に表現する働きが"看到"よりも弱いため、客体への視線の到達段階を時間的な点として表現する働きが"看到"よりも弱いと考えられる。具体的なコトガラを表わす非名詞的成分を客体とする表現において、"看到"が瞬間的な動作を、"见到"が持続的な動作を表わすという相違がみられるのは、"见到"における"-到"が、結果の段階を表わす成分としての役割を、"看到"におけるそれほどには充分に果たしておらず、客体が自然に目に入ってくることを表わす"见"の持続性を残しているためと考えられる。従って、移動した結果として客体を目にしたことを表わす表現のように、客体への空間的単方向性が極めて強い視覚動作を表わす場合には、結果への時間的単方向性も極めて強いこととなるた

め、"見到"よりは"看到"が用いられるのである。
　以上の考察により、"看到"はコトガラを瞬間的に目にしたことを表わす話し言葉的な表現形式であるのに対し、"見到"はコトガラを持続的に目にしたことを表わす書き言葉的な表現形式であることが明白となった。

7．1．3　"看到／見到＋名詞的成分"の表現
　7.1.1、7.1.2で述べたような"看到"、"見到"間の相違は、名詞的成分を客体とする表現においてもみられる。例えば

　（11）　我在自由市场看**到**了一个竹花篮，当场就买下来了。
　　　　　　　　　　　　　　　　　　　　（第3章の(68)、第6章の(26)）
　（11）'　我在自由市场见**到**了一个竹花篮，当场就买下来了。

の両者を比較すると、(11)は「"竹花篮"をちょっと見てすぐに買った」ことを前提とする話し言葉的な表現であるのに対し、(11)'は「"竹花篮"をじっくりと見た上で買った」ことを前提とする書き言葉的な表現である。このことはすなわち、(11)の"看**到**"は瞬間的な動作としての性格が、(11)'の"見**到**"は持続的な動作としての性格が強いということである。このため、"見**到**"を用いた(11)'の前件に対しては、例えば

　（11）"　我在自由市场见**到**了一个竹花篮，这个竹花篮做得很精巧。
　　　　　　　　　　　　　　　　　　　　　　　　　　（第6章の(26)'）

のように、"竹花篮"をじっくりと見て明らかとなったことを表わす後件を続ける方がより自然である[6]。同様に、

　（12）　在故宫我看**到**了很多历史文物。（第3章の(78)）
　（12）'　在故宫我见**到**了很多历史文物。

の両者を比較すると、(12)'は、「じっくり見ることができて参考になった」というニュアンスが感じられる書き言葉的な表現である点において(12)とは

異なる。また、

(13)　○学生们每天早上六点左右起床。起床后，有的在操场跑步，有的练太极拳，还有的打兰球。初次看**到**这种情景的人，都会以为这是一所体育院校呢。
(13)'　◎学生们每天早上六点左右起床。起床后，有的在操场跑步，有的练太极拳，还有的打兰球。初次见**到**这种情景的人，都会以为这是一所体育院校呢。（『中国語中級コース』：52）

の実線部が表わす具体的な内容は、学生たちの毎朝の様子であり、"有的在操场跑步，有的练太极拳，还有的打兰球"という一連の動作である。これらを観察するには一定の時間を要すると考えられるため、"见到"を用いた(13)'の方がより自然である。さらに、

(14)　○老刘作为"特嫌"被关起来那几年，我能熬过来，能活下来，亲眼看**到**粉碎"四人帮"的胜利，连我自己都意想不到。
(14)'　◎老刘作为"特嫌"被关起来那几年，我能熬过来，能活下来，亲眼见**到**粉碎"四人帮"的胜利，连我自己都意想不到。

（谌容＜人到中年＞）

の場合も、"粉碎'四人帮'的胜利"という、長期間にわたる持続的な出来事が「見る」動作の客体となっているため、"见到"を用いた(14)'の方がより自然である。

以上のように、名詞的成分を客体とする表現の場合にも、"见到"の持続性が認められるケースが存在するのである。"见到"が有する持続性はこのほか、以下のような現象としてもあらわれる。

(15)　看**到**什么就说什么。（第3章の(109)）
(15)'　见**到**什么就说什么。

(15)、(15)'はそれぞれ、例えば

(16)　你别看到什么就说什么。
(16)'　他那个人，见到什么就说什么。

のような表現において用いられると自然である。(16)は、発話時において聞き手に対し「見たことを何でも話す」ことを禁じており、個別のコトガラについて述べた表現であるのに対し、(16)'は、"他那个人"が以前から「見たことを何でも話す」という傾向のある人物であると述べており、長期間にわたる恒常的なコトガラを表わしている。同様に、

(17)　一看到爸爸的坟墓，我就哭了。(荒川 1985 c：9 を一部修正)

は「父の墓を目にしたとたん、私は泣き出した」という、個別のコトガラを表わす話し言葉的な表現である。(17)の"看到"を"见到"に置き換えるのであれば、例えば

(17)'　一见到爸爸的坟墓，我就想哭。

のような、「父の墓を目にすると(そのたびに)私は泣きたくなる」という恒常的なコトガラを表わす表現とする方が better である[7]。
　(16)'、(17)'によって表わされる恒常的なコトガラは状態性を帯びている。すなわち、(16)'は"他那个人"の性格について、(17)'は"我"に備わった一種の習性について述べており、いずれも状態性が強い。このような場合には、動作を時間軸上の線として位置づける"见到"の方が、"看到"よりも適していると考えられる。

7．2　"看到"、"见到"と視覚、理性

7．2．1　理性の働きをともなう"看到"
　4.2.1 で述べたように、具体的なコトガラを表わす非名詞的成分を客体とする場合、"见到"よりは"见"を用いる方が better である。"见到"には視線

第7章 "看到"、"见到"の使い分け（2）

の到達点を示す"-到"が含まれているため、名詞的成分を客体とする方がより自然であるのに対し、"见"は、目にしたと同時に状況を読みとったことをも表わすため、コトガラを表わす非名詞的成分を客体とするのに適している[8]。

一方、"看到"表現には、3.3.1で述べたように、客体を目にしたことのほか、状況を理解したことをも表わすケースが存在する[9]。このため、"看到"、"见"は、客体が表わすコトガラを視覚、理性の双方によってとらえることを表わしえる点において共通しているということができ、例えば

(18)　傅家杰看到来了这么多人，忙站起来。（第5章の(42)を一部修正）
(18)'　傅家杰见来了这么多人，忙站起来。（第5章の(42)）

のような表現例が成立する。(18)、(18)'においては、"来了这么多人"という情景を目にしたことに対する主体の反応が後件で述べられている。"傅家杰"は情景を目にしただけでなく、そのような状況になったことをも理解したために"忙站起来"という反応をしたのである[10]。このような場合に"见到"を用いると、4.2.1で述べたように表現の自然さの度合いが劣ることとなるか、あるいは以下のように非文となる。

(18)"　＊傅家杰见到来了这么多人，忙站起来。

同様のことは、以下の表現例において一層明白となる。

(19)　他们看到我平安回来，都非常高兴地围了上来。
(19)'　他们见我平安回来，都非常高兴地围了上来。（荒川1985c：8）

(20)　看到他有那么多的钱，我感到奇怪。（第3章の(53)）
(20)'　见他有那么多的钱，我感到奇怪。

(19)、(19)'における"他们"は、"我"が帰って来た姿を目にしたと同時に、「無事に帰って来た」という状況を理解したために喜んだのである。また、(20)、(20)'においては、"感到奇怪"という主体の心理状態を表わす内容が

193

第Ⅰ部　日中対照編 ── "Ｖ到"表現をめぐる日中対照 ──

後件となっているため、"看到"、"见"はいずれも"他有那么多的钱"というコトガラを視覚、理性の両面からとらえたことを表わしているとみてさしつかえない[11]。上記の表現例に対し、"见到"を用いた

(19)"＊他们见到我平安回来，都非常高兴地围了上来。
(20)"？见到他有那么多的钱，我感到奇怪。

は、非文あるいは不自然である。
　以上のことから、"看到"、"见"は、客体が表わすコトガラを視覚によってとらえることだけでなく、そこから状況を読みとることをも表わすのに対し[12]、"见到"は、コトガラを視覚によってとらえることを表わすにとどまるということが理解できよう。このことは換言すれば、"看到"、"见"は、客体を視覚、理性の双方によって、"见到"は視覚によってとらえることを表わすということであり、以下のような表現例において一層鮮明にみてとれる。

(21)　　西边的敌人看到中国粮食成山，牛羊遍地，眼就红了，整天眼巴巴地盯着中国，想来占中国的地盘，抢中国的财物。
　　　　　　　　　　　　　　　　　　　　　(≪美食佳肴的传说・上≫：111)

　(21)においては、"西边的敌人"が実線部の情景を目にし、中国という国が豊かであるという状況を理解したためにその領土・財物を手に入れたくなったことが表現されている。(21)の"看到"を"见"に置き換えることは可能である一方、"见到"に置き換えると非文もしくは不自然となる。さらに、

(22)　今天早上，山田醒来时，我看到他的眼睛已有精神，不象昨天发病时那样灰暗无光了。但他仍感到全身乏力，不想吃东西。(第3章の(55))

の場合には、実線部は単なる映像ではなく、状況を読みとった結果としての話者の判断をも表わしている[13]。(22)の"看到"も"见"に置き換えることは可能であるが、"见到"に置き換えると、"我"が"他的眼睛"を表面的にとらえたことを表わす表現となって矛盾が生じるため、非文もしくは不自然となる。

194

第7章 "看到"、"见到"の使い分け（2）

7．2．2　客体への心理的方向性

　視覚、理性の双方によって客体をとらえることを表わしえる"看到"は、例えば以下のような文脈にも用いられる。

(23)　那就是一九四〇年，新四军东进，开辟抗日根据地，在黄桥这里打了一仗，非常激烈，成为著名的黄桥战役。<u>新四军日夜坚持战斗，有时几天吃不上一顿饭</u>。黄桥当地的老百姓，<u>看**到**这种情景</u>非常焦急。他们后来就想出一个办法，就是用这种烧饼，慰劳新四军。

（《美食佳肴的传说・上》:77）

　(23)の"看**到**这种情景非常焦急"においては、"黄桥当地的老百姓"が"这种情景（＝実線部のコトガラ）"を目にし、"新四军"の苦しい状況を理解した結果、"非常焦急"という反応が引き起こされたことが表現されている。加えて、(23)は表現全体が話し言葉であるため、このような場合に"见到"を用いると、表現の自然さの度合いが劣ることとなる。また、

(24)　她激动地写道：<u>每当重温这些战斗的诗篇，仿佛见**到**了那些动人的场面</u>，在南昌起义失败的教训里，在皖南事变有利有节的斗争中，在解放战争由战略防御转入战略进攻的转折时刻，在收复革命圣地延安的喜讯中，在辽沈、平津、淮海三大战役组成的解放战争的新航程中，在向全国大进军的神圣命令中，哪一个革命者不应看到，这一切一切都是由千千万万革命先烈用血和生命写成。（张书绅＜正气歌＞）

の実線部においては、"这些战斗的诗篇"を読み返すたびに"那些动人的场面"があたかも実際に目で見たかのように生き生きと目に浮かぶ様子が表現されている。"见**到**了那些动人的场面"の部分に限定すれば、「実際の映像を視覚によってとらえた」ことが表わされており、"见**到**"によって、詩の中に描かれている情景に対する描写性を高める効果が生じているということができる。この場合、"见**到**"を"看**到**"に置き換えると自然な表現として成立はするものの、"见**到**"の方が better である。(23)の"情景"、(24)の"场面"は、いずれも視覚によってとらえることが可能であるため、表現の整合性において優劣

195

第Ⅰ部　日中対照編 ── "V到"表現をめぐる日中対照 ──

の差異はみられるものの、"看到"、"見到"いずれの客体となることも可能である。

これに対し、

(25) 在当时的日记里，很多地方可以看到当时他很苦恼的情形。
　　　　　　　　　　　　　　　　　　（≪中文版 日本语句型辞典≫「見える」の項）

の"当时他很苦恼的情形"は、話者が"当时的日记里"から読みとった内容であり、"看到"が客体を理性によってとらえる動作であることは明白であるため、"見到"に置き換えると不自然となる[14]。さらに、抽象物を表わす名詞が客体となる場合には、"見到"を用いることはできない。例えば

(26) 他们看不到我们这种国内国际伟大团结的力量。（陈永生 1992:350）
(27) 音乐治疗精神病刚刚开始，拟用古典音乐和现代迪斯科音乐交替治疗，强迫适应，使他看到过去和现在的联系……　（陈国安＜恍惚的人们＞）
(28) 他们没有看到今天的幸福。（荒川 1985 c : 9）
(29) ……。在这张脸上，我看到了孤独，人到老境的孤独，失去配偶的孤独。
　　　　　　　　　　　　　　　　　　　　　　　　（第3章の(56)）

における"力量"、"联系"、"幸福"、"孤独"は、いずれも視覚によってとらえることが不可能な点において(23)、(24)の"情景"、"场面"とは異なるため、(26)～(29)の"看到"を"見到"に置き換えるといずれも非文となる。(26)～(29)の"看到"はいずれも非視覚動作としての性格、すなわち、理性によって一定の情報を読みとる動作としての性格が強い。特に(29)においては、"我"の視線が"这张脸"をとらえたことは表現内容から明白であるものの、"看到"自身は、相手の表情から心の中を読みとるという心理動作を表わしている。

以上の考察により、"看到"は

① 客体映像を視覚によってとらえること
② 理性によって客体映像から一定の情報を読みとること

のいずれの働きをも有する表現形式であるのに対し、"見到"は上記の①の働きは有するが、②の働きは有しない形式であることが明白となった[15]。このような相違が生じるのは、"見到"よりも"看到"の方が客体に対する方向性が強いことに起因すると考えられる。すなわち、6.1.2で述べたように、客体に向かって意識的に視線を向けようとする"看"、無意志の"見"の相違によって"看到"、"見到"間における意志性の強弱の差異が生じるため、「客体映像から情報を読みとる」という積極的動作を表わすか否かという点においても相違が生じていると考えられる[16]。このことは換言すれば、"看到"は"見到"よりも、客体への空間的方向性が強いと同時に、客体に意識を向けようとする働き、すなわち客体への心理的方向性も強いということである。

注

1) 話し言葉における"见"の主たる働きは「会う」動作を表わすことであるため、"见到"も同様に話し言葉では「会う」動作を表わす形式となる。
2) "看到"、"见"間にみられるこのような相違については、5.4.1、5.4.2を参照。状態性が強い"见"は、"看"に比べて時間の流れとの関わりが疎である。この点については4.1.3を参照。
3) 但し、具体的なコトガラを表わす非名詞的成分を客体とする"见到"表現すべてにこのような特徴がみられるわけではなく、例えば"你见**到**过鲤鱼跳龙门吗？（第5章の(36)を一部修正)"のように非持続的なコトガラを客体とする場合には、"见到"は持続性をもたない。この表現例は、"你看**到**过鲤鱼跳龙门吗？（第5章の(36)')"よりは書き言葉的、"你见过鲤鱼跳龙门吗？（第5章の(36))"よりは話し言葉的である。
4) "见到"、"见"間にみられるこのような相違については、4.2.1を参照。
5) 6.1.2で述べたように"见**到**"は、意志性が極めて強い"看到"と、意志性を含まない"见"との中間的な性格を有し、意志性が弱いながらも客体に視線が到達したことを表わす。"见**到**"、"见"は、積極的な意志性を含まない点において"看到"との間に一線を画しているということができよう。
6) この点については6.3.2を参照。
7) (17)の前件に対しては、(17)'の後件を続けて"一看**到**爸爸的坟墓，我就想哭。"としても自然な表現として成立するものの、"见**到**"を用いた(17)'の方が丁寧な表現である。これは、書き言葉的な"见**到**"を用いた表現の方が、話し言葉的な"看到"を用いた表現よりも改まった丁寧な表現としてのニュアンスを帯びるためであると考えられる。"见**到**"のこのような働きについては、6.1.1を参照。
8) "老新见**到**她不闹了，又不知怎样转了一个念头，把枪口向上，对准了正在暗中睁大两只绿幽幽眼睛的猫儿。（第4章の(31))"における"见**到**"は目にしたことを表わすにとどまるため、"见"に置き換えた方がbetterである。4.2.1を参照。
9) 3.3.1においては、"看见"との比較を通して"看到"のこのような特徴が明白となった。客体を視覚、理性の双方によってとらえることを表わす"看到"表現の中には、客体が非名詞的成分であるもののほか、名詞的成分であるものも存在する。
10) 但し、(18)は"来了这么多人"という情景を瞬間的に目でとらえたことを表わすのに対し、(18)'は一定時間持続的に目にしたことを表わすという相違がみられる。この点については5.4.2を参照。また、話し言葉的な"看到"を用いた(18)は、"就赶紧站了起来"のような話し言葉的な成分を後件とする方がbetterである。
11) (20)の"看到"が視覚、理性の双方によって客体をとらえたことを表わす点については、3.3.1を参照。
12) 但し、5.2.2で述べたように"看到"は客体への空間的単方向性を有し、客体に視線を向けた結果として映像をとらえ状況を読みとることを表わすのに対し、"见"は、自然に目に入ってきた客体映像から状況を読みとることを表わすという相違がみられる。
13) (22)のこのような特徴については、3.3.1を参照。
14) 『中日大辞典（"情况"の項)』は、"情况"は具体的・抽象的・概括的な状況をいうのに対し、"情形"は具体的状況、特に目で見てわかる場合をいうとしている。但し、(25)における"情形"が抽象性を帯びた概念を表わしていることは表現内容から明白であるため、"见**到**"の客体とは

198

なりにくいと考えられる。
15) "见到"のこのような性格は、例えば"一个人最伤心的莫过于良心的死灭。当我从电视中看到那对拥抱着死去的情人时，痛不欲生，感到活着的可耻。(薛尔康<我不能原谅>)"において一層明白となる。"看到"を"见到"に置き換えると、テレビという媒体を通してではなく、直接に"那对拥抱着死去的情人"の姿を目にしたことを表わす表現となるため非文もしくは不自然となる。間接的に客体を目にすることを表わす"看到"の働きについては、3.3.1を参照。
16) 客体映像を視覚のみによってとらえることを表わす点においては、"看见"も"见到"と同様である。但し、4.3.1、5.1.2、6.1.2で述べたように、"看见"は目にした事実を客観的に述べる話し言葉的な表現形式であるのに対し、"见到"は、客体を目にした事実とそれに対する肯定的価値判断を述べる書き言葉的な表現形式であるという相違がみられる。

第8章

"看到"、"见到"の使い分け（3）

8.0 はじめに

　「見る」動作、「会う」動作を表わす場合にみられる"看到"、"见到"の特徴については、"看到"、"看见"を比較した第3章、"见到"、"见"を比較した第4章、"见"、"看到"、"看见"を比較した第5章において考察を行ない、一定の結論に達した[1]。しかし、これらは"看到"、"见到"を直接に比較したものではないため、両者が「見る」動作、「会う」動作を表わす場合にみられる相違については不明な点が残っている。本章は、第3～5章で得られた"看到"、"见到"間の相違についての結論をふまえた上で、両形式がヒトを客体として「（ヒトの姿を）見る」動作、「（ヒトに）会う」動作を表わす場合にみられる使い分けについて考察することを目的とする。

8.1 「見る」に傾く"看到"、「会う」に傾く"见到"

　「見る」、「会う」を表わす中国語の諸形式については、第3～5章における考察の結果、以下のような結論が得られた。

　① "看到"は「見る」、「会う」いずれの動作を表わすことも可能であるのに対し、"看见"は「見る」動作を表わす形式としての性格が強い。
　　　　　　　　　　　　　　　　　　　　　　　　　　　　(3.3.3、5.3.2)
　② "见"の意義範疇においては「見る」動作、「会う」動作が連続的な関係にある点で、両者を別個の動詞によって表わす日本語の場合とは異なる。話し言葉において「会う」動作を表わす場合には主として"见"が用いられ、「見る」動作を表わす場合には"看到"、"看见"が用いられる傾向が存在する。(5.3.2)
　③ "见到"は"见"に比べ、「見る」動作を表わす傾向がより強い。これ

201

第Ⅰ部　日中対照編 ── "V到"表現をめぐる日中対照 ──

は、"-到"が付加されることによって客体への単方向動作を表わす働きを有することとなるためである。"见到"が「会う」動作を表わす場合、"见"が主体、客体間の双方向動作を行なおうとする過程段階を、"-到"がその動作の完結段階を表わすこととなる。かつ、"看到"や、「見る」動作を表わす"见到"の場合に比べると、客体に向けての視線の到達という空間的方向性が相対的に弱い反面、動作の完結段階に向けての時間的方向性が強い。(4.1.1、4.1.3)

④ "见到"、"见"間の相違は、日本語動詞「見る」、「会う」間の相違とは本質的に異なるものである。"见到"においては、"-到"が付加されることによって"见"の語彙的意味に変化が生じているわけではない。

(4.3.2)

①、③、④からは、"看到"、"见到"が「見る」、「会う」いずれの動作を表わす場合にも用いられうることが理解できよう。しかし、両者を直接に比較すると、以下のような相違がみられる。例えば

(1) 　昨天我看到他了。(第3章の(94))
(1)'　昨天我见到他了。

を比較すると、(1)は「彼の姿を見た」ことを表わすのに対し、(1)'は「彼の姿を見た」、「彼に会った」のいずれを表わすことも可能であるものの、(1)に比べると「彼に会った」の意味がより強く感じられる。このため(1)は、例えば

(2) 　A：昨天我看到他了。(昨日私は彼の姿を見かけたよ。)
　　　B：在哪儿看到的？(どこで見かけたの？)
　　　A：在公园看到的。(公園だよ。)
　　　B：他看到你了吗？(彼は君に気づいたかい？)
　　　A：他没看到我。太远了。(いや、遠かったので気づかなかった。)

のような対話で用いられるのがふさわしいのに対し、(1)'は例えば

202

第8章 "看到"、"见到"の使い分け（3）

(2)' A：昨天我见**到**他了。（昨日私は彼に会ったよ。）
　　　B：在哪儿见**到**的？（どこで会ったの？）
　　　A：在机场见**到**的。简单地聊了几句。（空港さ。ちょっと話をしたよ。）

のような対話で用いられるのがふさわしい。また、(1)に対しては、例えば

(3) 昨天我看**到**他了，他穿着一件红毛衣。（第3章の(95)'）
　　（昨日私は彼の姿を見かけた。彼は赤いセーターを着ていた。）

のように"他"の姿を表面的にとらえたことが想定される内容の後件を、(1)'に対しては、例えば

(3)' 昨天我见**到**他了，他精神状态不太好。
　　（昨日私は彼に会ったけど、精神状態がちょっと不安定だった。）

のように"他"と接触をもったことが想定される内容の後件を続けるのがふさわしい。(3)、(3)'の後件を相互に置き換えると、表現の整合性が劣ることとなる。同様に、

(4)　我今天在天安门广场看**到**了一个外国人。（第4章の(9)を一部修正）
(4)'　我今天在天安门广场见**到**了一个外国人。（第4章の(9)）

の両者を比較すると、"看到"を用いた(4)は「外国人の姿を見た」ことを表わすにとどまるのに対し、"见到"を用いた(4)'は「外国人の姿を見た」、「外国人に会った」のいずれに解することも可能である。このため、(4)、(4)'に対してはそれぞれ、

(5) 我今天在天安门广场看**到**了一个外国人，他个子特别高。
　　　　　　　　　　　　　　　　　　（第4章の(9)'を一部修正）
　　（私は今日天安門広場で一人の外国人を見かけた。その人は背が特に高かった。）

203

第Ⅰ部　日中対照編 ——"V到"表現をめぐる日中対照 ——

(5)'　我今天在天安门广场见**到**了一个外国人，跟他聊了聊。

(第4章の(8)'を一部修正)

（私は今日天安門広場で一人の外国人に会って、ちょっと話をした。）

のように後件を続けるのがふさわしい。(5)の後件は"外国人"を見てとらえた外見上の特徴を、(5)'の後件は"外国人"と会って行なった動作を表わしている。(3)、(3)'の場合と同様に、(5)、(5)'の後件を相互に置き換えると、表現の整合性が劣ることとなる。さらに、

(6)　在图书馆里常看**到**那个人。
(6)'　在图书馆里常见**到**那个人。（『岩波　日中辞典』「みかける」の項）

はいずれも、「図書館であの人(の姿)をよく見かける」ことを表わす表現として用いることが可能である。但し、(6)'は上記の内容のほか、「図書館であの人によく会う」という内容に解することも可能である。「見る」動作を表わす場合においては、(6)は(6)'よりも話し言葉的な性格が強く、かつ、「姿を見る」ことが一層明白な

(7)　在图书馆里常看**到**那个人在看书。
　　（図書館であの人が本を読んでいるのをよく見かける。）

のような表現とする方がより自然である。

以上のように、"看**到**"は「見る」動作を表わす働きが極めて強いのに対し、"见**到**"は「見る」、「会う」いずれの動作を表わすことも可能であるものの、「会う」を表わす働きの方がより強いという相違がみられる。このことは、"看**到**"、"见**到**"が、ともに「見る」、「会う」いずれの動作を表わすことも可能であるということとは矛盾するようにみえる。しかし、"看**到**"、"见**到**"間における上記のような相違は、両者を直接に比較してはじめて明白となるものであり、両形式の働きが完全に同一であるというわけではないことを示唆している。

第 8 章 "看到"、"见到" の使い分け（3）

8.2 「見る」に傾く"看见"、「会う」に傾く"看到"

8.1で述べたことから、「会う」動作を表わす場合には、"看到"よりも"见到"の方が適していると考えられるが、このことは、"看到"が「会う」動作を表わす働きを全く有しないことを意味するわけではない。例えば

(8) ○看**到**他，替我问个好。
(8)' ◎见**到**他，替我问个好。（≪现代汉语八百词≫"见"の項）

はいずれも「彼に会ったらよろしくお伝え下さい」という内容を表わす表現として成立する。但し、(8)は(8)'に比べ、話し言葉的なややくだけた表現である。話し言葉においてヒトを客体とする場合、"看"は客体であるヒトの姿を見ること、あるいは、主体のみの意志や都合によって一方的に「会う」ことを表わすのに対し、"见"は主体、客体双方の意志や都合によって「会う」ことを表わす[2]。(8)が(8)'に比べて話し言葉的なくだけた表現となるのは、主体の意志や都合によって一方的に「会う」ことが許される関係の相手[3]に対して用いられる表現であり、そのような関係の相手に対してはくだけた表現を用いることが可能なためと考えられる。

ところで、①で挙げたように、"看到"、"看见"では後者の方が「見る」を表わす形式としての性格が強い。このことは、前者の方が「会う」を表わす形式としての性格が強いということと表裏一体をなしている。例えば

(1) 昨天我看**到**他了。　　　　(1)" 昨天我看**见**他了。（第3章の(94)'）

の両者では、(1)は「昨日私は彼に会った」の意味が、(1)"は「昨日私は彼の姿を見かけた」の意味がそれぞれ強い。これは、"看见"が客体の姿を表面的にとらえることを表わすためである[4]。このように、(1)は、"见到"を用いた

(1)' 昨天我见**到**他了。

と比較した場合には「彼の姿を見かけた」ことを表わす表現としての側面が際立つ一方で、"看见"を用いた(1)"と比較した場合には、「彼に会った」こと

を表わす表現としての側面が際立つこととなる。また、

 (9) 这时，家里人找进洞来，爹，娘，哥哥，看**到**了妹妹，高兴得哭了起来。
                 （第5章の(31)'）
 (9)' 这时，家里人找进洞来，爹，娘，哥哥，见**到**了妹妹，高兴得哭了起来。
   （この時、家の者が洞窟にさがしに来た。両親と兄は妹の姿を見て／妹に会って、うれしさのあまり泣き出した。）

における"看**到**了妹妹"、"见**到**了妹妹"はともに「妹の姿を見た」、「妹に会った」いずれの動作に解することも可能であるのに対し、

 (9)" 这时，家里人找进洞来，爹，娘，哥哥，看**见**了妹妹，高兴得哭了起来。
                 （第5章の(31)"）

における"看**见**了妹妹"は「妹の姿を見た」の意味に解されるにとどまるという相違がみられる[5]。さらに、(3)および

 (10) 昨天我见**到**他了，他穿着一件红毛衣。

は「彼の姿を見かけた」ことを表わす表現として、(3)'および

 (10)' 昨天我看**到**他了，他精神状态不太好。（第3章の(95)）

は「彼に会った」ことを表わす表現としてそれぞれ成立する。これに対し、"看**见**"を用いた場合には、「彼の姿を見かけた」ことを表わす

 (11) 昨天我看**见**他了，他穿着一件红毛衣。（第3章の(96)'）

は自然な表現として成立する一方、「彼に会った」ことを表わす

 (11)' ？昨天我看**见**他了，他精神状态不太好。（第3章の(96)）

は不自然である。

このように、"看到"は「見る」、「会う」いずれの動作を表わす働きをも有しながら、"见到"と比較した場合には前者の意味が、"看见"と比較した場合には後者の意味が際立つこととなる。このことから、"看到"は、"看见"よりも「会う」動作を表わす働きが、"见到"よりも「見る」動作を表わす働きが強いことがみてとれよう。一方、(6)、(6)'がヒトを客体として「見る」動作を表わす場合には、"看到"を用いると話し言葉的な表現としての、"见到"を用いるとやや書き言葉的な表現としての性格をそれぞれ帯びることとなる。

以上のことから、"看到"、"见到"間には、「見る」、「会う」双方の意味領域をカバーするという共通点が存在する一方で、以下のような相違点が存在すると考えられる。

⑤ ヒトを客体として「見る」動作を表わす場合、"看到"を用いると話し言葉的な、"见到"を用いると書き言葉的な表現となる。
⑥ ヒトを客体として「会う」動作を表わす場合には通常"见到"が用いられ、"看到"を用いると話し言葉的な表現としての性格が一層強くなる。

"看到"、"见到"間にこのような相違が生じるのは、いかなる要因によるのであろうか。②で挙げたように、話し言葉における"见"の主要な働きはヒトを客体として「会う」動作を表わすことであり、「見る」動作を表わす場合には、目にした事実を客観的に述べる書き言葉的な表現形式となる[6]。このため"见到"も、話し言葉においては「会う」動作を表わすことを中心的な働きとするが、「見る」動作を表わす働きが皆無であるわけではなく、書き言葉的な色彩を帯びながらも「見る」動作を表わす働きを有していると考えられる。一方、"看到"は"见到"に比べると客体への空間的単方向性がより強い[7]ため、"见到"よりも「見る」動作を表わすのに適していると考えられる。また、"看到"によって「会う」動作を表わす場合においても、一定方向に視線を向ける動作である"看"の性格からみて、客体への空間的単方向性が存在すると考えられる。これに対し、③で挙げたように、"见到"が「会う」を表わす場合には、"见"が主体、客体間の双方向動作を行なおうとする過程段階を、"-到"がその動作

の完結段階を表わすため、客体への空間的単方向性を有しないこととなる。"看到"、"见到"を直接に比較した場合において、前者が「見る」動作の意味に、後者が「会う」動作の意味に傾くのは、両者の間に存在するこのような空間的方向性の相違によると考えられる。

8．3　「見る」に傾く"见到"

　"见到"は、"看到"と比較した場合には「会う」動作を表わす傾向が強い反面、"见"と比較した場合には「見る」動作を表わす傾向が強い。例えば、8.1で述べたように、"看到"を用いた(4)、"见到"を用いた(4)'に対しては、それぞれ(5)、(5)'のように後件を続けるのがふさわしい。一方、(4)'と

(4)''我今天在天安门广场见了一个外国人。（第4章の(8)）

に対しては、それぞれ

(12)　我今天在天安门广场见到了一个外国人，他个子特别高。
　　　（私は今日天安門広場で一人の外国人を見かけた。その人は背が特に高かった。）　（第4章の(9)'）
(12)'　我今天在天安门广场见到了一个外国人，跟他聊了聊。（第4章の(8)'）
　　　（私は今日天安門広場で一人の外国人に会って、ちょっと話をした。）

のように後件を続けるのがふさわしい。このことから、"见到"は、"看到"と比較した場合には「会う」動作を表わす形式としての側面が、"见"と比較した場合には「見る」動作を表わす形式としての側面がそれぞれ際立つことがみてとれる。また、

(13)　昨天我在车站看到了小王。（第5章の(34)）
(13)'　昨天我在车站见到了小王。

を比較すると、(13)は「王さんの姿を見た（見かけた）」を表わす傾向が強いの

第 8 章　"看到"、"见到"の使い分け（3）

に対し、(13)'は「王さんの姿を見た(見かけた)」、「王さんに会った」のいずれを表わすことも可能であり、どちらかと言えば後者の意味に傾いた表現であるという相違がみられる。一方、

(13)"昨天我在车站见了小王。(第5章の(34)')

は、「王さんに会った」を表わすことは可能であるが、「王さんの姿を見た(見かけた)」は表わさない [8]。(13)、(13)'、(13)"にみられるこのような相違は、具体的な場面においては以下のような形であらわれる。すなわち、(13)は「王さんの姿を見たが声はかけなかった」あるいは「王さんの姿を見てちょっと声をかけた」ことが想定されるのに対し、(13)"は「王さんと話をした」ことが想定される。一方、"见到"を用いた(13)'は、「王さんと話をした」ことが想定される点においては(13)"と共通する一方、「王さんの姿を見た」を表わすことも可能な表現である [9]。このように、"见到"が「見る」、「会う」いずれの動作を表わしているかの判断に際しては、"看到"、"见"のいずれと比較するかによってゆれがみられる [10]。

　ところで、"看到"、"见到"によって「見る」動作を表わす表現としては、例えば以下のようなものが挙げられる。

(14)　在原始森林里常常看不到人。
(14)'　在原始森林里常常见不到人。(《动词用法词典》"见"の項を一部修正)

(14)、(14)'における"人"は不特定のヒトであり、「会う」という双方向動作の相手とはなりにくいため、"看不到"、"见不到"はいずれも「(ヒトの姿を)見かけない」という内容を表わすこととなる。但し、(6)、(6)'の場合と同様に、(14)は(14)'よりも話し言葉的な表現としての性格が強い。また、(14)、(14)'と同様に不特定のヒトを客体とする「不審な人を見かけたら、警察に通報して下さい」に対応する中国語表現としては、"看到"を用いた

(15)　看到形迹可疑的人，请你向警察报告。(《日语语法疑难辨析》:37)

第Ⅰ部　日中対照編 ―― "V到"表現をめぐる日中対照 ――

がふさわしく、"见**到**"を用いた

　(15)'见**到**形迹可疑的人，请你向警察报告。

は書き言葉的な表現である。さらに、

　(16)　如果到上野动物园去，就可以看**到**大熊猫。（第3章の(77)）
　　　　（上野動物園に行けば、パンダが見られる。）

の場合には、"大熊猫"はヒトではないため通常は「会う」動作の相手とはなりえず、

　(16)'＊如果到上野动物园去，就可以见**到**大熊猫。

は非文である。"看**到**"、"见**到**"間にはこのような相違が存在するため、

　(17)　你看**到**了准喜欢。（見たらきっと気に入るよ。）
　(18)　你见**到**了准喜欢。（会ったらきっと気に入るよ。）　（荒川 1989：17）

の両者を比較した場合、(17)においてはモノが、(18)においてはヒトが客体であると推測され、例えば

　(17)'丰田的车，你看**到**了准喜欢。
　　　　（トヨタの車は、見たらきっと気に入るよ。）
　(18)'李先生，你见**到**了准喜欢。
　　　　（李さんは、会ったらきっと気に入るよ。）

のような表現とするのが自然である[11]。
　以上のことから、"见**到**"は、"看**到**"よりも「会う」動作を表わす傾向が強く、"见"よりも「見る」動作を表わす傾向が強いことが明白となった。従って、"看**到**"、"见**到**"、"见"の3者を比較すると、話し言葉においては、"看**到**"、

210

"见到"、"见"の順で「見る」動作を表わす働きが弱まっていくと同時に、「会う」動作を表わす働きが強まっていくと考えられる。このように、"看到"、"见到"、"见"という形式上の相違は、日本語動詞「見る」、「会う」とは異なり、二つの動作を区別するための絶対的な手段とはなりきっていない。加えて、"见到"、"见"の2者は、「会う」動作を表わす場合には話し言葉的な表現形式としての性格を、「見る」動作を表わす場合には書き言葉的な表現形式としての性格を帯びるという側面を有する[12]。

　③で挙げたように、"见"よりも"见到"の方が「見る」動作を表わす傾向が強いのは、"-到"の働きにより動作が客体への空間的単方向性を帯びることに起因する。これに対し"见"が「見る」動作を表わす場合には客体から主体への空間的単方向性を[13]、「会う」動作を表わす場合には主体、客体間の双方向性を有し、いずれにしても主体から客体への空間的単方向性は有しないこととなる。一方、8.2で述べたように、"看到"は"见到"よりも客体への空間的単方向性が強い。"看到"、"见到"、"见"の3者間に存在するこのような方向性の相違は、「見る」動作を表わす働きの強弱と相関関係にあり、客体への空間的単方向性が強い"看到"、客体への空間的単方向性が弱い"见到"、客体への空間的単方向性を有しない"见"の順で「見る」動作を表わす働きが弱まっていくのである。

8．4　文脈からみた"看到"、"见到"と「見る」、「会う」

　これまでの考察により、"看到"、"见到"が「見る」、「会う」いずれの意味に傾くかということと、"看到"、"见到"間に存在する空間的単方向性の強弱の差異との間には相関関係があることが明白となった。本節では、「見る」動作、「会う」動作を表わす"看到"、"见到"の使い分けについて、具体的な文脈を参考にしながら詳細な検討を行なう。

　"看到"がヒトの姿を目にする動作を表わすのに適していることを端的に示すのは、例えば以下のような表現例である。

(19) 这时他才放下笔，抬起头来望了我一眼。我一看到他的面孔，不由得吃了一惊。（马烽＜我的第一个上级＞）

(その時彼はやっとペンを置き、顔を上げて私をちょっと眺めた。私は彼の顔を見て驚きを禁じえなかった。)

　(19)においては、"我"は"他"と直接に向き合っているため、実際の場面において両者は「会う」動作を行なっているとも考えられる。しかし、"他的面孔"はヒトの身体部分であり、"我"との間には「見る」という単方向動作が成立する関係にあるため、"看到"を"见到"に置き換えると非文となる。(19)とは異なり、

(20) 一路上，我不停地设想即将相逢的情景，<u>当我兴冲冲而又心神不安地走进家门时，一眼就看到出来接我的您，您象孩子一样的高兴</u>，但我却愣住了：一个声音嘶哑、头发花白、驼背的老人出现在我面前。

(第5章の(35))

(途中、私は会った時の情景をずっと思い浮かべていた。私がうれしさと不安の入りまじった気持ちで家の門を入ろうとした時、子どものようにうれしそうに出迎えてくれたあなたの姿を目にした。しかし私は驚いた。しゃがれた声の、白髪で腰の曲がった老人が私の目の前にいたからである。)

における"看到"の客体はヒトである。実線部は、"我"が瞬間的に"您"の姿を目にし、相手が誰であるかを理解したこと、すなわち"您"の姿を視覚によりとらえたことを表わすため、"见到"に置き換えると非文もしくは不自然となる。
　一方、

(21) 我坐下，又站起来，心里乱成一团，真好象八月里的冰雹子朝我身上一起打来，不知是冷是热。<u>二十年前的腊梅和才见到的腊梅，都在我脑子里打转</u>。我在医院的走廊里来回踱了两趟，定了定神，又强迫自己坐下来。（谌容＜永远是春天＞）

(私は立ったり座ったりと落ち着かなかった。まるで八月のヒョウが自分の体に降り注いでいるような感じで、寒いのか暑いのかもわからな

かった。二十年前の臘梅と、今やっと会えた臘梅とが頭の中をめぐっていた。私は病院の廊下を何度かゆっくりと行き来して心を落ち着かせ、再び無理やりに座り込んだ。）

の実線部においては、二十年前の"臘梅"と発話時に会った"臘梅"とが対比されており、"我"がいずれの時点においても"臘梅"に会ったことが前提となっている。このような場合に"看到"を用いると自然な表現として成立はするものの、例えば病院のベッドに寝たきりで話すこともできない状態にある"臘梅"の姿を見たことを表わす表現となる。このような相違が生じるのは、"看到"の働きにより、動作が"臘梅"への強い空間的単方向性を帯びることに起因すると考えられる。また、

(22) 一次是您被带出去看大字报回来，高兴地对妈妈和我说，刚才见**到**了陈毅同志，尽管周围监视的人很多，<u>但陈伯伯还是意味深长地向您点头致意</u>，从陈伯伯的亲切目光中，您看到了党和同志的信任。
(陶斯亮〈一封终于发出的信〉)
（ある時あなたは壁新聞を見に連れられて行き、帰って来てうれしそうに母さんと私に言いましたね。今陳毅同志に会ったと。周囲には見張りの人が大勢いたけど、陳氏はやはり意味深長にうなずいてあなたに気持ちを伝えたと。陳氏のやさしい眼差しに、党と同志の信頼を見てとったと。）

においては、"您"と"陈毅同志"との間に言葉によらない形の交流があったことが実線部の内容から明白であるため、"见**到**了陈毅同志"は「陳毅同志に会った」の意味に解される。このような場合に"看到"を用いると、「陳毅同志の姿を見た」を表わすこととなって表現内容との間に矛盾が生じるため非文となる。さらに、

(23) <u>一天，李慰萱见**到**母校的祁老师</u>，他把自己对当前局势的看法和今后的打算告诉了老师。老师夸奖他想得对，并建议他增学外语："为了向科学领域里更高的山峰登攀，外语不可不学。"
(杨世运・孙兴盛・史祥鸾〈从青工到副教授〉)

(ある日、李慰萱は母校の祁先生に会った。彼は当面の情勢に対する自分の見解と今後の計画を先生に話した。先生は彼の考えを正しいとほめてくれ、一層外国語を学ぶように言った。「科学の領域において更に水準を高めるためには、外国語の学習は欠かせないよ。」と。）

においては、実線部が"李慰萱"と"老師"との間に言葉による交流があったことを表わしているため、"見到"は「会った」を表わすこととなる。主体、客体間に交流があったことが文脈から明白な(22)、(23)のような表現の場合には動作が双方向的なものであるため、"見到"が用いられる。これに対し、

(24) 李郑生有一位情同手足、无话不谈的挚友，他是郑生中学时的同学。也是位思想进步的共青团员、党的发展对象。<u>他一见到我们就潸然泪下，半天说不出一句话来。</u>（祖慰・节流＜线＞）
(李鄭生には兄弟のように親しく何でも話せる友人がいた。その友人は中学時代の同級生で、進歩的な思想の共産主義青年団団員であり、党員候補だった。彼は我々に会うとさめざめと泣き出し、しばらくの間は一言も発することができなかった。）

の実線部においては、"他"は"我们"と言葉を交わすことが可能であったにもかかわらず、しばらくの間それができなかったことが述べられている。"見到"は「会った」ことを表わしているが、"看到"を用いて「見た」ことを表わす表現とすることも可能である。これは、実線部の場面が、"他"が"我们"の姿を目でとらえ"我们"との交流をまさに始めようとしている段階であり、「見る」、「会う」いずれの動作としてとらえることも可能なためである。(24)の場合とは異なり、

(25) 文化革命初期，<u>我见到一次腊梅</u>。那可真是一次很不寻常的见面。
(谌容＜永远是春天＞)
(文革の初めに、私は臘梅に一度会った。それは実に常ならぬ対面だった。）

には"见面"という成分が含まれており、実線部が「会った」ことを表わしているのは明白であるため、"看到"を用いることはできない。同様に、

(26) 我再见**到**她时，她好象变了一个人，连脾气都变了。
(谌容＜永远是春天＞)
（私が再び会った時には彼女は別人のようであり、性格まで変わっていた。）

の場合には、実線部の内容が"她"と交流しなければ知りえないものであるため、"看到"を用いることはできない。

以上のように、ヒトの身体部分を客体とする場合や瞬間的な動作を表わす場合、あるいは主体、客体間の交流が存在しない場合には、"看到"により「見る」動作として表現される傾向があり、このことは、"看到"が客体への単方向動作であることと表裏一体をなす。一方、主体、客体間に何らかの形で交流が存在する場合には、双方向動作を表わす"见到"が用いられる。但し実際には、同一のコトガラを"看到"、"见到"のいずれによって表現することも可能である(24)のようなケース、すなわち、「見る」、「会う」いずれの動作として表現することも可能なケースが存在し、このことは、両形式の役割分担に明確な境界が見いだせないことを示唆している。

8.5 単方向的な「会う」、双方向的な「会う」

8.2で述べたように、"看到"は、"看见"と比較した場合には「会う」動作を表わす形式としての側面が際立ち、(8)のように"看到"が明白に「会う」動作を表わしているケースも存在する。(8)と同様の表現例としては、例えば以下のようなものが挙げられる。

(27) 我怕是难见**到**亮亮了，等你看**到**她，要告诉她，爸爸对不起她，让她跟我受委屈了。但爸爸在政治历史上是清白的，是对得起她的。
(陶斯亮＜一封终于发出的信＞)
（亮亮に会えないのではないかと心配だ。亮亮に会ったら、辛い思いを

215

させてすまなかったと伝えてくれ。でも父さんは政治的にも歴史的にも潔白だから、その点は大丈夫だ。）

　(27)においては、同一表現中に"见到"、"看到"が共起している。実線部の"看到"は「見る」動作に解することができるほか、(8)の場合と同様に「会う」動作に解することも可能である。但し、"我怕是难见到亮亮了"における"见到"が"我"と"亮亮"の双方向動作であるのに対し、"看到"は後続の"告诉"と同様に"我"から"她（亮亮）"への単方向動作であるという相違がみられる。このことは、中国語においては"看到"と"见到"とが同じく「会う」動作を表わす形式として並存し、前者が客体への単方向的な「会う」を、後者が主体、客体間の双方向的な「会う」を表わすことを意味する。"看到"表現が単方向的な「会う」を表わす例としては(8)、(27)のほか、例えば

　(13)　昨天我在车站看到了小王。

が「王さんの姿を見てちょっと声をかけた」ことを前提として用いられる場合が挙げられる。この場合には、"我"から"小王"に向けての単方向的な接触がもたれており、単に「王さんの姿を見た」ことを前提として用いられる場合とは異なる一方、双方向動作としての「会う」を表わす

　(13)'　昨天我在车站见到了小王。

とも異なる。
　以上のことから、"看到"、"见到"間には以下のような相違が存在すると考えられる。

　　⑦ 話し言葉においては、"看到"は「見る」、「会う」いずれの動作を表わす場合に用いることも可能であるのに対し、"见到"は「会う」動作を表わす場合に用いられるにとどまる。
　　⑧ "看到"は、客体への単方向動作としての「会う」を表わす点において、主体、客体間の双方向動作としての「会う」を表わす"见到"とは異

第8章 "看到"、"见到"の使い分け（3）

なる。

　「会う」は本質的に、主体、客体の2者により共同で行なわれる動作である。このことは、"看到"の単方向性とは相容れないかにみえるものの、上記のように、中国語では、客体への単方向動作としての「会う」を"看到"により表わすことが可能である[14]。また、話し言葉においては、"看到"は「見る」動作、「会う」動作の双方の意味領域をカバーするのに対し、"见到"は「会う」動作の意味領域をカバーするにとどまる。"看到"よりも"见到"の方が「会う」動作を表わすのに適しているという現象は、8.2で述べたような両形式間における空間的方向性の相違のほか、話し言葉におけるこのような役割の相違にも起因すると考えられる。

　"看到"、"见到"間における「会う」動作を表わす働きの強さの差異は、以下のような願望表現において最も鮮明にあらわれる。

(28) 直到此时，他才猛醒道，他是那么强烈地想要见到她。
　　　　　　　　　　　　　　　　　　　　（叶辛＜世纪末的爱情＞）
　（この時になってようやく、彼は不意にさとった。彼女に会うことを自
　　分がそれほどまでに強く望んでいたということを。）

　"见到"が「見る」動作を表わす場合、"看到"よりも意志性に乏しく、主体の明確な意志による動作の結果として見えたことを表わすのではない[15]。しかし、「会う」動作を表わす場合には明確な意志性が認められ、(28)のような願望表現が成立する。(28)の"见到"を"看到"に置き換えると、「見る」動作を表わすこととなって非文となる。"看到"、"见到"間に存在するこのような相違は、"看"、"见"間に存在する以下のような相違、すなわち、

(29) 我想看张先生。（私は張さんのお見舞いをしたい。）（第4章の(18)'）

における"看"が「見る→様子を見る、お見舞いする」という単方向動作を、

(30) 我想见张先生。（私は張さんに会いたい。）（第4章の(18)）

217

における"见"が「会う」という双方向動作を表わすこととも符合する[16]。このことから、発話時に実現していないコトガラを表わす願望表現の場合には、「見る」を表わす"看到"、「会う」を表わす"见到"の相違があらわれやすいことがみてとれよう[17]。

発話時において実現していないコトガラを表わすという点においては、例えば

(31) 我在青海、甘肃一呆就是五年，我万万没想到从此一别，就<u>再也没能见到您</u>—— 我最亲爱的父亲，甚至连一封信他们也不允许我给您写啊！
(陶斯亮＜一封终于发出的信＞)
(青海、甘粛で過ごしてはや五年になります。あの時別れてからずっと会えないなんて思いもよらなかった —— 最愛のお父さんに。手紙一通書くことすら許してもらえないのです！)

のような可能表現も同様である。(31)においても、(28)の場合と同様に"看到"、"见到"の相違が明白にあらわれている。(31)の実線部は「二度とあなたに会うことはできなかった」を表わすのに対し、"再也没能看到您"とすると「二度とあなたの姿を見ることはできなかった」を表わすこととなる。このような相違は、"见到"を"看到"に置き換えることによって客体への空間的単方向性が生じるためと考えられる。(31)とは反対に、

(32) 鲁义正要向前，突然，青烟散去，姑娘的影子也消失了。鲁义急得大声喊道："侯魁姑娘，你别走哇。"妙明和尚在一旁叹了口气，说："唉！<u>你再也看不到侯姑娘啦</u>！"（≪茶酒的传说≫:45)
(魯義が前に進み出ようとすると、突然煙が消え、娘の姿も消えていた。魯義はあわてて大声で叫んだ。「侯魁さん、行かないで下さい。」妙明和尚が傍らでため息をついて言った。「ああ、もう二度と侯さんの姿を見ることはできなくなったのう！」)

の実線部は「二度と"侯姑娘"の姿を見ることはできなくなった」を表わす表現であり、"再也见不到侯姑娘啦！"とすると、「二度と"侯姑娘"に会うこと

第8章 "看到"、"见到"の使い分け（3）

はできなくなった」を表わすこととなる。これは、"看不到"を"见不到"に置き換えることによって主体、客体間の双方向性が生じることによると考えられる。

　前述したように、"看到"が「会う」動作を表わす場合には、「見る」動作を表わす場合と同様に客体への空間的単方向性を有する。このため「会う」動作を表わす"看到"表現においても、"-到"は客体という空間的到達点、動作の完結段階という時間的到達点の双方を示しているということができる[18]。一方、"见到"が「会う」を表わす場合には、時間的単方向性は有するが空間的単方向性は有しないため、"-到"は「会う」動作の完結という時間的到達点を示すにとどまることとなる。「会う」を表わす場合にみられる"看到"、"见到"間の様々な相違は、両形式間におけるこのような空間的方向性の相違に帰結すると考えられる。

第Ⅰ部　日中対照編 ── "V到"表現をめぐる日中対照 ──

注

1) 無意志動作を表わす"见"、"看见"は「見える」に近い性格を有するが、ヒトを主体とすることが可能な点で「見える」とは異なる。本書では、「会う」動作を表わす働きとの比較を行なうに際しては、特にことわりのない限り、「見える」を「見かける／目にする」などとともに一括して「見る」と表記している。"看到"、"见到"はヒトを主体とする意志的な動作を表わすため、「見る」動作を表わす形式とした。"看到"、"见到"の意志性については、6.1.2を参照。
2) この点については4.1.2を参照。
3) 主体の意志や都合によって一方的に「会う」ことが許される"看"の例としては、さらに"下午我要去看一个朋友。"、"王老师要去宿舍看一个学生。"のように、主体と客体が同格か、主体の方が目上であるケースが挙げられる。
4) この点については3.3.3、5.3.2を参照。
5) (9)と(9)"との相違については5.3.2を参照。なお、(9)、(9)'、(9)"は、第5章の(31)で挙げたように、原文では"见"が用いられている。
6) 「目にした事実を客観的に述べる」とは、例えば何かを見つけた場合のように「見たい(or 見るに値する)ものを見た」という話者の肯定的価値判断を含まないということである。この点については5.1.2を参照。
7) 両者の間にみられる空間的単方向性の強弱については、6.2.2を参照。
8) (13)"のこのような特徴については、5.3.2、郭春貴2001 : 317を参照。
9) "见到"が「見る」、「会う」いずれの動作を表わすかは、実際にはかなり微妙である。例えば、「彼の姿を見た」ことを表わす"你第二次看到他的时候，他是一幅什么样子？(『中国の短い小説』: 17を一部修正)"、"你第二次见到他的时候，他是一幅什么样子？(同)"を比較した場合、前者においては"他"の外見上の様子が、後者においては外見のみにとどまらずそれ以外の細かな状況までもが問題とされているという相違がみられる。後者の"见到"は「会う」に近い内容を表わしていると考えられる。
10) "看到"も同様に、"看见"、"见到"のいずれと比較するかによって「見る」、「会う」いずれの動作を表わしているかの判断がゆれる。
11) 客体への単方向動作を表わす"看"は、双方向動作(＝会う)の相手となる可能性のあるヒトよりは、そのような可能性のないモノを客体とする傾向が強いのに対し、"见"の客体はヒトとなる傾向が強い。このことは"-到"をともなった場合にも同様にあてはまると考えられる。4.1.2を参照。
12) この点については5.1.2、6.1.1を参照。
13) この点については4.2.3、4.3.2、5.2.2を参照。
14) "明天我女朋友从日本来，你们二位看一看。(第4章の(15))"における"看"は、「会ってその容姿や人柄などを見る」という積極的動作としての性格を有する。このような表現の存在は、客体への単方向動作としての「会う」を表わす"看到"の働きとも符合する。
15) 「見る」動作を表わす"见到"は、意志性が極めて強い"看到"と意志性を含まない"见"との間にあって、意志性が弱いながらも客体に視線が到達したことを表わす形式である。この点については6.1.2を参照。
16) (29)、(30)の相違については4.1.2を参照。
17) 「会いたい」という願望を表わす場合、(28)、(30)のような"见到"表現、"见"表現は成立す

るが"他想看**到**张先生。"のような"看**到**"表現は非文である。この点については5.3.2を参照。本文で述べたように、(28)の"见**到**"を"看**到**"に置き換えた場合にも非文となる。
18) "-**到**"のこのような特徴については、1.1.2、2.1、3.4.1、5.2.1、5.2.2、5.4.1を参照。

視覚動作を表わす表現の日中対照

　第3～8章においては、第1～2章の考察結果をふまえ、視覚動作を表わす中国語の"看"、"见"および"看到"、"看见"、"见到"の使い分けについての考察を行なった。これらは、視覚動作を表わす中国語諸形式の使い分けについて述べたものであり、対応する日本語諸形式の使い分けとどのような点において異なるかについては、改めて検討を加える必要がある。

　日本語には、視覚によって客体映像をとらえることを表わす「見る」のほか、これに一定の意味が加わった「見つける」、「見かける」、さらには「見る」、「見つける」にそれぞれ対応するいわゆる自動詞の「見える」、「見つかる」が存在し、上記の中国語諸形式のいずれかに対応する（1.2.2、1.3では"看到"に対して「見かける」、「見つける」、「見届ける」、「見える」が対応するケースについてふれた）。このような対応関係は、両言語の各形式間に共通点・相似点あるいは接点が存在することによって成立すると考えられる。また、3.3.3、5.3および第4章、第8章で述べたように、「見る」以外にも、「読む」、「会う」が上記の中国語諸形式に対応し、日本語においては異なる動詞により相互に別個の動作として表現される出来事が、中国語においては視覚動作を表わす諸形式によって表現される連続した一つの領域をなしていることがうかがわれる。

　第9～11章は、第1～8章の考察結果をふまえ、視覚動作を表わす諸形式の使い分けが日中両言語でどのように異なっているかについての考察を行なうことにより、各形式の働きを従来よりも一層正確に記述するとともに、両言語間におけるコトガラのとらえ方の相違を明らかにすることを目的とする。

第9章

「見つける／見つかる」、「見かける」に対応する中国語の表現

9．0　はじめに

　本章では、視覚動作を表わす中国語の"见"、"看到"、"看见"、"见到"に対して、日本語の「見つける／見つかる」、「見かける」が対応するケースをとり上げて考察を行なう。このような対応関係は、第3～6章において明白となった上記の中国語諸形式の特徴、すなわち

① 　客体映像を目にしたことに対する肯定的価値判断の有無
　　　　　　　　　　　　　　　　　　　　　　（3.3.2、4.3.1、5.1、6.1）
② 　意志性の有無あるいは強弱（3.3.2、5.4、6.1.2）
③ 　客体映像を表面的に目にしたことを表わすか否か
　　　　　　　　　　　　　　　　　　　　　　（3.3.1、3.3.2、4.1.1）
④ 　動作の過程と結果とを区別して表わすか否か（4.1.3、5.1.1）
⑤ 　動作、状況のいずれを表わすか（3.3.2、4.2.2、4.2.3、6.3.2）
⑥ 　視覚動作の空間的方向性（4.1.1、4.1.2、5.2.1）

の一部が日本語の「見つける／見つかる」、「見かける」の特徴との間に共通点・相似点あるいは接点を有することによって成立するものであり、先行研究においては考察の対象とされなかったものである。
　本章は、視覚動作を表わす中国語の"见"、"看到"、"看见"、"见到"に対して日本語の「見つける／見つかる」、「見かける」が対応するケースを主たる対象とし、対応関係が成立する要因となる各形式の特徴の比較を通して、視覚動作を表わす諸形式の働きが日中両言語でどのような共通点・相似点あるいは接点、相違点を有するかについての考察を行ない、各形式の働きを従来よりも一層正確に記述するとともに、非視覚動作を表わす"找到"に「見つける／見つかる」が対応する場合との相違についても明らかにすることを目的とする。

第Ⅰ部　日中対照編 ── "V 到"表現をめぐる日中対照 ──

9．1　「見つける」とそれに対応する中国語の視覚動作表現

9．1．1　「見つける」
「見つける」は、

　　①　意志的な動作の結果として客体を目にする場合
　　②　偶然に客体を目にする場合

のいずれに用いることも可能である。
　『日本語 基本動詞用法辞典(「みつける」の項)』には、「探していた物を発見する」、「何かを偶然見て知ってしまう」という解説がみられ、

　　(1)　父はなくした鍵を机の下で見つけた。

という表現例が挙げられている。(1)は、例えば

　　(1)'　父はなくした鍵をあちこちさがし回っていたが、机の下でやっと見つけた。

とすれば「さがした結果として鍵を見つけた」ことが明白となるのに対し、

　　(1)"　部屋の片づけをしていた時に、父は以前になくした鍵を机の下で見つけた。

とすれば「偶然に鍵を見つけた」ことが明白となる。(1)、(1)'、(1)"からは、「あるものを手に入れたい」という意志を主体が有しており、「見つける」が「さがし出す」と同様の意味を表わす場合と、そのような意志を主体が有しておらず、「見つける」が「偶然に発見する」の意味を表わす場合、いずれのケースも存在し、意志性の有無にかかわりなく用いられることがうかがわれる[1]。1.2.2で紹介したように、佐治1992：213には、「みつける」は「視線を接着させる」という意味を表わす旨の記述がみられる[2]。「視線を接着させる」

第 9 章　「見つける／見つかる」、「見かける」に対応する中国語の表現

とは、単に「見る」のではなく、特定の客体に視線をとどめることであり、客体を目でとらえた時点において「見るに値する」という肯定的価値判断が話者あるいは主体によってなされていると考えても不自然ではない。「見つける」が有するこのような特徴は、3.3.2、4.3.1、5.1.1、5.1.2、6.1.1、6.1.2であつかった中国語の"看到"、"见到"の特徴、すなわち意志的な動作の結果としてであれ、偶然の結果としてであれ、発話時点における「見るに値する」という話者の肯定的価値判断を含むこととの間に相似点を有するということができよう。

9．1．2　「見つける」と"看到"、"见到"、"看见"、"见"

9.1.1で述べたように、肯定的価値判断を含む中国語の"看到"、"见到"は、日本語の「見つける」との間に相似点を有するため、"看到"表現および"见到"表現に対しては、例えば以下のように「見つける」表現が対応するケースが存在する[3]。

(2)　他看到了桌子上的黑面包，马上就拿了过来。
　　　　　　　　　　　　(第3章の(67)、第5章の(11)、第6章の(4))
(2)'　他见到了桌子上的黑面包，马上就拿了过来。(第6章の(4)')
(2)"　彼は机の上の黒パンを見つけると、すぐに手にとった。

但し、6.1.2で述べたように、"见到"は"看到"に比べると意志性が弱く、「あらかじめ見たいと思っていたものを見た」ことよりは「見るに値するものを偶然に見た」ことを表わす働きの方に比重を置いた形式であるため、(2)、(2)'の両者を比較した場合には、(2)の方が、意志的な動作の結果として"黑面包"を目にしたというニュアンスが強い[4]。意志性の強弱により"看到"、"见到"という異なる形式が使い分けられる点において、意志的な動作の結果、偶然の結果の双方が「見つける」という一つの形式により表わされる日本語の場合とは異なる。

また、『広辞苑(「みつける」の項)』によれば、(口語の)「みつける」に対しては文語の「みつく」が存在する。一方、中国語の場合には、5.1.2、6.1.1で述べたように、"看到"は話し言葉的な表現形式であるのに対し、"见到"は

書き言葉的な表現形式である。このため話し言葉においては、「偶然に見た」ことを表わす"看见"が「見つける」に対応する以下のようなケースがみられる[5]。

(3) 他一看见我就赶紧走了过来。(《日语动词用法词典》「みつける」の項)
(3)' 彼は私を見つけると大急ぎでやってきた。(同上)

3.3.2、5.1.2で述べたように、"看见"は意志性を含まず、目にした事実を客観的に述べる話し言葉的な表現形式であり、肯定的価値判断を含まない。「見つける」と"看见"は、肯定的価値判断を含むか否かという点においては相違があるものの、客体を偶然に目にしたことを表わしえる点、話し言葉的な表現形式である点において共通するため、対応関係が成立すると考えられる。

以上のことから、「見つける」に最も近い性格を有する中国語の表現形式は、

① 客体映像を目にしたことに対する肯定的価値判断を含む
② 意志的な動作の結果、偶然の結果のいずれを表わすことも可能である
③ 話し言葉的な表現形式である

の三つの特徴をすべて備えた"看到"であり、①、②を備えた"见到"は書き言葉において、「偶然の結果」を表わす"看见"は話し言葉において、それぞれ"看到"に次ぐということが明白となった。

一方、"看见"と同様に肯定的価値判断を含まない"见"は、4.1.3、5.1.2で述べたように、動作の結果段階を過程段階と区別して表わすことができず、かつ「目にした事実を客観的に述べる書き言葉的な表現形式」であるため、上記の①、②、③いずれの特徴も有しないこととなる。このため、「見つける」との間における形式上・意味上の相違が"看到"、"见到"、"看见"の場合よりも大きいこととなり、「見つける」に対応する可能性は最も低いと考えられる。

ところで、"看到"、"看见"はいわゆる「動詞＋結果補語」の構造をとる表現形式とされ、5.1.1で述べたように、"看"の部分が「見ようとする」動作の過程、すなわち客体に対する働きかけの段階を、"-到"、"-见"の部分が「見えた」結果、すなわち客体映像を視覚によってとらえた段階をそれぞれ表わす。これに対し、「見つける」は結果の段階を表わす成分であり、過程段階は表わさな

第9章 「見つける／見つかる」、「見かける」に対応する中国語の表現

い。この点について木村1981：39には、中国語の動詞と結果補語の間には「働きかけ」と「結果」という意味的な分担があり、「結果」は「働きかけ」のいたるところの時間的な帰着点であるのに対し、日本語における「働きかけ — 結果」の関係は、例えば「さがす —— 見つける」、「見る —— 見える」のように（それぞれ別個の動詞によって）表現される旨の記述がみられる。また、国立国語研究所1972：219-220には、「さがす」は経過（本書でいう「動作の過程」）を表わす動詞であり、動作が実現したことを表わす段階においては、求める対象はまだ見つかっていないのが通例であるのに対し、「みつける」は「さがす」と同じく働きかけを表わす用法がないわけではないものの原則として結果の実現を表わす旨の記述がみられる[6]。このため、「見つける」を用いた日本語表現が表わすコトガラを、(2)、(3)のような"看到"、"看见"の表現によって表わすことは何ら不自然ではないと考えられる。但し、"看到"が表わす概念、すなわち「『見ようとする』動作の過程＋『見えた』という結果」は、1.2で述べたように日本語では「見る」によって表わすことが可能であるため、「見る」にさらに「-つける」を付加した形の「見つける」が表わす概念は"看到"よりも広いこととなる。この点は、"看到"と同じく「動詞＋結果補語」の構造をとる"看见"の場合も同様である。

一方、"见到"の場合には、6.2.2で述べたように、もともと結果を含意する動詞"见"に"-到"が付加された形式であるため、その表わす内容を「動作の過程 —— 結果」のように明確に分析することができない点において"看到"、"看见"とは異なる。従って"见到"は、

④「結果を含意する動詞＋付加的成分」の形式をとる

という点において「見つける」との間に共通点を有するということができる。

9．2　「見つける／見つかる」とそれに対応する中国語の非視覚動作表現

9．2．1　「見つける」と"找到"

「見つける」に対応する中国語の表現形式としては、視覚動詞を用いた"看

到"、"見到"、"看見"のほか、非視覚動詞を用いた"找到"が存在し[7]、例えば以下のような対応例が存在する。

(4) 找到了他就给我把他带到这里来。(『岩波 日中辞典』「みつける」の項)
(4)' あいつをみつけ次第ここに連れてこい。(同上)

9.1.2で述べたように、"看到"、"見到"は肯定的価値判断を含むことによって「見つける」に対応することが可能であるのに対し、意志性を有しない"看見"は、意志性が"看到"よりも弱く書き言葉的である"見到"に代わり、話し言葉において「偶然に見つけた」を表わす場合に用いることが可能であると考えられる。"看到"、"見到"、"看見"の３者は、一般に「動作の過程（働きかけ）——結果」の関係を表わすとされるものの、動詞"看"、"見"が「さがす」という動作の過程を、結果補語"-到"、"-見"が「見つける」という結果を表わす関係にあるわけではない。

上記のような性格を有する"看到"、"見到"、"看見"とは異なり、"找到"の場合には、"找"が「さがす」という動作を表わすため、その結果として「見つける」にいたったことが形式に反映されていることとなる[8]。このことは、木村1981：38が

(5) 太郎找次郎了。

における"找"は「さがす」という働きかけを遂行したことを表わすのみで、その結果の如何なるかについては何ら述べておらず、

(5)' 太郎找到次郎了。

のように結果補語"-到"が付加されてはじめて働きかけの結果「さがしあてる」あるいは「見つける」にいたったことが意味されるとしている点によっても明白である。木村の記述からは、"找到"が、「偶然に見つけた」ではなく「さがしていて見つけた」を表わす表現形式であることがみてとれる。"找到"が意志的な動作の結果として目的物を見つけたことを表わす点については、さら

第9章 「見つける／見つかる」、「見かける」に対応する中国語の表現

に、例えば"找到"を用いた

(6) 他找到了桌子上的黑面包。

を、"看到"を用いた

(6)' 他看到了桌子上的黑面包。（第1章の(19)、第3章の(1)、第5章の(11)'）

と比較した場合、(6)は「"黑面包"を長い時間かけてさがし、最後に見つけた」という状況が想定されるのに対し、(6)'は「"黑面包"を偶然に見つけた」という状況が想定されることや、

(7) 老张找到那本书了。（第2章の(23) a を一部修正）
(7)' 老张看到那本书了。

の両者を比較した場合、(7)は、例えば「"老张"が以前から"那本书"を欲しがっており、見つけたのは偶然ではない」という状況が想定されるのに対し、(7)'は、例えば「"老张"が以前から欲しいと思っていた"那本书"を偶然に見つけた」のほか、「"那本书"を偶然に見つけたのは"老张"であるが、それを欲しがっていたのは"老张"とは限らず、別の人物である」という状況も想定されることによって理解できよう。このような相違は、意志的な動作の結果を表わす傾向の強い"找到"を用いた(7)と直接に比較したため、偶然の結果を表わすことが可能な"看到"を用いた(7)'の特徴が際立ったことに起因すると考えられる。但し、"看到"が意志的な動作の結果として目的物を見つけたことを表わす働きを有しないわけではなく、"找到"よりも"看到"の方が、主体の積極的な働きかけの結果として見つけたことを表わす傾向が弱いということにすぎない。このことは、例えば

(8) ◎他找来找去才找到张三。（≪动词研究≫：340）
(8)' ○他看来看看去才看到张三。

231

第Ⅰ部　日中対照編 ── "V到"表現をめぐる日中対照 ──

の両者を比較すると、(8)の方が(8)'よりもbetterであるものの、(8)は「あちこちを移動しながらさがした結果として見つけた」というニュアンスを有する表現として、(8)'は「移動しないで一ヶ所にとどまり、キョロキョロとあちこちを見わたしてさがした結果として見つけた」というニュアンスを有する表現としてそれぞれ成立することによっても理解できよう。9.1.2で述べたように"看到"は、意志性がより弱い"見到"と直接に比較した場合には意志的な動作の結果を表わす側面が際立つのであるが、意志的な動作の結果を表わす傾向が一層強い"找到"と直接に比較した場合には、偶然の結果を表わす側面が際立つのである。

　1.1.2、2.2、3.1.3、3.3.2、5.1.2で述べたように、"V到"は、主体があらかじめ意図して動作を行なった場合、主体が意図せずに偶然に動作を行なう結果となった場合のいずれに用いることも可能な形式であり、このことは"看到"についても同様にあてはまると考えられる。但し、"看到"と"找到"では、一定方向に視線を向ける動作を表わすにとどまる"看"を用いた前者よりは、目的物を求めて積極的かつ具体的な動きをともなう動作を表わす"找"を用いた後者の方が、「さがしていて見つけた」こと、すなわち意志的な動作の結果として見つけたことを表わす形式としての性格が強く、このことが上記のような相違を生じさせる要因となっていると考えられる。このため、"看到"が"找到"に比べ、意志的な動作の結果として目的物を見つけたことを表わす傾向が弱いという点によって"看到"と「見つける」との対応関係の成立が否定されるものではない。この点は、9.1.1で述べたように「見つける」が「偶然に発見する」の意味を表わしえることや、さらには、例えば(7)'のような"看到"表現に後件を続けて

　　(7)"老张看到了那本书，马上就买了。

とすると、"那本书"を目にしたことに対する肯定的価値判断がなされたために後件の動作が引き起こされたことが明白であるため、"看到"に対して「見つける」を対応させても何ら不自然ではないことによっても理解できよう。

　ところで、「見つける」ことが「さがす」という意志的な動作の結果であることを明示する日本語の表現形式としては、「さがし出す」、「さがしあてる」が

第9章 「見つける／見つかる」、「見かける」に対応する中国語の表現

存し、例えば以下のような表現例が挙げられる。

(9)　父はかばんの中から家の鍵をさがし出した。
(10)　やっとのことで彼の家をさがしあてた。

　「さがし出す」、「さがしあてる」を「見つける」と比較した場合、前者は「動作の過程――結果」が形式に反映されているのに対し、後者はそうではない。このことは、前者は「意志的な動作の結果として目的物を見つける」という内容を表わすのに対し、後者の場合には前者と同様の内容のほか、「偶然に見つける」という内容をも表わしえるということと表裏一体をなしている。偶然に見つける場合においては、目的物を求める動作の過程がそもそも存在しないわけであるから、「さがす――見つける」という分析そのものが成立しないのは言うまでもない。
　意志的な動作の結果を表わす"找到"に対しては、「見つける」のほかに「さがし出す」、「さがしあてる」が対応し[9]、例えば

(11)　我说，玛丽，把产生放射线的性质称为放射能，这真是找到了一个非常恰当的词啦！（第1章の(35)）
(11)'　だがマリー、放射線を出す性質を、放射能とは、全くよく言葉をさがし出したものだよ。（第1章の(35)'）

(12)　我好容易才找到了朋友的家。（第1章の(1)）
(12)'　私はやっと友人の家をさがしあてた。（第1章の(1)'）

のような表現例が挙げられる。これに対し、肯定的価値判断を含むことによって「見つける」に対応する"看到"の場合には、「さがし出す」、「さがしあてる」との間の形式上・意味上のへだたりが大きいため、対応関係が成立する可能性は"找到"の場合に比べると極めて低いということができよう。
　また、「さがし出す」と同じく「-出す」をともなう表現形式としては、「見つけ出す」が存在する。1.2.2で述べたように、「見つけ出す」は、結果を含意する「見つける」が「-出す」をともなった表現形式であり、「-出す」は「見つ

ける」が含意する結果をさらにとりたてる働きを有する。このことは、姫野1999：95 に、求めるものの存在をただ認知する場合には、「見つける」のような「-つける」の形をとるのに対し、人が何らかの方法で求めていたものにゆきあたりその存在を明らかにすることを表わす場合には、「見つけだす」のような「-だす」の形をとる旨の記述がみられることとも矛盾しない。「見つけ出す」を用いた表現に対しては、例えば

(13)　……玛丽，你终于找**到**了世界上头一份纯粹的镭！(第1章の(37))
(13)'……マリー、とうとうおまえは、世界で最初の純粋ラジウムを見つけ出したぞ！(第1章の(37)')

のように"找**到**"表現が対応するケースがみられる。しかし、"找"は「見つける」とは異なり結果を含意しない動詞であるため、(11)、(11)'および(12)、(12)'のような"找**到**"と「さがし出す」、「さがしあてる」とが対応する場合に比べると、日中両言語間における表現構造上のへだたりはより大きいこととなる。一方、9.1.2 で述べたように、中国語の"见**到**"は、結果を含意する動詞"见"が付加的成分"-**到**"をともなった形式であり、「結果を含意する動詞＋付加的成分」の形式をとる点において「見つける」との間に共通点を有するが、同様のことは、"见**到**"、「見つけ出す」にもあてはまる。但し"见**到**"の場合には、"看**到**"と同様に"-**到**"が存在することによって肯定的価値判断を表わす結果として「見つける」に対応するのであり、日本語の「見つけ出す」のように肯定的価値判断を含んだ成分に対してさらに付加的成分が加わっているわけではなく、必ずしも意志的な動作の結果として見つけたことを表わすとは限らない。このため、「見つけ出す」を用いた

(9)'父はかばんの中から家の鍵を見つけ出した。

が表わすコトガラは、「さがし出す」を用いた

(9)　父はかばんの中から家の鍵をさがし出した。

第9章　「見つける／見つかる」、「見かける」に対応する中国語の表現

の場合と同様に、さがした結果として目的物を見つけたことを"看到"、"見到"よりも明確に表わす"找到"を用いた

　(9)"爸爸在包里找到了家里的钥匙。

によって表現されることとなる。

9．2．2　「見つかる」と"找到"

　意志的な動作の結果として目的物を見つけることを表わす場合においては、9.1.2で述べたように、「さがす」、「見つける」間に「動作の過程(働きかけ)── 結果」の関係が成立し、この点においては中国語の"找"、"找到"間の関係に相当する。一方、日本語の「見つける」に対しては、いわゆる自動詞の「見つかる」が存在する。「さがす」、「見つかる」間に「動作の過程── 結果」の関係が成立することは、9.1.2で紹介した木村1981：39が、「さがす── 見つける」と同様の例として「見る── 見える」のようないわゆる他動詞と自動詞との組み合わせを挙げていることによっても明白である。「見つかる」は、「見える、聞こえる」などと同じく、動作を行なおうと働きかける過程は表わさず、客体映像をとらえたという結果の段階を表わす成分であり、この点においては「見つける」と共通している。但し「見つかる」には、1.3.2で紹介した『日本語 基本動詞用法辞典』や『広辞苑』の「みつかる」の項にみられるように、「見つけることができる」のような可能の意味が含まれているのに対し、「見つける」には含まれていない。また、「見つける」表現は「〜ヲ 見つける」形式をとり、動作主体が不可欠であるため、意志的な動作の結果であれ、偶然であれ、コトガラは主体の動作として表現されることとなるのに対し、「見つかる」表現は「〜ガ 見つかる」形式をとり、これだけで一つの完成した表現として成立しえるため、1.3.1で述べたように、コトガラは動作ではなく状況として表現されることとなる[10]。コトガラを状況として表現するということは、「ドウスル」ではなく「ドウナル」として表現するということであり、客観的事実において主体の意志的な動作が行なわれたか否かにかかわりなく、表現には意志性が含まれない。この点において、「見つける」表現が意志的な動作の結果を表わすことが可能であるのとは異なる。「ドウナル」表現においては、

第Ⅰ部　日中対照編 ── "V到"表現をめぐる日中対照 ──

その前提となる客観的事実において動作主体が存在しているとしても表現の前面から後退しており、表現中にはそれを表わす成分は含まれない[11]。
　「見つかる」とは異なり、中国語の"找到"は、(5)'、(6)、(7)、(8)、(12)、(13)、(9)"にみられるように動作主体をとりえる表現形式であるが、"找到"に対しては、1.3.1 で述べたように日本語の「見つかる」が対応するケースも存在し[12]、例えば以下のような例が挙げられる。

　　(14)　你丢的那支钢笔找**到**了。(第2章の(14))
　　(14)'君がなくしたあの万年筆は見つかった。
　　　　　　　　　　　　　　　　　　　　(『現代中国語文法総覧(下)』: 452)

　(14)には主体を表わす成分が含まれておらず、この表現が表わすコトガラは、(14)'では「何ガ　見つかった」形式によって表わされている。但し、(14)に対しては主体を表わす成分を加えて、例えば

　　(14)"你丢的那支钢笔我找**到**了。

とすることが可能である。このことは、"找到"が「動詞＋結果補語」形式によって「動作の過程 ── 結果」を表わす成分となっているため、(14)は、動作主体を含んでいなくても、表現全体が動作表現としての性格を帯びていることと表裏一体をなしていると考えられる。このように、日本語において「見つける」、「見つかる」によってそれぞれ動作、状況として表現されるコトガラは、中国語においては"找到"によって、動作としても、動作的な性格を帯びた状況としても表現することが可能である[13]。(14)"と同様に主体を含んだ表現に対しては、例えば

　　(15)　你丢的钱包我找**到**了。(讃井 1996a : 30)
　　(15)'君のなくした財布見つけたよ。(同上)

のように"找**到**"に対して「見つける」を対応させた例が存在する一方で、待場 1990 : 57-58 に挙げられている

236

第 9 章　「見つける／見つかる」、「見かける」に対応する中国語の表現

(16)　这本书在书店没有找**到**，可是今天我在图书馆借到了。
(16)'この本は書店で見つからなかったが、今日私は図書館で借りました。

の場合には、(16)の後件に主体である"我"が含まれているため、前件の"找到"を"我"の動作であるとみても不自然でないにもかかわらず、対応する日本語の(16)'においては「見つかる」が用いられている。さらに、郭春貴2001：365は、

(17)　你找**到**工作了没有？

に対して

(17)'君は仕事が見つかったか。

を対応させている。
　(16)、(16)'、(17)、(17)'のような対応例からは、日本語においては「見つける」を用いた動作表現、すなわちヒト中心の表現よりは、「見つかる」を用いた状況中心の表現によってコトガラを表わす傾向が存在することがみてとれよう。このことは、1.2.1で挙げた以下の表現例においても端的にあらわれている。

(18)　找了，可是没找**到**。(第1章の(22))
(18)'さがしたが、見つからなかった。(第1章の(22)')

　(18)においては、"找"、"找到"がいずれも表現中には含まれていない主体の動作であり、連続性を有する不可分のものとして表現されているため、結果が動作の一部であることは明白であるのに対し、(18)'は、「さがした」、「見つからなかった」がそれぞれ主体の動作、動作の結果としての状況であり、二つの出来事を表わす表現となっている。このことは、(18)'においては「見つからなかった」という結果が動作の一部ではなく、動作とは切り離された別個の出来事、すなわち状況として表現されていることを意味する[14]。(18)'が表

237

わすコトガラを「見つける」を用いて表現しようとすると、状況中心の表現を構成する可能表現の形をとって

(18)″ さがしたが、見つけられなかった／見つけることができなかった。
(第1章の(22)″)

としなければならない [15]が、(18)″よりも(18)′の方が、「さがしたが、求めていたものにいきあたらなかった」ことを事実として表わす表現としての適合性が高いと考えられる。

9.3　「見かける」とそれに対応する中国語の視覚動作表現

　「見つける」と同様に、「見る」に一定の意味が加わった視覚動作を表わす表現形式としては、「見かける」が存在する。1.2.2で紹介したように、国立国語研究所1972：439-440、姫野1999：134、『外国人のための　基本語用例辞典(「みかける」の項)』には、「見かける」の意味特徴として、「偶然に目にする」こと、すなわち無意志の動作であることや、「ちょっと見る」こと、すなわち客体映像を表面的かつ短時間(or 瞬間的)にとらえること [16]が挙げられており、これらは

　① 無意志の動作を表わす
　② 視覚によって客体映像を表面的にとらえることを表わす
　③ 視覚によって客体映像を短時間(or 瞬間的)にとらえることを表わす

の三つに分けられる。
　郭春貴2001：319、≪日语动词用法词典≫および『岩波　日中辞典』の「みかける」の項には、「見かける」を用いた表現に対応する中国語表現として"看到"、"见到"、"看见"、"见"を用いた表現が挙げられており [17]、これらの表現形式が「見かける」との間に共通点・類似点あるいは接点を有することがうかがわれる。
　上記の中国語諸形式のうち、①〜③の特徴をすべて備えているのは"看见"

第9章 「見つける/見つかる」、「見かける」に対応する中国語の表現

である。3.3.1、3.3.2、5.1.2で述べたように、"看见"は意志性を含まず、目にした事実を客観的に述べる、すなわち客体映像を表面的にとらえることを表わす表現形式であり、5.4.1で述べたように、瞬間的な動作を表わす場合に用いることが可能であるため、「見かける」に最も近い性格を有すると考えられる。"看见"に対して「見かける」が対応する例としては、例えば

(19) 昨天我看**见**他了。(第3章の(94)'、第8章の(1)")
(19)' 昨日ぼくはあの人の姿を見かけた。(『岩波 中国語辞典』"看见"の項)

が挙げられ、いずれも客体の外見を視覚によりとらえることを表わしている。"看见"が有する上記のような性格は、例えば

(20) 小王，你看**到**我的字典了吗?(第3章の(81))
(20)' 小王，你看**见**我的字典了吗?(第3章の(81)')

のように"看**到**"表現と比較すると理解しやすい。3.3.2で述べたように、(20)、(20)'の両者を比較すると、(20)は"小王"が話者のために"我的字典"をさがしてくれている(=意志的な動作が行なわれている)可能性が存在することを前提とした表現であるのに対し、(20)'はそうではなく、話者が"小王"に対して"我的字典"を見かけたかどうかを単純にたずねる表現であるという相違がみられる。また、5.3.2で述べたように、

(21) 昨天我在车站看**到**了小王。(第5章の(34)、第8章の(13))
(21)' 昨天我在车站看**见**了小王。(第5章の(34)")

はいずれも

(21)" 昨日私は駅で王さんを見かけた。

に対応しえる[18]が、(21)は、例えば「王さんの姿を求めてさがしていたところ、昨日駅で見かけた」のような場合に用いることが可能な表現であるのに対し、

239

(21)'は「見かけた」という事実を述べるにとどまる表現であるという相違がみられる。"看到"を用いた(21)には、"小王"を見かけたのは"我"の意志的な動作の結果であることが含意されているのに対し、"看见"にはそのようなことは含意されていない。客体を偶然に目にした場合に"看到"を用いることが可能な点については 9.1.1 で述べた通りである。しかし、"看见"と比較した場合には、"找到"と比較した場合とは反対に、意志的な動作の結果を表わす形式としての側面が際立つのである。このように、客体の姿を偶然にとらえることを表わす場合においては、"看见"の方が"看到"よりも適合性が高く、日本語の「見かける」により近い性格を有する。

　また、3.3.1 で述べたように、"看到"表現の中には、視覚によって映像をとらえると同時に、主体が映像内容を理性によってとらえることを表わすケースが存在するのに対し、"看见"表現は、視覚によって映像をとらえることを表わすにとどまり、例えば

　(22)　看到他有那么多的钱，我感到奇怪。(第3章の(53))
　(22)'　看见他有那么多的钱，我感到奇怪。(第3章の(53)')

の両者を比較すると、(22)'は「多くのお金を実際に目にした」ことを表わす表現、すなわち"他有那么多的钱"を具体的な映像として表面的にとらえた表現であるのに対し、(22)は(22)'と同様の内容を表わすことができるほか、「預金などの形でお金を持っているのを見た」ことを表わす表現、すなわち"他有那么多的钱"を抽象的な情報の形でとらえたことを表わす表現として用いることも可能であるという相違がみられる。このことから、客体映像を表面的にとらえることを表わすという点においても、"看见"は"看到"に比べ、「見かける」により近い性格を有することが理解できよう。但し、5.4.1 で述べたように、

　(23)　正好那时，看到从后面有人出来。(第5章の(40))
　(23)'　正好那时，看见从后面有人出来。(第5章の(40)")

のような、客体映像を瞬間的にとらえたことを表わす場合、すなわち客体映像の把握を時間軸上の点として表現する場合における適合性の点では、"看到"

第9章　「見つける／見つかる」、「見かける」に対応する中国語の表現

の方が"看见"よりも優位にあるため、この点においては"看到"の方が短時間の動作を表わす「見かける」により近い性格を有することとなる。
　ところで、"见到"は"看到"と同様に、肯定的価値判断を含んでいる点においては「見かける」と異なるものの、客体映像を偶然に目にしたことを表わしえる点においては「見かける」と共通するため、例えば

(24)　在图书馆里常看**到**那个人。(第8章の(6))
(24)'　在图书馆里常见**到**那个人。(第8章の(6)')

はいずれも、

(24)"　図書館であの人をよく見かける。(『岩波 日中辞典』「みかける」の項)

に対応しえる[19]。同様の例としては、さらに

(25)　"他是你朋友吗？" ── "不，只见**到**两、三次。"
　　　　　　　　　　　　　(≪日语5000基本词词典≫「みかける」の項を一部修正)
(25)'　「あの人は知りあいですか。」── 「いいえ、二、三回見掛けたことがあるだけです。」
　　　　　　　　　　　　　(≪日语5000基本词词典≫「みかける」の項)

(26)　最近很少见**到**那位每天早上散步的老人了，大概是身体状况不佳吧。
　　　　　　　　　　　　　(≪日语动词用法词典≫「みかける」の項)
(26)'　毎朝散歩している老人を最近めったに見掛けなくなったが、体の調子でも悪いのだろうか。(同上)

が挙げられる。
　一方、5.4.1、7.1で述べたように、"看到"は客体映像を瞬間的にとらえたことを表わすのに対し、"见到"は客体映像を持続的にとらえたことを表わし、例えば

241

第Ⅰ部　日中対照編 ── "V到"表現をめぐる日中対照 ──

(27)　我在自由市场看到了一个竹花篮，当场就买下来了。
(第3章の(68)、第6章の(26)、第7章の(11))
(27)'　我在自由市场见到了一个竹花篮，当场就买下来了。(第7章の(11)')

の両者を比較すると、(27)は「"竹花篮"をちょっと見てすぐに買った」ことを前提とした話し言葉的な表現、(27)'は「"竹花篮"をじっくりと見た上で買った」ことを前提とした書き言葉的な表現であるという相違がみられる。このため、"看到"の方が"见到"に比べ、短時間に見たことを表わす「見かける」により近い性格を有するということができる。

　これまでの考察において「見かける」に対応する形式としてとり上げた"看见"、"看到"、"见到"は、6.2.2で述べたようにいずれも主体から客体への空間的単方向性を有する動作を表わす形式であり、この点においては日本語の「見かける」が、「～ヲ　見かける」形式によって主体から客体への空間的単方向性を有する動作を表わすことと共通している[20]。一方、"见"は、4.2.3で述べたように、客体映像が自然に感覚主体の目に入ってくることを表わしえる表現形式であり、その場合には客体から主体に向けての空間的単方向性を有するほか、感覚主体の存在を問題とせずに「見える」状態として表わす場合に用いることも可能である。このため"见"は、"看见"、"看到"、"见到"の場合に比べると、空間的方向性の点において日本語の「見かける」との間の用法上のへだたりがより大きく、さらに客体映像を瞬間的に目にすることを表わす"看到"、"看见"の場合に比べると、短時間の動作を表わす「見かける」とのへだたりがより大きいこととなる。この反面、"见"は、「ヒトに会う」ことを表わす場合を除けば、無意志のコトガラを表わす[21]という点において「見かける」との間に共通点を有する。また、5.1.2で述べたように、"见"は「目にした事実を客観的に述べる書き言葉的な表現形式」であるため、"看见"の場合と同様に、客体映像を表面的に視覚でとらえることを表わす働きを有するということができ、この点においても、肯定的価値判断を含んだ"看到"、"见到"の場合とは異なって、「見かける」との間に共通点を有することとなる。

　従って、"见"に対して「見かける」を対応させることは可能であり、例えば以下のような対応例が存在する。

第9章　「見つける／見つかる」、「見かける」に対応する中国語の表現

(28)　三轮汽车最近不常见了。（第4章の(41)'）
(28)'　このごろはあまりオート三輪を見かけない。

（『岩波　日中辞典』「みかける」の項）

　4.2.2、4.2.3で述べたように、"见"表現においては感覚主体が背景化され、コトガラ成立に不可欠の要素ではないケースが存在し、(28)もこれにあてはまる。4.2.2で述べたように、(28)の"不常见了"は"不太多了"と同様に「あまり見かけなくなった＝少なくなった」という状況変化を表わしているため、表現全体の動作性は極めて弱く、コトガラは動作ではなく状況として表現されているということができる。一方、(28)'の場合には、感覚主体の存在を前提とした「～ヲ見かける」形式をとっているため、実際には主体が何者であるかが問題とはされていなくても、コトガラは主体の動作として表現されていることとなる。(28)に対しては、"-到"を加えて

(28)"　三轮汽车最近不常见到了。（第4章の(41)）

とすれば、4.1.1、4.2.2で述べたように、"-到"が存在することによって"见"が動作の過程を表わす成分としての性格を帯び、主体の存在が(28)よりも強く意識されるとともに表現の他動性が高くなり、視覚動作は主体から客体に向けての単方向性を有することとなる[22]。

9.4　まとめ

　以上の考察によって、日本語の「見つける／見つかる」、「見かける」と、中国語の"见"、"看到"、"看见"、"见到"および"找到"との間に対応関係が成立する要因となる各形式の特徴が明白となった。
　「見つける」と"看到"、"见到"は、肯定的価値判断を有することによって対応関係が成立し、「見つける」と"看见"は、偶然の結果として見つけたことを表わす話し言葉的な表現において対応関係が成立する。また、中国語においては「意志的な動作の結果として見つけた」ことを表わす"找到"、そのような傾向がより弱い"看到"、"见到"、「偶然に見た」ことを表わす"看见"が

存在し、"找到">"看到">"见到">"看见"の順で「意志的な動作の結果」を表わす働きから「偶然の結果」を表わす働きに移行していくのに対し、日本語の「見つける」は「意志的な動作の結果」、「偶然の結果」のいずれを表わすことも可能である。

　一方、「見かける」と"看到"、"见到"、"看见"、"见"との間にはいずれも対応関係が成立する。これは、「見かける」が、無意志の動作を表わす点において"看见"、"见"との間に、客体映像を偶然に目にしたことを表わす点において"看到"、"见到"との間に、客体映像を表面的にとらえることを表わす点において"看见"との間に、短時間の(or 瞬間的な)動作を表わす点において"看到"、"看见"との間に、主体から客体に向けての空間的方向性を有する点において"看到"、"见到"、"看见"との間に、それぞれ共通点・相似点を有することによる。

　さらに、"找到"に対して日本語の「見つかる」が対応するケースからは、コトガラを動作、状況のいずれとして表現するかという点における両言語の相違が明白となった。但し、1.3.2、9.2.2で述べたように、「見つかる」には可能の意味が含まれ、可能を表わす形式としての側面を有する点においては"找到"のような"Ｖ到"形式との間に共通点を有することとなる。この点についての考察は本書では行なっていないが、日本語動詞の可能形と、中国語のいわゆる結果補語、可能補語との働きの相違をみていく上で極めて重要であり、今後の課題としたい。

第 9 章　「見つける／見つかる」、「見かける」に対応する中国語の表現

注

1）「見つける」は「見つけろ」という命令表現が成立するため、有意志の動作を表わすことが可能である。一つの動詞が有意志、無意志いずれの動作を表わすことも可能なケースが存在する点については、鈴木 1972：319 を参照。

2）長嶋 1976：77, 83-85 には、「見つける」、「嗅ぎつける」は、前項動詞「見る」、「嗅ぐ」が意味上の中心をなして「被修飾要素＋修飾要素」の関係を有する複合動詞であり、後項動詞「ーつける」は、動作の方向を示す働きの一つとしての「ー出す」に似た意味を表わす旨の記述がみられる。第 1 章の注 29 を参照。

3）≪日语动词用法词典（「みつける」の項）≫は、「子供が戸棚にお菓子を見付けた。(第 1 章の(32)')」に対して"孩子在柜橱上看到了点心。(第 1 章の(32))"を対応させている。また、来思平・相原茂 1993：153 は"他看到了桌子上的黑面包。(第 1 章の(19)、第 3 章の(1)、第 5 章の(11)')"に対して「彼は机の上の黒パンを見た。(第 1 章の(19)')」を対応させているが、"看到"が肯定的価値判断を含むため、「見つけた」を対応させても不自然ではない。

4）このことは具体的には、(2)は「あらかじめ(何か食べるものが)欲しいと思っていて目にした」、「偶然に目にした」のいずれを表わす場合に用いることも可能であるという相違となってあらわれる。6.1.2 で述べたように、"见到"は、"我在山里偶然见到过一只熊猫。(第 4 章の(60)、第 6 章の(13))"のように、「見るに値するものを偶然に見た」ことを表わす場合に用いられる傾向がある。

5）但し、(3)や"在拥挤的公共汽车里看见了小王。／こんだバスの中で王さんを見付けた。(≪日语 5000 基本词词典≫「みつける」の項)"における"看见"に対しては、「みかける」を対応させることも可能である。「みかける」は「偶然に見る」ことを表わす点において、無意志の動作を表わす"看见"との間に共通点を有する。この点については 9.3 で述べる。

6）但し同書には、「さがす」が結果を含意する用法も少数ではあるが存在し、希望・意志などの形をとっている場合には結果を表わす動詞(「見つける」など)と同様である旨の記述がみられる。さらに荒川 1981：21-22 を参照。これらの点については、第 1 章の注 36 でもふれた。

7）"找到"のほか、"-见"を付加した"找见"という表現形式も存在し、"锄头不见了，仓房里找，找不见。／鋤がなくなった。納屋をさがしても見つからない。(大河内 1980：71)"のような表現例がみられる。また、项开喜 1997：160 は、"因为'见'表示一种视觉活动的结果，是指形象被视觉器官感知，所以在表示视觉活动的语用条件下就可以用'见'来替换'到'"として、"碰见"、"遇见"、"梦见"、"照见"とともに"找见"を挙げている。但し、『现代中国語辞典("找"の項)』には"找见"が方言における表現形式であるとの表示がみられるため、本章の考察対象からは除いてある。

8）この点については荒川 1985a：5 を参照。

9）この点については 1.2.2 を参照。

10）「見つかる」が状況中心の表現に用いられるという点については、第 1 章の注 40 を参照。國廣 1974a：49 は、日本語表現では場面の中の話し手・聞き手よりも状況の方を表現の中心に置こうとする傾向があるとし、その一例として「あの人の首飾り、見つかった？」を挙げている。日本語においてはコトガラを状況中心に表現する傾向があるという点については、第 1 章の注 41 を参照。

11）『日本語 基本動詞用法辞典(「みつかる」の項)』は、「みつかる」の意味として「探していた物を

245

第Ⅰ部　日中対照編 ── "Ｖ到"表現をめぐる日中対照 ──

　　　見つけることができる」、「見つけてほしくないことを見つけられる」を挙げ、前者の場合には「〔人・生き物・物・事・所〕{が/は}見つかる」という文型を、後者の場合には「(〔人・組織〕は)〔人・物・事〕{が/は}〔人・組織〕に見つかる」、「〔人・組織〕{が/は}〔活動〕を〔人・組織〕に見つかる」、「〔人〕{が/は}文{の/ところ}を〔人・組織〕に見つかる」のいずれかの文型をとるとしている。このことは、「見つかる」がいわゆる被動の「見つけられる」と同様の意味を表わす場合には、例えば「警察ニ見つかる」のように「ニ」によって示される主体を含んだ表現が成立することを意味すると考えられる。本書では「見つかる」が被動の意味で用いられるケースを除いている。

12) "找"、"找到"がそれぞれ「さがす」、「見つかる」を表わす点については、讃井1996a：30、丸尾1997：115を参照。
13) 中国語において、コトガラが動作、状況のいずれとして表現されているかを明確に判別しがたい場合の例としては、例えば "我的书放在桌子上。" のような "モノ＋Ｖ＋在・トコロ" 表現をいわゆる自然被動文(動作表現)とみるか自動詞文(状況表現)とみるかについて意見が分かれているというケースが挙げられる。この点については、成戸2009：277-278を参照。
14) この点については1.3.1を参照。
15) 可能表現がコトガラを状況中心に表わす働きをになう点、「見つかる」が可能の意味を含んでいる点については1.3.2を参照。
16) 「見かける」は、「たまたま目にする(たまたま見る)」のような、前項「見る」の意味に加えてさらにその動作がどのように行なわれるかを表わす付加的意味をも含んだ形式である。「見かける」の特徴についてはさらに、無意志の動作を表わす点については『広辞苑』および『早引き類語連想辞典』の「みかける」の項を、客体映像を表面的かつ短時間にとらえることを表わす点については『類語大辞典』および『日本語 基本動詞用法辞典』の「みる」の項を参照。
17) 他に≪日语5000基本词词典≫および≪詳解日汉辞典≫の「みかける」の項を参照。
18) ≪日语动词用法词典(「みかける」の項)≫は「ぼくの姿を見掛けると、隣の家の犬が尾を振って走ってきた。」、「夏になると、庭の隅などでありの行列をよく見掛けます。」、「駅で順子を見かけた。」という「見かける」表現に対してそれぞれ、"邻居家的狗看到我的身影便摇着尾巴跑了过来。"、"一到夏天，在院子的角落等处常可看到成群结队的蚂蚁。"、"在火车站看到了顺子。" という "看到" 表現を対応させている。
19) 但し、8.1で述べたように、(24)' は「図書館であの人によく会う」の意味に解することも可能な点において(24)とは異なる。"见到" に対して「見かける」が対応する点については、さらに郭春貴2001：319を参照。
20) 「ヲ」格の名詞が表わす対象(本書でいう「客体」)と動作の方向性については、奥田1983a：22、成戸2009：105を参照。
21) "见" が「見る」、「会う」のいずれを表わすかということと意志性の有無との関わりについては4.1.2、4.2.3、5.2.2、5.3.2を参照。
22) (28)" と同様の表現例としては、≪日语动词用法词典(「みかける」の項)≫に挙げられている "最近很少见到人力车了。(最近は人力車をめったに見掛けなくなった。)" がある。

第10章

「見る」、「見える」に対応する中国語の表現

10．0　はじめに

　日本語の「見る――見える」に対応する中国語の表現形式としては、しばしば"看――见"、"看――看见"が挙げられる[1]。しかし、これらの役割分担は「見る――見える」のそれと完全に一致するものではない。

　「見る」、「見える」は、

　　①－a　コトガラを動作、状況のいずれとして表現するか
　　②－a　感覚主体(動作主体or非動作主体)を不可欠の成分とするか否か
　　③－a　感覚主体と認知対象との間における空間的方向性
　　④－a　意志的な知覚を表わすことが可能か否か

などの点において相違がみられる。

　「見る」、「見える」に対応する中国語の表現形式としては、"看"、"见"、"看见"のほか、"看到"、"见到"などが挙げられる[2]。対応関係が成立することから、両言語の諸形式間に統語上・意味上の共通点・相似点あるいは接点が存在することは推測できるものの、それらの具体的内容についてはいまだ解明されていない。上記の中国語諸形式の中には、日本語の「見る」、「見える」のいずれかにより近い性格を有するケースや、一つの成分が有するいくつかの特徴のうち、あるものは「見る」との間に、他は「見える」との間に共通点・相似点あるいは接点を有するケースが存在する。後者の場合には、具体的な個別の表現例においていかなる特徴が前面に出るかによって、「見る」、「見える」のいずれに対応するかが決定される。「見る」、「見える」間の相違についての前掲①－a～④－aを参考にして中国語諸形式の用例をみていくと、それらの使い分けにおいて各形式間に明確な境界が存在するケースがある一方で、明確な境界こそ存在しないものの、

第Ⅰ部　日中対照編 ── "V到"表現をめぐる日中対照 ──

　　①－ｂ　動作性の強弱
　　②－ｂ　感覚主体(動作主体)を表わす成分に対する必須度の高低
　　③－ｂ　感覚主体と認知対象との間における空間的方向性およびその強弱
　　④－ｂ　意志性の有無や強弱

における相違が観察され、このことが「見る」、「見える」との対応関係成立に影響していると考えられるケースがある。

　本章は、日本語の「見る」、「見える」と中国語の"看"、"见"、"看见"、"看到"、"见到"とを対照させることによって、"看──见"、"看──看见"のみを対象とした従来の方法においては着目されなかった中国語諸形式の特徴を明らかにするとともに、それぞれの形式に「見る」、「見える」が対応する要因についての考察を行なうことを目的とする。

10．1　視覚動作と認知

10．1．1　「見る」と"看"、"见"

　「見る」に対しては中国語の"看"が対応するとされるのが一般的であるが、前述したように、"看──见"、"看──看见"にみられる役割分担は「見る──見える」のそれと完全に一致するものではない。このことは、荒川1981：2-3が、

　　(1)　＊我看了他。

は不自然であるのに対し、

　　(1)'　私は彼を見た。

は成立することから、"看"と「見る」とが厳密には対応していないということが理解できるとしている点や、

248

第10章　「見る」、「見える」に対応する中国語の表現

(2)　我看了，但是没看见。(第3章の(100)')

は自然な表現であるのに対し、

(2)'　＊見たが見えなかった。(荒川1981：19)

は自然な表現として成立しない点によっても明白である[3]。
　また、4.1.2、6.2.1で述べたように、"看"は、主体が視線を一定方向に向け視覚によって客体をとらえようとする動作であり、視線が客体に到達したか否か、すなわち視覚によって客体をとらえたか否かまでは問題とされない。このことは、木村1981：38が、"看――见(見ル――見エル)"における結果補語"见"は"看(見ル)"という動作の遂行の結果「見エル」という意味をになっており、"看"の方は単に「見ル」という仕手(本書でいう「主体」)の働きかけのみを表わしていて、その働きかけの結果がどうであるかについては関与していないとしていることによっても明白である[4]。木村の記述からは、"看"が一定方向に視線を送る段階、すなわち過程の段階を表わすことに比重を置いた成分であり、動作そのものが実現した段階において必ずしも客体が認知されているとは限らないということがみてとれる[5]。このことを端的に表わすのが、例えば

(3)　因为漆黑，我怎么看也没看到。(第4章の(29))

のような表現例である。(3)においては、"看"が視覚によって映像をとらえようとしたことを、"没看到"が客体認知にはいたらなかったことをそれぞれ表わしている。
　一方、日本語の「見る」は、過程を表わすことに比重を置いた"看"とは異なり、結果までもその意味範囲に含めるという日本語動詞の傾向に沿って[6]「客体映像を視覚でとらえる」という認知の段階までを表わすことが確実である。来思平・相原茂1993：157は、

(4)　窓から見る雪景色はまるで絵のようであった。

249

の「見る」は、単に動作を表わすのではなく「窓から目に入っている雪景色」、つまり既に「見えている」雪景色のはずであるとし、田中 1996：122-123 は、「見る」の基本義は「視覚によって対象を認知する」ことであり、例えば

　(5) 私は彼の顔を見ていたが、実は何も見ていなかった。
　(6) 彼はうつろな目で車の流れを見ている。

におけるような、認知をともなわない「見る」の意味は文脈によって臨時的に生じるものであるとしている[7]。(5)、(6)の「彼の顔を見ていた」、「車の流れを見ている」は、それぞれ「彼の顔の方を見ていた」、「車の流れの方を見ている」と同様の内容を表わしており、認知対象に必ずしも視線が届いていないことが文脈によって明白である。認知をともなわない視覚動作であることを明示するのであれば、例えば

　(7) 私は中の様子を見ようとしたが、暗くてよく見えなかった。

のように「見ようとする」という形をとらなければならない[8]。このように、認知をともなわない視覚動作を表わす働きは、「見る」の典型的用法ではない。
　一方"看"は、前述したように、一定方向に視線を送るという過程段階を表わすことに比重を置いた成分であるものの、"看"表現によって表わされる視覚動作が常に認知をともなわないというわけではない。荒川 1981：2 には、(1)は不自然であり、

　(8) 我看着他。　　　　　　　　(9) 我看了他一眼。

のようにしなければ"看"が終結点をもたないという現象が紹介されている。この場合の「終結点」とは、認知の段階を意味していると考えられる。(8)、(9)に対しては

　(8)' 私は彼を見ている／見ていた。
　(9)' 私は彼をちらりと見た(一瞥した)。

のような「見る」表現が対応することから、(8)、(9)はいずれも認知をともなう視覚動作を表わしていることが理解できよう[9]。"看"は、"见"と比較した場合には動作の過程を表わす形式としての側面が際立つ[10]。しかし、4.1.3、5.1.1で述べたように、"见"は時間的な幅をもたない動作を表わす。このため、(8)、(9)のように認知をともなっていても、時間的な幅のある(＝時間有限的な)動作を表わす場合には、"见"ではなく"看"が用いられることとなるのである。

"见"は"看"とは異なり、6.2.1で述べたように、その実現と同時に客体映像が目に入るという特徴を有する。このことを端的に示すのが、例えば

(10) 鲁义一声长叹，惊动了侯魁，她透过门缝朝外一看，见这位过路客人还缩在屋檐下，就产生了恻隐之心。(第6章の(15))

のような表現例である。(10)においては、主体が一定方向に視線を向ける段階が"看"によって、認知の段階が"见"によってそれぞれ表わされている。"见"は認知を含意するため、5.1.1で述べたように、「見た」経験について述べる表現においては"看"よりも適合性が高く、例えば

(11) 我没见过大海。(第5章の(4))
(11)' 私は海を見たことがない。(黄利恵子2001：165)

においては"看"よりも"见"を用いる方がbetterである。これは、経験した(orしなかった)動作は、発話時においては事実として確定しており、「見ようとする」という動作の過程が問題とはならないことによると考えられる。

以上のことから、日本語の「見る」は、時間的な幅のある(＝時間有限的な)動作を表わす点においては"看"との間に、視覚による認知をともなうことが確実である点においては"见"との間にそれぞれ共通点を有するのであり、"看 ── 见"の役割分担が「見る ── 見える」のそれと一致するものではないことが理解できよう。また、「見る」の場合には、認知をともなう視覚動作を表わす働きは典型的用法、認知をともなわない視覚動作を表わす働きは非典型的用法であるのに対し、"看"の場合には、"见"と比較すると動作の過程を表わす

251

という側面が際立つものの、時間的な幅のある動作を表わす表現においては認知をともなうケースが存在する。従って、認知をともなうか否かによって"看"の用法を典型的用法と非典型的用法とに分けること、認知をともなうか否かを"看"、"见"間の働きの決定的な相違であるとみることは、厳密性に欠けることとなる。

10．1．2　「見る」と"看见"、"看到"、"见到"

6.2.2で述べたように、"看见"、"看到"の場合は、"看"が客体に向けて視線を送る段階を、"-见"、"-到"が客体を視覚によってとらえる段階、すなわち認知の段階を表わすこととなるのに対し、"见到"は、もともと結果を含意する"见"に"-到"が付加された形式であり、認知をともなう点においては"看见"、"看到"と同様であるものの、その表わす内容を「動作の過程 —— 結果」のように明確に分析することはできない。

来思平・相原茂1993：153は、

(12) 彼は机の上の黒パンを見た。

に対応する中国語の表現として

(12)'　他看**见**了桌子上的黑面包。（第3章の(1)'、第5章の(13)）
(12)"　他看**到**了桌子上的黑面包。（第1章の(19)、第3章の(1)、第5章の(11)'）

を挙げている。(12)'、(12)"はいずれも、"桌子上的黑面包"を視覚によってとらえたことを表わす点において共通している。一方、5.1.2で述べたように、"看见"、"看到"はそれぞれ

　　"看见"→目にした事実を客観的に述べる話し言葉的な表現形式
　　"看到"→目にした事実と、その事実に対する肯定的価値判断を述べる話し言葉的な表現形式

という特徴を有する。このことを(12)'、(12)"にあてはめると、(12)'は"他"

第10章 「見る」、「見える」に対応する中国語の表現

が"黑面包"を目にした事実を客観的に述べているのに対し、(12)"は"黑面包"を目にしたことに対する話者の「見たい(or 見るに値する)モノを見た」という肯定的価値判断を含んでいることとなる。このため、(12)"に対しては、

(12)''' 彼は机の上の黒パンを見つけた。

のような「見つける」表現を対応させることも可能である[11]。9.1.1で述べたように、「見つける」は単に「見る」のではなく特定の客体に視線をとどめることであるため、客体を目でとらえた時点において「見るに値する」という肯定的価値判断が話者(or 主体)によってなされていると考えても不自然ではない。このように"看到"は、肯定的価値判断を含むことにより日本語の「見つける」との間に相似点を有するため、"看见"、"看到"の両者を比較すると、何らの価値判断を含むことなく視覚による認知を表わす点において、"看见"は日本語の「見る」との間に共通点を有するということができよう。また、6.1.2で述べたように、"见到"は

"见到"→目にした事実と、その事実に対する肯定的価値判断を述べる書き言葉的な表現形式

であり、"看到"の場合と同じく「見つける」との間に相似点を有することとなるが、書き言葉的な成分であるため、例えば

(13)　他看到了桌子上的黑面包，马上就拿了过来。
　　　　　　　(第3章の(67)、第5章の(11)、第6章の(4)、第9章の(2))
(13)'　他见到了桌子上的黑面包，马上就拿了过来。
　　　　　　　　　　　　　　(第6章の(4)'、第9章の(2)')

のような話し言葉的な表現においては、"看到"を用いる方がbetterである。
　以上のように、中国語の"见"、"看见"、"看到"、"见到"は、認知をともなうことが確実である点において"看"とは異なる[12]。また、"看见"は、肯定的価値判断を含まない点において"看到"、"见到"とは異なり、何らの価値判

253

断をも含まないニュートラルな形式である点において「見る」と共通点を有することとなる。

10.2　「見る」と「見える」

10.2.1　動作と状況

　10.1.1においては、「見る」と"看"との間に、認知をともなう視覚動作を表わす働きにおいて相違が存在するため、中国語の"看――见"にみられる役割分担が日本語の「見る――見える」のそれとは異なるという点について述べたが、「見る」、「見える」間にはそもそもいかなる相違が存在するのであろうか。

　「見る」は「～ヲ　見る」形式をとる表現に用いられる。この表現が表わすコトガラは、主体が客体に視線を向け視覚によってとらえる動作(ドウスル)であるため、コトガラ成立には感覚主体(動作主体)が不可欠であり、視覚動作は主体から客体への空間的方向性を有することとなる。一方、「見える」は、「～ガ　見える」形式をとる表現に用いられる[13]。この形式をとる表現は、1.3.1で述べたように状況表現であり、主体が意識されず、コトガラは「ひとりでにそうなる」ものとして表現されるため、感覚主体は必ずしもコトガラ成立に不可欠の成分ではない。「見える」が動作を表わす成分ではないという点については1.3.1、1.3.2において述べたが、このことは、森田1988:94が、「見える」は見る見ないの意思(本書では「意志」)にかかわりなく、対象がおのずと視野に入ってくる状態であるとしていることや[14]、田中2002:161が、「見る」は視知覚行為(action)を表わすのに対し、「見える」は基本的には、その行為の生じる環境(setting)をとらえて表わす、としていることによっても理解できよう。また、「見える」表現における感覚主体がコトガラ成立にとって必ずしも不可欠の成分ではないという点については、国立国語研究所1972:659が、感覚主体は、「見る」のようないわゆる他動詞を用いる場合には「わたしが(は)みる」のように主語(本書でいう「主体」)として表現されるのに対し、「見える」のようないわゆる自動詞を用いる場合には「わたしにみえる」のように「～に」の形で表わされるとしていることや、森田1988:94-95が、見えたり聞こ

えたりする状態は自発的な現象であり[15]、そのような状態を起こさせる対象を中心にすえれば

(14) 星が見える。

のような、現象を事実としてありのままにとらえた、作為のない表現となるのに対し、そのような状態を受け止める感覚主体の立場に立てば

(14)' 私(に)は星が見える。

のような表現となる、としている[16]ことによっても明白である。「見える」表現における感覚主体は、状態を視覚によって受けとめる立場にあるものの、客体を視界に入れようと積極的に視線を送る動作主体ではないのである。「見える」表現は、「〜ガ 見える」形式をとり、感覚主体(非動作主体)を含まなくても(14)のように一つの完成した表現として成立するため、9.2.2であつかった「見つかる」表現の場合と同様に、コトガラを動作(ドウスル)ではなく状況(ドウナル)として表わすものであるということができる[17]。この点については、安藤1986の以下のような記述が参考となろう。同:267は、＜スル的＞な言語である英語は行為者中心、すなわち人間ないし個体中心の表現を好むのに対し、＜ナル的＞な言語である日本語は情況(本書でいう「状況」)ないし事柄中心の表現を好む傾向があるとして

(15) I can see a ship in the distance.
(16) 遠くに船が見える。

を挙げた上で[18]、日本語では「見エル」、「聞コエル」、「匂ウ」、「気ガスル」のような、自分の感覚や感情を述べるのにも＜事柄＞[19]を中心とした表現をし、行為者(または経験者)たる＜私＞が表面に出てこないとしている。

　ところで、「見える」が表わす出来事については、これを「存在」の一種ととらえる見方がある。田中2002:161は、「見える」の基本的な意味は「対象が視界内に存在する」と記述できるような概念であるとしている。同様に、森

第Ⅰ部　日中対照編 ── "Ｖ到"表現をめぐる日中対照 ──

田 1980：372 には

　　(17) 遠くに見える。

における「遠く」は存在点である旨の記述がみられる。「見える」が感覚主体の視界内における存在を表わすということは、例えば(16)が「トコロ・に 〜 が ある／いる」形式の存在表現である

　　(18) 遠くに港がある。　　　　　　(19) 遠くにカモメがいる。

と同様の語順をとっていることとも符合する[20]。但し「見える」表現は、例えば(14)'や

　　(20) 船がわたしにみえる。（国立国語研究所 1972：654）

が成立することからも明白なように、存在を感覚主体の側からとらえたものである[21]点において「ある／いる」表現とは異なる。
　以上のように、「見える」は感覚主体の意志とは関わりなく情景が自然に目に入ってくる状態、すなわち一種の存在を表わすため、「見る」の場合とは反対の空間的方向性を有する、時間的な幅のない出来事を表わす表現形式であるということができる。

10．2．2　「見る」、「見える」と意志性
　10.2.1 で述べたように、「見える」が表わすコトガラには意志性は含まれない。意志をともなう場合には「見る」が用いられる。但し、「見る」が表わす知覚が常に有意志であるとは限らず、無意志の知覚を表わす場合もある。山崎 1982：35-36 は、「見る」は、例えば

　　(21) 彼は窓の方を見た。

のような恣意的な知覚行為を表わすものと、

(22) 彼は昨日ＵＦＯを見た。

のような非恣意的な知覚行為を表わすものに分けることができるとした上で、動作性が認められるのは(21)のみであるとし、意志動詞の「見る」は主体が積極的に対象を自分の視野(本書でいう「視界」)に入れる行為を表わし、そこには視線の移動、そしてそれから引き起こされる頭の動きといった身体活動が付随しているのに対し、無意志動詞の「見る」は対象が視野内に出現・存在したことを言うのみで、主体の身体活動には言及せず、従って動作性が認められない、としている。「見る──見える」は有意志、無意志の対をなす成分としてあつかわれることが多いものの、意志性の有無は「見る」、「見える」間におけるいくつかの相違点の一つにすぎず、常にこれによって両者の使い分けがなされているわけではないのである[22]。但し、「見る」が無意志の場合であっても、「～ヲ 見る」形式の動作表現に用いられ、コトガラ成立には動作主体が不可欠であるため、動作性が認められないとみるのは妥当ではない。無意志の動作を表わす「見る」表現は、有意志の動作を表わす場合に比べるといわゆる他動性が低いと考えられるものの、動作表現としての性格を失っているわけではない。

次節においては、「見る」、「見える」に対して中国語の"看见"、"见"、"看到"、"见到"が対応するケースをとり上げ、対応関係成立に対して日中諸形式のどのような特徴が関わっているかについての考察を行なう[23]。

10.3 視覚動作を表わす日中諸形式の対応

10.3.1 「見る」、「見える」と"看见"

10.1.1、10.2.2で述べたように、日本語の「見る」は、認知をともなった、有意志あるいは無意志の視覚動作であり、主体から客体への空間的方向性を有するとともに、コトガラ成立には感覚主体(動作主体)が不可欠である。これに対し、「見える」は認知される状態を表わす成分であるため無意志であり、「見る」とは反対の空間的方向性を有するとともに、感覚主体(非動作主体)はコトガラ成立にとって必ずしも不可欠の成分ではない。

第Ⅰ部　日中対照編 ── "V到"表現をめぐる日中対照 ──

　一方、中国語の"看"が表わすのは、10.1.1で述べたように、認知をともなわない視覚動作（視覚によって客体をとらえようとする動作）、あるいは認知をともなう時間的な幅のある視覚動作であり、常に有意志である。また、主体が一定方向に視線を向ける動作であるため、主体を起点とする空間的方向性を有する。さらに、4.2.3で述べたように、"看"表現が表わすコトガラにおいては主体が不可欠であり、表現中にそれが含まれていない場合でも補うことが可能である。"看"が有するこれらの特徴はいずれも「見える」の特徴とは相容れないものであるため、「看 ── 見える」の対応関係は成立しないこととなる[24]。これに対し"看见"は、認知をともなうことが確実である点においては"看"と異なるものの、感覚主体が中心に置かれた表現において、コトガラを主体の動作として表わすのに用いることが可能である。5.2.2で述べたように、「動詞＋結果補語」形式によって「動作の過程 ── 結果」のような時間的方向性を有する[25]"看见"が表わす視覚動作においては、視線の方向もおのずと客体に向けての単方向的なものとなるため、主体から客体への空間的単方向性をとどめているということができる。"看见"が有するこれらの特徴は、「見る」の特徴との間に共通点・相似点を有するため、"看见"表現に対しては、例えば

　　(4)'　从窗户看见的雪景像一幅画儿一样。（来思平・相原茂1993：158）
　　(4)　　窓から見る雪景色はまるで絵のようであった。

　　(23)　　我看见他在图书馆学习。（郭春貴2001：319）
　　(23)'　彼が図書館で勉強しているのを見た。（同上）

のような「見る」表現が対応するケースが存在する[26]。従って、「見る ── 見える」に対して中国語の"看 ── 看见"が対応するという見方は、厳密さに欠けるということができよう。3.3.2で述べたように、"看见"は無意志の視覚動作を表わす形式であるため、(4)'、(23)に対応する(4)、(23)'の「見る」も無意志の動作と解するのが妥当である[27]。但し、(4)'、(23)に対しては、

　　(4)"　 窓から見える雪景色はまるで絵のようであった。
　　(23)"　彼が図書館で勉強しているのが見えた。

258

第 10 章　「見る」、「見える」に対応する中国語の表現

のような「見える」表現を対応させることも可能である。この点では

(24)　我在屋子里看见了一个人。(中川 1990：237、李临定 1988：13)
(25)　在飞机上，我看见了长江大桥。(范继淹 1982：79)

も同様であり、これらに対しては、例えば

(24)'　私は部屋の中に誰かいるのを見た。(中川 1990：237)
(25)'　飛行機の中から、私は長江大橋を見た。

のような「見る」表現のほか、

(24)"　部屋の中に誰かいるのが見えた。
(25)"　飛行機の中から、長江大橋が見えた。

のような「見える」表現を対応させることも可能である[28]。(4)、(23)'、(24)'、(25)'はコトガラを動作として、(4)"、(23)"、(24)"、(25)"はコトガラを状況としてそれぞれとらえたものである。後者のような「見える」表現においては、9.2.2 であつかった「見つかる」表現の場合と同様に、その前提となる客観的事実において感覚主体(非動作主体)が存在していても表現の前面から後退しており、表現中には必ずしも含まれない。(4)'、(23)、(24)、(25)のような"看见"表現を日本語に置き換えるにあたって「見る」表現、「見える」表現のいずれが用いられるかは、"看见"表現において動作主体が表現の中心に置かれている点を重視するか、あるいはコトガラを状況中心に表現する日本語の傾向に従うか[29]、のいずれが優先されるかによって決定されると考えられる。このことは、例えば以下のような表現例をみると理解しやすい。

(26)　他看见她们逼近了，便转身向里走去，把身子隐在梅树最多的地方。
　　　　　　　　　　　　　　　　　　　　　　　　　　(巴金《家》)
(26)'　彼は彼女達が近付いてくるのを見ると、身体を回して奥の方へ行き、
　　　梅の繁みに身を隠した。(山崎 1982：33)

259

(26)の前件"看見她们逼近了"の部分は、後件の"便转身向里走去，把身子隐在梅树最多的地方"とともに"他"による一連の動作として表現されているため、"看見"が動作主体"他"をとっている点が重視された結果として、(26)'のような「見る」表現に置き換えられていると考えられる。一方、

(27)　看見船了，我们得救了。（第3章の(104)'）
(27)'　船がみえるぞ。俺たちは助かったんだ。（≪日语语法疑难辨析≫：355)

の場合、(27)の前件"看見船了"は後件の"我们得救了"という判断の原因となる状況であるため、(27)'のような「見える」表現に置き換えられていると考えられる。
　ところで、"看見"は動作主体を含んだ表現のほか、「見える」と同様に動作主体を含まない表現に用いることも可能であり、そのような例としては例えば

(16)　遠くに船が見える。

に対応する中国語表現の

(16)'　从远处看見了船。

が挙げられる。10.2.1で述べたように、(16)は「トコロ・に　～が　ある／いる」形式の存在表現と同様の語順をとっている。一方、(16)'は

(16)"　我从远处看見了船。

と同じく動作表現としての性格を有すると同時に、"トコロ＋V＋モノ"形式のいわゆる存現文と同様の語順をとり、3.3.2で挙げた

(28)　从火车的车窗里看見了海。（第3章の(61)）

の場合と同じく、いわゆる存現文に準じた情景描写の表現となっている。この

第 10 章　「見る」、「見える」に対応する中国語の表現

ように“看见”は、存在表現と同様の語順をとる情景描写の表現として用いることが可能であるため、「見える」の場合と同様に、コトガラを感覚主体の視界内における存在として表わす働きを有しているということができる[30]。但し、前述したように、“看见”は時間的方向性を有する、すなわち時間の流れとの関わりを有するため、時間の流れとの関わりをもたない「見える」に比べると状態を表わす形式としての性格が弱く、コトガラを状況として表わす働きも弱いと考えられる。

10.3.2　「見る」、「見える」と“见”

　「見る」、「見える」のいずれにも対応しえる中国語の表現形式としては“看见”のほか、“见”が挙げられる。5.1、5.3.1で述べたように、“见”は“看见”とは異なって「動作の過程──結果」のように分析的な形をとらない書き言葉的な成分であるものの、目にした事実を客観的に述べる働きを有する点において“看见”と共通している。また、前述したように“见”は、実現と同時に客体映像が目に入るという特徴を有するため認知をともなうことが確実であり、4.2.3、5.4で述べたように、目の前の情景を受動的にとらえるという性格が強く、状態性が強いため時間的な幅を有しないこととなる。さらに、受動的な知覚であるため無意志であり[31]、空間的方向性は“看”の場合とは反対である。“见”のもつこれらの特徴はいずれも日本語の「見える」と共通しているため、“见”表現に対しては、以下のように「見える」表現が対応するケースがある。

(29)　扭头见前面走廊拐弯处走来几个穿白衣服的医生。（第3章の(111)）
(29)'　頭をひねると前方の廊下の角のところに何人かの白衣の医者がやってくるのが見えた。（山崎 1982：36）

(30)　他进了门一看，就见一个蝈蝈笼子挂在窗前葫芦架上。
　　　　　　　　　　　　　　　　　　　（第3章の(110)、第6章の(16)）
(30)'　彼が中へ入って見ると、キリギリスのかごが、窓の前のひょうたん棚にかかっているのが見えた。（荒川 1981：22）

(29)は、表現には含まれていない動作主体がその意志によって行なった“扭

261

第Ⅰ部　日中対照編 ── "V 到"表現をめぐる日中対照 ──

头"という動作の結果として"前面走廊拐弯处走来几个穿白衣服的医生"という情景が自然に目に入ってきたことを表わしている。このことは、山崎1982：36-37に、(29)における"见"は非恣意的な知覚行為を表わしており動作性をもたない旨の記述がみられることからも明白である。ここでいう「動作性をもたない」とは、(29)における"见"が、表現にはあらわれていない動作主体の存在を前提としながらも、状況に近い性格を有する成分となっていることを指すと考えられ、このことが「見える」表現との対応につながっているとみてさしつかえない。

　また、"见"は"看见"と同様に、感覚主体(動作主体)を中心に置いた表現に用いることが可能であるため、

(11)　我没见过大海。
(11)'　私は海を見たことがない。

(31)　我亲眼见的。(『岩波 中国語辞典』"见"の項)
(31)'　ぼくはこの目で見たんだ。(同上)

や、あるいは

(32)　傅家杰见来了这么多人，忙站起来。(第5章の(42))
(32)'　傅家傑はこんなに多くの人が来たのを見て、いそいで立ちあがった。
(荒川1985ｃ：10を一部修正)

(33)　唐小姐见他眼睛里的光亮，给那一阵泪滤干了，低眼不忍再看，机械地伸手道。(黄利恵子2001：166、钱钟书≪围城≫)
(33)'　唐さんは彼の目の輝きを見て、涙が止まり、伏し目がちに再び彼を見て、ぎこちなく手を伸ばして言った。(黄利恵子2001：166)

のように、"见"に対して「見る」が対応するケースも存在する[32]。「见 ── 見る」の対応関係が成立する要因としてはこのほか、以下のような点が挙げられる。すなわち、(11)は「見た」ことを経験として述べる表現であり、このよう

262

第 10 章　「見る」、「見える」に対応する中国語の表現

な場合には、5.1.1、10.1.1 で述べたように、過程よりも結果に比重が置かれた"见"が適している。(31)は、"-过"と同様に已然であることを明示する"的"を含んでおり、認知の段階まで実現したことが明白であるため"见"が用いられている。このため(11)、(31)は、認知の段階を含意する「見る」を用いた(11)'、(31)'のような日本語表現に置き換えることが可能である。また、(32)の場合には、5.4.2 で述べたように、"见"が状態性の強い成分としての性格を帯び、視覚認識を時間軸上の線として位置づける働きをするため、"傅家杰"の意志にかかわりなく"来了这么多人"という情景が持続的に目に入ってきた可能性を含んだ表現となっている[33]。反面、主体の動作を表わす成分を後件としているため、10.3.1 であつかった"看见"表現の場合と同様に、動作主体を表現の中心としている点が重視された結果として(32)'のような「見る」表現が対応していると考えられる[34]。

　さらに、"见"は、主体を含まない表現に用いることも可能な点において"看见"と共通点を有する。4.1.2、4.2.3 で述べたように、客体よりも主体との結びつきの方が緊密である"看"の場合とは異なり、"见"にとって主体は必ずしも必須項ではない。このことは例えば

　(34)　他不看了。(第4章の(54))

における"不看了"が「"看"という動作を行なわない」という"他"の意志を表わすのに対し、

　(35)　他不见了。(第4章の(55))

における"不见了"が「("他"の姿が)見えなくなった」という状況変化を表わすことによっても明白である。4.2.2、6.3.1 で述べたように、"不见了"は"没有了"と同様に、感覚主体の存在が意識されない表現を構成することが可能である。これらのことから、"看"は、主体を必須項とする点、動作表現を構成する点において「見る」と共通するのに対し、"见"は、主体を必ずしも必須項としない点においては「見る」よりも「見える」に近い性格を有し、状況表現を構成することが可能な点においては「見える」と共通することがみて

とれよう。

　ところで、10.2.1においては、「見える」が表わす出来事を「存在」の一種ととらえる見方について紹介したが、"见"についてもこれと同様のとらえ方がなされている。4.2.3で述べたように、"见"は映像が自然に感覚主体の目に入ってくることのほか、感覚主体の存在を問題とせずに、「見える」状態として、すなわちヒトやモノの視界内における存在として表わすことが可能である。黄利恵子2001：164、169には、"见"は対象が出現し視覚で認識できる状態にあることを表わし、視覚的対象認識は存在の一要素である旨の記述がみられ、

　（36）铅笔不见了。（鉛筆が見当たらない。）（第4章の(43)）

における"不见了"は、今まで視界内にその存在が認識されていたモノが視界から外れたことを表わし、"见"自体は対象の視界内存在の認識を意味するとしている[35]。このことは、"见"が

　（37）街上已不见人影儿。（第4章の(48)"）

のような"トコロ＋V＋モノ"表現に用いられることとも符合する。但し同：164には、上記のような"见"の用法が肯定に用いられることはなく、視界内の対象存在認識は"看见"により表わされる旨の記述がみられ[36]、さらに、視界外の対象存在は"没看见"により、視界内に存在した対象が視界から外れた場合には"不见了"により、それぞれ表現されるとしている。このため、(37)に対する肯定の表現は、例えば

　（37）'街上看得见人影儿。

のような"看见"表現となる。このように"见"は、視覚を通しての存在認識を表わすことが可能な点において「見える」と共通するものの、「見える」に比べるとその用法が限定されている。

10．3．3　「見る」、「見える」と"看到"、"见到"

10.1.2で述べたように、"看到"、"见到"は、認知をともなうことが確実な視覚動作を表わす点において共通する一方、6.1で述べたように、前者は話し言葉的、後者は書き言葉的であるという相違があるほか、

　　②－b　感覚主体(動作主体)を表わす成分に対する必須度の高低(6.3.1)
　　③－c　客体に向けての空間的単方向性の強弱(6.2.2)
　　④－c　意志性の強弱(6.1.2)

のいずれにおいても"看到"は"见到"にまさっている[37]。これらのことは、具体的にはそれぞれ

　　②－c　"看到"表現には感覚主体(動作主体)が不可欠である(＝動作主体は顕在的な項)のに対し、"见到"表現においてはその存在が含意されるにとどまる(＝動作主体は潜在的な項)こと
　　　　　　　　　　　　　　　　　　　　　　　　　　　　(6.3.1、6.3.2)
　　③－d　"看到"は"从・N"と共起しえるのに対し"见到"は共起しにくいこと(6.2.2)
　　④－d　"看到"は「あらかじめ見たいと思っていたものを見た」ことを表わす働きに、"见到"は「見るに値するものを偶然に見た」ことを表わす働きにそれぞれ比重が置かれていること(6.1.2)

のような相違につながる。このため、

　　⑤－a　"看到"表現は"见到"表現に比べると他動性が高い(6.3.2)

ということとなる。"见到"は上記の②－b、③－c、④－cのいずれにおいても"看到"に劣るほか、7.1で述べたように客体映像を持続的に目にしたことを表わす点において、瞬間的に目にしたことを表わす"看到"とは異なる。"看到"、"见到"間のこのような相違からは、前者は日本語の「見る」に、後者は日本語の「見える」にそれぞれ近い性格を有することがみてとれる。但し、

265

"看――见"の場合と同様に、"看到――见到"間にみられる役割分担も「見る――見える」のそれと完全に一致するものではなく、"看到"に対して「見える」が対応する可能性や、"见到"に対して「見る」が対応する可能性を排除するものではない。このことは、例えば

(38)　他看**到**了救护车开走。(≪日语动词用法词典≫「見る」の項)
(38)'　彼は救急車が走って行くのを見た。(同上)

(39)　少正这两天看**到**的情形全是真的。(浩然≪幼苗集≫)
(39)'　少正がこの二日間にみたことはすべて本当のことだ。(荒川1985 c：14)

のように"看到"に対して「見る」が対応するケースが存在する一方で、

(40)　穿过长长的隧道，往前行一会，不久便看**到**了大海。
　　　　　　　　　　　　　　　(≪日语动词用法词典≫「見える」の項)
(40)'　長いトンネルを抜けてしばらく行くと、やがて海が見えてきました。
　　　　　　　　　　　　　　　　　　　　　　　　　　　(同上)

(41)　正好那时，看**到**从后面有人出来。(第5章の(40))
(41)'　ちょうどそのとき、裏からだれかが出てくるところが見えました。
　　　　　　　　　　　　　(≪中文版 日本语句型辞典≫「みえる」の項)

のように「見える」が対応するケースも存在することや、

(4)'''　从窗户见**到**的雪景像一幅画儿一样。(第6章の(20)')
(4)''　窓から見える雪景色はまるで絵のようであった。

(42)　一天，他在街上转，忽然见**到**一家铺子卖爆牛肉，十分鲜嫩。
　　　　　　　　　　　　　　　　　　　　　　(第6章の(25)')
(42)'　ある日、彼が街を歩いていると、新鮮でやわらかい「爆牛肉」を売る店が不意に見えた。

第 10 章　「見る」、「見える」に対応する中国語の表現

のように"见到"に対して「見える」を対応させることが可能なケースが存在する一方で、

   (43)　真想早点见到。(≪中级日语≫：66)
   (43)'　早く見たいものだ。(同上)

   (44)　我既见到了就不能不说。(『中日大辞典』"见"の項)
   (44)'　わたしは見た以上言わないわけにはいかない。(同上)

のように「見る」が対応するケースも存在することによって明白である。
　(43)・(43)'、(44)・(44)'のように、"见到"に対して「見る」が対応する要因としては、感覚主体(動作主体)を表現の中心とすることが可能な点、"看到"に比べると弱いながらも主体から客体への空間的方向性や意志性が存在する点が挙げられる。一方、(40)・(40)'、(41)・(41)'のように、"看到"に対して「見える」が対応する要因としては、"看到"が有する「非意図性」が考えられる。すなわち、3.3.2、5.1.2、6.1.2 で述べたように、"看到"は、「あらかじめ見たいと思っていたものを見た」ことのほか、「見るに値するものを偶然に見た」ことを表わす働きをも有する。後者の場合においては、"看"という動作そのものは有意志であるが、視線が客体に到達することが主体の意図するところであるか否かまでは問題とはされない、すなわち非意図性を有することとなる[38]。このため、"看到"に対しては無意志という意味特徴を有する「見える」が対応する余地が出てくるのである。"看"は単独では「見える」との間に対応関係を有しないが、"看到"の形であれば、上記のように客体認知をともなうことが確実な点、偶然の認知を表わすことが可能な点において「見える」との間に用法上の接点を有することとなり、これらの接点の存在が、コトガラを状況中心に表現する日本語の傾向ともあいまって「看到 — 見える」の対応関係成立につながっていると考えられる。
　ところで、前述したような"看到"、"见到"間の相違は、両者を直接に比較した場合における相対的なものである。このことは"看到"、"见到"のほか、さらに"见"を比較の対象に加えると理解しやすい。すなわち、7.1.1 で述べたように、客体映像を持続的にとらえたことを表わす点において"见到"は"见"

第Ⅰ部　日中対照編 ── "V 到"表現をめぐる日中対照 ──

と共通するものの、

 ②－d　"見到"表現が表わすコトガラには感覚主体(動作主体)が関わっているのに対し"見"表現の場合は必ずしもそうではない点
               (4.2.3、6.3.1)
 ③－e　"見到"は客体に向けての空間的単方向性を有するのに対し"見"はそれとは反対の空間的方向性を有する点(4.1.1、5.2)
 ④－e　"見到"は"看到"に比べると弱いながらも意志性を有するのに対し"見"は有しない点(6.1.2)
 ⑤－b　"見到"表現は"見"表現に比べて他動性がより高い点(4.2.3)

をみると、"看到"、"見到"を比較した場合とは異なって、"見到"は日本語の「見る」に近い性格を、"見"は日本語の「見える」に近い性格をそれぞれ有すると判断される。"看到"、"見到"、"見"のこのような相違からは、"見到"は"看到"と"見"との中間的な性格を有しており、"看到"、"見到"、"見"の順で「見る」に近い性格を有するものから「見える」に近い性格を有するものへと移行していくことがみてとれる。但しこのことは、前述したように、"看到"に対して「見える」が対応する可能性や、"見"に対して「見る」が対応する可能性を完全に排除するものではない。"看到"、"見到"、"見"の3者をみる限りでは、これらの形式の相違が「見る」、「見える」との対応関係成立に一定の影響をおよぼすことは容易に推測されるものの、決定的な要因であるとまでは断定できない。しかし、上記の3者に"看"を加え、"看"、"看到"、"見到"、"見"の4者の相違としてみればより理解しやすくなる。10.3.1で述べたように"看"と「見える」との間には対応関係そのものが成立しない。また、前述したように、"看到"と「見える」との対応関係成立の要因は、客体認知をともなうことが確実であるという共通点、"看到"の非意図性と「見える」の無意志性という相似点である。さらに"見到"、"見"との対応関係へと移るにつれ、「見る」よりも「見える」との共通点・相似点が多くなっていく。"看到"、"見到"は、上記のような中国語諸形式の系列において日本語の「見る」、「見える」との間に対応関係を成立させているのである。6.3.2で述べたように、"看到"表現は"見到"表現よりも他動性が高いため、例えば

(45) 后来便有了单位的周末舞会，有了集体春游，有了去北戴河的轮流休假，有了出差。还有电影院和音乐会……以前这些地方从来见**不到**他的踪影，现在他是回回不落。(第6章の(28))

のようにコトガラを"トコロ＋V＋モノ"形式により一種の状況として表現する場合には、他動性のより低い"见**到**"を用いる方がbetterである。

10.4 まとめ

　以上、日本語の「見る」、「見える」の使い分けを中国語諸形式の使い分けと比較して、対応関係が成立する要因についての考察を行なった。
　日本語の「見える」表現においては、コトガラに感覚主体が関わっているとしても動作主体としては表現されないのに対し、「見える」に対応しえる中国語の"看见"、"见"、"看到"、"见到"はいずれも感覚主体を動作主体として表現することが可能である。また、「見える」と同様に無意志であり、感覚主体に向けて認知対象の映像が持続的に入ってくることを表わす中国語の成分は、"见"のみである。一方、「見える」との対応関係をもたず、「見る」との対応関係をもつにとどまるものは、"看"のみである。"看"を除いた"看见"、"见"、"看到"、"见到"は、それぞれが有する特徴の一部分が「見る」あるいは「見える」との間に共通点・相似点あるいは接点を有する。さらに、上記の中国語諸形式のうち、"看"、"看见"、"看到"は話し言葉的であるのに対し、"见"、"见到"は書き言葉的である。話し言葉において「見える」に最も近い性格を有する中国語の形式は"看见"であり、"看到"がこれに次ぐのに対し、書き言葉において「見る」に最も近い性格を有する中国語の形式は"见到"であり、"见"がこれに次ぐこととなる。但し、"看见"、"见"の2者は、コトガラを感覚主体の視界内における存在として表現する場合には前者が、視界内に存在した対象が視界から外れたことを表わす場合には後者が用いられるというように相補的な関係にある。
　このように、視覚動作を表わす日中諸形式の対応関係は、各成分が有する諸特徴や、動作、状況のいずれを中心とした表現方法をとるかのような複合的な要因によって成立するのである。

第Ⅰ部　日中対照編 ── "V到"表現をめぐる日中対照 ──

注

1) 「見る ── 見える」に対して"看 ── 见"を対応させているものとしては木村 1981：38-39、杉村 1988：229 が、"看 ── 看见"を対応させているものとしては荒川 1981：19、同 1982：81、同 1984ｂ：7、同 1986：30 が挙げられる。
2) この点については荒川 1984ｂ：7 を参照。
3) "看 ── 看见"の役割分担が「見る ── 見える」のそれと完全に対応するものではないという点については、さらに山崎 1982：42 を参照。荒川 1981：19 が、(2)に対して(2)'のような日本語表現を対応させているのは、"看"と"看见"の意味的な相違を説明するための便宜的なものであると考えられる。杉村 1988：220 における"你看见了吗？"に対する「見る＋見える→見えましたか」という分析も同様である。
4) 同様の記述が荒川 1985ａ：5、同 1986：30 にもみられる。
5) 同様のことは英語の視覚動詞"look"についてもあてはまり、山梨 1995：232 は"look"、"see"について、前者は必ずしも対象が知覚されている状況を意味しないのに対し、後者はそのような状況を意味するとしている。
6) この点については 1.2.1 で紹介した。
7) 國廣 1981：31-32 には、「見る」は能動的視覚動詞であり、「対象を意識的に目でとらえる動作」、「対象を特に注意力を集中して目でとらえる動作」を表わす旨の記述がみられるものの、認知をともなうか否かについては言及していない。
8) この点については 1.2.1 を参照。但し、「遠くのほうを見た。その結果、遠くのほうが見えた。」、「星を見たけれど見えなかった。」を成立可能とする森田 1994：161、163 のような見解も存在する。
9) 中国語動詞にみられるこのような特徴については、第 1 章の注 24、注 27 のほか、さらに荒川 1985ａ：5、同 1985ｂ：6、同 1986：31-32 を参照。"V了"が動作の結果までを含意するケースが存在するという点については、張麟声 1993：153-155、讃井 1996ａ：31、丸尾 1997：115 を参照。一方、第 1 章の注 26 で紹介したように、杉村 1988：221 には、"V了"表現が含意する結果とは「言語外の状況に負ぶさって表わされた『結果』」である旨の記述がみられる。
10) "看"が「見る」行為そのものを表わす成分であるのに対し、"见"が結果に重点を置く成分であるという点については、荒川 1984ｂ：7 を参照。また、『岩波 中国語辞典("见"の項)』が(31)について「確実に知っているとき、"看"とは言いにくい」とし、"见着王二就摇头。(王二を見るとしかめつらをする。)"について「バッタリあったという時で、"看"よりも迫ってくるものを感ずる」としているのは、"见"が客体映像をとらえようとする動作の過程を含意しないことと符合する。後者については第 5 章の注 18 を参照。
11) "看到"に「見つける」が対応するケースについては 9.1.2 を参照。但し、"看到"が表わす概念、すなわち「『見ようとする』動作の過程 ── 『見えた』という結果」は「見る」によって表わすことが可能であるため、「見る」にさらに「─つける」を付加した形の「見つける」の意義範疇は"看到"よりも広いこととなる。
12) この点については荒川 1984ｂ：7 を参照。
13) ここであつかうのは「見える」の用法のうち、「自然に目に写る」、「目に入る」を表わす用法であり、「見る能力がある」、「(他から)見られる」などは除く。「見える」が有するこれらの働きについては、森田 1977：431-432、『広辞苑(「見える」の項)』、『日本語 基本動詞用法辞典(「見え

第 10 章　「見る」、「見える」に対応する中国語の表現

る」の項)』、『使い方の分かる 類語例解辞典(「見る」の項)』、『外国人のための 基本語用例辞典(「見える」の項)』、『外国人のための楽しい日本語辞典(「見える」の項)』などを参照。ちなみに森田1977：432 は、「見える」はしばしば可能動詞と誤解されるが、「聞こえる」、「わかる」などと同じく、自発性の意味をもった自動詞であり、「目が見える」、「物が見える」などにおける「見える」は「見ることができる」可能の意を含むが、これは「能力」という主体の状態で、客観的な条件としての「可能」を意味しているのではないとしている。

14)　この点については、さらに森田 1977：431、國廣 1981：31-32 を参照。

15)　寺村 1993：214 には、「見る」は「建てる」、「こわす」などと同様にいわゆる他動表現を構成するのに対し、「見える」は「建つ」、「こわれる」などと同様にいわゆる自動、自発表現を構成する旨の記述がみられる。

16)　但し本章においては、感覚主体を含まない(14)のような表現も、(14)' と同様に感覚主体の立場に立った表現であるという見方をとる。ちなみに森田 1988：96 は、見える主体を「私は」、「私には」と示すと、「見える」という状態がその主体に備わった特権的なものという判断に変わってしまうとした上で、「私には星が見える。」は、「私には星を見る能力がある(＝私には星を見ることができる)。」という能力所有(可能の一種)の表現となるとしている。

17)　「見える」が状況中心の表現(いわゆる「ナル」表現)を構成する点については、寺村 1993：218、224 を参照。

18)　安藤 1986：269-270 はさらに、"You can hear the music all this way. (音楽がこんなところまで聞こえてくる。)"、"We hear the sharp ring of a front door bell. (玄関のブザーが、けたたましく鳴るのが聞こえる。)" を挙げ、＜スル的＞な言語である英語では、行為者が非特定の場合ですら総称の you や we を利用することによって人間中心の表現を、いわば強引に貫徹しようとする、としている。この点についてはさらに、石綿・高田 1990：100 を参照。

19)　安藤がいう「事柄」とは本書でいう「状況」を指し、本書でいう「コトガラ」とは表現全体が表わす内容を指す。

20)　森田 1980：373 は、「ニ」が場所を表わす語に付いた場合、主題たる事物や行為の対象が「ニ」によって示される場所に存在したり、存在することによって起こる結果や状態を表わすとした上で、それらの例の一つとして「この先に銅像が見えるでしょう。」を挙げている。

21)　「見える」表現においては感覚主体(非動作主体)が表現の前面から後退しているものの、視覚の要素が含まれる点で「ある／いる」表現の場合とは異なり、存在を感覚主体の側からとらえたものであるということができる。森田 1988：38 は、「音を立てる」は音を出す主体に視点を置いた表現であるのに対し、「音が聞こえる」は音を受感する人間側からの表現であるとしている。このことは「〜ガ 見える」についてもあてはまると考えられ、映像を受感する人間側からの表現であるとみてさしつかえない。これらの点については、さらに鈴木 1996：139-140 を参照。

22)　『日・中・英 言語文化事典』：1507 は、「見る」、「見える」はそれぞれ意識的な知覚、非意図的な知覚を表わすとしている。

23)　日中両言語間における諸形式の対応関係の成立を前提とするため、原田 1997 でとり上げられているような、視覚動作を表わす中国語の形式に対して日本語の形式が対応しないケースは除くこととする。

24)　張岩紅 2008：60-61 に挙げられている"……。总之，年轻的我，不知道为什么总是把金钱问题

第Ⅰ部　日中対照編 ── "V到"表現をめぐる日中対照 ──

看得离我很远。／……、とにかく若い私には何故か金の問題が遠くの方に見えた。(夏目漱石『こころ』)"、"至少我是这么看。／少なくとも、ボクにはそう見えた。(乙武洋匡『五体不満足』)"のように、"看／見える"が心理動作を表わす場合はこのかぎりではない。

25) 木村 1981：39 は、動詞と結果補語が表わす「はたらきかけ」と「結果」の関係は process と goal の関係に見たてることができるとしている。この点については、第1章の注13、石村 1999：148 を参照。

26) 杉村 1982：66 は、"John saw Mary."、「ジョンがメアリーを見た。」のような動作表現に対して "John 看见了 Mary." を、『岩波 中国語辞典（"看见"の項）』も "看见" に対して「みる」を対応させている。

27) 無意志の「見る」に "看见" が対応する点については、山崎 1982：35-36、42 を参照。

28) 同様の現象は日英語間にもみられ、例えば『日本語から引ける 英語類語使い分け辞典（「見る」の項）』に挙げられている "When I got to the station, I saw my train leaving the platform.（駅に着いた時、私が乗るはずだった電車が、ホームを離れるのが見えた。）" がそれにあたる。但し、(24)はいわゆる多義文である。この点については中川 1990：237、成戸 2009：173、190-191 を参照。

29) この点については、第1章の注41、第9章の注10を参照。

30) 黄利恵子 2001：171 には、感覚動詞に後置された "-见" は視覚の要素を失っており、感覚機能が達する範囲内の対象存在の認識を表わし、このような成分を用いた表現においては主体的感覚の関与は背景化される旨の記述がみられる（但し本書では、主体が表現の中心に置かれた場合はこの限りではないという見方をとる）。ちなみに、同一の成分が動作表現、存在表現のいずれにも用いられるケースについては、成戸 2009：255-259 を参照。

31) 但し、"见" がヒトを客体として「会う」動作を表わす場合には有意志のケースが存在し、例えば "我想见张先生。(第4章の(18)、第8章の(30))" のような願望表現も成立する。

32) 『現代中国語辞典（"见"の項）』、『岩波 中国語辞典（"见"の項）』は、"见" に対して「見る」を対応させている。受動的な認知を表わすと同時に感覚主体を動作主体とする表現を構成する点において、"见" は英語の "see" との間に共通点を有する。

33) 同様の表現例としては、"我见他正在跟小王谈话。(第5章の(37))" が挙げられる。

34) 但し、4.2.1、5.1.2 で述べたように、動作主体を中心に置いた "见" 表現は、視覚だけでなく、理性によって状況を読みとったこと、主体の反応を引き起こす原因となる客観的事実をとらえたことを表わす働きをも有する場合がある点において "看见" とは異なる。『岩波 中国語辞典（"看见"の項）』には、"看见" が表わす概念は抽象性に乏しく、常に感覚的であるという記述がみられる。

35) "见" が表わす「視界内存在」とは、存在を存在そのものとしてではなく、視覚という側面からとらえなおしたもの、すなわち「視界内」に限定された存在であって、「感覚主体から見える」ことを条件に成立するものであるということができる。これに対し黄利恵子 2001：164 は、"看见"、"见" によって表わされる視覚の容器（＝視界）と対象の存在の関係では感覚主体は背景化され、主体の視覚の関わりは表わされない、としている。

36) ちなみに荒川 1985ｃ：9 には、"V＋文" がいわゆる単文として用いられる場合にはVの部分に "看见" を用いるのが自然であり、"见" は否定形で用いられることが多い旨の記述がみられる。

37) これらの相違は、6.2.1 で述べたように、主体、客体間の距離の遠近や視界の広さにおける相違

にも影響する。
38) 動作そのものが有意志であっても、動作が到達点にいきつくことまでは主体によって意識されないという「非意図性」については、成戸2009：117-121を参照。"看见"が有する「無意志」という特徴は、動作そのものに意志性がないということであり、「非意図性」とは異なる。ちなみに、黄利恵子2001：162における「"看"と"见"に見られる意図性と非意図性」は、視覚動作が主体的行為であるか否か、すなわち動作そのものが意志的であるか否かを問題としており、本書とは異なった意味で用いられている。

第11章

「見る」、「読む」、「会う」に対応する中国語の表現

11.0 はじめに

　日本語の「読む」、「会う」に対しては一般に、それぞれ中国語の"看"、"见"が対応するとされる。しかし、3.3.3、5.3および第4章、第8章で述べたように、"看"、"见"以外にも"看见"、"看到"、"见到"のような視覚動作を表わす諸形式が、「見る(見つける、見かける)」などの視覚動作にとどまらず、「読む」あるいは「会う」という動作をともなうことをも含意するケースが存在する。これらのことから、日本語においては「見る(見つける、見かける)」、「読む」、「会う」という異なる動詞により相互に別個の動作として表わされる出来事が、中国語においては、視覚動作を表わす諸形式により表わされる連続した一つの領域をなしていることがうかがわれる。但し、日本語の「見る」も、場合によっては「読む」動作を表わすことが可能である。また、「(ヒト)に会う」という動作は、「(ヒトの姿)を見かける」動作との区別が、表現の前提となる客観的事実においてすら必ずしも明確ではないケースが存在する。このため、日本語の「読む」、「会う」も、上記の中国語諸形式の場合とは異なる形で、視覚動作を表わす「見る／見かける」との間に連続性を有していると推察され、これらをもふまえた上で中国語諸形式との対応関係について考察を行なう必要があると考えられる。

　本章は、「見る／見かける」、「読む」、「会う」とこれらに対応する視覚動作を表わす中国語諸形式とを比較することによって、日中各形式の働きを従来よりも正確に記述するとともに、同一の動作が両言語においてそれぞれどのように表現されているかの相違、対応関係が成立する要因について明らかにすることを目的とする。

第Ⅰ部　日中対照編 ── "V到"表現をめぐる日中対照 ──

11．1　「見る」、「読む」とそれに対応する中国語の表現

11．1．1　「見る」と「読む」

　日本語においては、「見る」が「読む」とほぼ同義で用いられるケースがみられ、「雑誌を見る」、「新聞を見る」などの表現が成立する。以下の表現例においては、「読む」、「見る」が共起し、相互に置き換えることも可能である。

　　(1)　わたしは夜ざっしを読んで、朝、新聞を見る。
　　　　　　　　　　　　　　（『外国人のための　基本語用例辞典』「みる」の項）

　(1)においては「読む」、「見る」間に明確な相違は見いだせないものの、これによって両者が全く同義であるとすることが妥当でないのは言うまでもない。佐治 1992：166 は、「本をみる」の「みる」は

　　イ．ながめる
　　ロ．内容を(軽く)読む

を表わすという『新明解国語辞典(「みる」の項)』の記述を紹介した上で、

　　(2)　友だちの手紙を見てから(読んでから)、返事の手紙を書きました。

は、「友達の手紙の来たことを確認してから」といった意味でなら「見てから」でよいが、「内容までしっかり確かめてから」の意なら「読んでから」にしないといけない、としている。また、同：166-167 は

　　(3)　私は毎晩「北京晩報」を見ます(読みます)。

の場合、「北京晩報」で天気予報を見たり大見出しや写真だけ見たりするのなら「見ます」でよいとする一方、「本を見る」はことばの表現としてはありうるもので、それだけでは誤用とはいえず、例えば本屋へ行って「(棚に並べてある)本を見る」こともあるし、「本を(ちょっと手に取って)見る」こともあるが、

第11章 「見る」、「読む」、「会う」に対応する中国語の表現

(4) 午後、私は図書館で本を見ました。

のように「午後」、「図書館で」という文脈においては誤用と言わざるを得ず、「本を読みました」としなければならない、としている。佐治の記述からは、客体映像を表面的にとらえる動作を表わす場合、すなわち新聞や本をモノとして目にする場合や、それらに記載されている文字や絵図からおおまかに情報を得ようとする場合には「見る」が用いられるのに対し、新聞や本に書かれた文字や文章すなわち文字媒体から詳細に情報を読みとろうとする動作を表わす場合には「読む」が用いられるということがうかがわれる。佐治が(4)を「見る」の誤用とするのは、表現内容から明らかに「読書する」ことを表わしているためであると考えられるが、日常的な話し言葉においては(4)を用いることも可能である。この点は(2)も同様であり、「見てから」は「読んでから」の意味に解することが可能である。

このように、文字媒体を客体とする表現の中には、「読む」の意味領域に入り込んだ「見る」の用例がみられる。これに対し、例えば

(5) アルバムを見る。(『日本語 基本動詞用法辞典』「みる」の項)
(6) 映画を見る。(同上)

の場合には、

(7) チラシ／広告を見る。

とは異なり、文字ではなく映像が客体となっているため、「見る」を「読む」に置き換えることはできない。但し、文字が客体となっていても、例えば

(8) むずかしい本の細かい字を見ているとねむくなる。
（『外国人のための楽しい日本語辞典』「みる」の項）

のような表現の場合には、実際には「読む」動作を行なっているものの、「ねむくなる」の直接の原因が、本の内容の難しさではなく細かい文字を見ている

ことであるため、「見る」が用いられることとなる。同様の例としては、佐治1992 が述べている以下のようなケースが挙げられる。すなわち同：166 は、日本語の「みる」は、「視覚でとらえる」と言ったほどの意味で、「文字にあらわされた内容を理解しながらたどる」という意の「読む」[1]とは違うのであって、例えば、習ったこともないような外国語の文字で書かれている本は、「見る」ことはできても「読む」ことはできないのである、としている。

　5.3.1 で述べたように、「見る」は文字そのものを表面的にとらえる動作であるのに対し、「読む」は文字そのものを表面的にとらえるにとどまらず、文字によって表わされた内容を理解する動作であり、後者の方が、客体に対して動作がおよぶというニュアンスが強く、客体への動作の方向性がより強い。また、森田 1977：157 は、「読む」は言語行動の一環としての理解行為であり、表現行為「書く」に対するものであるとしている[2]。「読む」は理解行為であるため、前述したように「見る」と比較した場合には文字媒体から詳細に情報を読みとろうとする動作としての性格が際立つ一方、客体が文字ではなく絵や図などの非文字媒体であってもそこから一定の情報を得ようとする場合には、「見る」だけでなく「読む」も用いられる[3]。このように、「見る」、「読む」を直接に比較した場合には、前者は視覚による表面的な映像把握の意味合いが強い動作としての、後者は視覚のみならず理性による内容理解をともなう動作としての性格がうきぼりとなる。

　しかし一方では、「見る」は視覚動作を表わす働きにとどまらず、「理解する、判断する」といういわば一種の心理動作を表わす働きに派生していく動詞でもある。田中 1996：122-123 は、「みる」が有する「理解・判断する」という意味は「視覚によって対象を認知する」という基本義から派生したものであるとし、「理解」は視覚による認知にとどまらず知的な働きにより対象の本質を把握すること、「判断」は評価も含む広い意味として用いられるとしている。「見る」のこのような働きは、「理解する、判断する」から、さらに「調べる」という抽象的な行為を表わす働きにまで移行すると考えられる[4]。例えば、(1)、(3)、(7)における「見る」は、いずれも客体から何らかの情報を読みとることを表わすため「読む」の意味領域に入ってきていると考えられるのに対し、

(9)　専門書／辞書を見る。(『日本語 基本動詞用法辞典』「みる」の項)

第 11 章　「見る」、「読む」、「会う」に対応する中国語の表現

(10)　生徒の作文／答案を見る。(同上)

における「見る」は、「理解する、判断する」という意味合いが強く、「調べる」の意味領域に入ってきていると考えられる[5]。このように、視覚動作を表わすのが本来的な働きであった「見る」は、その派生的用法においては「読む」と同様に抽象的な理解行為を表わす働きを帯びることがある。但し、「読む」とは異なり言語活動の一環としての理解行為ではない。

11．1．2　「見る」、「読む」に対応する中国語の表現

　周知のように、「読む」は「音読する」、「黙読する」のいずれを表わすことも可能な動詞であり、これに対応する中国語動詞としては、"看、念、读"などが挙げられる。これらのうち「黙読する（目で読む）」に限定して用いられるものは、視覚動作を表わす働きをも有する"看"である[6]。このため、例えば

(11)　近来忙得连看报纸的时间都没有。

　　　　　　　　　　　　　　（≪中文版　日本语句型辞典≫「みる」の項）

のような"看"を用いた中国語表現に対しては、

(11)'　このごろは忙しくて新聞を見るひまもない。(同上)
(11)"　このごろは忙しくて新聞を読むひまもない。

のように「見る」、「読む」いずれを用いた日本語表現を対応させることも可能なケースが存在する[7]。
　5.3.1 で述べたように、現代中国語においては、"看书"、"看报纸"のような「"看"＋名詞」形式における"看"と名詞との意味上の関係が基本となって"看"の語義が「読む」に特定される。このことは"看"が客体に対して意識的に視線を向ける動作であることと表裏一体をなしていると考えられる。また、黄利恵子 2001：162 は、"看"が日本語の「見る」と同様に「感覚・知覚・認知」という視覚的対象認識のほか、視覚にもとづいた理解・判断・処理などの拡張された意味をも有するとしており、この点も「読む」動作を表わす働きに

279

つながっていると考えられる。日本語の「見る」、「読む」が、客体（主として文字媒体）からおおまかに情報を得ようとする動作であるか、あるいはそれらに書かれた内容から詳細に情報を読みとろうとする動作であるかによって使い分けられる点については11.1.1で述べた通りであるが、中国語の"看"に対しては、このような使い分けをするためのペアとなる動詞が存在しない。但し、3.3.3、5.3.1で述べたように、"看"が"-到"、"-见"のいずれをともなうかによって相違が生じる以下のようなケースがみられる。すなわち、"看到"を用いた

　(12) 昨天我看到的一份杂志上说，现在以茶叶为出口商品的有二十多个国家。
　　　　　　　　　　　　　　　　　　　（第3章の(90)、第5章の(27)）

は「"现在以茶叶为出口商品的有二十多个国家"という内容を雑誌で読んだ」ことを表わすのに対し、"看见"を用いた

　(12)' ＊昨天我看见的一份杂志上说，现在以茶叶为出口商品的有二十多个国家。（第3章の(90)'）

は「雑誌そのものを見た」ことを表わすため非文となる。このような相違は、3.3.1、5.3.1で述べたように、"看到"は視覚によって映像をとらえることを表わすとともにその内容を理性によってとらえることをも表わすのに対し、"看见"は視覚によって映像をとらえることを表わすにとどまるために生じるものである。上記のような"看到"、"看见"の相違は、一見したところ日本語の「読む」、「見る」のそれに近似している。しかし、11.1.1で述べたように、日本語の「見る」には視覚動詞としての本来の用法のほか、「読む」の意味領域に入り込んだ用法も存在するため、"看"を用いた(11)に対して「見る」を用いた(11)'、「読む」を用いた(11)"のいずれもが対応しえるのと同様に、"看到"を用いた(12)および

　(13) 我在报上看到了有关他的报导。（≪日语动词用法词典≫「よむ」の項）

280

第 11 章 「見る」、「読む」、「会う」に対応する中国語の表現

に対してもそれぞれ

(12)"　昨日私が見たある雑誌によれば、茶葉を輸出品としている国は現在二十カ国あまりあるとのことだ。
(12)'''　昨日私が読んだある雑誌によれば、茶葉を輸出品としている国は現在二十カ国あまりあるとのことだ。

(13)'　私は新聞で彼の記事を見た。
(13)"　私は新聞で彼の記事を読んだ。（≪日语动词用法词典≫「よむ」の項）

が対応しえる。

また、5.3.1 で述べたように、(12)における"看到"は、文字媒体が表わす内容を理解することを表わすと同時に「見つける」というニュアンスをも帯びている、すなわち"看到"が「さがしていて見つけ、そして読んだ」という事実を前提としていることが感じられる点において日本語の「読む」とは異なる。これに対し、(13)における"看到"は、「たまたま／偶然に目にした」というニュアンスがあり、この点において 9.1.1 で紹介した『日本語 基本動詞用法辞典（「みつける」の項）』に挙げられている「見つける」の特徴の一つ、すなわち「何かを偶然見て知ってしまう」との間に共通点を有するということができよう。同様の例としてはさらに、

(14)　……我装作很有兴趣的样子，叫他把填的表拿来。他真的拿来，上面写着：我自愿脱离共产党。一看到这个我气坏了，你这个叛徒！
（第 5 章の(28)）

(15)　当他拿起第六份档案，看到陆文婷这个名字时，他感到有点累，也并不期待还能出现奇迹。（第 5 章の(29)）

が挙げられる。(14)、(15)においても(12)の場合と同様に、"看到"が「見つける」というニュアンスを含んでいる。"看到"に対して「見つける」が対応するケースについては 9.1 において考察を行ない、"看到"に含まれる「見る

281

に値する」という肯定的価値判断が「見つける」との間に相似点を有することに対応関係成立の要因があるとしたが、このことは、"看到"表現が「読む」動作をともなうコトガラを表わすケースについても同様にあてはまることが、(12)～(15)から理解できよう。言うなれば"看到"は、肯定的価値判断を含んでいる点においては「見つける」との間に相似点を有する一方、内容理解をともなう点においては「読む」との間に、視覚による映像把握を表わす点においては「見る」との間にそれぞれ共通点を有しているのである。但し、5.3.1で述べたように、(14)は「"他"が持って来た"表"に"我自願脱離共産党"と書かれているのが目にとまった」ことを、(15)は「"他"が"第六份档案"を手にしたところ、"陸文婷"の名前が目に入ってきた」ことをそれぞれ表わしている。いずれの場合も客体を短時間に目にしたことを表わしており、客体自身は文字媒体であるものの、そこからまとまった内容の情報を読みとる動作ではないため、"看到"に対して「読む」を対応させることは妥当ではないと考えられる。

　"看到"は、前述したように内容理解をともなう動作を表わすことによって「読む」に対応するケースが存在するものの、「読む」とは異なり文字媒体を客体とする場合にその用法が限定されているわけではない。"看"と同様に"看到"も、日本語において「見る」、「読む」いずれによって表現される動作を表わすことも可能である。このことを端的に表わしているのが

　　(16) 不，談不到感興趣，不過是看到一些自己覺得新奇的，就想問一問。
　　　　　　　　　　　　　　　　　　　　　　　　　　　　　　（第3章の(74)）

であり、"看到"は「(主体が自分の目で)見る」、「(本などで)読む」のいずれに解することも可能である[8]。

　ところで、(12)、(12)'間におけると同様の相違は、例えば

　　(17)　　看到这信，她不由得哭了起来。（第3章の(89)、第5章の(25)'）
　　(17)'？看见这信，她不由得哭了起来。（第3章の(89)'、第5章の(25)"）

についてもあてはまる。すなわち 3.3.3、5.3.1 で述べたように、(17)の"看

第 11 章　「見る」、「読む」、「会う」に対応する中国語の表現

到这信"は「この手紙を読んだ」の意味に、(17)'の"看见这信"は、不自然ながらも「この手紙を(モノとして)見た」の意味にそれぞれ解され、いずれも話し言葉的な表現である。これに対し、純然たる書き言葉的な表現である

(17)"　见此信，泣不止。（第 5 章の(25)）

における"见此信"は「この手紙を読んだ」、「この手紙を見た」いずれの意味に解することも可能である。このように、話し言葉において"看到"、"看见"の使い分けが存在するのとは異なり、書き言葉における"见"には「読む」、「見る」間の形式上の区別が存在しない。一方、4.2.1 で述べたように、現代中国語には、"见"が純粋な視覚動作ではなく一種の心理動作を表わす

(18)　老新见她不闹了，又不知怎样转了一个念头，把枪口向上，对准了正在暗中睁大两只绿幽幽眼睛的猫儿。（第 4 章の(31)'）

のようなケースが存在し[9]、"见"は、"老新"が視覚とともに理性によって"她不闹了"という状況を読みとったことを表わす。但し、4.2.3、5.2.2、10.3.2 で述べたように、"见"は客体から主体への空間的単方向性を有し、客体に対して積極的に働きかける動作を表わすことはないため、文字媒体から情報を読みとることを表わす"看"、"看到"のような働きをすることはなく[10]、「読む」との対応関係も成立しない。"见"が有するこれらの特徴は、11.1.1 で紹介した田中 1996 が「みる」の派生義として位置づけている「理解・判断する」とは意味の上で相通じる反面、「ヲ」格をとるため客体に対する空間的単方向性を有することとなる「見る」とは異なる。

　"见"とは異なり"见到"の場合には、4.1.1、6.1.2、7.2.2 で述べたように、主体から客体への空間的単方向性を有する点、客体映像を視覚によってとらえることを表わす点においては"看到"と共通する。但し、理性によって客体映像から一定の情報を読みとる働きは有しないため「読む」との対応関係は成立しないと考えられる。

283

11. 2 「見る／見かける」、「会う」とそれに対応する中国語の表現

11. 2. 1 「見る／見かける」と「会う」

　日本語の「見る／見かける」と「会う」は、いずれも視覚をともなう動作である点において共通する一方、前者は「(ヒトの姿)ヲ 見る／見かける」形式をとることからも明白なように、「ヲ」で示される客体に向けての主体の視線を支えとした単方向動作である[11]のに対し、後者は主体と「ニ／ト」で示される相手との間における双方向動作であるという相違がみられる。

　佐治1992 : 167は、「見る」と「会う」の相違について、

　(19)　彼を見た。

という場合には、「彼に声もかけず、話もしなかった」こととなるのに対し、話をしたり、話をしなくてもお互いにうなずき合ったりして確認しあっている場合には、「会った」あるいは「出会った」という言い方をしなければならないとしている。(19)は

　(19)'　彼(の姿)を見た／見かけた。

の場合と同様の客観的事実を前提とし、

　(20)　洋子は私の顔をじっと見た。(『日本語 基本動詞用法辞典』「みる」の項)

と同じくヒトの外見を視覚によってとらえたことを表わす。「見かける」は、9.3で述べたように、その意味特徴として

　① 無意志の動作を表わす
　② 視覚によって客体映像を表面的にとらえることを表わす
　③ 視覚によって客体映像を短時間(or 瞬間的)にとらえることを表わす

が挙げられ、「見る」に一定の意味が加わった視覚動作を表わす。一方、森田

第 11 章　「見る」、「読む」、「会う」に対応する中国語の表現

1984：1 は、「あう（合う、会う）」はもともと無関係であった 2 者が状況の変化によって互いが関係をもつ状態となることであり、

　　イ．目的意志をもって行なった結果そうなる場合
　　ロ．たまたまそのような状態にある場合

がある[12]としている。また、同 1977：4-5 には、「会う」は「出会う」で、（コトガラに関わる）2 者の前面が互いに見える角度で距離的に接近し、相手もしくは対象を認知することが必須条件であり、いくら接近しても無関係な者どうしのときは「会う」とはいわない旨の記述がみられる。

　これらのことから、「会う」が表わす概念は、相手を認知するという視覚動作としての側面のほか、相手と互いに接触・交流をもつなど非視覚動作としての側面をも有する点において抽象性が高く、視覚動作を表わすにとどまる「見る／見かける」とは異なることが理解できよう。

　ところで、『日・中・英 言語文化事典（「あう〔会う・合う〕」の項）』は、「（ヒト）ニ会う」と「（ヒト）ト会う」とでは後者に「たがいに」の意味が含まれる点で異なるとしている。「ニ」はいわゆる「ゆくさきのむすびつき」や「くっつきのむすびつき」をとる名詞と動詞との組み合わせ[13]において「ゆくさき」や「くっつきさき」を示す働きをする成分でもあり、そのような組み合わせにおいては動作が「ゆくさき」や「くっつきさき」に向けての単方向性を有することとなる。このため、「（ヒト）ニ会う」と「（ヒト）ト会う」を比較した場合には、いずれにおいても「会う」自体は主体とその相手との双方向動作を表わすものの、単方向動作を表わすのに用いることが可能な「ニ」を用いた前者に比べ、「ト」を用いた後者の方が「会う」の双方向性が相対的に際立つこととなると考えられる。「ニ」、「ト」の置き換えが可能なケースについて、森田 1980：374-375 は、「ニ」が人間を表わす語についた場合の最も一般的な用法は行為の対象（本章でいう「相手」）を示すことであるが、その中には「彼ニ伝える」、「彼ニ質問する」のような、「ヘ」の発想に近い、「彼」に対する動作者の一方的行為の他動詞が立つ場合と、「彼ニ約束する」、「彼ニ話す」のような、「ト」との入れ替えが可能な、相手方の協調を期待する動作動詞が立つ場合があるとしており、「（ヒト）ニ会う」は後者に属すると考えられる[14]。但し、「ニ」、「ト」が

相互に置き換え可能な場合であっても、上記のように後者を用いる方が動作の双方向性が際立つこととなり、このことは、寺村、森田における以下のような記述とも符合する。すなわち、寺村 1982：95-96 には、「ニ会う」の場合には相手がじっとしていて主体が動いて行って相手と相対することを表わすのに対し、「ト会う」の場合には主体と相手とがお互いに相対することを表わす旨の記述がみられ、森田 1980：329、375 も「彼ニ約束する／話す／相談する」のような例によって、「ニ」を用いると一方的働きかけの意識が強まり、「ト」を用いると相互行為となるとしている [15]。「ニ会う」、「ト会う」間におけるこのような相違は、例えば

(21) 私は彼ニ会いに行く。　　　(21)' 私は彼ト会いに行く。

において一層鮮明にあらわれる。すなわち、(21)における「会う」は「行く」と同様に「私」が単独で行なう動作であるというニュアンスが強いのに対し、(21)'は、「彼と会うために行く」ことのほか、「彼と一緒に(誰かに)会いに行く」ことを表わす表現に解することも可能である [16]。

11.2.2　中国語諸形式にみられる「見る」動作、「会う」動作の連続性

　日本語において「(ヒトの姿)ヲ見る／見かける」、「(ヒト)ニ会う」によって表わされる動作が、視覚動作を表わす中国語諸形式によってどのように表現されるかについては、3.3.3、5.3.2、9.3および第4章、第8章において考察を行なった。本節ではこれらの考察結果をふまえ、「(ヒトの姿)ヲ見る／見かける」、「(ヒト)ニ会う」の使い分けと中国語諸形式の使い分けとの間にみられる相違、日中両言語間に対応関係が成立する要因について考察を行なう。

　9.3で述べたように、11.2.1で挙げた「見かける」の意味特徴①～③をすべて備えているのは"看見"であり、他の中国語諸形式に比べると「見かける」に最も近い性格を有すると考えられ、例えば

(22)　昨天我看見他了。(第3章の(94)'、第8章の(1)"、第9章の(19))
(22)' 昨日ぼくはあの人の姿を見かけた。(第9章の(19)')

第 11 章 「見る」、「読む」、「会う」に対応する中国語の表現

のような対応関係が成立する。"看见"に対してはこのほか、「見る」を対応させた

 (23) 昨天我在街上看见他了。(荒川 1984 b：7)
 (23)'昨日私は町で彼を見た。(同上)

のような例も存在する。3.3.3、5.3.2、8.2 で述べたように、"看到"は「見る／見かける」、「会う」いずれの動作を表わすことも可能であるのに対し、"看见"は「見る／見かける」動作を表わす形式としての性格が強く、(22)と

 (22)"昨天我看到他了。(第 3 章の(94)、第 8 章の(1))

を直接に比較すると、前者は「見た／見かけた」の意味が、後者は「会った」の意味がそれぞれ強いという相違がみられる。"看见"に対して「会う」を対応させた

 (24) 看见过他。(輿水 1980：53)
 (24)'かれに会ったことがある。(同上)

のような例も存在しないではないものの、"看见"は客体の姿を視覚によって表面的にとらえるという意味合いが強く、主体から客体への単方向性を有する動作であるため、非視覚動作としての性格をも有する双方向的な「会う」とは対応しにくいのである[17]。
 "看见"と同様に"看到"の場合も、例えば

 (25) 昨天我在车站看到了小王。(第 5 章の(34)、第 8 章の(13)、第 9 章の(21))
 (25)'昨日私は駅で王さんを見かけた。(第 9 章の(21)")

のように「見かける」が対応するケースが存在する[18]。9.3 で述べたように、客体映像を表面的にとらえることを表わす点においては、"看见"の方が"看到"に比べて「見かける」により近い性格を有し、

第Ⅰ部　日中対照編——"V到"表現をめぐる日中対照——

(25)"昨天我在车站看**见**了小王。（第5章の(34)"、第9章の(21)'）

のような表現も成立する反面、客体映像を瞬間的にとらえたことを表わす(=客体映像の把握を時間軸上の点として表現する)場合における適合性の点においては、"看到"の方が"看见"よりも優位にあり、短時間の動作を表わす「見かける」により近い性格を有するためである。"看到"表現の中にはこのほか、(22)と比較した(22)"のように「会う」の意味が強く感じられるケースも存在するが、8.5で述べたように、"看到"が表わすのは客体への単方向動作としての「会う」であり、"见到"が表わす主体、客体間の双方向動作としてのそれとは異なる。このことは具体的には、8.3で述べたように、(25)は「王さんの姿を見たが声はかけなかった」のほか「王さんの姿を見てちょっと声をかけた」という場面が想定されるのに対し、

(25)'''昨天我在车站见**到**了小王。（第8章の(13)'）

は「王さんの姿を見た」のほか「王さんと話をした」という場面が想定されるという相違となってあらわれる。8.5で述べたように、話し言葉においては、"看到"は「見る」、「会う」いずれの動作を表わす場合に用いることも可能であるのに対し、"见到"は「会う」動作を表わす場合に用いられるにとどまるが、同じく「会う」動作を表わす場合においても両者の間には空間的方向性の点で上記のような相違がみられるのである。"看到"、"见到"間におけるこのような相違は、"看"が主体から客体への単方向動作としての「会う」を、"见"が主体、客体間の双方向動作としての「会う」をそれぞれ表わすという、4.1.2で述べたことに起因する[19]。

　ところで、5.3.2で述べたように、"见"の意義範疇においては「見る」動作と「会う」動作が連続的な関係にあるものの、話し言葉において「会う」動作を表わす場合には主として"见"が用いられ、「見る」動作を表わす場合には"看到"、"看见"が用いられる傾向が存在する。このため、8.3で述べたように、"见到"、"见"は、「会う」動作を表わす場合には話し言葉的な、「見る」動作を表わす場合には書き言葉的な性格を帯びることとなる[20]。4.3.2で述べたように、"见到"、"见"間の相違は日本語の「見る」、「会う」間の相違とは本質

第 11 章　「見る」、「読む」、「会う」に対応する中国語の表現

的に異なるものであり、"见到"においては"-到"が付加されることによって"见"の語彙的意味に変化が生じるわけではない。さらに、8.3 で述べたように、"看到"、"见到"、"见"という形式上の相違は、日本語の「見る」、「会う」とは異なって二つの動作を区別するための絶対的な手段とはなりきっておらず、話し言葉においては、"看到"、"见到"、"见"の順で「見る」動作を表わす働きが弱まっていくと同時に、「会う」動作を表わす働きが強まっていく。このように、日本語において「見る」、「会う」により別個の動作として表現される出来事は、中国語においては視覚動作を表わす"看到"、"见到"、"见"によって表わすことが可能な連続した一つの領域を形成しており、同様のことは"看"、"看见"についてもあてはまる。換言すれば、中国語において「見る」動作、「会う」動作を表わすのに用いられる視覚動作の諸形式が、意味の上ではいわば相対的な相違を有するにとどまり、それらの相違は日本語の「見る／見かける」、「会う」間のそれとは本質的に異なるということである。このことは、日本語の「見る／見かける」、「会う」間には 11.2.1 で述べたような明確な形式上・意味上の相違が存在するのに対し、視覚動作を表わす中国語諸形式の場合には、同一の形式が「見る」、「会う」いずれの動作を表わすことも可能なケースや、他のいずれの形式と比較するかによって「見る」、「会う」いずれの動作を表わす傾向がより強いかが異なるケースがみられる点によっても明白である。

11．2．3　「(ヒト)ニ／ト会う」に対応する中国語の表現

11.2.2 で述べたように、"看"、"看到"および"见"、"见到"が「会う」動作を表わす場合、前2者は単方向的な「会う」を、後2者は双方向的な「会う」を表わすという使い分けがなされている。また、4.1.3 で述べたように、"见到"が「会う」動作を表わす場合には、"见"という動作の完結段階に向けての時間的方向性が強い反面、"看到"や「見る」を表わす"见到"の場合に比べ、主体から客体への視線の到達という空間的方向性が相対的に弱い(その分だけ非視覚動作としての性格が強い)と考えられる。但し、"见到"を用いた表現の中には、(25)'''のように「見る」、「会う」いずれの動作を前提とした表現に解することも可能なケースが存在する [21]。4.1.1 で述べたように、"见到"が「見る」動作を表わす場合には、"-到"の働きによって主体から客体への単方向性

289

を帯びることとなるため、(25)'''が「会う」動作を前提として用いられる場合であっても、"见到"の客体に対する空間的方向性が皆無であるとまでは断定できない。また、"见"が「見る」動作を表わす場合には、4.2.3、5.2.2、10.3.2、11.1.2で述べたように客体から主体への空間的単方向性を有する[22]。このように"见"、"见到"は、「会う」という双方向動作を表わす働きを有する一方で、「見る」という非双方向動作を表わす働きをも有するため、日本語の「会う」に比べると双方向動作を表わす形式としての性格は弱いということができよう。

　一方、11.2.1で述べたように、同じく「会う」を用いた形式であっても、「(ヒト)ニ会う」と「(ヒト)ト会う」では、後者の方が動作の双方向性が相対的に際立っている。両形式の相違は、単方向的な「会う」と双方向的な「会う」を表現し分ける中国語の"看"、"看到"および"见"、"见到"の場合とは異なる。「会う」動作を表わす"看"、"看到"は、客体への単方向性を有する点において、日本語の「(ヒト)ト会う」よりは「(ヒト)ニ会う」に近い性格を有するとみることも不可能ではないものの、「会う」は"看"、"看到"とは異なってそれ自身が双方向性を有する形式である。また、"见"、"见到"は双方向的な「会う」を表わすことが可能な形式であることから、「(ヒト)ニ会う」よりは「(ヒト)ト会う」に近い性格を有するとみることも不可能ではないものの、前述したように双方向動作を表わす成分としての性格が「会う」よりも弱い。さらに、「会う」が11.2.1で述べたように非視覚的側面を有する抽象性の高い動作であるのに対し、"看"、"看到"および"见"、"见到"はいずれも視覚動作としての性格を強くとどめている。

　ところで、「会う」動作を表わす中国語の表現形式としては、これまでにあつかった視覚動作を表わす諸形式のほか、例えば

(26) 和朋友在咖啡店见面。（≪日汉双解 用法例解 日语近义词辨析≫「会う、出会う」の項を一部修正）

における"和～见面"のような、いわゆる前置詞とともに用いられるものが存在する。(26)においては、「会う」相手は"和"によって、いわゆる共同行為者[23]として表現されている。この点において、"见"、"见到"が"看"、"看到"

第 11 章　「見る」、「読む」、「会う」に対応する中国語の表現

の場合と同様に主体の動作について述べ、「会う」相手を客体とするのとは異なる。"见"、"见到"表現においては、客体は動作をはさんで主体の対極に位置し、"见"、"见到"は、空間的には双方向動作でありながらも、心理的には主体から客体に向けての抽象的な方向性を有することとなる。このことは、例えば

(27)　我去见他了，可是没见到。（第4章の(26)）
(28)　我一天一天地等，等到第六天才见到他。（第4章の(57)）

のような表現をみれば容易に理解されよう。(27)においては、"他"への空間的方向性が"去"から読みとれるのは言うまでもないが、"见"、"见到"は"去"とともに"我"の動作となっており、"他"に向けての非空間的方向性すなわち心理的方向性がみてとれよう。また、(28)においては、"我"が"他"に会うのを心待ちにしていたことが前件により明白であるため、"他"に向けての心理的方向性が、(27)の場合よりも一層明確にみてとれよう。このため、動作の双方向性は、「会う」相手を共同行為者として表現する場合の方が、"见"表現、"见到"表現の場合よりも際立っているということができる。このことは、"见"、"见到"が日本語の「会う」に比べて双方向動作を表わす形式としての性格が弱いということとも矛盾しない。前置詞とともに用いられて「会う」を表わす動詞としては"见面"のほか、さらに"会面"が挙げられる[24]。"见面"、"会面"という動作は、客観的事実としては視覚を用いて行なわれるものの、非視覚動作としての性格が強い。すなわち、これらの形式が表わす概念は、視覚動作を表わす諸形式の場合に比べると抽象性が高く、この点においても"见"、"见到"の場合に比べて日本語の「会う」により近い性格を有しているということができよう。また、動作の相手が前置詞により共同行為者として示されることから、日本語の「（ヒト）ニ会う」よりは「（ヒト）ト会う」に近い性格を有するとみてさしつかえないと考えられる[25]。

11.3　まとめ

　以上、日本語の「見る」と「読む」の使い分け、「見る／見かける」と「会

第Ⅰ部　日中対照編 ── "V到"表現をめぐる日中対照 ──

う」の使い分けを、視覚動作を表わす中国語諸形式の使い分けと比較して、各形式の特徴、日中両言語間に対応関係が成立する要因についての考察を行なった。

　日本語の「読む」、「会う」は、これらの前提となる客観的事実においては視覚による認知をともなうものの、視覚動作を表わすことを中心的な役割とする形式ではない。「読む」は言語活動の一環としての理解行為であり、「会う」は相手との相互的接触・交流をともなう動作であるというように、いずれも具体的な視覚動作にとどまらず、非視覚的側面をも有する抽象性の高い概念である点において、視覚動作を表わすにとどまる「見る／見かける」との間に一線を画している(11.1.1で挙げたような「理解する、判断する」という心理動作や「調べる」という抽象的行為を表わす「見る」の用法は、いわゆる派生義である)。これに対し中国語においては、「読む」動作、「会う」動作はいずれも視覚動作を表わす諸形式によって表わすことが可能であり、非視覚的側面を有するこれらの動作と純然たる視覚動作との間には、形式上の明確な相違がみられない。視覚動作を表わす中国語の諸形式は、それぞれが有する特徴の一つあるいはいくつかが日本語の「見る／見かける」、「読む」、「会う」との間に共通点・相似点を有することによって対応関係を成立させることとなるものの、特定の形式が「見る／見かける」、「読む」、「会う」のいずれかに対応するというような一対一の対応関係を形成するわけではない。

　また、中国語においては視覚動作を表わす諸形式のほか、非視覚動作としての「読む」を表わす"念"、"读"や、非視覚動作としての性格がより強い「会う」を表わす"和～见面/会面"などが存在するというように、日本語の場合とは異なる形で「見る／見かける」、「読む」、「会う」のような動作を表わす諸形式が使い分けられている。

第 11 章　「見る」、「読む」、「会う」に対応する中国語の表現

注

1) 「読む」の基本義については、国立国語研究所 1972：646-649、『日本語 基本動詞用法辞典(「よむ」の項)』を参照。
2) 『外国人のための楽しい日本語辞典(「よむ」の項)』には、「読む」の対義語として「書く」、「話す」が挙げられている。
3) 森田 1977：157 は、絵や図は音や意味概念を持たないから「絵を読む」とか「地図を読む」とは言わないが、それが意味するものを探り取るの意なら「読む」と言える、としている。「読む」が非文字媒体を客体とする点については、さらに『外国人のための楽しい日本語辞典(「よむ」の項)』、『日本語 基本動詞用法辞典(「よむ」の項)』を参照。
4) 「見る」のこのような派生義については、森田 1989：1094-1095、田中 1996：124、『日本語 基本動詞用法辞典(「みる」の項)』、『広辞苑(「みる」の項)』などを参照。
5) 田中 1996：123-124 には、「学生の答案／レポートを見る」における「見る」は視覚による認知に基づき対象を理解・判断することを表わすケースの一つである旨の記述がみられる。『外国人のための 基本語用例辞典(「みる」の項)』は、「見る」によって表わされる動作である「読む」、「調べる」をそれぞれ一つの項目としてたてている。これに対し森田 1984：206 は、「答案を見る」を「新聞を見る」と同様に「内容を理解し読みとる行為」と位置づけている。
6) 輿水 1980：151 は、"念"は口語的な成分であり、"読"は"念"の同義語でありいくらかたい感じがするものの、いずれも「声を出して読む」という意味で使われるのに対し、"看"は「目で見る→黙読する」の意味で使われるとしている。輿水はさらに、例えば"看报"は「新聞に目をとおす」ことを表わすのに対し、"读报"は"在车上给旅客读报。(車中で乗客に新聞を読んでやる。)"のような使い方が可能であるとしている。
7) ちなみに≪日语 5000 基本词词典≫は、「よむ」の項において"你**看**报吗？ —— 是的，每天**看**."に対し「新聞を**読み**ますか。 —— はい、まいにち**読み**ます。」を対応させる一方、「みる」の項においては"每天清晨报纸一来，我马上就**读报纸**."に対し「私は毎朝新聞がくるとすぐ**見ます**。」を対応させている。同様に、≪日语动词用法词典(「みる」の項)≫にも"他每天早晨**读报**．／毎朝彼は新聞を**見る**."のような対応例がみられる。これらの対応例からは、音読にとどまらず「読む」動作全般を表わすに至った"读"の用法と「見る」の派生的用法との接点がみてとれよう。
8) この点については第 3 章の注 12 を参照。(16) は、原典においては非文字媒体を客体とする内容の会話表現として用いられているが、単独では「見る」、「読む」いずれの動作を表わす表現として用いることも可能である。
9) 心理動作を表わす形式としての性格を帯びた"见"の働きについては、第 4 章の注 11 を参照。
10) 7.2.1 では、"看**到**"、"见"がいずれも視覚によってとらえた情景から状況を読みとることを表わす点について述べた。
11) 「ヲ」によって示される客体に向けての動作の単方向性については、第 9 章の注 20 を参照。また、本章では「ニ／ト」で示される成分をいずれも「相手」とするが、寺村 1982：88、95 は「ニ」で示されるものを「相手」、「ト」で示されるものを「片方」とよんで区別している。
12) 但し国立国語研究所 1972：442 は、偶然「あう」と、約束しておいて「あう」のいずれであるかはっきりきめにくい例、いずれであるかをせんさくすることが無意味な例があるとしている。
13) 「ゆくさきのむすびつき」、「くっつきのむすびつき」については、奥田 1983 b：291-298 を参照。
14) 奥田 1983 b：299 は、言語活動をしめす動詞が「ニ」格の名詞(ヒト)と組み合わされると「は

293

第Ⅰ部　日中対照編 ── "V 到" 表現をめぐる日中対照 ──

なし相手のむすびつき」ができるとしている。この組み合わせに用いられる動詞として同：300 が挙げている動詞のうち、「はなす、かたる、しゃべる、あいさつする、電話する、相談する」は、「会う」と同様に「ニ」のみならず「ト」によって名詞(ヒト)と組み合わされることも可能であり、その場合には主体と相手との双方向動作であることが一層明確となる。

15) 同様の記述は、久野 1973：62、沈国威 1997：52-53 にもみられる。相互行為の相手を示す「ト」の働きについては、さらに森田 1980：328-329 を参照。

16) 「彼」に会うために「行く」ことを表わす表現としては、(21)' よりも (21) の方が自然である。この点については、久野 1973：63 を参照。また、寺村 1982：88、95-96 の見方によれば、(21)' が「彼と会うために行く」、「彼と一緒に(誰かに)会いに行く」のいずれを表わす表現として用いられるかによって、「彼ト」の述語に対する関係が異なることとなる。寺村の分類によれば、(21)' において「ト」により示される「彼」は、前者のコトガラを表わす場合には「片方」、後者のコトガラを表わす場合には「連れ」ということとなる。

17) 輿水 1980：53 も、(24)' に対応する中国語表現としては (24) よりも "遇见过他" の方がいっそう適切であるとしている。また、5.2.2 で述べたように、"看见" においては "看" と "见" が「動作の過程──結果」を表わすため、視線の方向もおのずと客体に向けての単方向的なものとなる。"看见" が「会う」動作を表わすケースについては郭春貴 2001 にも記述があり、同：366 は、"看见他"、"看到他" はいずれも「彼に会った」を表わすが、前者は「目的がなくて、単に偶然に会った」を、後者は「彼に会う目的があって、会った」を表わすとしている。

18) 同様の例としては、"这个人好像在哪儿看到过。(≪现代汉语八百词≫ "到" の項) ／この人はどこかで見かけたことがあるようだ。(『中国語文法用例辞典』"到" の項)" が挙げられる。第 9 章の注 18 を参照。

19) このことは、4.1.2 で述べたように、"看" は主体のみの意志あるいは都合で一方的に「会う」ことを表わすのに対し、"见" は主体、客体双方の意志あるいは都合で「会う」ことを表わすという相違となってあらわれる。"看"、"见" がともに「人に会う」を表わすという点については、輿水 1980：53 を参照。

20) 8.2 で述べたように、ヒトを客体として「会う」動作を表わす場合には通常 "见到" が用いられ、"看到" を用いると話し言葉的な表現としての性格が一層強くなる。

21) (25)'" とは異なり、"见" を用いた "昨天我在车站见了小王。(第 5 章の (34)'、第 8 章の (13)")" は、「王さんと話をした」という場面が想定される表現である。ちなみに、黄利恵子 2001：168 には、日本語の「会う」は直接的接触にのみ用いられ、何かを媒介した接触には「見る」が用いられるのに対し、"见" はいずれの場合に用いることも可能である旨の記述がみられる。

22) このため、"どこかで君を見たようだ。／好像在哪儿见过你。(≪中级日语≫：67 を一部修正)" のような対応例がみられる一方で、郭春貴 2001：317 には、注 21 で挙げた中国語の表現例に対して「きのう駅で王さんを見かけました。」は対応しない旨の記述がみられる。"见" と「見る」の対応については 10.3.2 を参照。

23) "和(あるいは "跟" など)" によって示される「共同行為者」については、中川 1997：31-34 を参照。

24) (26) は原典では "会面" が用いられ、"见面" の場合よりも改まった感じが強い。

25) ≪日汉双解 用法例解 日语近义词辨析(「会う、出会う」の項)≫ は、"和朋友在咖啡店会面。" に対して「友達ト喫茶店で会う。」という日本語表現を対応させている。中川 1997：37 には、

第 11 章　「見る」、「読む」、「会う」に対応する中国語の表現

共同行為者を示す"和"、"跟"などが並列接続詞を兼ねる点についての指摘がみられ、"和 / 跟〜見面 / 会面"と「ト会う」との近似性がみてとれる。

第 12 章

むすび

　以上、中国語の"V到"表現を主たる対象として、

　①　"V到"における"-到"の働き、"V到"と日本語諸形式との対応関係
(第1章)
　②　"V到＋客体"と"V到＋トコロ"の連続性、"V到"と"V着(zháo)"、"V上"との使い分け(第2章)
　③　感覚動詞を用いた"V到"、"V見"の使い分け(第3章)
　④　"見到"における"-到"の働き、"見到"と"見"との使い分け
(第4章)
　⑤　"見"、"看到"、"看見"の使い分け(第5章)
　⑥　"看到"、"見到"の使い分け(第6～8章)
　⑦　"看"、"見"、"看見"、"看到"、"見到"と日本語諸形式との対応関係
(第9～11章)

についての考察を行なってきた。
　第1章においては、"V到"を「動詞＋補語」のように分析し、"-到"を結果補語の一つとしてあつかう従来の考え方の問題点がうきぼりとなった。文法機能語としての性格が強い"了"などとは異なり、"-到"は「到達する」という語彙的意味をとどめつつ動作の完結を確定する働きをする成分であり、結果補語とよばれる他の成分と同様に、過程に比重が置かれる傾向の強い中国語動詞の働きを補完している。動作が完結したことを表わす"V到"は、可能を表わす形式としての性格を兼ね備える一方で、動作の完結に対する話者の主観的判断を表わす成分との結びつきが強い"-到"の影響を受けてムード的な性格をも帯びている。"V到"が有するこのような性格が、日中両言語間で対応する動詞の意味構造の相違や、コトガラを状況中心に表現する日本語の傾向とも

第Ⅰ部　日中対照編 ──"Ｖ到"表現をめぐる日中対照──

あいまって、日本語の他動詞、複合動詞、自動詞、可能表現との対応関係成立の要因となっているのである。

　第2章においては、トコロを示す"-到"と動作の完結を表わす"-到"との間の意味上の境界が明確ではなく連続性があること、"V着(zháo)"が"V到"に比べて話し言葉的な表現形式としての性格が強く、主体があらかじめ意図していた動作の完結を表わす傾向が強いこと、完結した動作の結果が発話時においてまだ持続していることを含意する点において"V到"とは異なること、"V上＋客体"は一定水準への到達を表わすことが可能な点において"V到＋客体"、"V着＋客体"との間に一線を画すこと、などが明白となった。このような相違は、各形式が普通話において並存するにいたった歴史的経緯もさることながら、"-到"の語彙的意味が根本要因となって生じたものである。このことを、表意文字を用いた中国語における当然の帰結であると断じてしまうのはたやすいが、中国語における統語現象の分析にあたってこの点を置き忘れているのではないかと思われる研究が散見されるのも事実であり、とりわけ欧米言語に対する分析方法を前面に押したてたものに多くみられるようである。しかしながら、表音文字を用いた欧米言語においても、いくつかの類義表現の間にみられる相違が、それらを構成する成分の語彙的意味に起因することは少なくないのではなかろうか。また、"V到"と"V着"、"V上"との相違を考えていく過程でうきぼりとなった、トコロを示す"-到"と動作の完結を表わす"-到"との連続性という問題については、先行研究において考察の対象としたものはみあたらない。両者の間に連続性がある一方で、"V到＋客体"表現、"V到＋トコロ"表現に対してそれぞれ異なる分析がなされているのが現状である。これに類似したことは、藤堂・相原1985：72、輿水1985：270-271、390の記述にみられるように、"住在西郊"、"坐在椅子上"のような"V＋在・トコロ"表現に対して「動詞＋目的語（"住在＋西郊"、"坐在＋椅子上"）」、「動詞＋補語（"住＋在西郊"、"坐＋在椅子上"）」のような異なる分析法が存在するという事実にもみられるが、いずれの考え方をとるかはいわゆる文の分析に大きく影響するため、慎重なあつかいが求められよう。

　第3章においては、"V见"と比較した結果として、"V到"が感覚、理性の双方を働かせる動作を表わす点、有意志の動作を表わすことが可能な点、肯定的価値判断を含む点において"V见"とは異なること、動作性の強弱や客体に

第12章　むすび

対する必須度の点において"V見"にまさること、"-到"は"-見"よりも抽象的かつ広範な概念を表わす成分であってVへの従属度も高いため、主要部前項型の表現形式としての性格において"V到"が"V見"にまさること、などが明白となった。感覚動詞と組み合わされた"V到"、"V見"は、入門・初級のテキスト、参考書にしばしば登場するものの、一般には「結果補語」の項目において、「動詞＋結果補語」形式をとる他の成分とともに一括して紹介されることが多い。同様のことは、第4章および第6〜8章であつかった"見到"についてもあてはまる。これらの表現形式については、視覚動作を表わす動詞"看"、"見"の使い分けともからめて体系的な説明を行なう必要があるが、上記のように、"V到"、"V見"については「結果補語」の項目においてその一例として挙げられるにとどまり、"看"、"見"の使い分け、"見到"の用法については十分な説明がなされないのが通例である。また、結果に比重が置かれた"見"というペアの動詞を"看"がもつことからは、動作の過程に比重が置かれる傾向にある中国語動詞の特性が比較的明確にみてとれるため、この観点からも初学者に対して「動詞＋結果補語」の解説を行なうことが不可欠であり、それが理解されてはじめて中国語の動詞表現全般に対する十分な理解も可能となろう。

　第3〜8章における主たる分析方法としては、視覚動作を表わす中国語諸形式間の相違を個別の具体例を検討することによって抽出しようとする一種の帰納法を用いた。あつかう対象は中国語に限られ、日中対照の形をとっていないが、第9〜11章における考察のためには不可欠の作業であった。

　第3〜7章においては、"見"、"看到"、"見到"、"看見"の働きを比較検討し、理性の働きをともなうか否か、意志性の有無あるいは強弱、動作の空間的・時間的・心理的方向性、表現の他動性、肯定的価値判断の有無、話し言葉的か書き言葉的か、動作性・状態性の有無あるいは強弱、動作の瞬間性・持続性などの面における各形式の相違が明らかとなったほか、「読む」、「会う」を表わすケースについてもふれた。これらの考察結果をふまえ、第8章においては、"看到"、"見到"が「見る」、「会う」を表わす場合にどのような使い分けがなされるかについての考察を行ない、第11章への足がかりとした。

　第9〜11章においては、視覚動作を表わす中国語諸形式についての第8章までの考察結果をもとに、日本語の「見つける／見つかる」、「見かける」、「見る」、

第Ⅰ部　日中対照編 ——"V到"表現をめぐる日中対照 ——

「見える」、「読む」、「会う」との対応関係について考察を行なった。中国語諸形式間の使い分けを明確にした上でなければ、日本語諸形式との対応関係について論じることはできないからである。従来のように視覚動作を表わす"看"、"見"、"看見"のみをとり上げるのではなく、これらを、"看到"、"見到"をも含めた視覚動作を表わす諸形式の系列の中に位置づけることによって、日本語諸形式との間に存在する共通点・相似点あるいは接点が明白となるばかりでなく、"和～見面／会面"、「(ヒトに)ニ／ト会う」のような非視覚動作としての性格が強い概念を表わす形式との相違についても考察可能となり、対応関係成立の要因が明白となるのである。

　第1章で述べたように、"V到"に対応する日本語表現は他動詞、複合動詞、自動詞、可能表現のようないくつかのパターンに分かれ、対応関係成立にいたる要因がそれぞれに存在する。このことは、視覚動作を表わす日中諸形式間の対応関係成立についても同様であり、一つの対応関係成立に対して複数の要因が関わっているケースも少なくない。視覚動作を表わす諸形式を含めた「動詞＋結果補語」表現がいかなる日本語諸形式と対応するかについては、これまでもっぱら日本語複合動詞との対応という観点から考察がなされてきているものの、日中両言語間で対応するとされる動詞の意味構造、あるいは表現構造が異なる以上、より詳細な検討が必要であろう。今後のさらなる研究が待たれる次第である。

第Ⅱ部　日仏対照編

― 日本語からみたフランス語／空間表現と進行表現 ―

序章

研究の対象と方法

　フランス語をはじめとする欧米言語においては、統語上の規則が形に反映され、それらがおおむね義務的である点において中国語の場合とは対照的である。日本語話者が外国語として学ぶ際には、これらの習得に膨大な時間と労力が費やされる。一例を挙げれば、フランス語の学習では、名詞・動詞・形容詞の性・数一致の問題や、動詞の活用の問題が学習過程で常についてまわる。形態変化のほかに、日本語話者との発想の違いが反映された語や表現(いわゆる「文」)レベルにおける相違、表現構造の相違について理解することも大切であり、いずれも正しい理解・運用のために欠かせないものである。

　この反面、日本語話者の側からフランス語や中国語をながめてみると、コトガラを表現するためのメカニズムが似ているのではないかと感じられることがある。言語として近い関係にあるわけでもないのに、発想の面では似ている、あるいは近いと思われる部分がある。対照研究を行なっていると、言語間の相違点にばかり目がいくことが多いが、一方では共通点や相似点が存在するのも事実である。例えば、動詞の現在形や"être en train de＋不定詞"を用いたフランス語進行表現には、"呢"、"在(V)"、"(V)着(zhe)"を用いた中国語の進行表現、「テイル(トコロダ)」を用いた日本語の進行表現と相通じる部分があり、これに着目することによって言語一般に共通する進行表現のメカニズムをさぐることが可能となる。それらはむろん、細かな点では相互に異なっており、これらを観察することにより、さらに各言語における進行表現の特徴が明らかとなる。

　第Ⅱ部は、フランス語の語彙および統語上の特徴について、日本語あるいは中国語と対照させながら考察することを目的とする。第1～2章においては入門・初級段階で登場するものを対象とし、日本語話者に対するフランス語教育、日仏対照研究へのテーマを提示することを念頭に日本語との相違について概観する。ここでとり上げる材料のうち、空間表現に用いられるいわゆる前置詞

第Ⅱ部　日仏対照編 ── 日本語からみたフランス語／空間表現と進行表現 ──

の"dans"は、様々な日本語格助詞との間に対応関係を有する。対応関係成立の要因をさぐることにより、それぞれの言語話者による空間のとらえ方の相違が鮮明にうかび上がってくる。空間をどのようにとらえ、どのように言語に反映させるかということは、空間を含めた具体的なコトガラ全体をどのようにとらえ表現するかに直結している点において極めて重要である。このような理由から、第3章においては、"dans"を用いた表現を中心として日仏両言語間の空間表現の相違について考察する。また、第4〜5章においては、前述したような理由から、フランス語進行表現を中国語、日本語のそれと対照させながら共通点・相似点、相違点を明らかにする。各言語は進行表現を構成する成分あるいは手段をそれぞれに選択しているが、これらはテンス、アスペクト、ムードのいずれかに分類しきれるものではなく、相互に不可分の関係にある。本書における進行表現の対照作業は、これら三つの概念規定についても改めて検証の必要性を提示することとなろう。空間表現、進行表現については、成戸2009において日中対照の観点から考察を行なった。ここで得られた結論がフランス語を考察の対象とした場合にどのように生きてくるかということは、言語の枠を越えて通用する法則性を見いだせるか否かの可能性に関わることである。そのような展望を抱きつつ、第Ⅱ部においては下記のようなものを主な考察対象とした。

  第1章 ── "vous"と"tu"、"regarder"と"voir"、"avoir"と「もっている／ある・いる」、"aller"と"venir"、"être en train de＋不定詞"
  第2章 ── トコロを示す"dans"、"sur"と日本語格助詞、"apprendre"と"louer"、"commencer"と"finir"、身につけ動作を表わす"mettre／porter／avoir／s'habiller"
  第3章 ── 仏：トコロ・手段(道具)を示す"dans"、手段(道具)を示す"avec"
     日：トコロ・手段(道具)を示す格助詞「デ」
  第4章 ── 仏：動詞の現在形を用いた進行表現、"être en train de＋不定詞"
     中："呢"を用いた進行表現、"在V"、"V着(zhe)"
     日：「Vテイル(トコロダ)」

第5章 ── 仏：動詞の半過去形を用いた進行表現、"être en train de＋不定詞"、動詞の複合過去形を用いた表現
中："在V"、"V着(zhe)"
日：「Vテイタ」、「Vテイルトコロダッタ／テイタトコロダ」

第1章

日本語からみたフランス語（1）

1．0　はじめに

　言語の表現形式には、言語話者のコトガラに対する認識の仕方が反映されていることが多い。言うまでもなく、言語はそれが使用されている社会の価値体系と不可分の関係にあり、社会の価値体系は、それぞれの社会が築かれてきた歴史や自然環境などと不可分の関係にある[1]。言語が異なれば生活習慣や慣習、個人あるいは組織の行動原理も異なることが多いため、交流に際しては、互いに相手を理解・受容しながらコミュニケーションを行なう姿勢が求められる[2]一方、他言語話者が有するものの見方・考え方が日本語話者のそれとどのように異なるかを知っていれば、よりスムーズなコミュニケーションが可能となる。
　本章では、フランス語話者のものの見方・考え方を、入門・初級段階で学習するフランス語のいくつかの語彙・統語現象を通してみていく。日本語話者にとって、フランス語が学習に多くの困難をともなう言語であることは否定できない。語単独の場合と連続した場合とでは発音が異なるのに加え、語形変化をはじめとする様々な規則があるため、それらの習得に多くの時間が割かれるのはやむをえない。しかし、日本語話者がフランス語を正しく理解するためには、コトガラのとらえ方をはじめとするものの見方・考え方が日本語話者とどのような点で異なるかを知りつつ学習を進めることが重要であり、その必要性は学習者がフランス語でコミュニケーションを行なうようになるにしたがって高まっていく。本章は、このような観点からいくつかの素材をとり上げ、日本語話者に対するフランス語教育および日仏対照研究への新たなテーマを提示することを目的とする。

1．1　語義の相違にみられる異文化

　具象物を表わす名詞の中には、客観世界のとらえ方における日仏両言語話者

第Ⅱ部　日仏対照編 ── 日本語からみたフランス語／空間表現と進行表現 ──

の相違が比較的とらえやすく、学習者の興味をひくものが多い。そのような例としては、日本語の「エビ」、「マメ」に対応するフランス語名詞が存在しないことや、家畜を表わすフランス語名詞が日本語のそれよりも細分化されていることなどが挙げられる。具体的には、「エビ」、「マメ」は

　　　「エビ」── "crevette（小エビ）"、"gambas（車エビ程度のもの）"、
　　　　　　　　"langouste（イセエビに近いもの）"、"écrevisse（はさみの
　　　　　　　　大きなザリガニ）"、"homard（ザリガニの大きなもの）"

　　　「マメ」── "fève（ソラマメ）"、"haricot（インゲンマメ）"、"petit pois
　　　　　　　　（エンドウマメ）"、"cacahouète（南京マメ）"、"soja（大豆）"

のように、「ウシ」は

　　　「ウシ」── "bœuf（去勢された雄牛）"、"taureau（去勢されていない雄牛）"、
　　　　　　　　"vache（雌牛）"、"veau（子牛）"、"génisse（若い雌牛）"、
　　　　　　　　"taurillon（若い雄牛）"

のようにそれぞれ個別に語が与えられている点において、「××エビ」、「××マメ」、「××ウシ」のような二次的な区別をする日本語の場合とは異なっている[3]。「エビ」、「マメ」、「ウシ」を表わす語はいずれも食に関わるものであり、食材や料理の名前にしばしば登場するため[4]、フランス語圏に滞在する外国人にとっては不可欠の知識であるということができよう。「エビ」、「マメ」、「ウシ」の場合とは反対に、日本語の語彙に細かな区別がみられる例としては、"riz"が挙げられる。日本語では「イネ」、「コメ」、「ゴハン」のように区別してよばれるものは、フランス語ではいずれも"riz"とよばれる[5]。調理法において日本と異なる[6]という点もさることながら、フランスの食生活では"riz"は主食ではなく、かつ"légume（野菜）"に分類されていることを知っておく必要があろう。"riz"は"pain（パン）"の場合と同様に主食ではなく、"pâte（めん類）"とともに"légume（野菜）"に分類される[7]。"riz"、"pâte"を"légume"としてあつかうのは、野菜料理に使われるためである。フランス

語テキストの中には、料理の各品がコースのどの位置を占めるものであるかをたずねる設問がみられるケースもあり[8]、学習者が"légume＝野菜"として覚えるにとどまらず、周辺情報とともに理解するための配慮がなされている。

　名詞は動詞や形容詞に比べ、社会情勢の変化がより反映されやすいものであると思われる。周知のように、フランス語名詞には"étudiant／étudiante"のように男性形と女性形をそなえたものが存在する。藤田・清藤2002：27には、伝統的にもっぱら男性だけが占めていた職業（"professeur＝先生"など）を表わす名詞は男性形のみ存在していたが、女性の社会進出にともなって女性形の名詞も認めようとする動きがあり、「弁護士」を表わす語として女性にも"avocat"を使っていたものの最近は女性形の"avocate"がよく使われる傾向にある旨の記述がみられる。男性形のみ存在する職業名詞としてはさらに、「医者」を意味する"médecin"が挙げられる。また、作家を意味する"écrivain／écrivaine"は、『ポケットプログレッシブ 仏和・和仏辞典（"écrivain, e"の項）』に、"écrivaine"という女性形が存在する一方で、女性にも男性形が用いられる場合がある旨の記述がみられる。言語は社会における様々な変化の影響を受けるが、職業を表わす名詞における女性形の出現は、最も明確な形でその変化が認められるケースの一つであろう。いかなる職業を表わす名詞に女性形が存在せず、あるいはかつては男性形のみ存在していたものに女性形が出現したかということからは、特定の職業領域への女性の進出状況が見いだされる。

　学習者は限られた時間の範囲内で語を覚えていくことを余儀なくされるため、教える側にとっても上記のような事例をどこまで紹介するかという点では慎重さが求められよう。しかし、フランス語の語彙を正しく理解することと、フランス語話者のものの見方を理解することは表裏一体であり、フランス語を正しく運用する能力を養う上で不可欠である。このことを端的に示すのが、"chaise（椅子）"と"fauteuil（ひじ掛け椅子）"の相違である。周知のように、両者はひじ掛けの有無によって区別されており、"chaise"にすわる動作は"s'asseoir **sur** une chaise"のように「の上（ウエ）／表面」を含意する"sur"を、"fauteuil"にすわる動作は"s'asseoir **dans** un fauteuil"のように「の中（ナカ）」を含意する"dans"を用いて表わされる。このことは、フランス語では「ひじ掛けなしの椅子」と「ひじ掛け椅子」を区別するという語彙レベル

の問題にとどまらず、"s'asseoir（すわる）"という動作との関わり方において両者が異なるとらえ方をされていることをも意味する。これに対し日本語においては、ひじ掛けの有無にかかわらず「椅子ニすわる」によって表わされる[9]。

　以上のような、具象物を表わす名詞にみられる両言語間の相違についてふれることは、フランス語学習者が興味をもちやすく、かつ理解しやすいのに加え、いわゆる抽象名詞や形容詞・動詞などについても同様の現象が存在することを意識しながら学習を行なうことをうながす効果を生む。例えば、形容詞"chaud／chaude"に対して「暑い」、「熱い」が対応することや、"froid／froide"に対して「寒い」、「冷たい」が対応すること、さらには"frais／fraîche"が「冷たい」、「涼しい」のいずれにも対応するのに対し、"doux／douce"が「温暖な」、「甘い」に対応することからは、温度の高低を表わす単語の基本義および派生義が、対応する日本語の単語とどのように異なるかがみてとれる。また、「思う」、「考える」に対応する"croire（思うこと、信じることを述べる場合に用いる）"、"penser（考えを述べる場合に用いる）"、"trouver（印象や感想を述べる場合に用いる）"や、「知る」、「わかる」に対応する"comprendre（「理解する」という意味でのわかる）"、"savoir（「知っている」という意味でのわかる）"、「知る」に対応する"connaître（見たり聞いたりして「知っている」）"などの心理動詞は、口頭でのコミュニケーションにおいて繰り返し用いられるものであり、早い段階からその区別に慣れておく必要があろう。このようないわゆる類義語の使い分けに注意を向ける姿勢を養うことにより、「〜できる（可能）」に対応する"pouvoir＋不定詞"、"savoir＋不定詞"、"Il est possible de＋不定詞"、"arriver à ＋不定詞"や、「〜しなければならない」に対応する"Il faut＋不定詞"、"devoir＋不定詞"、"avoir besoin de＋不定詞"などの類義表現についても、その使い分けを意識しながら学ぶようになる。

1．2　"vous"と"tu"

　いわゆる「人称代名詞」は、フランス語学習の初期段階で登場するものの一つである。人称代名詞に続く述語動詞の活用形を覚えるのもさることながら、二人称の"vous"と"tu"の区別は学習者が理解しづらいものである。泉1989：130に述べられているように、"tu"が「君」に、"vous"が「あなた」に対応

するとは限らない。同：130-135 には、"vous"、"tu" の使い分けについて、両者はもともとは社会的な力関係によって区別され、上位の者に対しては "vous" が、下位の者に対しては "tu" が使用されていたが、後には親疎の度合いによる区別、すなわちそれほど親しくなく、改まった関係にある者に対しては "vous" が、親しい間柄にある者に対しては "tu" が使用されるように変化した旨の記述がみられる。このような "vous"、"tu" の使い分けを反映しているためと思われるが、入門・初級あるいは中級レベルのテキスト、会話書の表現例には、"vous" を用いた表現に対して「デス／マス」体の、"tu" を用いた表現に対して「デアル／ダ」体の日本語表現を対応させているケースが少なくない[10]。しかしこのような例をいつも目にしていると、学習者が「"vous" を用いた表現は日本語の『デス／マス』体の表現に、"tu" を用いた表現は日本語の『デアル／ダ』体の表現に対応する」と誤解してしまう恐れがある。泉1989：131 の記述にみられるように、"vous"、"tu" の使い分けには現在でも社会的な力関係が反映されるケースがある一方、それとは異なる基準によるケースも存在する。以下の表現例にみられるように、職場などで上司や先輩に対して "tu" が使われる場合がそれにあたるが、このような "tu" の用法は日本語話者にとって理解することはできても感覚的にすんなりとは受け入れにくく、とりわけ初学者にとっては使用がためらわれることも多いのではなかろうか。

(1) Benoît : À propos, on **se tutoie**? Tu es de la maison, maintenant!
   Laurent : Oui, bien sûr … (REFLETS 1 : 31)

(2) M. Fernandez : Super. Alors, on se voit demain, et ici on **se tutoie**.
    C'est la règle.
   Pascal : D'accord. …… (同上：71)

(1) では、職場の先輩である Benoît が新入社員（研修生）の Laurent に対して、「君も職場のメンバーだから今後は互いに "tu" で呼び合おう」と言い、(2) では、文化センターの所長である M. Fernandez が、採用面接に来た青年の Pascal に対して「ここでは "tu" で呼び合おう。それが決まりだ」と言っている。これらの例は、社会的な力関係あるいは上下関係とは異なる視点から "tu" の使

311

用が選択されることを示しており、これから一緒に仕事をしていく仲間として、信頼関係をもとに意思疎通をスムーズに行なっていこうという意図が込められていると推察される。一方、映画『モンパルナスの灯』には、恋人のジャンヌ・エビュテルヌの住むアパルトマンを訪ねて来た主人公のアメデオ・モディリアーニを、管理人の男性が

(3) Mais où allez-**vous**？ Où allez-**vous**？ Descendez！

ととがめるシーンがある。この発話に対する字幕スーパーは

(3)' どこへ行く？ 待て！ 降りて来い！

であり、相手に対する警戒を含んだ場面における発話であるため日本語の「デス／マス」体は対応しえない。(3)の場合には、話し手と聞き手との間に社会的上位関係が存在するとは考えにくく、あるのは心理的な距離のみである。
　これに対し、

(4) 　P.D.G. : **Vous** avez vu ce chiffre？
　　　Secrétaire : Oui, monsieur. (……) C'est un très beau chiffre
　　　　　　　　d'affaires.（古石 1999 : 50）
(4)' 社長：あの数字を見たかね。
　　　秘書：はい。(……) 大変見事な売上高でございます。（同上 : 53）

の場合には、社会的上下関係のはっきりした社長と秘書の会話の一部である。(4)' の日本語表現においてはこの点が明確に反映されているのに対し、(4)では社長の方が"vous"を用いている。この場面における登場人物は社長と秘書の二人だけであるため、"vous"を用いることで、相手との立場の違いを反映した心理的な距離を置く効果が生じているとみるのが自然である[11]。
　さらに、NHK 2003年6月：10-11 には、フランスへホームスティに行った日本の女子高校生ミオが、ホームスティ先の家族とともに祖父母の家に行って夕食をとる際に交わす以下のような会話がみられる。

(5)　Thérèse : … Ah, **vous** avez dix-sept ans. **Vous** êtes donc lycéenne？
(5)'　テレーズ（祖母）：…ああ、17歳なんですか。じゃあ、高校生ね。

(6)　Maurice : Mais où avez-**vous** appris le français？ **Vous** parlez
　　　　　　　très, très bien !
(6)'　モーリス（祖父）：でも、どこでフランス語を習ったの。ほんとにすご
　　　　　　　くじょうずだ！

　(5)、(6)では、年長者である Thérèse、Maurice が、年少者であるミオに"vous"で話しかけている。初対面であるためミオとの間に心理的な距離を置いていることによると考えられるが、(5)に対しては(5)'のような「デス／マス」体および「デアル／ダ」体の表現が、(6)に対しては(6)'のような「デアル／ダ」体の表現がそれぞれ対応している。
　"vous"、"tu"の使い分けが主として親疎の度合いによることは、初級テキストに挙げられている典型的用例によってある程度理解できるものの、日本語の「君」、「あなた」のような二人称代名詞の使い分けとの相違や、「デス／マス」体、「デアル／ダ」体との対応については、学習の段階に合わせた継続的な解説が必要である。"vous"と"tu"の使い分けは、口頭でのコミュニケーションにおいて常に意識しなければならないことであり、フランス語話者が他者とどのように心理的な距離をとりながら意思疎通を行なっているかの手がかりがそこから得られる。日本語話者の距離のとり方と比較した上での適切な教授法が求められよう。

1.3　動詞
　本節では、初級レベルで登場する動詞のうち、"regarder／voir"、"avoir"、"aller／venir"をとり上げる。いずれも具体的な動作を表わすため比較的理解しやすいように思われるが、それぞれ、「見る／見える／会う」、「もっている／ある（いる）」、「行く／来る」との対応関係に注意しながら学んでいく必要がある。

第Ⅱ部　日仏対照編 ── 日本語からみたフランス語／空間表現と進行表現 ──

1.3.1　"regarder"と"voir"

　日本におけるフランス語学習者の多くは英語を学習した経験があるため、"regarder"、"voir"の説明にあたっては、英語の"watch"、"look at"、"see"などの使い分けが参考とされることも多いと思われるが、日本語の「見る」、「見える」、「会う」と対照させて説明されることは少ないのではないか。テキストにとり上げられる表現例の中には、例えば

　　(7)　Pépite, je **vois** quelqu'un dans le jardin. (NHK 2003年7月：20)
　　(7)'　ペピート、庭に誰かが**見える**。(同上：21)

のように、"voir"に「見える」が対応しているものが少なくない。(7)は主体"je"が中心に置かれた動作表現（ドウスル表現）であるのに対し、(7)'は視覚でとらえられた対象「誰か」が中心に置かれた状況表現（ドウナル表現）であるという相違がみられ、コトガラのとらえ方が大きく異なっている。森田1988：93、94が述べているように、「見える」は意志性の有無にかかわりなく対象がおのずと視野に入ってくる状態、すなわち状況（ドウナル）を表わす。一方、日本語においては、有意志、無意志のいずれであるかにかかわらず、視覚による対象認知を動作として表わす場合には「見る」を用いることが可能であるため、以下のように"voir"に対して「見る」が対応するケースも存在する。

　　(8)　J'**ai vu** cela de mes propres yeux.
　　(8)'　それは私がこの目ではっきり**見た**ことだ。

　　　　　　　　　　　　　　　　　　　（『ディコ仏和辞典』"voir"の項）

　"voir"と「見える」、「見る」とのこのような対応関係については教育の場においてあまりふれられることはなく、"voir"に対して「見る」が対応するケースについて十分な説明がないということも少なくないのではないか。視覚による対象認知を表わす表現には、日仏両言語話者の発想の相違が鮮明にみてとれる(7)、(7)'のようなケースが存在するため、このような角度から説明がなされれば、コトガラに対する認識の仕方が言語によって異なることを学ぶよい機会となる。

"voir" とは異なり、"regarder" は意志性が明確であり、かつ一定方向に向けて視線を送る過程に比重の置かれた動詞であると考えられる。このことは、例えば

(9) **Regarde**, Pépite, ils sont beaux, ces perroquets ! (NHK 2003年9月 : 10)
（見て、ペピート、あのオウムきれいね！）（同上 : 11）

のような命令表現や、

(10) Annie, une collègue, est dans le couloir. Elle **regarde** dans le bureau de Benoît. (REFLETS 1 : 30)
（同僚のアニーは廊下にいる。彼女はBenôitの部屋をのぞいている。）
※日本語は筆者

のような、特定の空間に積極的に視線を向けようとする動作を表わす表現に用いられることによっても明白である。細かくみていけば、"regarder" と "voir" との間には、意志性の有無（もしくは強弱）の点、「視線を送る段階」と「対象を認知する段階」のいずれに比重を置くかという点における相違が存在すると推察される。また、"regarder" の場合には、視線が動作主体から対象（客体）に向かうことを表わすのに対し、"voir" の場合には、(7)のように対象が自然に目に入ってくることを表わすため "regarder" とは反対の方向性を有することとなるケースや、

(11) Vous passerez nous **voir** bientôt. (NHK 2003年8月 : 37)
(11)' 近いうちに私たちに**会**いに寄ってください。（同上）

のように「会う」動作、すなわち当事者が共同で行なう双方向的な動作を表わすケースが存在する。ちなみに「会う」動作を表わすには "voir" のほか、「互いに」を含意する、いわゆる代名動詞の形式 "se voir" を用いる方法があり、

(12) On **se voit** de temps en temps. (中村2001a : 134)

315

(12)' 私たちはときどき**会っています**。(同上)

のように用いられるため、「方向性」という視点から"voir"について考察する際には慎重さが求められる。しかし、"regarder"、"voir"の相違に関する説明に「方向性」[12]という視点を加えることは、両者の間に存在する本質的相違に迫る上では有効であり、その必要性は学習者のレベルが高くなるにつれて増すと考えられる。このことは、"regarder"、"voir"と同じく感覚による認知を表わす"écouter"、"entendre"についても同様にあてはまり[13]、「聞く」、「聞こえる」の使い分けとの相違にも言及しながら解説を行なう必要がある。

1．3．2 "avoir"と「もっている」、「ある／いる」

"avoir"は、「もっている」に対応する動詞として最初に紹介され、例えば

(13) Il **a** une grosse voiture noire.（500語：127）
(13)' 彼は大きな黒塗りの車を**持っている**。(同上)

のような表現例を用いて解説されることが多い。しかし、泉 1989：57 が指摘するように、日本語では「ある／いる」を用いた存在表現によって表わされるコトガラが、フランス語では"avoir"表現によって表わされることが少なくなく、例えば

(14) Il **a** une maison de campagne.（中村 2001a：56）
(14)' 彼は田舎に別荘を**もっています**。
(14)" 彼には田舎の別荘が**あります**。(同上)

(15) Tu **as** de l'argent？
(15)' 君はお金を**もっている**か。
(15)" 君(に)はお金が**ある**か。

のように「もっている」、「ある」の双方が対応するケースや、

(16)　J'ai deux enfants.（500語：24）
(16)'　私には子供が2人います。（同上）

(17)　Je n'ai plus de clients.（NHK 2003年6月：37）
(17)'　もうお客がいない。（同上）

のように「もっている」による表現が対応しないケースが存在する。日本語では「ある／いる」の発想により表現されるコトガラが、フランス語では「もっている」の発想により表現される[14]点については、早い段階から学習者に対して注意をうながす必要がある。このことは例えば、パン屋に入った客が店員に対して

(18)　Vous avez des croissants?（川口ほか2000：14）
(18)'　クロワッサンはありますか。（同上）

とたずねる場合や、ホテルのカウンターで客が

(19)　Vous avez une chambre à deux lits?（500語：43）
(19)'　ツインの部屋はありますか?（同上）

とたずねる場合のように、日本語では「もっている」によっては表現されないケースが初級のフランス語表現にしばしば登場することによっても理解できよう。これらの表現例においては、"des croissants"、"une chambre à deux lits"が聞き手の側に属するものであると判断されたために"avoir"が用いられていると推測される。コトガラに関わる事物が聞き手の側に属するものとして表現されている例としては、聞き手が発話時における所有者である(18)、(18)'および(19)、(19)'のようなケースのほか、例えばホームスティ先の家族が滞在者を部屋に案内する際の発話である

(20)　Voilà votre chambre. Vous avez un lit, un bureau et une armoire.
（NHK 2003年4月：30）

(20)' ここがあなたの部屋です。ベッドと机、そしてタンスが**あります**。

(同上：31)

のようなケースも存在する。(20)においては、話し手の所有物である部屋が、これから使うはずの聞き手(滞在者)の側に属するものとして表現されている。この点に関しては詳細な検討を経なければならないのは言うまでもないが、初級段階で必ずといってよいほど登場する(16)、(16)'や、

(21)　Vous **avez** des frères et sœurs？(NHK 2003年6月：10)
(21)'　ごきょうだいは**いる**の。(同上：11)

(22)　Non, non, je n'**ai pas** le temps.　(NHK 2003年6月：40)
(22)'　ええ、時間**ない**から。(同上：41)

(23)　Thérèse, j'**ai** quelque chose à te dire.　(NHK 2003年7月：50)
(23)'　テレーズ、話が**ある**んだ。(同上：51)

のような表現例をみても、日本語であれば「ある/いる」表現によって表わされるコトガラが、フランス語では主体と結びついた"avoir"表現によって表わされるというケースが珍しくなく、この点についての説明が不可欠であることは容易に理解できよう。

ところで、周知のように、「ある/いる」を表わす形式としては"il y a～(～がある/いる)"を最初に学習することとなるが、例えば

(24)　J'**ai** un examen d'anglais demain.　(NHK 2003年6月：20)
　　　(明日英語の試験があるから。)

(25)　Elle est très gentille mais elle **a** un gros problème.

(NHK 2003年6月：30)

(すごく親切な人なんだけど、大きな問題をかかえてるんだ。)

318

のような"avoir"表現と、

  (26) Oui, il y a un test de niveau à neuf heures. (NHK 2003年5月：28)
     (はい、9時にクラス分けのテストがあるんです。)

  (27) Oui, mais il y a un petit problème. (NHK 2003年7月：40)
     (ええ、でもちょっと問題があるんです。)

のような"il y a～"表現がともに成立するケースが存在する。二つの表現形式の相違は、

  (28) Il fait chaud／froid. (泉 1989：59)
  (29) Elle a chaud／froid. (同上)

の相違に通じると考えられる。すなわち、泉 1989：59 が指摘するような、(28)は気候としての暑さ・寒さをいうのに対し、(29)は身体で感じる暑さ・寒さをいい、夏でも風邪をひけば

  (30) J'ai froid. (同上)

が用いられるということは、コトガラに関わる事物が主体の側に属すると判断される場合には"avoir"表現が用いられるという前述したこととつながりがありそうだということである。
　また、"avoir"表現は、例えば

  (31) Cette salle a trois fenêtres. (泉 1989：57)

のような、無情物について述べる場合に用いることが可能である点においても「もっている」とは異なり、「ある／いる」が対応する要因の一つとなっていると考えられる。
　学習者が"avoir＝もっている"、"il y a～＝～がある／いる"の発想から

319

第Ⅱ部　日仏対照編── 日本語からみたフランス語／空間表現と進行表現 ──

ぬけ出せないでいる間は、客として店を訪れた際に(18)、(19)のような"avoir"表現よりは、

(32) Il y a du dessert, alors？(REFLETS 1 : 111)

のような"il y a～"表現の方が先に思いうかぶことが多いと思われるため、"avoir"の用法に習熟することによってフランス語話者の発想による自然な表現を身につける必要がある。このことは、例えば

(33)　Ils ont de jolies fleurs dans leur jardin. (500語 : 32)
(33)'彼らの庭にはきれいな花が**咲いている**。(同上)

のような表現を使いこなすためにも必要である。(33)'は「どこに何がある」と同様の語順をとっており、「ある／いる」の発想が背後にある。存在のありようは「咲いている」によって具体的に表わされているが、"avoir"表現との間に対応関係が成立する点においては

(34)　Nous **avons** une grande table en bois dans le salon.
(中村2001a : 114)
(34)'居間に大きな木製のテーブルが**あります**。(同上)

の場合と同様である。

1．3．3　"aller"と"venir"

　"aller"は「行く」に、"venir"は「来る」に対応する動詞として紹介されるのが一般的であるが、英語の"come"の場合と同様に、「行く」に対して"venir"が対応するケースが存在し、テキストや参考書においてもしばしばとり上げられる。例えば、「後日食事に行く」という約束を交わしている場面において話し手の一人が「私も行きます」という場合は"Je viens."が用いられる。同様の例としては

320

(35)　Pépite : Tu vas où, Maya ?
　　　Maya : Ah, c'est toi, Pépite. Je **vais** à la banque. Je n'ai plus
　　　　　　d'argent français. Toi, tu restes à l'hôtel.
　　　Pépite : Oh, non, je **viens** avec toi.（古石 1999 : 30）

(35)'　ペピート：どこ行くの、マヤ。
　　　マヤ：あら、ペピートじゃない。銀行に**行く**の。もうフランスのお
　　　　　　金がないから。あなたはホテルにいなさい。
　　　ペピート：いやだ、いっしょに**行く**。（同上：33）

(36)　Yoko : Alors, notre rendez-vous, c'est demain à dix heures devant
　　　　　　la poste, n'est-ce pas ?
　　　Marion : Euh, c'est-à-dire que je ne peux pas **venir**. Car demain, je
　　　　　　pars pour faire du ski avec Jacques.（藤田・清藤 2002 : 150）

(36)'　洋子：じゃあ、明日 10 時に郵便局の前で待ち合わせね。
　　　マリオン：あのう、実は**行け**なくなったの。明日ジャックとスキー
　　　　　　に行くことにしたから。（同上）

が挙げられる。(35)においては、マヤが銀行に（一人で）向かうことを言うのには "aller" が、ペピートが聞き手であるマヤについて行くことを言うのには "venir" が用いられている。また、(36)においては、明日の約束の場にいるはずの Yoko（聞き手）に向かって「行けない」と言うのには "venir" が用いられている。"venir" に「行く」が対応するのは、安生 1990 : 17-20、久松 1999 : 37、加藤 2002 : 68-69、藤田・清藤 2002 : 151 に述べられているように、"venir" が「来る」とは異なって、聞き手に向かって移動する場合や、聞き手と一緒に移動する場合に用いることが可能なためと考えられる。学習者が "aller"、"venir" の誤用を避けるためには、このような発想レベルの相違に習熟することが求められる。ちなみに、聞き手に向かっての移動に「来る」動作を表わす動詞を用いる現象は英語やフランス語のほか、中国語にもみられる。日本語の「行く」、「来る」との相違という観点から移動動作を表わす外国語の動詞を

321

みていくことは、日本語話者に対する外国語教育、およびその基盤となる対照研究における重要なテーマの一つである[15]。

ところで、久松 1999：37 に述べられているように、"venir"は、"venir＋不定詞"形式で

(37) Il **vient** aider son frère chaque matin.

のような「〜しに来る」を表わす働きを、"venir de＋不定詞"形式で

(38) Nous **venons** d'arriver à Haneda.

のような「〜したばかりだ」を表わす働きを有する。いわゆる近接過去形"venir de＋不定詞"が有するこのような働きについては、例えば

(39) Je **vais** faire du tennis dimanche prochain.（NHK 2003年8月：18）
(39)' 今度の日曜日にテニスをします。（同上）

のようないわゆる近接未来形"aller＋不定詞"で「〜する（つもりだ）」を表わす用法とともに、「動作を時間の流れの中でどのように位置づけるか」という観点から説明がなされる必要がある。"aller＋不定詞"の説明は、例えば

(40) Je **fais** du tennis dimanche prochain.（同上）

のようないわゆる現在形で未来の動作を表わす用法や、

(41) Je **ferai** du tennis dimanche prochain.（同上）

におけるようないわゆる単純未来形などと比較して行なわれることが多いが、"venir de＋不定詞"と比較しながら解説を行なうことにより、空間移動を表わす動詞が時間的な概念を表わす働きを備えるにいたった[16]過程を学習者に理解させることが可能となる。このことは、移動動詞である"aller"、"venir"

がなぜ"aller＋不定詞"、"venir de＋不定詞"のような「近接未来／過去」の用法を構成するのかという、学習者の素朴な疑問に答えることでもある。NHK2003年5月：28-29、35に記載されているように、"aller＋不定詞"を用いた表現の中には、例えば

(42) Et ce soir, mes enfants, nous **allons** dîner chez mes parents.
(NHK 2003年5月：28)
(42)' 今晩はね、両親のところにご飯食べに**行きます**からね。(同上：29)

のような、"aller＋不定詞"が「〜しに行く」、近接未来のいずれを表わしているかの判別が困難なものがある[17]。このような表現例における"aller"は、移動動作を表わすと同時に近接未来を表わす働きをも帯びているということができ、空間表現と時間表現との連続性について知る手がかりとなる。

1．4 "être en train de＋不定詞"

周知のように、進行中の動作は英語では

(43) What **is** she **doing** upstairs？(久松 2002：20)

のように"be＋〜ing"によって表わされるが、フランス語では

(43)' Qu'est-ce qu'elle **fait** en haut？(同上)

や、あるいは

(44) Les oiseaux **volent** dans le ciel. (青木 2002：74)
(鳥たちが空を飛んでいる。)

のように、いわゆる動詞の現在形によって表わすことが可能である。進行中の動作を表わす方法としては動詞の現在形のほか、"être en train de＋不定詞"

形式が存在する。青木 1987：20 の記述にみられるように前者は未来時の事柄、近接過去の事柄を表わすことも可能であるのに対し、後者は進行中の動作を表わす働きに限定される。テキストにおいては、"être en train de＋不定詞"を用いた表現に対して「Vテイル」を用いた日本語表現を対応させるケースが多いが、

(45)　Sandrine **est en train de** ranger la vaisselle sur l'étagère dans la cuisine.（中村 2001a：110）

(45)'　サンドリーヌは食器類を台所の棚に片付け**テイルトコロデス**。

（同上：111）

のように「Vテイルトコロダ」表現を対応させたケースもみられる。"être en train de＋不定詞"の働きについて、藤田・清藤 2002：87 は、動作が進行中であることを強調したい時に用いられるとしている。このことは換言すれば、発話時において確実に動作が行なわれていることを伝える場合には"être en train de＋不定詞"が用いられるということであると考えられる。例えば、同：86 に掲載されている

(46)　Jacques：Allô！ Yoko？ Bonjour！ Pourrais-je parler à Marion, s'il te plaît？
　　　Yoko：Ah, elle **est en train de** prendre sa douche.

においては、Marion と話したいと言っている電話の相手に対して「彼女は今まさにシャワーを浴びている」ことを伝えている[18]。一方、

(46)'　Jacques：Allô！ Yoko？ Bonjour！ Pourrais-je parler à Marion, s'il te plaît？
　　　Yoko：Ah, elle **prend** sa douche.

の場合には、(46)と同様のコトガラを表わすほか、シャワーを浴びる行為そのものではなく、シャワーを浴びるために衣服を脱いでいたり、シャワーを浴び

終わって衣服を着たり髪を乾かしたりしている場合に用いることも可能である。藤田・清藤2002は(46)に対して

(46)"ジャック：もしもし、洋子？　マリオンと話したいんだけど。
　　　洋子：彼女、今シャワーを浴び**テ(イ)ル**の。※カッコ内は筆者

という日本語表現を対応させているものの、"être en train de＋不定詞"の上記の特徴が日本語表現に厳密に反映されているわけではない。
　進行中の動作を表わす現在形、"être en train de＋不定詞"の相違については、テキストで説明されることが少ないようである。いかなる場合にいずれの形式が選択されるかについて解説を加えることは、日本語の「Ｖテイル」、「**Ｖテイルトコロダ**」の使い分けとも関わり、極めて重要である。「テイル」は動詞に付加されて「動作の進行」、「動作の結果状態」のいずれを表わすことも可能であるのに対し、「テイルトコロダ」は「動作の進行」を表わす働きに限定されている[19]ため、(45)、(45)'のような対応関係には一定の合理性が認められよう。しかし、「Ｖテイル」の発想に引きずられることによって生じる"être en train de＋不定詞"表現の誤用を避けるためにも、フランス語の現在形による進行表現、"être en train de＋不定詞"表現、日本語の「Ｖテイル」表現、「Ｖテイルトコロダ」表現を視野に入れた体系的な説明が必要である。「**テイルトコロダ**」は「**テイル最中ダ**」に置き換えられるため、「トコロ」の概念は空間的なものから時間的なものに変化しており、発話時において動作が位置する段階（＝進行中の段階）を表わしているということができる[20]。すなわち、空間表現を時間表現に転用した結果として生じた用法であるが、このことは"être en train de＋不定詞"についてもあてはまると推察される。その根拠の一つは"en"の働きにある。"en"の働きが空間の限定から時間の限定に広がっていったであろうことは、『ディコ仏和辞典（"en"の項）』が"en"の働きとして場所を示すことのほか、例えば

(47) Mon père est **en** voyage d'affaires. （父は出張中です。）

のような様態（…(の状態)に〔で〕）を表わすことを挙げている点や、川口ほか

325

2000 : 63 が"en"の働きの一つとして「～の最中です」という状態を表わすことを挙げ、

(48) Je suis **en** vacances. （私は休暇中です。）

を例としている点によっても理解できよう。"être en train de＋不定詞"の説明にあたってはさらに、"train"が有する語彙的意味についてもふれる必要があり、これらの点にふれながら、この形式がいかなる発想にもとづいて成立しているかを学習者に理解させる必要がある。

　また、"être en train de＋不定詞"の学習にあたっては、動詞の現在形(いわゆる「直説法現在形」)を用いた進行表現との相違について理解することも必要である。青木1987 : 26は、

(49)　Ne le dérange pas. Il **travaille**.
(49)'Ne le dérange pas. Il **est en train de** travailler.

のように動詞の現在形と"être en train de＋不定詞"が競合するのは、いわゆる継続相の動詞が述語となっているためであるとし、同：23には、

(50) Pierre **travaille** en ce moment dans son bureau.

における"travailler"は話者の確認(断定)の事柄としてあつかわれている、すなわち"travailler dans son bureau"が"ne pas travailler dans son bureau"あるいは"faire d'autres choses que ≪travailler≫"の価値から区別され、確かなものとしてとらえられていることを表わすほか、発話時点に定着される一つのoccurrenceを問題としているという記述がみられる。このことは換言すれば、現在形を用いて進行中の動作を表わす用法は、継続可能な動作動詞を用いた表現において、動作が発話時に進行中であることを話者が認めることによって成立するということであり[21]、進行中であることが形式的に明示されている"être en train de＋不定詞"とは異なる。

　進行表現の理解のためにはこのほか、例えば

(51)　Il était en train de chanter.（青木 1987：25）
(51)'　Il chantait.

の間にみられる相違、すなわち過去の特定時点においてまさに歌っている最中であったことを表わす(51)と、必ずしもそうではないことを含意する(51)'との相違や、

(52)　Cette ville est en danger : elle est en train de mourir.
（古石 1999：86）
(52)'　この町は危険にさらされています。死に**カカッテイル**のです。
（同上：89）

のように、継続性をもたない結果動詞を用いた表現についての解説も加える必要がある。(52)に対しては「Vテイル」表現が対応しないため、"être en train de＋不定詞"によって表わされる「進行」とはいかなる概念であるかということをも含めた詳細な検討が必要であろう。

1.5　おわりに

　以上、フランス語の語彙・統語現象の中から、日本語話者にとって重要でありながらも、従来は教育の場において正面からとり上げられることの少なかったものについて述べた。いずれも学習者にとっては「かくれたポイント」ともいうべきものであり、フランス語の自然な表現を身につけるために不可欠であると同時に、フランス語話者が客観世界をどのようにとらえているかを知り、その発想を理解してよりよいコミュニケーションを行なえるようにするために有効なものである。第2章では、さらにいくつかの事例をとり上げて検討を重ねることとする。

第Ⅱ部　日仏対照編 ── 日本語からみたフランス語／空間表現と進行表現 ──

注

1) この点については成戸 2002：114-116 を参照。
2) 成戸 2008、同 2010 はこれらの内容をまとめたものである。
3) 泉 1989：12-15、篠沢・マレ 2003：142-143 を参照。
4) "la langue de bœuf au vin rouge(牛タンの赤ワイン煮)"、"le rôti d'agneau(子羊のロースト)"など、料理名の中には動物の名前が多く登場する。
5) 同様の例としては、日本語においては「蝶」、「蛾」として区別されるものが、フランス語では"papillon"で表わされるというケースが挙げられる。鈴木 1990：49-50 を参照。
6) "riz"は大量の湯に入れた後、しずくを切ってバターと塩を加えチーズをまぶすなど、麺の調理法と同様になされることがある。篠沢・マレ 2003：189 を参照。
7) この点については篠沢・マレ 2003：186-189 を参照。
8) REFLETS 1 CAHIER D' EXERCICES：56 には、料理を"Entrée(アントレ：スープまたは前菜と肉料理の間に出るもの)"、"Plat principal(メインディッシュ)"、"Légume(野菜)"、"Fromage(チーズ)"、"Dessert(デザート)"に分類する練習問題がもうけられている。
9) 「椅子ニすわる」における「ニ」は動作の間接的な対象(動作によって主体がくっつく先としての非トコロ)を示している。成戸 2009：71-72 を参照。
10) 藤田・清藤 2002：33 は、"vous"は初対面の時や目上の人など、日本語であれば「デス・マス」調で話す間柄で、"tu"は家族や子供、友人など親しい者どうしで用いられるとしながらも、どれぐらいの親しさであれば"tu"の使用が許容されるかの判断に際してはフランス語話者どうしでも微妙なケースがあるとしている。
11) 泉 1989：133-135 には、話者が相手との間に(心理的な)距離を置こうとする場合において意図的に"vous"を用いる例が紹介されている。
12) ここでいう「方向性」とは「空間的方向性」を指す。第Ⅰ部の第4～8章では、視覚動作を表わす中国語表現の考察にあたり、「空間的方向性」とならんで「時間的方向性」、「心理的方向性」という概念をもうけた。
13) この点については泉 1978：70-72 を参照。
14) 同様のことは、"Do you **have** a table for three people？／3人分のテーブルは**ありますか**。(久松 1999：56)"のような"have"を用いた英語表現についてもあてはまる。
15) 移動動詞をめぐる日本語と外国語の対照研究について論じたものに、荒川 1996 がある。同：170-171 には「いく」、「くる」と中国語の"去"、"来"との相違についての記述がみられる。
16) この点については、"aller＋不定詞"について考察した南舘 1998：22、"venir de＋不定詞"について考察した加藤 2002：61-62 を参照。
17) 同様の例は、加藤 2002：78-79 にもみられる。久松 1999：33 には、「～しに行く」を表わす例として"Je **vais** faire mes achats dans le grand magasin."が、近接未来表現の例として"Nous **allons** jouer au tennis cet après-midi."が挙げられているものの、判別の基準は示されていない。
18) "être en train de＋不定詞"表現は、ドラマの台本などにおいて登場人物が特定場面で行なっている動作を説明するト書の部分にもしばしば用いられるようである。但し、舞台上の動作の進行を指示するト書きには、いわゆる現在形の「超時的現在(présent atemporel)」という用法も存在する。この点については島岡 1999：600-601 を参照。

19) この点については小熊 1993：142、成戸 2009：309-310 を参照。なお、小熊 1993：140 には、「V **テイルトコロダ**」も "être en train de ＋不定詞" と同様に「強調」のニュアンスを有する旨の記述がみられる。
20) 「**テイルトコロダ**」が空間表現から転用された形式である点については、成戸 2009：309-310 を参照。
21) 青木 1989：307-308 には、発話時において話し手が事態の成立を確認する時に、"travailler" のような継続動詞は現在進行形の解釈を受ける旨の記述がみられる。同様の現象は中国語にもみられ、"在V" のような形式を用いないで進行中の動作を表わすことが可能である。この場合、発話時であることを明示するいわゆる語気助詞の "呢" が用いられることが多い。この点については 4.1 で詳述する。

第2章

日本語からみたフランス語（2）

2.0　はじめに

　第1章では、フランス語の入門・初級段階で学習するいくつかの語彙・統語現象を日本語のそれと対照させながら、フランス語教育において従来からなされてきた説明とは異なる観点、すなわち「日本語話者からみたフランス語」という観点から、コトガラのとらえ方をはじめとするフランス語話者のものの見方・考え方について概観した。しかしながら、そこでとり上げた語彙・統語現象は極めて限定されたものであり、考察対象とすべきものが他にも多く存在する。語彙について言えば、フランス語学習の初期段階においては（他の言語を学習する場合と同様に）、新しい語が登場するごとに一つあるいは必要に応じて数個の日本語の単語を対応させて紹介するのが通例である。言うまでもなく、異なる言語間において対応するとされる語には、意味・用法の上で重なる部分とそうでない部分が存在し、対応関係も一対一のそれではない。このこと自体は自明であるものの、学習の初期段階においてはそのようなことに注意を向ける余裕もなく、次々に登場する新出語彙を覚えるのに大半の時間と労力が費やされる。しかし、学習者のレベルが上がり複雑な内容を表現する必要性が高まるにつれ、名詞・動詞・形容詞などの概念にみられる日本語との相違や、それらと組み合わされる機能語についてのより高度な知識が求められるようになる。教育現場においては基本語彙の紹介に際し、これらのことをふまえた様々な工夫がなされていると思われるが、教育体系そのものにおいても、学習者に対して早い段階から注意を向けさせるための配慮が必要であろう。
　本章は、フランス語学習の入門・初級段階で登場する語彙・統語現象のうち、第1章ではとり上げなかったものを対象として日本語との比較検討を行なうことを目的とする。

第Ⅱ部 日仏対照編 ── 日本語からみたフランス語／空間表現と進行表現 ──

2．1 名詞をめぐる問題

2．1．1 フランス語名詞と"dans"、"sur"

　フランス語名詞には有情物、無情物のいずれを表わすかにかかわらずいわゆる男性名詞と女性名詞の区別があり、名詞によっていずれに属するかが決まっていたり、一つの名詞に男性形・女性形が存在するという現象がみられ、いかなる冠詞をとるかということや、共起する動詞・形容詞の男性形・女性形の区別とも関わっている。名詞の学習に際してこのような形態上の特徴についての知識を習得することに多くの時間が費やされるのは致し方ないことであるが、語の的確な運用のためには、日本語名詞との対応関係そのものにも目を向ける必要がある。このことは、入門・初級段階に登場する基本語彙の中にも、

　　　イ．station ── (地下鉄の)駅、(バスの)停留所
　　　　　billet ── 切符、紙幣
　　　　　bureau ── 机、事務所・事務室
　　　　　femme ── 女性、妻
　　　　　sac ── カバン、袋

のように、複数の日本語名詞との間に対応関係が成立するケースや、

　　　ロ．足(あし) ── "pied／(くるぶしから下の)足"、"jambe／脚、下肢"
　　　　　椅子 ── "chaise／(ひじ掛けなしの)椅子"、"fauteuil／ひじ掛け椅子"
　　　　　駅 ── "gare／(鉄道の)駅"、"station／(地下鉄の)駅"
　　　　　風 ── "brise／そよ風・微風"、"souffle／風、そよ風・微風"、"vent／風"
　　　　　部屋 ── "chambre／寝室、(ホテルの)部屋"、"pièce／(アパルトマンなどの)部屋"、"salle／(特定の目的をもった共用の)室、ホール"

のように、一つの日本語名詞に対して複数のフランス語名詞が対応するケース

が少なからず登場することによっても理解できよう(特に"station"はイ、ロのいずれにも挙げられる名詞である)。いずれも具象物を表わす基本語彙であり、覚えるのにとりたてて支障はないと感じられるものの、語の暗記という作業を離れてながめてみると、両言語間で対応する名詞の間には意味特徴の相違があちこちに存在することがみてとれる。このような点に注意を向ける必要性は、学習が進み、抽象的な概念を表わす名詞が多く登場するようになるにしたがって高まっていく。

　1.1でとり上げた「椅子」と"chaise"、"fauteuil"との対応関係は、上記のロに属するものである。フランス語では別個の語によって区別されるものが、日本語では「(ひじ掛けなしの)椅子」と「ひじ掛け椅子」のように二次的な区別がなされるにとどまる。フランス語において"chaise"、"fauteuil"という異なる語が存在するということは、名詞レベルの相違にとどまるものではなく、"s'asseoir(すわる)"という動詞との組み合わせにおいていかなる前置詞が用いられるかという相違につながっている点についても1.1でふれた。すなわち、ひじ掛けのない"chaise"にすわる動作は「の上(ウエ)／表面」を含意する"sur"を用いて

(1) Assieds-toi **sur cette chaise**. ／この椅子ニかけてね。(21世紀：767)

のように、ひじ掛けのある"fauteuil"にすわる動作は「の中(ナカ)」を含意する"dans"を用いて

(2) Asseyez-vous **dans ce fauteuil**, Monsieur Lecomte.
　　／この肘掛け椅子ニおかけ下さい、ルコントさん。(同上：771)

のように表わされる[1]。このことは、名詞が表わす事物と動作との関わり方を異なるものとして"s'asseoir **sur** une chase"、"s'asseoir **dans** un fauteuil"のように表現するフランス語話者と、両者を区別せず、「椅子／ひじ掛け椅子ニすわる」のように表現する日本語話者との間における認識の相違と表裏一体をなす。

　同様の例としては、「通り、道(路)」を表わす語である"ruc"、"avenue"、

333

"boulevard"などが挙げられる。中村2001a：25によれば、"rue"は「建物や家並に沿った通り」である。また、『ディコ仏和辞典（"rue"の項）』には、"rue"は「両側に人家の並ぶ街路」であり、並木のある大通りは"avenue"あるいは"boulevard"とよばれる旨の記述がみられる。さらに、篠沢・マレ2003：2、8-9は"avenue"、"boulevard"の語源からくる相違にふれ、前者は「どこかから来る→中心地へ向かって横切って行く」、後者は「城壁上部の盛り土→城砦」のような意味の変遷を経ており、かつての城壁跡に都市を取り囲む形の"boulevard"に対し、"avenue"は都市の周辺部から中心へ向かうという相違がある[2]一方、"rue"の場合は「通りと通りをつないでいる」という特徴を有するとしている。これらの記述からは、"rue"、"avenue"、"boulevard"がそれぞれ都市のどのような部分を構成するかの相違がみてとれ、通りの名称が都市全体の構造に合わせてつけられていることがうかがわれる。"rue"、"avenue"、"boulevard"は都市における地名に多く用いられており[3]、行き先をたずねたり教えたりする際に頻繁に使用されるため、これらの区別は入門・初級段階における重要知識の一つであるといってよい。

　前述したように、"rue"は両側に建物が並んでいることを含意する語であり、動作が行なわれる場所として示す場合には、例えば

(3) Julie et Claudia font une enquête **dans la rue**. (REFLETS 1 : 46)
／ジュリーとクローディアは通り<u>デ</u>アンケートを行なっている。

※日本語は筆者

のように"dans"が用いられる。前述したように、"dans"は「の中(ナカ)」を含意しており、"dans la rue"は建物で囲まれたその内部[4]を表わしている点において、

(4) J'ai rencontré Mami **sur l'avenue des Champs-Elysées**.
／私は<u>シャンゼリゼ大通り</u>**デ**真美に出会った。(21世紀：732)

(5) J'ai rencontré Mami **sur le boulevard Saint-Michel**.
／私は<u>サン＝ミッシェル大通り</u>**デ**真美に出会った。(同上)

のような、「の上(ウエ)/表面」を含意する"sur"と組み合わされる"avenue"、"boulevard"などのケースとは異なる。但し、"avenue"は"dans"、"sur"のいずれと組み合わせることも可能であるとされ、このことは、"avenue"を囲まれた空間とみなすか否かが話者の判断に左右されるケースが存在することを示している[5]。"dans"により動作がその内部で行なわれる空間として示されるものとしては"rue"のほか、"couloir(廊下)"、"escalier(階段)"などがある。泉 1989:69 の記述にみられるように、これらはいずれも周りを囲まれた形ととらえられており、例えば

(6) Benoît rencontre un collègue <u>dans</u> un couloir de l'agence de voyages.
(REFLETS 1 : 126)
/ブノワは<u>旅行代理店の廊下デ</u>一人の同僚に出会う。※日本語は筆者

(7) J'ai parlé avec Paul <u>dans</u> l'escalier.
/<u>階段デ</u>ポールと立ち話をした。(泉 1989:69)

のような表現に用いられる。

　ある空間において動作が行なわれることを表わす場合に、トコロを表わす名詞が動詞と結びつくためにどのような前置詞を必要とするかについて知っておく必要があることは言うまでもないが、前置詞の選択にあたっては、上記のように名詞の表わす事物に対する話者の認識の仕方が深く関わっているため、この点について理解しながら学習を進めることが求められよう。空間と動作の関わりについての情報は、「いつ/誰が/何を」などとともにコトガラを構成する基本的要素であり、フランス語話者が客観世界をどのようにとらえているかを具体的な形で知るための重要な手がかりでもある。

2.1.2　"dans・N"に対応する「N・格助詞」

　"dans・N"を用いた動詞表現を日本語に置き換えた場合、"dans"に対しては様々な日本語格助詞が対応する。また、置き換えられた日本語表現の中には、Nが空間を表わす名詞(トコロ名詞)であるケースのほか、モノを表わす名詞(非トコロ名詞)であるケースも存在する。以下にいくつかの対応パターンを

挙げ、"dans"と日本語格助詞との間にみられる相違を概観していくこととする[6]。

①「N・デ」が対応するケース

このケースには、「デ」と組み合わされるNがトコロ名詞の場合、非トコロ名詞の場合がある。

①a ── Nがトコロ名詞：「デ」は動作が行なわれるトコロを示す

(3) Julie et Claudia font une enquête <u>dans la rue</u>.
／ジュリーとクローディアは<u>通りデ</u>アンケートを行なっている。

(8) Les enfants jouent <u>dans le jardin</u>.
／子供たちは<u>庭デ</u>遊んでいる。（500語：236）

(9) Mon mari prépare le dîner <u>dans la cuisine</u>.
／夫は<u>キッチンデ</u>夕食の支度をしている。（同上：19）

①b ── Nが非トコロ名詞：「デ」は動作の手段(いわゆる道具)を示す[7]

(10) Les Russes ont l'habitude de boire leur thé <u>dans un verre</u>.
／ロシア人は、<u>グラスデ</u>紅茶を飲む習慣がある。
（山田2005：49、『現代フランス前置詞活用辞典』：144）

(11) Cherche ce mot <u>dans le dictionnaire</u>.
／その単語を<u>辞書デ</u>探しなさい。（中村2001a：24）

(12) Regarde-toi <u>dans le miroir</u>.
／<u>鏡デ</u>自分を見てごらん。（21世紀：772）[8]

①のケースについては第3章において考察を行なうため、詳細はそちらにゆずる。動詞表現に用いられてトコロを示す「デ」の使用条件の一つは、「主体がトコロに存在する」ことであるため、Nが表わす事物は主体が占めるだけの

広さをもった空間であり、動作によって移動させられないことが要求される。これに対し"dans"の場合には、客体に対し容器として機能するものでありさえすれば主体が占めるだけの広さをもつ必要はなく、また、動作によって移動させられる事物であってもそれをトコロとして示すことが可能である[9]。

② 「N・ニ」が対応するケース
　①のケースと同様に、「ニ」と組み合わされるNがトコロ名詞の場合、非トコロ名詞の場合がある一方、両者の間には共通点がみられる。

②a ── 「ニ」は事物が存在するトコロを示す
　Nはトコロ名詞あるいは「の中」をともなった非トコロ名詞である。

(13) Il y a au moins une télévision **dans chaque maison**.
　　／各世帯ニ少なくとも一台はテレビがある。（21世紀：222）

(14) Où est ton père ? ── Il est **dans le jardin**.
　　／お父さんどこ。── 庭ニいるよ。（青木2002：74）

(15) Mon mari est **dans la voiture**.
　　／夫は車の中ニいます。（NHK2003年4月：35）

また、

(16) Ce matin, il y avait beaucoup de neige **dans la cour de récréation**.
　　／今朝は、校庭ニたくさん雪が積もっていた。（21世紀：770）

(17) **Dans cette bouteille**, il y a peu de vin.
　　／このびんの中ニはワインがほとんど入っていない。（泉1989：68）

(18) Teruo habite **dans le village voisin du mien**.
　　／輝男は私の村の隣村ニ住んでいる。（21世紀：222）

における日本語表現は、存在のあり方を具体的に表わしたものであるということができる。この点については、森田、奥田の以下のような記述が参考となろう。森田 1989：888 は、「ニ」が場所を表わす語に付いた場合には、主題たる事物や行為の対象が「ニ」によって示される場所に存在したり、存在することによって起こる結果や状態を表わすとして「ある、いる、続く」などの状態動詞とともに、継続や状態の「ている／てある」形式が多く用いられるとしている。また、奥田 1983ｂ：284 は、に格の名詞が「ある、いる」などの存在動詞と組み合わさると、存在という状態が成立するために必要なありかを示す一方、存在動詞に近い「すむ、とまる、滞在する、宿泊する」のような動詞は、存在の結びつきを表わす場合のそれに近い単語の組み合わせをつくる能力をもっているとしている。

②ｂ ── 「ニ」は客体あるいは主体の移動先（トコロ／非トコロ）を示す

Ｎがトコロ名詞の場合と非トコロ名詞の場合があり、いずれも動作の結果として客体あるいは主体が「ニ」により示される到達点まで移動することを表わす[10]。

客体の移動先を示す場合

Ｎがトコロ名詞であるものとしては、例えば

(19) Tu laisses trop de choses **dans le grenier**.
／グルニエニたくさんのものを置きすぎてますよ。（中村 2001ａ：98）

(20) Tu mets cette chaise **dans le coin**, près de l'armoire, ……．
(REFLETS 1：135)
／この椅子を(部屋の)すみニ、キャビネットのそばに置いて、……。
※日本語は筆者

が、非トコロ名詞であるものとしては、例えば

(21) Je mets un marque page **dans ce livre**.

／私はこの本ニしおりをはさんでおく。(中村2001a：98)

(22) Range la vaisselle <u>dans le buffet</u>.
　　　／食器を食器棚ニ片付けなさい。(同上：116)

が挙げられる。いずれの場合も動作を受けた客体は最終的に到達点に位置することとなる[11]。

主体の移動先を示す場合

　Nがトコロ名詞であるものとしては、例えば

(23) On entre <u>dans un café</u>？／カフェニ入りますか。(中村2001a：49)

(24) Bon, ben, s'il n'y a rien à faire, je retourne <u>dans mon bureau</u>.
　　　　　　　　　　　　　　　　　　　　　　　(REFLETS 1：135)
　　　／よし、じゃあ、することが何もないのなら、僕は自分のオフィスニ
　　　戻るよ。

(25) Le criminel est pénétré <u>dans la chambre</u>. (青木2005：252)
　　　／犯人は部屋(のなか)ニ逃げ込んだ。　※カッコは筆者

が挙げられ、主体の移動そのものを表わす。一方、Nが非トコロ名詞であるものとしては、例えば

(2) Asseyez-vous <u>dans ce fauteuil</u>, Monsieur Lecomte.
　　　／この肘掛け椅子ニおかけ下さい、ルコントさん。

(26) Allez, Fabien, monte <u>dans la voiture</u> ……
　　　／さあファビアン、車ニ乗って。(NHK2003年5月：38-39)

(27) Germain, ne monte pas <u>dans l'arbre</u>！

339

／ジェルマン、木ニ登っちゃだめ！(21世紀：771-772)

が挙げられ、主体の移動をともなう動作を表わす。

「N・ニ」を用いた動詞表現の場合には、動作はトコロあるいは非トコロに向かうものである[12]。これに対し"dans・N"の場合には、「トコロ・デ」を用いた動詞表現との対応関係が成立する①のようなケースが存在することからも明白なように、動作がトコロあるいは非トコロに向かうか否かは問題とはならない。"dans・N"が動作とトコロあるいは非トコロとの方向的な関係の有無にかかわりなく用いられることは、「N・ニ」とは反対の空間的方向性を有する「N・カラ」を用いた表現が対応する以下のようなケースが存在することによっても明白である。

③「N(トコロ)・カラ」が対応するケース ── 「カラ」は動作の起点を示す
 (28) Qu'est-ce qui t'arrive ? ── Je suis tombée <u>dans l'escalier</u>. [13]
   ／どうしたの。── 階段カラ落ちちゃって。(21世紀：222)

"dans・N"に対応する「N・格助詞」としては、さらに以下のようなものが挙げられる。

④「N(トコロ)・ヲ」が対応するケース ── 「ヲ」は「移り動くトコロ」を示す[14]
 移動動作を表わす動詞と組み合わされた"dans・N"に対しては、例えば

 (29) Je vais <u>dans la même rue</u>. (REFLETS 1：95)
   ／私も同じ道ヲ行くの(＝行き先が同じなの)。

 (30) J'ai vu Paul marcher <u>dans la rue</u>. (久松1999：77)
   ／私はポールが通りヲ歩いているのを見た。

 (31) Les oiseaux volent <u>dans le ciel</u>.
   ／鳥たちが空ヲ飛んでいる。(第1章の(44))

のように、トコロの範囲内における移動動作を表わす「N（トコロ）・ヲ」が対応するケースが存在する。

　移動動作を表わす表現において「トコロ・ヲ」が用いられた場合には方向性の定まった移動を表わす傾向があるのに対し、「トコロ・デ」が用いられた場合には方向性の定まらない移動を表わす[15]。このような相違は方向性の定まった移動を表わす

(32) 公園ヲ／*デ通る

においては表現成立の可否として明確にあらわれる一方、方向性の定まらない移動を表わす

(33) 公園ヲ／デ散歩する

においては「デ」、「ヲ」いずれによるトコロ表示も可能であるという形となってあらわれる。

　一方、"dans・N（トコロ）"の場合には、日本語の「デ」、「ヲ」のような使い分けをするためのペアとなる前置詞が存在せず、方向性の定まった移動を表わす(29)のような場合や、方向性が定まっているか否かが不明な移動を表わす(30)、(31)のような場合、さらには

(34) Mon père se promenait **dans le parc** tous les matins.
　　　　　　　　　　　　　　　　　　　　　　　　　　　（久松 1999：78）
　　／私の父は毎朝公園ヲ散歩したものだ。※日本語は筆者

(35) Je viens de faire un tour **dans le quartier**.
　　／今、この辺りヲひと回りしてきたところなんだ。
　　　　　　　　　　　　　　　　　　　　　　　　（NHK2003年9月：40-41）

のような方向性の定まらない移動を表わす場合のいずれに用いることも可能である。

第Ⅱ部　日仏対照編 ── 日本語からみたフランス語／空間表現と進行表現 ──

　①〜④からは、日本語においては様々な格助詞により異なる結びつきとしてとらえられている名詞と動詞との組み合わせが、フランス語においては"dans"により一つのカテゴリーに属するものとしてとらえられていることが理解できよう。入門・初級のテキストには、①〜④の各ケースにあてはまる表現例が少なからず登場するものの、日本語格助詞との対応関係についてまでは言及されないのが通例である。しかし、このような点に注意をはらいながら学習を進めることは、"dans"と同じくトコロを示す働きをする前置詞"sur"[16]や"sous"などとの本質的相違を理解することにつながるほか、学習段階が進むにつれて多く登場するようになる、抽象名詞と組み合わされる前置詞の用法を理解しやすくすることにもつながる。

　本節でとり上げた"dans・N"表現をみる限り、表現を構成する単語の意味を学習者が理解してさえいれば、自然な日本語に置き換えるのにそれほどの困難はないと思われる。しかし、日本語からフランス語に置き換える場合には、"dans"がどのような名詞に付加され、さらに"dans・N"の形でどのような動詞と組み合わされるかについてのより詳しい知識が必要となる。フランス語から日本語への置き換えに際しては自然な日本語表現とすること、すなわち日本語話者の発想を反映させることに比重が置かれるのに対し、日本語からフランス語への置き換えに際しては、フランス語話者の発想を反映させることに比重が置かれるためである。

２．２　動詞をめぐる問題

　2.1.1で紹介した名詞の場合と同様に、動詞についても日仏両言語間で対応する語の間に意味特徴の相違がみられる。本節では、対応のあり方において特徴的ないくつかのケースをとり上げることとする。

２．２．１　動作の方向性 ──　"apprendre"、"louer"

　"apprendre"は、日本語においては「習う・学ぶ」、「教える」のように別個の動詞によって表わされる動作のいずれを表わすことも可能であり、例えば

　(36) Maintenant, il **apprend** à conduire.

／今、彼は運転を**習っている**。(500語：147)

(37) Elle **apprend** le français depuis trois ans.
／彼女は３年前からフランス語を**学んでいる**。

（『ディコ仏和辞典』"apprendre"の項）

(38) Il **apprend** le japonais aux étrangers.
／彼は外国人に日本語を**教えている**。(同上)

(39) C'est ma mère qui m'**a appris** à tricoter.
／私に編み物を**教えてくれた**のは母です。(同上)

のような対応例が存在する。これらのうち、(37)、(38)においては、"apprendre"の後にそれぞれ"le français"、"le japonais"が続く一方、(38)の場合には「誰に」を表わす成分である"à＋ヒト"すなわち"aux étrangers"が続く点で(37)とは異なる[17]。また、"apprendre"が「習う・学ぶ」を表わす場合には、例えば

(40) Elle **a appris** à jouer du piano avec sa mère.
／彼女は母親からピアノを**習った**。(21世紀：42)

のように「誰から」が"avec＋ヒト"によって表わされるケースが存在する。
"louer"も同様に、日本語であれば「借りる(賃借りする)」、「貸す(賃貸しする)」のように別個の動詞によって表わされる動作のいずれを表わすことも可能であり、以下のような対応例が存在する。

(41) Je voudrais **louer** une voiture pour une semaine.
／車を１週間**借り**たいのですが。(『ディコ仏和辞典』"louer"の項)

(42) Elle **a loué** une maison. ／彼女は家を**借りた**。(21世紀：319)

(43) Elle **loue** un appartement à un jeune ménage.
／彼女は新婚夫婦にマンションを**貸す**。（中村2001a：102）

(44) Elle a une maison à **louer**.
／彼女には**貸す**家がある。（21世紀：319）

　「習う・学ぶ」、「教える」および「借りる」、「貸す」はいずれも主体、相手、客体の3者によって成立する動作であり、同一のコトガラを、「相手→主体」、「主体→相手」のいずれの方向性を有するかによってそれぞれ区別したものである[18]。"apprendre"、"louer" に対してそれぞれ「習う・学ぶ／教える」、「借りる／貸す」のような別個の動詞を対応させるのは、「相手→主体」、「主体→相手」のような動作の方向性による区別が日本語に存在するからであって、"apprendre"、"louer" 自体にはそのような区別は存在しないとみるのが妥当であろう[19]。「習う・学ぶ／教える」、「借りる／貸す」は、動作の方向性の相違によって使い分けがなされる点において、"apprendre"、"louer" に比べるとより分析的であるということができよう。ちなみに、上記のような現象は中国語と日本語との間にも存在し、"借——借りる／貸す" や "给——くれる／あげる" のような対応関係がみられる[20]。

2．2．2　動詞の自他と表現構造——"commencer"、"finir"

　『現代フランス広文典』：227の記述にみられるように、フランス語における自動詞と他動詞の区別は各動詞に固定したものではなく、自動詞、他動詞のいずれとして用いることも可能な動詞が少なくない。"commencer"、"finir" はそのような動詞の例であり、以下のように、日本語であればそれぞれ「始まる／始める」、「終わる／終える」のような自動詞、他動詞のペアによって区別される動作のいずれを表わすことも可能である[21]。

(45) Le concert **a commencé** à huit heures et demie.
／コンサートは8時半に**始まった**。（『ディコ仏和辞典』"commencer"の項）

(46) Nous **commençons** tout de suite ce travail.

/私たちはその仕事をすぐに**始めます**。(久松2011：146)

(47) Le concert **finira** en pleine nuit. (『ディコ仏和辞典』"finir"の項)
 /コンサートが**終わる**のは夜中になる。

(48) Quand je l'ai rencontrée, elle venait de **finir** son travail.
 /私が彼女と出会ったとき、彼女はちょうど仕事を**終えた**ところだった。(久松2011：289)

 "commencer"、"finir"を用いた表現を日本語に置き換える際に日本語の自動詞、他動詞のいずれを用いるかに対しては、"commencer"、"finir"が客体(いわゆる直接目的補語によって表わされる)をとっているか否かが大きく影響することは言うまでもない。但し、例えば

(49) Elle **commence** sa journée par un quart d'heure de prières.
 /彼女の1日はまず15分間のお祈りから**始まる**。
　　　　　　　　　　(『小学館ロベール仏和大辞典』"commencer"の項)

(50) Quand est-ce que vous **finissez** ce travail?
 /この仕事はいつ**終わり**ますか。(500語：167)

のように、動詞が客体をとるにもかかわらず日本語自動詞が対応するケースが存在する。
　(49)、(50)の日本語表現を他動詞表現に置き換えると

(51) 彼女は1日をまず15分間のお祈りから**始める**。
(52) この仕事をいつ**終え**ますか。

となるが、日本語の表現としては自動詞を用いる方がより自然であろう。
　(49)、(50)の日本語表現においては、対応する他動詞が存在するにもかかわらず、自動詞を用いることによってコトガラが自然に生じたもののように表現

されており、いわゆる「＜ナル＞的言語」といわれる日本語の表現構造の特徴があらわれている。

　ちなみに、日本語表現との間に表現構造の相違[22]が生じている例としてはこのほか、例えば"intéresser（関心を引く／興味を持たせる）"、"ennuyer（退屈させる）"、"plaire（（人の）気に入る／（人に）好かれる）"、"permettre（可能にする）"、"empêcher（妨げる）"を用いた

(53) Apprendre le français, ça vous **intéresse**？
／フランス語を学ぶこと**に興味があります**か。（中村2001a : 8-9）

(54) Ce film m'**ennuie**. ／その映画は私には**退屈だ**。（同上 : 11）

(55) Ce livre me **plaît**. ／私はこの本が**気に入っている**。（同上 : 24）

(56) Le mauvais temps **ne** nous **permet** pas d'aller à la montagne.
／悪天候なので私たちは山に行け**ない**。（中村2001b : 118）

(57) Ces bruits nous **empêchent** de dormir.
／その騒音で私たちは**眠れない**。（同2001a : 123）

などが挙げられる[23]。これらにおいては、コトガラを「無情物がヒトに対して何らかの作用をおよぼす」として表わすフランス語表現に対し、「ヒトについてどうであるか」として表わす日本語表現が対応している[24]。

　このように、フランス語動詞の適切な運用のためには、各動詞の自動詞、他動詞としての意味・用法を理解することのほか、表現構造に反映される日仏両言語話者の発想の相違についても知っておくことが重要である。

2．2．3　身につけ動詞と動作・状態 ── "mettre"、"porter"、"avoir"、"s'habiller"

　"mettre"、"porter"、"avoir"には、身につけ動作を表わす用法がある。いずれも衣服・装身具などを身につけることを表わすのに用いられるが、日本

語の「着る」、「はく」、「かぶる」、「はめる」などのような身体部分による使い分けはない。一方、"s'habiller"は「服を着る」を表わす動詞であり、「ナニヲ（身につけるか）」を含意しているため、

(58) Il **s'habille** avec élégance.
　　／彼は趣味のよい**服装をする**。（中村2001a：18）

のように、客体を表わす成分をともなわない[25]。
　また、"mettre"は

(59) **Mets** ton imperméable, il va pleuvoir.
　　／レインコートを**着**なさい、雨が降るよ。（21世紀：445）

のように動作そのものを表わすのに対し、"porter"、"avoir"は

(60) Elle **porte** une robe longue.
　　／彼女はロングドレスを**着**ている。（500語：67）

(61) Elle **avait** une robe bleue ce jour-là.
　　／彼女はその日青いドレスを**着**ていた。
　　　　　　　　　　　　　　（『ディコ仏和辞典』"avoir"の項）

のように身につけた状態を表わすという相違がみられる。この点は、英語の"put on"と"wear"、"have"との間にみられる使い分けと同様である[26]ため、英語を学んだことのある日本語話者にとっては理解しやすいと思われる。但し"mettre"は、例えば

(62) Vous **avez mis** une belle cravate.
　　／すてきなネクタイをしていますね。（『ディコ仏和辞典』"mettre"の項）

のように、いわゆる複合過去形の形で「すでに身につけている」ことを前提と

347

した表現に用いられうる。このことは、

(63) Qu'est-ce qui se passe ? Tu **portes** une jolie robe !（21世紀：446）
(64) Qu'est-ce qui se passe ? Tu **as mis** une jolie robe !（同上）

のいずれに対しても

(65) どうかしたの？ 素敵なドレスなんか**着こん**じゃって！（同上）

が対応しえることによって理解できよう。
　このように、日本語であれば身につけ動詞の「**テイル**」形式によって表わされる状態が、フランス語においては"porter"、"avoir"の現在形、"mettre"の複合過去形という異なる形式により表現される。このことは、身につけ動作を表現するのに必要な知識であるにとどまらず、

(66) J'ai réservé. ／予約を**してあります**。（川口ほか2000：126）
(67) Il est divorcé. ／彼は**離婚している**。（久松2011：414）

のように、非身につけ動作を表わすフランス語動詞の複合過去形に対して日本語の「Vテアル」あるいは「Vテイル」が対応するケースについても目を向けるきっかけとなろう。初学者の場合には、複合過去形を学ぶに際して「過去の行為を表わす」用法に意識が向きがちであるが、結果をともなう動作を表わす動詞表現の場合には、日本語に置き換えるに際して注意が必要である[27]。入門・初級のテキストである川口ほか2000：126は、会話でよく使われる複合過去形の用法として「過去の行為」や「今までの経験」とならんで「現在における完了とその結果」を挙げている。同様に、藤田・清藤2002：71には、複合過去形は「過去のある時点において完了した事実」を表わすほか、その事実が現在におよんでいる結果を表わすことも可能である旨の記述がみられる。また、『現代フランス広文典』：252-253は、フランス語の複合過去には「過去」を表わす用法のほかに「現在完了」を表わす用法があり、いずれも過去の動作・状態を完了した＜点的行為（action point）＞としてとらえたものであるとし、現在完了を

表わす用法の一つとして「現在までに完了した動作、あるいはその結果としての現在の状態を表わす」ことを挙げている。さらに『フランス文法大全』：288は、複合過去は過去のある時期において完了した行為・状態等の事実を示す一方、その事実の行なわれた時期がいまだ終了していないか、あるいはその事実の結果が現在に印象を残しているなど、何らかの意味で現在とつながりをもっている場合に用いられるとした上で、

(68) J'ai écrit une lettre. ／私は手紙を書いた。

という表現は

(69) J'ai ici une lettre écrite. ／私は書かれた手紙をもっている。

の意であるとして複合過去が現在とつながりを有することを説明しようとする考え方を紹介している。これらの記述からは、複合過去形は動作そのものが完了したことを時間的な点としてとらえたものでありながらも、動作の結果として生じた状態が発話時に残っているという事実を前提として用いられうることがみてとれ、このような場合には日本語の「Vテアル」、「Vテイル」を用いた表現が対応するケースが生じると考えられる。このことは、(66)、(67)のフランス語表現について言えば、「予約をした」、「離婚した」という過去の出来事の結果が発話時においてそのまま残っており、「現在予約中である」、「離婚して現在は独身である」[28]という事実を前提とした表現であるということである。

2.3 おわりに

以上、入門・初級段階で登場するフランス語の語彙・統語現象のうち、学習者にとって盲点・弱点となる可能性が高いと思われるものをいくつかとり上げた。外国語学習が音声・語彙・統語上の知識の暗記作業をともなうことは当然であるが、正しい理解・運用のためには、母語との間に存在する共通点・相似点や相違点が明確に示される必要がある。その重要性は、学習者がレベルアッ

第Ⅱ部　日仏対照編 ── 日本語からみたフランス語／空間表現と進行表現 ──

プし、より複雑なコトガラを表現するようになるにつれて高まっていくが、入門・初級のような早い段階からこれらになじんでおけばその後の学習にスムーズにつながると思われる。これらの知識をどのタイミングで提供するかは難しい問題であるが、他言語を学ぶ過程において不可欠であることもまた事実であり、日仏対照研究の観点からみれば、どのような現象を考察対象としてとり上げるべきかについてのヒントを与えてくれるものである。対照研究においては、青木 1989：292 の記述にみられるように日本語学やフランス語学の枠内であつかわれる問題を対照可能な問題に据え直す必要があり、それによって、それぞれの言語だけを見ていたのでは思いもつかないような新たな視点を設定することが可能となり、意義ある研究につながっていくのである。本章でとり上げた"dans"と日本語格助詞との対応関係や、動作の方向性、動詞の自他と表現構造、身につけ動詞と動作・状態、などの問題は、いずれも両言語の対照を通してはじめて鮮明にうかび上がってくるものであり、第 1 章でとり上げた諸問題と同様に、日本語話者に対するフランス語教育におけるかくれたポイント、日仏対照研究のテーマとなりえるものである。第 3〜5 章では、これらのうち、"dans"を用いた空間表現、"être en train de＋不定詞"を用いた進行表現を中心として詳細な検討を行なうこととする。

第2章　日本語からみたフランス語（2）

注

1) 『現代フランス広文典』：329 には、椅子などに腰を下ろす動作を表わす場合、"fauteuil" を除けば "**sur** une chaise"、"**sur** un banc"、"**sur** un canapé"、"**sur** le lit" のように "sur" が用いられる旨の記述がみられる。但し『新フランス文法事典（"dans" の項）』には、"s' asseoir **sur** un fauteuil" が時に成立する旨の記述がみられる。
2) 『ディコ仏和辞典（"avenue" の項）』は、"avenue" を「（並木のある）大通り」、「邸宅・公共建造物などに通じる並木道」としている。「通り、道（路）」を表わす語としてはさらに "chemin"、"route"、"voie" などが存在し、それぞれ「田舎・野山の未舗装の道」、「都市間の道路・街道」、「（昔の）街道」を表わす。ちなみに "voie" は「道路・鉄道・運河などの交通路」を表わすことも可能である。
3) 例えば "rue Racine"、"avenue des Champs-Elysées"、"boulevard Saint-Michel" などが挙げられる。
4) "dans" が「の中（ナカ）」を含意する点、"rue" が囲まれた空間のイメージを有する点については、青木 2005：248、251 を参照。
5) 『現代フランス広文典』：329 には、"rue" には "marcher **dans** la rue（通りを歩く）" のように "dans" が、"boulevard、chemin、route、place、trottoir" には "sur" が用いられるのに対し、"avenue" には "se promener **dans**〔**sur**〕l' avenue（大通りを散歩する）" のように "dans"、"sur" のいずれを用いることも可能である旨の記述がみられる。一方、『新フランス文法事典（"dans" の項）』には、"passer **dans** le chemin（道を通る）"、"rencontrer qn **sur** le chemin（道で出会う）" のような表現例が挙げられており、移動動作、非移動動作のいずれと組み合わされるかが "dans"、"sur" の選択に対して影響をおよぼす可能性がうかがえる。
6) 本節でとり上げる日本語格助詞の働きについては、奥田 1983a、同 1983b、同 1983c、森田 1989：344-345、760-761、888-889、1249、1251-1255、成戸 2009：8-30、67-102、126-148、169-192 を参照。
7) このような対応関係が成立する点については、山田 2005：49-50 を参照。
8) 但し、鏡台や壁に固定された鏡を前提とした場合よりは、手に持って使う鏡を前提とした場合の方が、「鏡」の手段としての性格がより明確であると考えられる。この点については 3.2.1 で述べる。
9) これらの点については 3.3.2 で詳述する。トコロを示す「デ」の使用条件については成戸 2009：22、36 を参照。
10) 客体の移動を表わすケースは奥田 1983a：27-28 の「とりつけのむすびつき」を表わす連語に、主体の移動を表わすケースは同 1983b：291-298 の「ゆくさきのむすびつき」、「くっつきのむすびつき」を表わす連語にそれぞれあてはまると考えられる。
11) この点については森田 1989：889 を参照。青木 1989：291 に挙げられている "noter **dans** l' agenda ／手帳ニメモをする" は客体の出現を表わす表現であるが、客体が最終的に「ニ」によって示される到達点に位置することとなる点においては(21)、(22)の場合と同様である。
12) ちなみに、「ニ」に近い働きを有する「ヘ」が対応する "Va **dans** ta chambre, Paul. ／ポール、自分の部屋ヘ行きなさい。（泉 1989：72）" のようなケースも存在するが、動作がトコロに向かうことを使用条件とする点においては「ニ」の場合と同様である。「ニ」、「ヘ」の相違について森田 1989：889 は、前者を用いると帰着場所の意識が、後者を用いると移動の方向性の意識が

351

それぞれ強まるとしている。
13) 「N(トコロ)・カラ」を用いた表現が対応する(28)に対し、『新フランス文法事典("dans"の項)』は "copier qch dans un livre/本カラ写しとる"、"puiser de l'eau dans le tonneau/樽カラ水を汲む" のような「N(非トコロ)・カラ」を用いた他動詞表現が対応する例を挙げている。
14) 「移り動くトコロ」はその範囲内で移動動作が行なわれる空間を指す。この点については、奥田1983a : 140、成戸2009 : 127を参照。ちなみに森田1989 : 1249は、「移り動くトコロ」よりも広い概念として「経過する場所」をもうけている。
15) 方向性が定まっているか否かの相違と「デ」、「ヲ」の使い分けとの関わりについては、成戸2009 : 132-133を参照。
16) "sur" に対しても、"Nous avons joué sur la plage. ／私達は海岸デあそんだ。(泉1989 : 71)"、"Je suis sur la plage. ／浜辺ニいます。(NHK2003年4月 : 27)"、"Mettez sur la table les pots de confiture et un pot de yaourt pour chaqun. ／テーブルニジャムの瓶と各人に1つずつヨーグルトを置きなさい。(中村2001a : 50)"、"Tu peux le télécharger sur le Web. ／インターネットカラダウンロードできる。(NHK2003年9月 : 30-31)" のように様々な日本語格助詞が対応する。この点については、さらに『フランス文法大全』: 416を参照。
17) "apprendre" が「教える」を表わす場合には相手を "à" によって示す。この点については21世紀 : 42を参照。
18) このことは、「私は彼から習った／彼は私に教えた」、「私は彼から借りた／彼は私に貸した」のような表現例に端的にあらわれている。
19) 「習う・学ぶ」、「教える」のいずれか一方に限定された動作を表わす語としては "étudier"、"enseigner" が存在し、「借りる」、「貸す」のいずれか一方に限定された動作を表わす語としては "emprunter"、"prêter" が存在する。但し、藤田・清藤2002 : 109に述べられているように、"emprunter" は「無料で借りる／お金を借りる」を、"louer" は「賃借りする」を表わす場合に用いられるという相違がある。
20) 例としては、『中日大辞典("借"、"給"の項)』に収録されている "他向我借钱, 可是我没借。／彼はわたしから金を借りようとしたが、わたしは貸さなかった。" や、"哥哥给我一支铅笔了。／兄ちゃんがぼくに鉛筆を1本くれたよ。"、"我给你这个。／君にこれをあげよう。" が挙げられる。
21) 但し自動詞 "finir(終わる)" に対しては、"Ça s'est fini tard hier soir?／昨日は遅く終わったの? (NHK2003年8月 : 24)" のようないわゆる代名動詞の "se finir(終わる)" も存在し、両者の使い分けについての説明が必要である。
22) 「表現構造の相違」とは、「表現から統語構造の相違を取り除いてなお残る相違」を指す。この点については國廣1974a : 48-49、同1974b : 47-50、成戸2009 : 195-196を参照。
23) (55)の "plaire" は自動詞とされているものの、他動詞とされる "ennuyer" を用いた(54)との間に統語上の相違はみられない。
24) 但し一方では、"Ce genre de film n'intéresse pas le grand public. ／この種の映画は大衆の興味をひかない。(『ディコ仏和辞典』"intéresser" の項)" のように日本語他動詞が対応するケースも存在する。
25) "mettre"、"porter"、"avoir" には、日本語における「(服を)着る」、「(スカート・ズボンなどを)はく」、「(帽子を)かぶる」、「(眼鏡を)かける」、「(ネクタイを)する」にみられるような身体

部分による使い分けはない。この点については藤田・清藤 2002：67、成戸 2009：196-199 を参照。"s'habiller"が客体を表わす成分をともなわない点については、21 世紀：444 を参照。
26) この点については藤田・清藤 2002：67、21 世紀：445 を参照。
27) 青木 1989：291 は、フランス語の複合過去形と日本語助動詞「**タ**」の対応関係に言及し、両者が常に一対一で対応するわけではない点についての指摘を行なっている。
28) 久松 2011：414 によれば、(67)のフランス語表現は「今も離婚した状態のまま」であることを、"Il **a divorcé** l'année dernière."は「離婚したが、今の状態は不明」であることをそれぞれ前提とした表現である。

第3章

"dans"を用いた空間表現をめぐる日仏対照

3.0 はじめに

　本章では、1.1、2.1であつかったフランス語における空間（トコロ）表現の問題をとり上げる。周知のように、フランス語の動詞表現においてトコロを示す成分の一つとしては、いわゆる前置詞の"dans"が存在する。"dans"を用いた動詞表現が表わすコトガラを日本語で表現しようとすると、例えば

(1)　Les Russes ont l'habitude de boire leur thé <u>dans un verre</u>.

（第2章の(10)）

(1)'ロシア人は、<u>グラスデ</u>紅茶を飲む習慣がある。（同上）

(2)　Cherche ce mot <u>**dans le dictionnaire**</u>. （第2章の(11)）

(2)'その単語を<u>辞書デ</u>探しなさい。（同上）

のように、フランス語では"dans・N"形式によりトコロとして表現されるのに対し、日本語では「N・デ」形式により手段として表現される[1]ケースが存在する。このことは、同一のコトガラが、フランス語では「トコロ ── 動作・行為」の結びつきとして表現されるのに対し、日本語では「手段 ── 動作・行為」の結びつきとして表現されるケースが存在することを意味している。日仏両言語間におけるこのような対応関係については、山田2005：49-50においてその存在が指摘されている[2]。しかし、同一のコトガラについて上記のような表現形式上の相違が生じる要因としての"dans"や「デ」の使用条件の相違、さらにはモノ名詞と組み合わされて動作・行為が行なわれるトコロを表わす「Nの中・デ」と"dans・N"との相違についてはさらに考察を行なう余地があり、このことは、日本語話者による"dans"の誤用のメカニズムを解明することにつながる点で極めて有意義である[3]。

355

第Ⅱ部　日仏対照編 ── 日本語からみたフランス語／空間表現と進行表現 ──

　本章は、トコロを表わす"dans・N (非トコロ名詞)"を用いたフランス語の動詞表現に対して、日本語の「N (非トコロ名詞)・デ」を用いた動詞表現が対応するケースを考察の主たる対象とし、手段を表わすフランス語の"avec・N"、トコロを表わすフランス語の"sur・N"、日本語の「Nの中／上・デ」も視野に入れながら、日仏両言語においてトコロ、手段がどのように表現し分けられているかについて明らかにすることを目的とする。なお、考察にあたっては、"dans"について考察した青木2002、同2005、山田2005の見解をふまえ、さらに、動詞表現においてトコロを示す中国語の"在"と、手段を示す日本語の「デ」とを対照させた成戸2009の考察結果を用いることとする。

3．1　トコロと手段
　(1)、(1)'および(2)、(2)'からは、日仏両言語話者によるコトガラのとらえ方の相違がうかがわれる。(1)、(2)は、「動作・行為 ── 客体」の関係を表わす「動詞＋直接目的補語」形式に"dans・N"が後置されている点において

　(3) Mon mari prépare le dîner **dans la cuisine**. （第2章の(9)）

と共通している。(3)の"la cuisine"は"prépare le dîner"に対してトコロを提供しており、この点では対応する日本語の表現である

　(3)'　夫は**キッチンデ**夕食の支度をしている。（同上）

の「キッチン」と「夕食の支度をしている」の関係と同様である。トコロ、手段と動作・行為との関わりについては、成戸2009：9-12において寺村1982、奥田1983c、益岡1987、小矢野1989、中川1997の見解をふまえて考察を行なった。そして、手段は主体との間に動作・行為を通して「使う ── 使われる」という関係、換言すれば、主体の支配を受けるという関係を有し、客体に対し動作・行為の一部として働くためコトガラ成立に不可欠の内包的要素であるのに対し、トコロは主体との間に「使う ── 使われる」という関係を有しないためコトガラ成立に不可欠の内包的要素ではないとした。このような考え方を

356

第3章 "dans"を用いた空間表現をめぐる日仏対照

(1)・(1)'～(3)・(3)'にあてはめると以下のようになる。
　(1)'、(2)'における「グラス」、「辞書」はそれぞれ、「飲む」、「探す」に対して空間ではなくそれ自体を提供する手段として働くモノ(＝非トコロ)である。(1)'、(2)'のような「N(手段)・デ」を用いた動詞表現の場合には、「主体が手段を用いて動作・行為を行なう」ことを表わし、手段を用いることは動作・行為の一部であるため、前述したように、手段はコトガラ成立に不可欠の内包的要素であることとなる。これに対し(3)、(3)'における"la cuisine"、「キッチン」はトコロであり、いずれも主体との間に「使う ── 使われる」という関係を有しないため、コトガラ成立に不可欠の内包的要素ではないということとなる。一方、(1)、(2)はいずれも、「主体がトコロにおいて動作・行為を行なう」ことを表わす(3)との間に形式上の相違を有しないものの、"un verre"、"le dictionnaire"が、表現の前提となる客観的事実において主体の操作を受ける、すなわち主体の支配を受ける点において(3)の"la cuisine"とは異なる。このため、(1)、(2)の"un verre"、"le dictionnaire"を、(3)の"la cuisine"と同様にコトガラ成立に不可欠の内包的要素ではないと即断することはできない。但し、(1)、(2)と(3)との間に形式上の相違がみられないことや、"dans"が「デ」とは異なって「内部＝中(ナカ)」という語彙的意味を含んでいる[4]ことから、"dans"はトコロ名詞と組み合わされた場合はもちろんのこと、非トコロ名詞と組み合わされた場合においてもトコロ表示の働きをすると考えるのが自然である。

3．2　トコロ、手段の連続性

3．2．1　「N・デ」表現にみられるトコロ、手段の連続性
　(1)、(1)'および(2)、(2)'に対し、例えば

(4)　Laissez reposer la pâte **dans le frigo**.　(中村2001a：49)
(4)'　生地を冷蔵庫**デ**ねかせてください。(同上)

の場合、(4)の実線部がトコロを表わす点は(1)、(2)と同様である。(4)'の「冷

357

蔵庫」は、「冷蔵庫の中」と置き換えられることからも明白なように空間性を有するモノである点において(1)'、(2)'の「グラス」、「辞書」と異なる一方、動作・行為に対してそれ自体を提供している点において(3)'の「キッチン」とも異なる。

　成戸2009：21-22では、「N・デ Vする」形式によって表わされるコトガラにおいては、動作・行為に関わるトコロと手段との間に連続性が存在するという考え方のもと、

　(5)　冷蔵庫デ冷やす

の「冷蔵庫」は

　(6)　外デ冷やす

の「外」よりは手段的である一方、

　(7)　氷デ冷やす

の「氷」よりはトコロ的であるとした。このような見方によれば、(4)'の「冷蔵庫」は(5)の場合と同様に、動作・行為に対してはトコロ、手段のいずれに解することも可能であり、例えば

　(8)　生地を低温デねかせてください。

の「低温」よりはトコロ的である一方、

　(8)'　生地を冷暗所デねかせてください。

の「冷暗所」よりは手段的であると考えられる。また、同：20においては、日本語の「N・デ」が述語動詞と組み合わされてトコロ、手段を表わすパターンを

第 3 章 "dans"を用いた空間表現をめぐる日仏対照

　　イ．トコロを表わす場合
　　ロ．トコロ、手段のいずれをも表わす場合
　　ハ．手段を表わす場合

の三つに分け、

　　イの場合 —— Nはトコロ名詞(単独でトコロを表わすことが可能な名詞)
　　ロの場合 —— Nは空間性を有するモノ名詞
　　ハの場合 —— Nはモノを表わす非トコロ名詞

であるとした。このような分類に沿って(1)'、(2)'、(4)'をみていくと、(1)'、(2)'の場合には「グラス」、「辞書」が非トコロ名詞であるため上記のハに該当するのに対し、(4)'の場合には「冷蔵庫」が空間性を有するモノ名詞であるため上記のロに該当することとなる。トコロと手段との間におけるこのような連続性については、山田 2005 においても指摘がなされている。同：48 は、道具(本書でいう「手段」)と場所(本書でいう「トコロ」)は直観的にはずいぶん異なったもののように感じられるが、実際にはその境界線は必ずしも明確なものではなく、むしろ連続体をなすと考えた方がよいと思われる点もあるとした上で、

(9) 　金属を<u>ハンマーデ</u>たたく
(10) 　ゆで卵を<u>テーブルの角デ</u>軽くたたいて割る
(11) 　<u>硬い台の上デ</u>金属をハンマーでたたく

のような表現例を挙げ、「何で」でたずねられる(9)の波線部は道具の典型例、「どこで」でたずねられる(11)の実線部は場所(の典型例)、「何で」、「どこで」のいずれによってたずねることも可能な(10)の点線部は、道具、場所いずれの性格をもあわせもつとしている。同：48-49 はさらに山梨 1993、中右 2004 を参考にして、「典型的場所」を

・事物または行為や出来事を空間的に位置づけるための基準点となるもので、

359

行為自体には直接関わらない。行為者が操作することはなく、対象物に直接的な影響を及ぼすこともない。

と規定し、「典型的道具」を

・特定の用途に特化し、身体部位を用いるより効率的にその行為を行うために行為者が意図的に操作するもの、いわば身体部位の延長である。

と規定した上で、(10)の点線部における「テーブルの角」は、対象物と接触し影響を与えるという点では道具としての、位置が固定し行為者によって直接操作されないという点では場所としての特徴を有する、いわば中間的な性格を備えた成分であるとしている[5]。但し実際には、中間的性格を有する成分(前掲イ〜ハの分類ではロに該当するもの)の中にも、トコロ的な性格がより強いもの、手段的な性格がより強いものがあるという見方をとる方が、言語の実態に合っていると考えられる。このことは、同:49、54-55が、道具と場所の中間的要素にもいくつかの種類があり、いくつかの段階があるとみた方がよいとした上で、

(12) 今朝の新聞デ読んだ

の「新聞デ」は、典型的道具「虫眼鏡デ」、典型的場所「図書館デ」のいずれとも異なり、道具と場所の中間領域と考えられるが、「何デ読む」が「どこデ読む」より普通であるとすれば、むしろ道具に近いかも知れないとしていることからもうかがわれる[6]。(12)と同様の例としては、例えば

(13) Ah, j'ai vu ça <u>dans un film japonais</u>！(NHK2003年6月:20)

に対応する

(13)' ああ、それ<u>日本の映画デ</u>見たことある！(同上:21)

が挙げられる。(13)'の「映画」は映像が映し出される(抽象的な)トコロと解される余地も皆無ではないと考えられるものの、「見る」との関わりにおいては、「読む」に対する「新聞」と同様に「情報の媒体」すなわち手段としての性格の方が強いとみるのが自然であり、このことは「映画館デ見る」と比較すれば明白である。さらに、

(14) Vous pouvez vous regarder **dans le miroir**.（森田・シバタ 2007：105）

に対応する

(14)' 鏡デご覧ください。（同：106）

では、鏡台や壁などに固定された(比較的大きいサイズの)鏡を使うことを前提とした場合よりは、手に持って使う(比較的小さいサイズの)鏡を使うことを前提とした場合の方が、「鏡」の手段としての性格がより明確であると考えられる。

　以上のように、日本語の「N・デ」表現におけるNがトコロ、手段のいずれとして表現されているかの判断は、トコロ名詞や非トコロ名詞を用いた他の「N・デ」表現との比較によって相対的になされるという側面がある。さらに、同じ名詞を用いた「N・デ」であっても、これと組み合わされる動詞との意味上の関わりや文脈によってもゆれがみられる。成戸 2009：21 で述べたように、例えば「ベッドデ」は、「ベッド」というモノの用途の範囲内の行為である「寝る」を用いた

(15) ベッドデ寝る

の場合には、「ベッド」が「寝る」に対してそれ自体を提供するため、

(16) ベッドデ目を覚ます

におけるよりも手段としての性格が強いこととなる。(16)の「ベッド」は、「目

を覚ます」に対しては「部屋」や「病室」の場合と同様に空間を提供している。また、同じく「ベッドデ寝る」という表現であっても、

  (17)　彼は今、病室のベッドデ寝ている。
  (18)　日本人は蒲団デ寝るが、中国人はベッドデ寝る。

の両者を比較すると、「ベッド」と「寝る」との関わりは、(17)においては「トコロ ── 動作・行為」、(18)においては「手段 ── 動作・行為」という性格が強い。日本語にみられるトコロ、手段のこのような連続性は、言うまでもなく、動作・行為に関わるトコロ、手段がいずれも「N・デ」という同一の形式により表わされることと表裏一体をなしている。

　これに対しフランス語の"dans・N"表現の場合には、"dans"自身が「の中(ナカ)」を含意しているため、一見したところでは上記のような連続性が存在するとは考えにくい。しかしながら詳細にみていくと、同じく"dans・N"形式をとる成分の中にも、典型的トコロ(山田の表現によれば「典型的場所」)を表わす(3)のようなケースや、トコロであると同時にモノ的な性格をも備えた概念、すなわち非典型的トコロを表わす(1)、(2)、(4)、(13)、(14)のようなケースが存在する。フランス語においてはトコロと手段との間に連続性が存在するか否か、存在するとすれば日本語「N・デ」表現の場合とはどのような点で異なるか。次節ではこれらの点について考察を行なう。

3．2．2　"dans・N"表現にみられるトコロ、手段の連続性

　フランス語の"dans"は「の中(ナカ)」を含意しているため、これと組み合わされるNがトコロ名詞、非トコロ名詞のいずれであるかにかかわらずトコロ表示のマーカーとして働くこととなる。但し、同じく"dans・N"を用いた動詞表現であっても、山田 2005 に紹介されているように、相互に異なる性格を有するものが存在する。同：49-50 には、例えば

  (1) Les Russes ont l'habitude de boire leur thé <u>dans un verre</u>.

における"dans un verre"は、"dans quoi(何の中デ)"あるいは"comment(ど

のように)" によって

(19) **Dans** quoi boivent-ils du thé ? (山田 2005：50)
(20) Comment boivent-ils du thé ? (同上)

のようにたずねることが可能である一方、"où (どこで/どこに)" によって

(21) ＊Où boivent-ils du thé ? (同上)

のようにたずねることはできないため、道具、場所のいずれとして表現されているかの判断を単純に下すことはできない旨の記述がみられる。同：54 はさらに、

(22) J'ai lu cette nouvelle <u>dans le journal de ce matin</u>.
(山田 2005：54)

における "dans le journal de ce matin" は、

(23) ＊**Dans** quoi as-tu lu cette nouvelle ? (同上)
(24) 　Où as-tu lu cette nouvelle ? (同上)

のように "**dans** quoi" によってたずねることはできないが、"où" によってたずねることは可能であるため、フランス語では場所とみられていると考えてよさそうであるとしている。(1)と(22)との間にみられるこのような相違からは、"dans・N(非トコロ名詞)" が表わす事物の中にも、モノ的性格が強いと判断されるケースと、トコロ的性格が強いと判断されるケースが存在することがうかがわれるとともに、日本語の「N・デ」の場合と異なる形ではあるが、フランス語においてもトコロ、手段の連続性が存在する可能性が見いだされる。また、山田 2005：57 が、(1)' の「グラスデ」は道具であるのに対し、(1)の "**dans** un verre" は道具と場所の中間的要素であるとしていること、(22)の "**dans** le journal de ce matin" は場所であるのに対し、(22)に対応する

363

(22)'私はそのニュースを今朝の新聞デ読んだ。(同上)

の「今朝の新聞デ」は道具と場所の中間的要素であるとしていることからは、動作・行為に関わる事物をトコロ、手段のいずれとして表現するかという点における日仏両言語の微妙な相違、すなわち上記の事物について言えばフランス語の方がトコロとしてとらえる傾向が強いということがみてとれる。"où"はトコロをたずねるいわゆる疑問副詞であるため、(22)の"le journal de ce matin"には強いトコロ性が見いだされることとなる。一方、"où"ではなく"dans quoi"によってたずねられる(1)の実線部の場合、"quoi"はモノ(非トコロ)をたずねるいわゆる疑問代名詞であるため、"un verre"自身にはトコロ性は含まれていないこととなり[7]、「の中(ナカ)」を含意する"dans"と組み合わされた"dans un verre"全体ではじめてトコロ性を帯びることとなる。

3.2.1で述べたように、日本語においてはトコロ、手段がいずれも「N・デ」形式によって表現され、Nがトコロ、手段のいずれを表わしているかの判断が相対的なものとならざるをえない面があり、両者の境界は明確ではない。一方、フランス語の"dans・N"は、典型的手段(山田の表現によれば「典型的道具」)を表わす"avec・N"[8]と比較しても明白なように、トコロを表わすことを中心的役割とする形式である。動作・行為に関わる事物がトコロ、手段のいずれとして表現されているかの区別は、"dans・N"、"avec・N"という異なる形式によって明確になされる。"dans・N"形式をとる表現の中にモノ的な性格を有する(1)、(2)、(4)、(13)、(14)のようなケースがあったとしても、(3)の"dans la cuisine"のような純然たるトコロを表わすケースとの間に形式上の相違がみられるわけではなく、手段に近い性格を有するか否かは意味上の相違であって形式上はあくまでトコロの範疇に属するものである[9]。

このように、フランス語におけるトコロ、手段の連続性は、"dans・N"形式をとる成分間の意味上の相違、すなわち"où"でたずねられる「典型的トコロ」と、"dans quoi"あるいは"comment"でたずねられる「非典型的トコロ(手段に近い性格を有するトコロ)」との相違という形であらわれるのであり、「典型的手段」との間に連続性はない。この点において、日本語の「N・デ」形式が典型的トコロ、典型的手段を両極とする連続した一つの領域をカバーしているのとは異なっている。

第3章 "dans"を用いた空間表現をめぐる日仏対照

3．3　"dans・N"の使用条件

3．3．1　"dans・N"と"avec・N"

　3.2.2 で述べたように、動詞表現に用いられる"dans・N"の中には、Nがトコロ性を含まないため手段に近い性格を有するケースが存在するものの、典型的手段を表わす"avec・N"との間には形式上の相違が存在する。
　"dans・N"、"avec・N"の使い分けについて、山田 2005 : 51-52 は

(25)　boire <u>avec une paille</u>
(25)'　<u>ストローデ</u>飲む

(26)　manger <u>avec des baguettes/une cuiller/une fourchette</u>
(26)'　<u>箸/スプーン/フォークデ</u>食べる

(27)　boire <u>dans une tasse</u>
(27)'　<u>カップデ</u>飲む

(28)　manger <u>dans une petite assiette</u>
(28)'　<u>小皿デ</u>食べる

のような表現例を挙げ、飲食の際に手に持って食物を切り、口に運ぶための道具として使われるものには"avec"が用いられ、コップや皿など飲食という行為の間、食物を入れておく道具——容器(＝食物が存在する場所)——には"dans"が用いられるとした上で、両者はどちらも道具としての性格を持っているが、行為との関わり方に違いがあるとして、典型的道具を身体部位と同じ機能を持ち手で操作するものと考えるなら、箸やスプーン、フォークの方がコップや茶碗、皿に比べて、飲食という行為に関しては道具性が高いとしている。山田の記述からは、"dans・N"も"avec・N"と同様に「道具を表わす形式」であるという考え方がうかがわれる。
　また、同 : 52 は

365

第Ⅱ部　日仏対照編 —— 日本語からみたフランス語／空間表現と進行表現 ——

(29) Il y avait une jeune femme qui transportait un bébé <u>dans une poussette</u>.

について、運ぶという行為の進行中に、直接目的語(いわゆる直接目的補語)の指示対象物に対してその支えとなるもの、すなわち容器として機能するものには"dans／sur"が用いられるとした上で、"avec"が導くのはクレーンのような容器の性格を持たない道具であるとしている[10]。山田はさらに、このような相違が端的にあらわれている表現例として

(30) Mon fils de 4 ans boit <u>avec</u> un verre à bec.

を挙げ、単なる容器ではなくストローが果たす役割も併せ持った"un verre à bec"の場合には"dans"ではなく"avec"が用いられ、単なる容器かそれとも液体を口まで運ぶ機能を持っているかという点が前置詞選択のもとになるとしている。
　一方、(25)'〜(28)'や、(29)〜(30)に対応する日本語表現の

(29)' ベビーカーデ赤ん坊を運んでいる若い婦人がいた。(山田 2005：52)
(30)' 私の4歳の子供は飲み口付きコップデ飲む。(同上)

の場合には、Nが容器としての性格を有するか否かにかかわりなく「N・デ」により手段として表現されている。(27)'〜(30)'の「カップ」、「小皿」、「ベビーカー」、「飲み口付きコップ」は動作・行為の客体に対し容器として働くモノであるため、(25)'、(26)'の「ストロー」、「箸／スプーン／フォーク」のような非容器として働くモノとは異なりトコロ的な性格を有するとみることも不可能ではないものの、「飲む」、「食べる」、「運ぶ」に対しては手段として働いているとみるのが妥当である。但し、(28)'に対しては「小皿をテーブルの上に置いて食べる」という状況が想定され、「小皿を手に持って食べる」の場合とは異なって「小皿」はトコロ的な性格をも帯びることとなる。
　中右 2004：22 は、英語前置詞"with"、"on"についての考察の中で、動作・行為に関わるモノがトコロ、手段のいずれとして表現されているかの判断につ

いて「ある実体が＜行為者の片腕ひいては代役＞として働き、＜行為者と一体となって動く＞ものと知覚されるとき、その実体は＜道具＞と見立てられる。道具は行為者によって思いのままに操られ、行為者の意図を実現するための手段である。その一方、ある実体が＜すでにそこにあって＞、＜固定位置をとり静止して動かない＞ものと知覚されるとき、その実体は＜位置＞と見立てられる」としている。中右の見解によれば、ある事物がトコロ、手段のいずれであるかの判断に際しては、動作・行為によって移動させられるか否かが重要であるということとなる[11]。また、山田 2005：56 は、フランス語前置詞 "avec"、"sur"[12] についての考察の中で、

(31) N'essuie pas tes mains **avec/sur** ta chemise.
　　　　　　　　　　(山田 2005：56、『ロワイヤル仏和中辞典』"essuyer"の項)

の場合には "avec"、"sur" のいずれも使用可能であるとしつつも、着ているシャツの場合には "avec" は不適格と判断されるケースがある旨の注をもうけている[13]。(31) とは異なり、

(31)' シャツデ手をふいてはいけません。(同上)

は「着ているシャツデ手をふく」を前提として用いることも「手に持ったシャツデ手をふく」を前提として用いることも可能であり、いずれの場合も「シャツ」は「ふく」ための手段である。山田の記述からは、動作・行為に関わる事物が "sur・N" によりトコロとして表現される場合には、「動作・行為によって移動しない」が要求されるという中右の見解と同様のことがあてはまるケースの存在がみてとれる。但し一方では、例えば

(32) Ils ont transporté le blessé **sur un brancard**. (山田 2005：49)
　　　(彼らは負傷者を担架デ運んだ。)

のように、"sur" によって示される事物が動作・行為によって移動するコトガラを表わすケースも存在するため、トコロ、手段と動作・行為との関わりにつ

第Ⅱ部　日仏対照編 ── 日本語からみたフランス語／空間表現と進行表現 ──

いての中右の考え方は、フランス語の"sur・N"、"avec・N"の使い分けについては必ずしもあてはまらないこととなり、このことは"dans・N"、"avec・N"の使い分けについても同様である。

3．3．2　"dans・N"と「N・デ」

日本語の「N・デ」がトコロ、手段を表わすパターンとして 3.2.1 で挙げたイ〜ハについては、成戸 2009：22 において、Nの表わす事物がそれぞれ以下のような特徴を有するとした。

イ ── 動作・行為に対し空間を提供する事物（＝トコロ）であり、動作・行為によって移動することがない。
ロ ── 動作・行為に対しそれ自体を提供するモノであり、動作・行為によって移動することがない。
ハ ── 動作・行為に対しそれ自体を提供するモノであり、動作・行為によって移動する。

3.2.1 で挙げた (5)〜(7) のうち、(6) はイ、(5) はロ、(7) はハにそれぞれ該当する。同様に、

(33) 台所デ切る　　(34) まな板デ切る　　(35) 包丁デ切る

のうち、(33) はイ、(34) はロ、(35) はハにそれぞれ該当する[14]。ロに該当する「N・デ」の場合、Nの表わす事物は動作・行為によって移動することがない点においてトコロと共通し[15]、動作・行為に対してそれ自体を提供する点において手段と共通している。また、"dans・N"を用いた表現に対応する日本語表現としてこれまでに挙げた (1)'、(2)'、(3)'、(4)'、(27)'、(29)' におけるNのうち、(3)' の「キッチン」はイに、(4)' の「冷蔵庫」はロに、(1)' の「グラス」、(2)' の「辞書」、(27)' の「カップ」、(29)' の「ベビーカー」はハにそれぞれ該当する。(22)' の「今朝の新聞」は、3.2.2 で紹介したように山田 2005 においては「道具と場所の中間的要素」とされているが、この場合の「場所」とは、同：55 にみられるように「読む対象である記事やニュース

が存在するトコロ」という観点から規定されたものであり、動作・行為との関わりという面からみれば(2)'の「辞書」と同じく上記のハに該当する。(13)'の「日本の映画」は、(22)'の「今朝の新聞」と同じく情報の媒体であるためハに該当すると考えられるものの、動作・行為によって移動しないものであるためロに近い性格を有することとなる。同様に、(14)'の「鏡」、(28)'の「小皿」はいずれもハに該当しつつも、それぞれ「鏡台や壁などに固定された(比較的大きいサイズの)鏡を使う」、「小皿をテーブルの上に置いて食べる」という状況下ではトコロ的な性格、すなわちロに近い性格を帯びることとなる。

　一方、フランス語の"dans・N"は、(3)の"la cuisine"のような前掲イのパターンに該当する事物や、(4)の"le frigo"のような前掲ロのパターンに該当する事物、さらには(1)、(2)、(13)、(14)、(22)、(27)〜(29)における実線部のNが表わすような前掲ハのパターンに該当する事物であってもトコロとして表現することが可能である。このことは、山田2005：53が、「行為の対象物に対して容器として機能するか否かが、典型的道具かどうかより前置詞選択で優先するといえそうである」としていることとも符合する。このように、Nの表わす事物が"dans・N"形式によって表現されるか否かは、動作・行為に対して空間、モノ自体のいずれを提供するか、あるいは動作・行為によって移動するか否かではなく、容器であるか否かの相違によって決定される。"dans・N"とは異なり、"avec・N"の場合には、日本語であれば前掲ハに該当する事物のうち、容器としての特徴をもたないもの((25)、(26)の"une paille"、"des baguettes／une cuiller／une fourchette"など)、あるいは容器でありながら非容器としての特徴をも備えたもの((30)の"un verre à bec"など)が手段として表現されることとなる。

3.4　"dans・N"と「Nの中・デ」

　3.1〜3.3においては、主として"dans・N"、「N・デ」を考察の対象とし、Nが表わす事物と動作・行為との関わりに着目して両形式がトコロ、手段のいずれを表わすかについて検討を加えてきた。しかし、同じく動作・行為が行なわれるトコロを示す成分であっても、フランス語の"dans"は「内部＝中(ナカ)」という語彙的意味を含む点において「デ」とは異なるため、"dans・N"

第Ⅱ部　日仏対照編 —— 日本語からみたフランス語／空間表現と進行表現 ——

と同様にトコロを示すことが形式的に明示されている「Nの中・デ」についても考察を行なう必要がある。

　3.3.2で述べたように、フランス語では動作・行為に対して空間、モノ自体のいずれを提供するか、あるいは動作・行為によって移動するか否かにかかわらず、Nの表わす事物が対象物に対し容器として機能するものでありさえすれば、(1)、(2)、(13)、(14)、(22)、(27)～(29)のように前掲ハのパターンに該当する場合であっても"dans・N"形式によりトコロとして表現することが可能である。一方、これらの表現例に対応する(1)'、(2)'、(13)'、(14)'、(22)'、(27)'～(29)'のNに「の中」を付加した

　(1)"　＊ロシア人は、グラスの中デ紅茶を飲む習慣がある。
　(2)"　＊その単語を辞書の中デ探しなさい。
　(13)"　？ああ、それ日本の映画の中デ見たことある！
　(14)"　＊鏡の中デご覧ください。
　(22)"　＊私はそのニュースを今朝の新聞の中デ読んだ。
　(27)"　＊カップの中デ飲む
　(28)"　＊小皿の中デ食べる
　(29)"　＊ベビーカーの中デ赤ん坊を運んでいる若い婦人がいた。

はいずれも自然な表現としては成立しない。上記の表現例における実線部のNが表わす事物はいずれも非トコロであり、動作・行為に対しそれ自体を提供するモノである。成戸2009：23-26で述べたように、日本語においては「～の中／上」のような方位を表わす成分が名詞に付加されるのは、名詞の表わす事物が動作・行為に対して空間を提供する場合であり、上記の表現例はいずれもこれにあてはまらない。上記の表現例に用いられている「Nの中・デ」のうち、(1)"の「グラスの中デ」は、例えば

　(36)　グラスの中デ氷を溶かす

のように用いられるのであれば、「グラス」が「溶かす」に対して空間を提供することとなるため自然な表現として成立する。このことを「デ」の使用条件

第3章 "dans" を用いた空間表現をめぐる日仏対照

という側面からみれば、(36)の「氷を溶かす」は「グラスの中」に限定されるため、動作・行為が行なわれるトコロを限定する「デ」を用いることが可能であるのに対し、(1)"の「紅茶を飲む」は「グラスの中」に限定されないため「デ」を用いることができないということである。
　(1)"の場合とは異なり、(4)'、(5)に「の中」を付加した

(4)"生地を冷蔵庫の中デねかせてください。
(5)'冷蔵庫の中デ冷やす

が自然な表現として成立するのは、「冷蔵庫」が空間性を有するモノであり、「ねかせる」、「冷やす」に対して「モノ自体を提供すること＝空間を提供すること」となるためと考えられる。但し、(4)'、(5)の「冷蔵庫デねかせてください」、「冷蔵庫デ冷やす」の場合には「トコロ ── 動作・行為」、「手段 ── 動作・行為」いずれの結びつきにも解されるのに対し、(4)"の「冷蔵庫の中デねかせてください」、(5)'の「冷蔵庫の中デ冷やす」の場合には、「トコロ ── 動作・行為」の結びつきに限定されている。

　日本語の「Nの中・デ」表現と同様に、フランス語の"dans・N"表現においても、コトガラは「トコロ ── 動作・行為」の結びつきをとっている。しかし、3.2.2で紹介したように、"dans・N"の中には"dans quoi"、"comment"によってたずねられるケースが存在する。"quoi"はモノ(非トコロ)をたずねる成分であり、"comment"は手段・方法をたずねる成分であるため、"dans・N"がトコロを表わすことを中心的役割としつつも手段的な意味合いを帯びることは否定できない。このことは、山田2005における"sur・N"、「N・デ」、「Nの上・デ」についての以下のような記述とも符合する。同:56は、「玄関マットの上デ」は、「玄関マットデ」とは異なって典型的場所を示しており、

(37) 玄関マットの上デ足を拭く

は、「玄関マット」という場所で、明示されていない何かで足を拭くという状況を表わしているため、

371

(38) 玄関マットの上デ タオルデ足を拭く

のような表現も可能であるとしている。また、同 : 56-57 は、

(39) 玄関マットデ足を拭く

における「玄関マットデ」と(37)における「玄関マットの上デ」との違い、そしてその二つの表現が反映する現実の世界での行為のあり方の違いがフランス語に反映されないのは、「デ」、「の上デ」がともに"sur"となることにその原因があるとし、

(40) essuyer ses pieds sur le tapis-brosse
(山田2005 : 55、『プチ・ロワイヤル仏和辞典』"essuyer"の項)

は、例えば

(41) essuyer ses pieds avec un chiffon sur le tapis-brosse
(山田2005 : 56)

のように直接的な道具を明示しない限り、(39)に対応するものとして、すなわち"le tapis-brosse"は汚れを落とす道具としてとらえる解釈がなされるとしている。この反面、同 : 54-56 には、(39)の「玄関マットデ」は、「何デ」によってたずねられる典型的道具「タオルデ」とは異なり、「どこデ」、「何デ」のいずれによってたずねることも可能であるため道具と場所の中間領域に属する成分である[16]のに対し、(40)の"le tapis-brosse"は中間的性格を有するものの、"dans・N"を用いた(22)の実線部と同様に"où"でたずねることが可能であるため場所的な性格が比較的強い旨の記述がみられる[17]。山田の記述からは、(40)の"sur le tapis-brosse"はトコロを表わすことを中心的役割としつつも、日本語の「玄関マットの上デ」とは異なり手段としての性格をも帯びていることがみてとれる。"sur・N"のこのような特徴は、同じく動詞表現において動作・行為が行なわれるトコロを表わす"dans・N"についても

あてはまり、

(4)'生地を<u>冷蔵庫デ</u>ねかせてください。
(4)"生地を<u>冷蔵庫の中デ</u>ねかせてください。

はいずれもフランス語では

(4) Laissez reposer la pâte <u>dans le frigo</u>.

によって表現されることとなるため、"dans le frigo"はトコロを表わすと同時に手段としての性格をも帯びているということができる。このように、"dans・N"の手段的性格は、「N・デ」のみならず「Nの中・デ」も含めて比較した場合に一層鮮明となる。

ところで、青木2002：78、80、同2005：248-251には、「中（ナカ）」と"dans"の相違について、前者は＜外部＞を参照基準にして＜内部＞を限定する成分であり、対概念として常に「外（ソト）」が意識されるのに対し、後者において重要な点は＜外部＞ではなく＜境界＞あるいは＜限界＞の考え方であり、「外（ソト）」の領域を特に問題とはせずにNが表わす事物自体のもつ＜境界＞と＜内部＞が限定される旨の記述がみられる。「Nの外・デ」と意味的に対の関係にある「Nの中・デ」は純然たるトコロを表わす成分であるのに対し、"dans・N"は、トコロを表わす成分としての純粋性の点で「Nの中・デ」に劣る。このことは、"dans"が青木の主張するように境界と内部を問題とする成分であること、すなわち"dans・N（非トコロ）"の表わす概念がトコロの一形態としての「容器」から、さらに進んで「空間性を有するモノ」としての性格を帯びる（＝動作・行為の手段としての性格を帯びる）可能性のあることと表裏一体をなしていると考えられる。

3．5　まとめ

日本語においては、トコロ、手段はいずれも「N・デ」によって表わされ、連続した一つの領域を形成している。一方、フランス語においては、トコロと

第Ⅱ部　日仏対照編 ── 日本語からみたフランス語／空間表現と進行表現 ──

非容器の手段とは"dans・N"、"avec・N"という異なる形式によって区別され、容器の手段はトコロの範疇に属する。このことは、フランス語においてはトコロと容器の手段との間に本質的な相違がなく、両者はいわば典型的トコロと非典型的トコロの関係にあることを意味する。このため、トコロと手段の中間的性格を有するとされるケースであっても、"dans・N"が表わす概念は「トコロでありながら手段に近い性格を有する」こととなり、典型的手段ではない。容器の手段は"dans・N"によって表わされるため、非容器を表わす働きに限定された"avec・N"は、「N・デ」に比べ、典型的手段として表わすことが可能な事物の範囲が限られている。"dans"は「の中(ナカ)」を含意しているため、容器である限りにおいて、動作・行為に対して空間を提供する事物にとどまらず、それ自体を提供する事物をもトコロとして示すことが可能である。この反面、日本語における「N・デ」と「Nの中・デ」のような区別は、"dans・N"によってはなしえない。

　また、本章においては主として、ある事物がトコロであるか否かの判断基準を「動作・行為との関わり」という点に置いて考察をすすめてきた。これは、日本語の「N・デ」を考察対象の一つとしていることによる。「N・デ」と対照させるにあたって、動作・行為との関わりという点から"dans・N(非トコロ)"が表わす概念をとらえ直し、この形式が表わす「容器」を非典型的トコロと位置づけた。3.2.2で述べたように、トコロと手段との連続性は、日仏両言語においてそれぞれ異なる形ではあるが存在する。このことを支える根拠の一つとして、「どこデ」、「何デ」のいずれによってたずねることも可能な「N・デ」や、"où"ではなく"dans quoi"あるいは"comment"によってたずねられる"dans・N(非トコロ)"の存在が挙げられる。これらの周辺には、「どこデ」、「何デ」のいずれか一方によってのみたずねることの可能な「N・デ」や、"dans quoi"あるいは"comment"ではなく"où"によってたずねられる"dans・N(非トコロ)"が存在する。いかなる事物がいずれのパターンに属するか(＝典型的トコロ、典型的手段、トコロと手段の中間的性格を有する成分、のいずれに属するか)という点において日仏両言語間で相違がみられることは、(1)、(1)'の"dans un verre"と「グラスデ」、(22)、(22)'の"dans le journal de ce matin"と「今朝の新聞デ」によっても明白である。

　さらに、3.1で述べたように(3)、(3)'における"dans la cuisine"、「キッ

374

チンデ」はいずれも動作・行為が行なわれるトコロであり、コトガラ成立に不可欠の内包的要素ではない。これに対し、"dans・N（非トコロ）"が表わす「容器」という概念は、コトガラ成立に不可欠である「動作・行為の対象物」との関わりにおいて規定されるものであり、かつ、表現の前提となる客観的事実において主体との間に「使う ── 使われる」という関係を有するため、トコロでありながらもコトガラ成立に深く関わる成分であるとみるのが自然である。但し、(3)におけるような典型的トコロを表わす"dans・N"との間に形式上の相違がみられず、"dans quoi"や"comment"との置き換えが可能であるといういわば二次的な基準によって判別された"dans・N（非トコロ）"については、これをコトガラにおいてどのように位置づけるかの点で明確な結論を出すにいたらなかった。この点については、"avec・N"と同じく動作・行為の手段を表わす"à・N"[18]を含めた考察とともに、今後の課題としたい。

第Ⅱ部　日仏対照編 ── 日本語からみたフランス語／空間表現と進行表現 ──

注

1） 日本語のいわゆる格助詞「デ」は、トコロを表わす名詞的成分に付加されて動作・行為が行なわれるトコロを示す働きを有する一方、(1)'、(2)'のように、非トコロを表わす名詞的成分に付加されて動作・行為の手段を示す働きをも有する。本章では、具象物を表わすNを用いた「N・デ」を考察の対象とするため、いわゆる「道具」を表わすケースが中心となるが、非道具を表わすケースも一部含まれている。「道具」と「手段」の概念規定は現段階では完全に統一されておらず、例えば『日本語学キーワード事典』:58 は「フライパンで炒める」を道具格、「新幹線で京都へ行く」を手段格としているのに対し、中川1997：37、41 は「私は鉛筆で原稿を書いています」、「私は車で大学に通っています」の「鉛筆で」、「車で」をいずれも道具とし、「嘘で言い逃れをする」の「嘘で」を手段としている。また、『フランス文法大全』:412 において "avec" の働きの一つとして挙げられている「手段」を示す例は、おおむね「道具」を指している。本書では、トコロに対する概念として「手段」という用語を用いる。

2） 同書には、(1)'の「グラスデ」は対応する疑問詞が「何デ」であって「どこデ」ではないため道具(本書でいう「手段」)である旨の記述がみられ、このことは(2)'についてもあてはまると考えられる。ちなみに、中右2004：22 には、英語の "in・N" と日本語の「N・デ」との間に「トコロ ── 手段」の相違が存在するケースがみられる旨の記述があり、英語では "We wash our clothes in the washing machine." の "in the washing machine" のように＜位置＞すなわちトコロとして表現される成分が、日本語においては「洗濯機デ洗濯をする」の「洗濯機デ」のように＜道具＞すなわち手段として表現される例が挙げられている。

3） フランス語前置詞 "dans" と日本語格助詞「デ」を対応させて考察することの意義については、英語前置詞と日本語格助詞についての中右2004 の記述が参考となろう。同:20 は、両者が不十分にしか対応しないからこそ、日本語話者による英語前置詞の用い方に一定の誤用のパターンが見いだされるとしている。

4） この点については青木2005：248 を参照。"dans" に対し、「上(ウエ)」あるいは「表面」という空間概念を含む成分として "sur" がある。"dans・N"、"sur・N" はいずれも日本語の「N・デ」に対応するケースがあるものの、N が表わす事物と動作・行為との位置関係が「N・デ」の場合よりも具体的である。

5） 「テーブルの角」は「部分としてのトコロ」とみることも可能である。この点については、中国語について述べた丸尾2004：158 を参照。

6） 菱沼1990：89-90 には、「地図で見る」、「新聞で見る」などの表現における「地図」、「新聞」は情報源であり日本語では一般に道具とみなされているが、他の「物的手段」と同等にみなしてよいかどうかについては疑問である旨の記述がみられる。

7） ちなみに中国語には、動作・行為が行なわれるトコロを限定するいわゆる前置詞として "在" が存在する。"在" はトコロ名詞と組み合わされ "在・N" 形式で用いることが可能であるが、非トコロ名詞と組み合わされる場合には、いわゆる方位詞の "-里／上" を付加して "在・N 里／上" 形式としなければならない。"在・N 里／上" 形式においては N が方位詞の働きによってトコロ化されており、フランス語の "dans・N" 形式における N が非トコロ名詞のままであるのとは異なる。非トコロ名詞をトコロ化する方位詞の働きについては、成戸2009：19、23-25 を参照。

8） "avec" が典型的道具(手段)を示す成分であるという点については、山田2005：49、55-57 を参

376

第 3 章　"dans" を用いた空間表現をめぐる日仏対照

照。
9) これと反対の現象が中国語においてみられる。菱沼1990：88には、"用杯子装水"は「コップに水を入れる」、「コップで水を入れる」のいずれを表わすことも可能であり、"杯子(コップ)"は前者の場合には「物を入れる道具」、後者の場合には「運搬の道具」である旨の記述がみられる。前者の場合には"往杯子里装水(コップに水を入れる)"と同一の客観的事実を前提としているため、「入れるための空間を備えている」という"杯子"のトコロ的な性格が後者の場合より強いとみることも可能であるが、形式上はあくまで道具の範疇に属する。
10) 山田2005：52には"On a transporté la voiture accidentée **avec** une grue.（事故車をクレーンで運んだ。）"という表現例が挙げられている。
11) ちなみに菱沼1990：86には、道具を示す中国語の"用"、日本語の「**デ**」の使用条件は、(主体による)操作を受けることである旨の記述がみられる。
12) "sur・N"は、"avec・N"との間に「トコロ —— 手段」の相違を有する点において"dans・N"と共通している。
13) 成戸2009：14-15においては、トコロを示す"在"、手段を示す"用"を用いた中国語表現の間に同様の相違がみられることを述べた。
14) 同様の考え方は中川1997：36-37にもみられ、「川で雑巾を洗う」、「洗面器で雑巾を洗う」、「ピンセットでつまむ」における「川で」、「洗面器で」、「ピンセットで」をそれぞれ「場所」、「場所と道具を兼ねる成分」、「道具」としている。
15) ロの特徴を有するモノに対しては、中国語と日本語の道具使用表現について考察を行なった菱沼1990のように「受動的な道具」であるとする見方が存在する。同：85-86は、使用者による操作が必要な「能動的な道具」、操作を必要としない「受動的な道具」というカテゴリーを紹介し、受動的な道具として「机、椅子、コップ、皿」のようないわゆる器具、器物、容器を挙げている。
16) 「玄関マット」は3.3.2の分類ではロに属することとなる。「玄関マット**デ**」は手段としての性格を有するため、「玄関マット**デ**タオル**デ**足を拭く」においては「**デ**」の役割の衝突が起こり、表現の安定性に欠ける。
17) 但し山田2005：54は、"Il a essuyé ses pieds **sur** le tapis-brosse."は"**Sur** quoi a-t-il essuyé ses pieds?"のように「前置詞・quoi」によってたずねることも可能な点で、"dans・N"を用いた(22)とは異なるとしている。また、"sur・N"を用いた動詞表現の中には、同：49-50に述べられているように"où"によってたずねることのできない(32)のようなケースも存在する。(32)の"un brancard"は(40)の"le tapis-brosse"に比べると手段としての性格がより強いと考えられる。トコロ、手段の間に連続性を認める山田の考え方に対し、中右2004：21は、日英両言語においてある実体を＜道具＞、＜位置＞のいずれであるとみるかについての考察の中で、"Frieda wiped her mouth **with** a napkin."、"Frieda wiped her feet **on** a door mat."のような例を挙げ、"a napkin"は＜道具＞、"a door mat"は＜位置＞であるとしている。同：22によれば、位置と認められるか否かはNが表わす事物が固定された状態にあるか否かによるのであり、その用途とは無関係である。
18) 山田2005：58は、いわゆる総称的な言い方では、例えば"écrire au crayon(鉛筆で書く)"のように"à"によって道具を示すケースも多いとしている。

377

第4章

フランス語の進行表現にみられる諸相（1）

4．0　はじめに

　本章および次章においては、1.4でとり上げた"être en train de＋不定詞"をはじめとするフランス語進行表現の考察を、中国語、日本語の進行表現と対照させながら行なう。周知のように、フランス語には進行中の動作を表わす方法として

- ①　動詞の現在形（直説法現在形）
- ②　"être en train de＋不定詞"形式
- ③　動詞の半過去形

が存在し、①、③は時制を反映した動詞の変化形の系列を構成する成分、②は進行中の動作であることを明示するイディオムに不定詞が組み込まれた成分とされるのが通例である。②は進行中の動作を表わす働きを有する点において①、③と共通するものの、①、③と同一レベルではあつかわれていないわけであるが、このことには、フランス語話者によるコトガラのとらえ方、言語表現の仕方のメカニズムが深く関わっている。一方、進行中の動作を表わす表現に用いられる成分として、中国語には"呢"、"在(V)"、"(V)着(zhe)"が、日本語には「**テイル**」、「**テイルトコロダ**」が存在する。これらの使い分けと①、②の使い分けとの間には、共通点・相似点や相違点がみられ、言語によって異なる動詞の性格や、進行表現を構成する各成分の特徴と深く関わっている。また、②、③はいずれも過去において進行中であった動作を表わすことが可能であるため、①、②の場合と同様にその使い分けが問題となるものであり、上記の中国語・日本語諸成分の使い分けとの間に共通点・相似点や相違点がみられる。

　本章は、フランス語において進行表現を構成する上記の諸成分を中心に、中

国語、日本語において進行表現を構成する諸成分・手段との共通点・相似点や相違点について考察することを通して、先行研究によっては明らかにされていないフランス語進行表現の諸特徴を明らかにするとともに、中国語や日本語を母語とする学習者がフランス語進行表現を正しく理解し、母語の発想に引きずられることによって生じる誤用を避けつつ適切に運用できるようになるための一助とすることを目的とする。

　なお、①～③を用いた進行表現のアスペクト的概念は、『フランス文法大全』: 253、『新フランス文法事典 ("aspect〔相〕"の項)』、『現代フランス広文典』: 230 などにみられるように「継続相 (aspect duratif)」とされるのが一般的であり、「進行相あるいは進展相(いずれも "aspect progressif" を指す)」は "être en train de ＋不定詞" が表わすアスペクトとは別の範疇として、"aller ＋ジェロンディフ (＝en＋現在分詞)" や同一動詞の反復によって示されると規定される[1]。一方、学習書においては、『フランス語ハンドブック』: 44 のように「動作の進行」とするものが存在する。「進行相」および「継続相」は、「結果相」や「持続相」とともにその概念規定が諸説において、また対象とする言語によって異なり、不統一の状態である。中国語においては、進行中の動作を表わす表現に用いられる成分として "呢"、"在(V)"、"(V)着" が存在し、それらの働きは「進行」、「持続」などの用語によって説明されるものの、概念規定は諸説により異なっているのが現状である。日本語においては、「**テイル(トコロダ)**」の働きの考察にあたって「進行(相)」あるいは「進行態」という用語を用いる金田一 1976 a : 56、中右 1980 : 112-114、寺村 1992 : 335、青木 2000 : 93、98 のほか、「継続・進行」という用語を用いる森田 1990 : 33-34 などが存在する。また、吉川 1976 : 165 は、「継続」とは動きがその過程の途中にあること、すなわちある動きが始まってまだ終わらない状態にあることをいうとしているのに対し、竹沢 1991 : 60 は、進行相と結果相を「継続」という概念が具体的言語条件の中で実現しえる対峙的意味と位置づけている。さらに、中国語および日本語を対象とした中川 1990 : 230 は、動詞の意味する動作を「発生～持続～帰着～(結果の)存続」の四段階に分け、持続を動作の一過程と位置づけている。本書では、①～③を用いたフランス語進行表現と中国語・日本語の進行表現との対照を行なうため、動作が開始から終了にいたる過程において継続中である段階を指す用語として「進行」を用いることとする。

第4章　フランス語の進行表現にみられる諸相（1）

4．1　非アスペクト形式による進行表現

4．1．1　動作の進行と話者の判断

　現在形を用いた表現が進行中の動作を表わす要因については、入門・初級のテキストにおいて説明されることが少ないようであり、"être en train de＋不定詞"とともに進行中の動作を表わすと述べるにとどまるのが通例である。動詞の現在形は、1.4で述べたようにいわゆる未来時、近接過去などの非進行動作を表わすことも可能であり、進行中の動作を表わす形態上の特徴を有するわけではない[2]。例えば

(1) Il prend un bain.（彼は風呂に入る／入っている。）（久松 1999 : 27)
(2) Il joue au golf.（彼はゴルフをする／している。）（同上 2002 : 20)
(3) Qu'est-ce qu'elle fait en haut ?（第1章の(43)'）
　　（彼女は二階で何をするの／しているの。）

※いずれもカッコ内日本語は筆者

は場面や文脈によって、日本語であれば「〜(ス)ル」、「〜(シ)テイル」のいずれによって表わされるコトガラを前提として用いることも可能である[3]。これらに対し、例えば

(4) Pierre travaille **en ce moment** dans son bureau.（第1章の(50)）
　　（ピエールは今オフィスで仕事をしている。）※カッコ内日本語は筆者
(5) Bien qu'elle soit fatiguée, elle travaille **encore**.
　　（彼女は疲れているにもかかわらずまだ仕事をしています。）

（久松 1999 : 110)

(6) Il lit **depuis ce matin**.（けさから彼は本を読んでいる。）

（『現代フランス広文典』: 230)

の場合には、発話時のコトガラであることを明示する"en ce moment"、過去から発話時にいたるコトガラであることを明示する"encore"、"depuis ce matin"のような成分が含まれているため、"travailler"、"lire"は進行中の

381

動作を表わすこととなる。現在形が進行・非進行いずれの動作を表わすにせよ、いわゆる未来形に対しては一つの範疇に属するものとしてあつかわれている。このことは、佐藤 2005：92 が、動詞の未来形を用いた

(7) Je travaillerai l'année prochaine.（来年、私は**働く**でしょう。）
(8) Je téléphonerai demain.（明日、私は**電話する**でしょう。）

に対してそれぞれ

(9) Je travaille.（私は**働いています**。）
(10) Je téléphone.（私は**電話します**。）

のような進行、非進行の動作を表わす表現を挙げ、(9)、(10)はいずれも「今のこと」をいっている、すなわち発話時におけるコトガラを表わすとしていることによっても理解できよう。

1.4 で述べたように、現在形を用いて進行中の動作を表わす用法は、継続可能な動作動詞を用いた表現において、動作が発話時に進行中であることを話者が認めることによって成立する。このことは、現在形による進行表現がコトガラに対する話者のムードを反映した結果として成立することを意味している。上記のような現在形による進行表現の成立に類似した現象は中国語にもみられ、進行アスペクトのマーカーを用いない

(11) 我现在学习中国话**呢**。（船田 2003：145）
(12) 我正吃饭**呢**。（大原 1973：23）

のような表現が成立する。この場合、発話時であることを明示する、いわゆる語気助詞の"呢"が用いられるのが一般的である[4]。このような場合における"呢"の働きについて森 2000：268-269 には、動作や状態が目下進行中（最中）であると話者が認めることであり、"呢"自身が進行や持続を表わすのではなく、あくまでもそれを認める話者の心的態度（ムード）である旨の記述がみられる[5]。このように、動詞の現在形を用いたフランス語進行表現、"呢"を用い

第4章　フランス語の進行表現にみられる諸相（1）

た中国語進行表現は、いずれもコトガラに対する話者のムードを反映しており、動作が発話時に進行中であることを話者が認めることによって成立する非アスペクト表現である点において共通している。

　ところで、現在形を用いたフランス語表現、"呢"を用いた中国語表現は、進行中の動作のほか、未然の動作を表わすことも可能であり、それぞれ

　(13) Pierre arrive demain.（ピエールは明日到着するでしょう。）
　　　　　　　　　　　　（青木 1987：21）　※カッコ内日本語は筆者
　(14) 明天早上我们打麻将**呢**。
　　　（明日の朝私たちはマージャンをしているでしょう。）（船田 2003：145）

のような表現が成立する。青木 1987：21-22 には、(13)のような未来時のコトガラを表わす表現は、前もってつくられたコトガラを確実なものとしてうけとめることを表わし、コトガラを確実ととらえる断定モダリティーは発話時点に関係づけられるものである旨の記述がみられる。青木の記述からは、未然の動作を表わす表現が、発話時における話者の判断を含んでいる点において進行中の動作を表わす場合と共通していることがうかがわれる。一方、神田 1989：29-30 には、中国語のいわゆる北方語では、例えば

　(15) 我写字**哪**。（私は字を書いている。）　※カッコ内日本語は筆者

のような"呢（北京語では"哪"）"を用いた表現は、「動作の進行」というよりは

　(16) 我没去**哪**。（私は行っていない。）　※カッコ内日本語は筆者

と同じく「動作の未完成」の表現であり、その働きは「未然」を表わすことであるため、動作が未完成である、すなわち「動作が終わっていない→継続中である」がゆえに動作の進行とも解釈できるにすぎない旨の主張がみられる[6]。これらの記述からは、現在形を用いたフランス語表現、"呢"を用いた中国語表現が、ムード的手段によって動作の進行を表わす働きをする点においては共

383

第Ⅱ部　日仏対照編——日本語からみたフランス語／空間表現と進行表現——

通する反面、前者は「発話時において話者が確実と判断する」ことによって、後者は「発話時において動作が未完成であると話者が判断する」ことによってそれぞれ成立するというように、その成立にいたる過程が異なることがみてとれる。

4．1．2　非アスペクトの進行表現に用いられる動詞の性格

現在形を用いたフランス語表現、"呢"を用いた中国語表現が進行中の動作を表わし、それぞれ"être en train de＋不定詞"表現、"在V"表現と並存するのは、動詞が継続可能な動作を表わすものである場合に限られる。このことは、フランス語表現については、1.4 で紹介した

(17)　Ne le dérange pas. Il **travaille**.（第1章の(49)）
(17)'　Ne le dérange pas. Il **est en train de** travailler.（第1章の(49)'）

における現在形と"être en train de＋不定詞"との競合についての青木 1987：26 の記述[7]によって理解されようし、中国語表現については、森 2000：279 に、

(18)　鸽子飞**呢**。（ハトが飛んでいる。）

における持続(本書における「進行」)的な意味は

(19)　下雨**呢**。（雨が降っている。）
(20)　他摆着手**呢**。（彼が手を振っている。）

における"下雨"、"摆手"と同様に、"飞"がそもそも持続的な動作(本書における「継続可能な動作」)であることから発生する旨の指摘がみられることや、张亚军 2002：257 が、いわゆる時間副詞として進行を表わす働きをする"在"と組み合わされる動詞の主なものの一つとして「持続可能な動作を表わすもの(具有"持续"特征的动作行为动词，即动作行为本身能持续，其内在时间过程结构具有较强的"续段")」を挙げていることによっても理解されよう。

フランス語動詞や中国語動詞の場合とは異なり、日本語動詞のいわゆる終止

第4章　フランス語の進行表現にみられる諸相（1）

形を用いた表現の場合には、周知のように、それが継続可能な動作を表わすものであってもそのままでは進行中の動作を表わすことができないため、

(17) Ne le dérange pas. Il **travaille**.
(11) 我现在学习中国话**呢**。

に対してはそれぞれ

(17)"邪魔しちゃだめよ。勉強し**テイル**んだからね。（青木 1989：307）
(11)'私は今中国語を勉強し**テイマス**。（船田 2003：145）

のようなアスペクト形式「**テイル**」を用いた表現が対応することとなる、すなわち非アスペクト表現によって動作の進行を表わすことができない[8]。

4．2　アスペクト形式による進行表現

4．2．1　空間表現から時間表現へ

1.4で述べたように、日本語の「テイルトコロダ」は空間表現を時間表現に転用して動作の進行を表わすにいたった表現形式である[9]。同様の現象が中国語の"在(V)"についてもあてはまることは、≪外国人学汉语难点释疑≫の以下のような記述からもみてとれよう。同：166-167 は、

(21) 他**在**教室。（彼は教室ニイル。）　※カッコ内日本語は筆者

について"'在'表示'在什么地方'(be in/on/at…)"とし、

(22) 他**在**上课。（彼は授業をし**テイル**／受け**テイル**。）

※カッコ内日本語は筆者

について"'在'是'正在'(be…ing)"とする一方、

(23) 小王在家吗？——不在。他**在**教室上课。
　　（王さんはいますか。——いません。彼は教室デ授業をし**テイマス**／受け**テイマス**。）　※カッコ内日本語は筆者

における"**在**(教室上课)"の働きについて"在上课＋在教室"としている。"在"は、(21)においては"他"が"教室"に位置することを表わす成分（「**ニイル**」に対応する）として、(22)においてはアスペクトマーカー（「**テイル**」に対応する）として、(23)においては"上课"という動作が行なわれる範囲を"教室"と限定する（「**デ**」に対応する）と同時に"上课(授業をする／受ける)"が進行中であることを表わすアスペクトマーカーとしての役割をもになっている[10]。(23)と同様のケースとしてはさらに、

(24) 她**在**楼上和小李谈话。
　　／She **is** hav**ing** a talk with Hsiao Li upstairs.
　　　　　　　　　　　　　　　　　　　　（≪實用英語語法≫：106）
(25) 我**在**学校参加一个会议。／I **am** attend**ing** a meeting at school.
　　　　　　　　　　　　　　　　　　　　　　　　　　（同上）

のような、いわゆる進行形を用いた英語表現との対応例が存在する。(24)、(25)の対応例は、"**在**楼上"、"**在**学校"のような空間限定に用いられている"在"から進行の意味を読みとった結果である。但し、(23)〜(25)と同様に"在・N(トコロ)＋V"形式をとる表現の中には、

(26) 你们每天**在**哪儿上课？——**在**309教室上课。
　　　　　　　　　　　　　　　　　　　　（≪外国人学汉语难点释疑≫：167）
　　（あなたたちは毎日どこで授業を受けるの？　——309教室です。）
　　　　　　　　　　　　　　　　　　　　　　　　※カッコ内日本語は筆者

のような非進行表現も存在し、この形式における"在"が日本語の「**テイルトコロダ**」ほどには進行表示のマーカーとして特化された成分となりきっていないことがみてとれる。"在・N(トコロ)＋V"表現が進行の意味に解されるた

386

第 4 章　フランス語の進行表現にみられる諸相（1）

めには、表現の前提となる客観的事実において動作が進行中であることを要するのである[11]。

　ところで、"在"が動詞に前置されて進行を表わす(22)のような用法については、一般に、(26)のような"在・N(トコロ)＋V"形式によって動作の範囲を限定する用法から

(27)　他在那儿看书。(中川 1990：222)

のような"在那儿"を用いた表現を経て進行アスペクトのマーカーへと変化していったものであるとされているが、このことは(23)〜(25)が動作の進行を表わすことと矛盾するものではなく、むしろ、空間限定の働きから進行を表わす働きをもつにいたった"在"の用法の変遷を裏づけるものであるということができよう[12]。"在"が、事物が特定のトコロに位置することを表わす用法から動作が行なわれる範囲を限定する用法、さらには動作の進行を表わす用法へと発展していったことは、コムリー1988：159、161、162 が、ありかを表わす成分が進行を表わす働きを備えるにいたったケースの例として英語の"to be in the process of doing something"、"to be in progress"やイタリア語の"stare(立っている)"を用いた進行表現とともに、中国語の"在(〜にある)"を挙げていることとも符合する。また、島岡 1990：185 には、

(28)　I am learning French. ／私はフランス語を学ん**デイル**。

の「学ん**デイル**」における「**イル**」は"be"と同様に「そういう状態にあること」すなわち「その行為の進行・継続」を表わす機能語の役割を果たしている旨の記述がみられ、日本語や英語における進行表現の形成過程と、中国語におけるそれとの間に共通点が存在することがうかがわれる。"在"や「**テイル**」がアスペクトマーカーとして用いられる場合においても動詞としての語彙的意味をとどめていることは、讃井 1996 b：28 に、"在"が中国語話者の語感では、動作主体が発話時にある動作の過程もしくは状態の中に在ることを話し手が判断する意味の成分である旨の記述がみられることや[13]、寺村 1984：127 が「〜**テイル**」のアスペクト的意味の中心的、一般的意味は、「既然の結果が現

387

第Ⅱ部　日仏対照編　――　日本語からみたフランス語／空間表現と進行表現　――

在存在していること」すなわち「あることが実現して、それが終わってしまわず、その結果が何らかの形で現在に存在している(残っている)こと」であり、動詞が本来時間的な幅をもつ動作・現象を表わすものである場合には、「その動作・現象が始まって、終わらずに今存在している」すなわち「開始の結果が今もある」という継続の意味をもつのが普通であるとしていることによっても理解できよう。同様のことは、英語の進行表現に用いられる "be" についてもあてはまり、前掲の "to be in the process of doing something"、"to be in progress" や、

　(29) He is [just in the act of] studying.　(大原 1973：23)

などに端的にあらわれている[14]。

　以上のように、日本語の「**テイル**」、中国語の "在"、英語の "be" はいずれも空間表現を構成する成分としての性格をとどめており、「(動作が進行中の段階に)ある」を表わすことによって進行表現を構成しているのである。このことは、動作の進行が、動作が行なわれるという事態が継続することである点において、状態性の強い「ある」という概念を表わす上記の諸成分との間に意味的な近似性を有することと表裏一体をなしている[15]。同様のことは、フランス語の "être en train de＋不定詞" 表現についてもあてはまると考えられる。この点については、島岡 1990：191 に挙げられている

　(30) Il **est en train d'**écrire une lettre.
　　　／He **is in the course of** writing (a letter).　　※カッコ内は筆者

のような英語表現との対応例が参考となろう。周知のように、"être" は英語の "be" に相当する成分である一方、"train" は「連なっているもの」という意味特徴を有する点において空間的な性格を有するということができ、場所を示す働きのほか様態(or 状態)を示す働きをも有する "en" と組み合わされた "en train" の形で「〜の最中だ」を表わすことが可能である[16]。これらのことは、『新スタンダード仏和辞典("train" の項)』に、"train" が「列、縦列／(装置などの)連なり」のような空間的概念を表わす一方で、"en train" が「活動

388

第4章　フランス語の進行表現にみられる諸相（1）

（進行）状態」を表わす旨の記述が、久松 2011：155 に、"être en train de＋不定詞"は"train"の「連なっているもの」のイメージから「事柄の進行状態」、「事がはじまっている状態」を指す旨の記述がそれぞれみられることからも理解できよう。このように"être en train de"は、これを構成する諸成分がいずれも空間表現との間に深い関わりを有しており、空間表現を時間表現に転用した進行アスペクト形式であるとみてさしつかえない[17]。"être en train de＋不定詞"は、青木 1987：25 が「発話時点とは関わりなく、事柄の生起を確認し、そして、『継続的』なアスペクトとしてその事柄を限定する」としているようにアスペクト形式であって、時制は"être"に反映されて基準時点（通常は発話時、発話時以前）における動作を表わすことが可能である[18]。これらの点において、非アスペクト表現である現在形を用いた表現が発話時に進行中の動作を表わす働きに限定されるのとは異なる。

　ところで、日本語の「**テイルトコロダ**」に対しては、"être en train de＋不定詞"の場合と同様に、過去の特定時点において動作が進行中であったことを表わす「**テイルトコロダッタ**」あるいは「**テイタトコロダ**」が存在するのに対し、中国語の進行アスペクト形式"在(V)"には時制が反映されない[19]。周知のように中国語においては、時制は動詞ではなく

(31)　他**現在**在吃药。（彼は今薬を飲んでいます。）　　（船田 2003：141）
(32)　**昨天晩上**我在看小说。（昨晩私は小説を読んでいました。）
　　　　　　　　　　　　　（《實用英語語法》：115）　※カッコ内日本語は筆者

における"現在"、"昨天晩上"のような時を表わす成分によって示される。但し、王学群 2002：79 の記述にみられるように、"在(V)"表現は、事件時を基準時とする

(33)　明天你来的时候，我也许**在**上课。
　　　（明日あなたが来る頃には、私は授業に出ているかも知れません。）
　　　　　　　　　　　　　　　　　　　　　　　※カッコ内日本語は筆者

のようなケースでない限り未来時のコトガラを表わすのに用いることは難し

389

く、この点においては発話時、発話時以後における動作を表わすのが通例である"être en train de＋不定詞"表現との間に共通点を有するということができる[20]。

4．2．2　進行と持続

現在形を用いた進行表現と"être en train de＋不定詞"表現との間には、青木1987：20の記述にみられるように文脈によっては知的意味の上で大きな相違はみられないケースがある。しかし、形式が異なる以上は、両者の間に何らかの相違が存在するとみるのが自然である。1.4で述べたように、

(34)　Jacques：Allô！ Yoko？ Bonjour！ Pourrais-je parler à Marion, s'il te plaît？
　　　Yoko：Ah, elle **prend** sa douche.（第1章の(46)'）
(34)'　Jacques：Allô！ Yoko？ Bonjour！ Pourrais-je parler à Marion, s'il te plaît？
　　　Yoko：Ah, elle **est en train de** prendre sa douche.
　　　　　　　　　　　　　　　　　　　　　　　　（第1章の(46)）

の両者を比較した場合、(34)'の"elle **est en train de** prendre sa douche"はシャワーを浴びる行為を発話時に行なっていることが前提となる[21]のに対し、(34)の"elle **prend** sa douche"はシャワーを浴びる前後の行為を行なっている場合に用いることも可能であるという相違がみられる。このことは、"train"が「空間的に連なっているもの→時間的に連続したもの」という意味特徴を有することと無関係ではないと考えられ[22]、"être en train de＋不定詞"は発話時においてまさに行なわれている最中であることを表現するのである。(34)、(34)'間にみられる上記の相違は、現在形を用いた表現が"être en train de＋不定詞"表現とは異なって、習慣的行為のような長期にわたって断続的に行なわれる動作を表わす働きを有することや、例えば

(35) Qu'est-ce que vous faites？

第4章　フランス語の進行表現にみられる諸相（１）

が、発話時においてまさに進行中の動作についてたずねる用法に限定される

(36) Qu'est-ce que tu **es en train de** faire？((今)何をしているの？)

(久松 2002：88)

の場合とは異なって

(37) Qu'est-ce que vous faites (dans la vie)？ —— Je suis étudiant(e).
（お仕事は何をなさっていますか。 —— 私は学生です。）

(中村 2001a：48)

のように職業・身分をたずねる表現として用いることも可能である点とも関わっており、断続を許容する現在形と、許容しない"être en train de＋不定詞"との相違に起因すると考えられる。青木1987：20、25には、"être en train de＋不定詞"表現において問題となるコトガラは常に特定的なoccurrenceであり、「食後にたばこを吸うのが習慣である」という場合に

(38) Pierre fume après le repas. （ピエールは食後にタバコを吸う。）

※カッコ内日本語は筆者

は可能であるのに対し、

(38)'＊Pierre **est en train de** fumer après le repas.

が非文となるのは、"être en train de＋不定詞"が現在における一回のコトガラを問題とする点において現在形とは異なることによる旨の記述がみられる[23]。(38)は習慣的な動作を表わす表現であり[24]、長期にわたって断続的に行なわれる動作を表わすという点においては、例えば

(39) J'apprends à conduire. （私は運転を習っている。）　(中村 2001a：10)
(40) Maintenant, il travaille à Paris.

　　　　（いま、彼はパリで働いています。）　　（久松2011：154）
（41）Où est-ce que vous achetez votre pain？
　　　（パンはどこで買っていますか？）　　（500語：219）

などと同様である[25]。(38)〜(41)が表わす動作は長期にわたる断続的なものであり、いずれも発話時に行なわれているか否かが問題とはされていない点において(34)の場合と同様である。このように、現在形を用いた表現が表わす動作は具体的な個別のものには限られない点において、"être en train de＋不定詞"表現が表わす動作が青木の指摘するように一回の事柄、すなわち具体的な個別の動作であるのとは異なるのである。

　ところで、(34)、(34)'のような現在形による表現と"être en train de＋不定詞"表現との間におけるような相違は、中国語の"在V"表現と"V着"表現との間にもみられる。このことは、陈月明2000：542-543に、（「歯を磨いている」を表わす）"在刷牙"は"活动(activity)的进行＝活動の進行"であって"不一定是一个匀质的情状（等質の状況とは限らない）"であるのに対し、"刷着牙"は"动作(action)的持续＝動作の持続"であって"一个匀质连续反复的情状（連続・反復する等質の状況）"である旨の記述がみられることや、王学群2001：73-74、同2002：83-84に、

（42）有的**在**给房东挑水，有的正在打扫院子，有的正在帮着乡亲们推碾子，碾子上铺着刚刚收下的金灿灿的谷子。（张海迪≪轮椅上的梦≫）

は水を汲むためにバケツを持って井戸／川へ向かっている場面、水を井戸／川から汲んでいる場面、水を運んでいる場面、汲んできた水を水がめに入れている場面のいずれを表わすことも可能であるのに対し、"有的**在**给房东挑水（ある者は家主のために水をにない運んでいる）"を"有的给房东挑**着**水"に置き換えると水を運んでいる場面を表わすにとどまる、すなわち"在V"表現が表わすコトガラにはいくつかの非均質的な段階がありえるのに対し、"V着"表現が表わすコトガラは均質的な一段階に限られる旨の記述がみられる[26]ことによっても理解できよう。この点に関しては、山田1984：117、119に、「進行」という概念が徐々の変化を含意する点において「持続」とは異なる旨の記述が

392

第 4 章　フランス語の進行表現にみられる諸相（1）

みられる。この概念規定によれば、"在V"は動作の進行を、"V着"は動作の持続を表わす形式であることとなる[27]。「持続」なる概念が「連続して切れ目がない」という意味特徴を含んでいることは言うまでもなく、神田 1989：28 の記述からもみてとれるように「進行」の概念と区別しがたい側面を有することは否定できない。しかし"V着"は、讃井 2000：59 の記述にみられるように「動作が実現し一定時間持続する」ことを表わす働きを有する一方、例えば

　(43)　他拿**着**手机。（彼は手に携帯電話を持っています。）　（船田 2003：146）

のような動きをともなわない動作を表わす表現や、

　(44)　她穿**着**一双皮靴。（彼女はブーツをはいています。）　（同上：147）

のような動作結果の持続状態を表わす表現、さらには

　(45)　墙上挂**着**一张美丽的画儿。（壁に美しい絵がかけてある。）
　　　　　　　　　　　　　　　　　　　　　　　　　　　　（讃井 1996c：57）

のような存在表現に用いることも可能である。これらのことから、"V着"は「持続」という意味的な特徴を有する連続した一つの領域を形成しつつも、動作の持続状態を表わす成分としての性格が強いものから、動作結果の持続状態を表わす成分としての性格が強いもの、さらには存在表現を構成するものまでが階層的に存在することがうかがわれる。(44)、(45)においては動作がすでに終了しているため、コトガラは動作の一過程として位置づけられるものではなく、時間の流れとは直接的な関わりを有しないこととなる。また、(45)における"挂着"は、「誰かがそうしている」ではなく「そうなっている」を表わす成分とみることが可能であり、表現全体は"墙上(壁)"という空間における"画儿(絵)"の存在のありよう（＝かけられた状態で存在する）を表わす非動作表現である[28]。時間の流れと直接的な関わりを有しないコトガラを表わす点においては、動作の持続を表わす"V着"表現の場合も同様であり、"V着"が表わす概念は「動作の持続状態」、すなわち、動作が開始された後に存在する動作

393

のあり方そのものであって、動作によって生じた状態である点においては動作結果の持続状態と同様である[29]ため、開始と終了との間に位置する動作の一過程であり時間の流れと直接的な関わりを有する「進行」とは異なるのである[30]。従って、動作の持続を表わす"–着"をアスペクトマーカーであると断定することは説得力に欠けるといわざるをえない。

　動作が持続していることを前提とする"V着"は、讃井1996b：31の記述にみられるように、断続的に継続する動作の場合には用いることができない。これに対し"在V"の場合には、動作が持続していることは必要条件ではなく、宮田1996：21が指摘するように、長期にわたって動作が継続進行することを表わすのに用いることが可能であり、例えば

　(46)　去年夏天他们**在**修建一座发电站。(《實用英語語法》：115)
　　　　(去年の夏彼らは発電所を建造していた。)　※カッコ内日本語は筆者

のような表現が成立することとなる[31]。中国語においては、進行を表わす働き、持続を表わす働きがそれぞれ"在(V)"、"(V)着"という別個の成分によってになわれる一方で、

　(47)　我**在**写**着**字。(私は字を書いている。)　(大原1973：23)
　　　　　　　　　　　　　　　　　　　　　　※カッコ内日本語は筆者
　(48)　我(正)**在**给他写(**着**)信(呢)。(今、彼に手紙を書いています。)
　　　　　　　　　　　　　　　　　　　　　　　　(陳淑梅1997：23)

のように両者が併用されるケースが存在するのも、両者の間に相補的な役割分担が存在するためと考えられよう[32]。

　一方、前述したように、フランス語の"être en train de＋不定詞"は進行アスペクト形式であると同時に、「連なっているもの」という意味特徴を有する"train"を含んでいるため、動作が連続して行なわれている最中であることを表わすと考えられる。このように"être en train de＋不定詞"は、アスペクト形式である点においては中国語の"在V"との間に共通点を有する一方、動作が連続していることを前提とする点においては、動作の持続を前提とする

第 4 章　フランス語の進行表現にみられる諸相（1）

中国語の"V着"との間に相似点を有するということができる[33]。
　ところで、「テイルトコロダ」は、前述したように空間表現を時間表現に転用して動作の進行を表わすにいたった表現形式であると同時に、青木 2000 : 93 が「現在の状況あるいは場面を特定的に説明している」としていることからもみてとれるように、発話時点においてまさに進行中の動作を表わすものであり、この点において"être en train de＋不定詞"との間に共通点を有するということができる。これに対し、「テイル」は必ずしも発話時点において動作が進行中であることを必要条件とはせず、動詞の現在形を用いたフランス語表現の場合と同様に動作の断続を許容し、長期にわたって断続的に行なわれる動作を表わすことも可能である。4.2.1 で紹介したように、「テイル」が動作の進行を表わす場合には「動作・現象が始まって、終わらずに今存在している」ことを表わす。「テイル」が有するこのような特徴は、寺村 1984 : 129 が

(49) 私はこの頃毎日 10 キロ走っテイル。(寺村 1984 : 128)
(50) 父はこの頃 6 時前に起きテイル。(同上 : 129)

のような習慣を表わす用法について、「やはり～テイルの基本的な意味によって説明されるだろう」、「～テイルが表わしている現在の習慣というのは、発話時以前のあるときに始まって、それが発話時に終わらずにつづいている (が、いずれ終わる) というふうに理解される習慣である」としているように、習慣的な動作を表わすケースについてもあてはまる。この点において、動詞の現在形を用いたフランス語表現、"在V"を用いた中国語表現が、それぞれ非連続、非持続を許容しない"être en train de＋不定詞"表現、"V着"表現という別個の表現手段と並存しつつ、非連続、非持続を許容することによって断続的な動作を表わす働きをになっているのとは異なるのである。

4．2．3　「テイル(トコロダ)」表現が対応しない"être en train de＋不定詞"

　入門・初級のテキストにおいては、"être en train de＋不定詞"に対応する日本語表現として「Vテイル」あるいは「Vテイルトコロダ」が挙げられるのが通例である。これらはいずれも進行中の動作を表わすのに用いられる形式

第Ⅱ部　日仏対照編 ── 日本語からみたフランス語／空間表現と進行表現 ──

であり、"être en train de＋不定詞"との間に 4.2.1、4.2.2 で述べたような共通点を有するため、対応関係の成立そのものに疑問をさしはさむ余地はないものの、例えば

(51)　Il **est en train de** partir.（『クラウン仏和辞典』"train"の項）
(51)'　彼はちょうど出かけ**ルトコロダ**。（同上）
　　　（＝出かけ**ヨウトシテイルトコロダ**。）　※左記カッコ内は筆者

(52)　Le gâteau **est en train de** cuire.
　　　　　　　　　　　　　　（『ロベール・クレ仏和辞典』"train"の項）
(52)'　ケーキが焼き上が**ルトコロダ**。（同上）

(53)　Cette ville est en danger : elle **est en train de** mourir.
　　　　　　　　　　　　　　　　　　　　　　　（第 1 章の(52)）
(53)'　この町は危険にさらされています。死に**カカッテイル**のです。
　　　　　　　　　　　　　　　　　　　　　　　（第 1 章の(52)'）

(54)　Attention！il y a ton mouchoir qui **est en train de** tomber.
　　　　　　　　　　　　　　　　　　　　　　　（小熊 1993：143）
(54)'　あっ、ハンカチが**落ちる**よ。（同上：145）

(55)　Les tartes **sont en train de** cuire.
　　　　　　　　　　　　　　（『新スタンダード仏和辞典』"train"の項）
(55)'　パイは焼け**ツツアル**。（同上）

(56)　L'opinion publique **est en train d'**évoluer.
　　　　　　　　　　　　　　（『小学館ロベール仏和大辞典』"train"の項）
(56)'　世論の動向は変わり**ツツアル**。（同上）

のような「**テイル**（**トコロダ**）」以外の日本語成分が対応するケースが存在するのもまた事実である[34]。"être en train de＋不定詞"の用例として、『クラウ

396

第4章　フランス語の進行表現にみられる諸相（1）

ン仏和辞典（"train"の項）』は(51)と

(57) Il est en train de travailler.
　　（彼は仕事中である。）
　　（＝仕事をし**テイルトコロダ**。）　※左記カッコ内は筆者

を、『ロベール・クレ仏和辞典（"train"の項）』は(52)と

(58) Elle est en train de travailler.
　　（彼女は仕事〔勉強〕の最中だ。）
　　（＝仕事〔勉強〕をし**テイルトコロダ**。）　※左記カッコ内は筆者

を、『小学館ロベール仏和大辞典（"train"の項）』も(56)と

(59) Il est en train de lire.
　　（彼は読書の最中です。）
　　（＝読書をし**テイルトコロダ**。）　※左記カッコ内は筆者

をそれぞれ同列にあつかっているため、"être en train de＋不定詞"が表わす「進行」の概念については、この点をも視野に入れた規定が必要である。現在形を用いた進行表現は、4.1.1、4.1.2で述べたように、継続可能な動作動詞が用いられた場合に成立し、"être en train de＋不定詞"との使い分けが問題となるのもこのケースである。これに対し、(51)'～(56)'の「出かける」、「焼き上がる」、「死ぬ」、「落ちる」、「焼ける」、「変わる」に「テイル」を付加した「出かけ**テイル**」、「焼き上がっ**テイル**」、「死ん**デイル**」、「落ち**テイル**」、「焼け**テイル**」、「変わっ**テイル**」はいずれも進行ではなく、動詞の表わす出来事が完了した後の状態を表わすこととなる[35]。いずれにしても、(51)～(56)における"être en train de＋不定詞"の用法は、「Vテイル（トコロダ）」のそれを越えた領域であり、進行を表わす形式によって表現可能なコトガラの範囲が一致していないことを示しているため、日本語話者がフランス語進行表現を運用する際に留意しなければならない点である[36]。

397

(51)'、(52)'における「出かけルトコロダ」、「焼き上がルトコロダ」のような「ルトコロダ」表現は、動詞の表わす出来事が実現する直前であることを表わす。このことは、(51)'の「出かけルトコロダ」が「出かけヨウトシテイルトコロダ」に置き換えられることによっても理解できよう。実現直前の段階であることを表わす点においては、(53)'における「死にカカッテイル」のような「カカッテイル」表現や、(54)'における「落ちるよ」のような動詞の終止形を用いた表現も同様であり、いずれの表現が表わすコトガラにおいても、発話時において出来事は実現直前の段階にある[37]。一方、(55)'、(56)'における「焼けツツアル」、「変わりツツアル」は、「焼ける」、「変わる」という事態がすでに始まっており、引き続き変化を続けていくことを表わしている。「ツツアル」は、金田一 1976 a : 56 において「テイル」、「テイルトコロダ」とともに進行態を表わす形式に分類されているが、鈴木 1972 : 390 の記述にみられるように結果動詞と組み合わされることも可能であり、その場合には動詞の示す結果に向かって事態が少しずつ進行している過程にあることを表わす。また、(52)'～(56)'はいずれも無情物について述べた表現であり、主体の意志による動作を表わすものではない。とりわけ(53)'の「カカッテイル」は、森田 1989 : 292 に、「-カカル」は意志動詞に付加されても特に意志でコントロールできる状態ではなく「偶然に」の意識を含む成分である旨の記述がみられるように、意志動詞を無意志化する働きを有する点において「テイルトコロダ」とは対照的である。「テイルトコロダ」は、小熊 1993 : 142-143 に、話者のコントロールの外に位置するコトガラ(自然現象や感情に関わる動作など)を表わす場合には用いることができない旨の記述がみられることや、青木 2000 : 98 が「テイルトコロダ」の働きについて「目的志向の行為に関する現在の状態の規定である」としていることからもみてとれるように、意志的な動作を表わす形式としての性格が強い。上記のような特徴を有する(52)'～(56)'に対して(52)～(56)が成立することや、小熊 1993 : 144 が、進行中の動作が話者にとって<(ネガティヴな)結果>に向かっている場合には「テイルトコロダ」による表現が不適切であると推論していることからは、"être en train de＋不定詞"が「テイルトコロダ」に比べて意志的な動作を表わす形式としての性格が弱いことがみてとれよう。

以上のように、"être en train de＋不定詞"は、継続可能な動作を表わす

動詞と組み合わされて進行中の出来事を表わすにとどまらず、出来事が実現する直前の段階を表わす働きや、継続性をもたない結果動詞と組み合わされて進行を表わす働きを有する点、意志的な動作を表わす形式としての性格の強弱の点において「**テイル(トコロダ)**」とは異なっており、それぞれの形式によって表現することの可能な「進行」の範囲は一致していない。このことは、青木 1987 : 27 が

(60) Le Pape **est en train de** quitter la France.
（教皇はフランスを離れようとしている。） ※カッコ内日本語は筆者
(61) Le gouvernement **est en train de** se transformer.
（政府は変わりつつある。） ※カッコ内日本語は筆者

は「状態変化への進行」を表わし、これらの表現においては主体の意志性が問題とならないとしていることによっても理解されよう。また、4.1.1、4.1.2 で述べたように、動詞の現在形を用いた進行表現と"être en train de＋不定詞"表現が並存するのは、動詞が継続可能な動作を表わすものである場合に限られ、前者は動作が発話時に進行中であることを話者が認めることによって成立するため、出来事が実現直前の段階にあることを表わす場合や、後者が継続性をもたない結果動詞と組み合わされて進行を表わす場合において両者の使い分けが問題とならないことは言うまでもない。

4.3 アスペクト形式に含まれるムード性

4.3.1 "être en train de＋不定詞"、「テイルトコロダ」のムード性

4.1.1においては、現在形を用いたフランス語表現が"呢"を用いた中国語表現と同様に、コトガラに対する話者のムードを反映した結果として動作の進行を表わすにいたった点について述べたが、"être en train de＋不定詞"というアスペクト形式を用いた表現もムード性を帯びていると考えられる[38]。『フランス文法大全』: 281 には、行為の進行をはっきり表わしたい場合には"être en train de＋不定詞"や"être à＋不定詞"が用いられる旨の記述が、

島岡 1990：191 には、継続を強調する場合に"être en train de＋不定詞"が用いられる旨の記述がそれぞれみられる[39]。これらの記述からは、"être en train de＋不定詞"表現には、基準時点において動作が行なわれていることを確実に伝えたいという話者の意図が込められていること、すなわちムード性がみてとれる[40]。久松 2011：155 に、"être en train de＋不定詞"は少々重苦しい言いまわしと感じられるため口語での使用頻度はそれほど高くなく、例えば"s'habiller（服を着る）"を用いて「彼は着替え中だ」、「彼は服を着ているところです」を表わす場合において

(62) Il est en train de s'habiller.

よりは

(62)' Il s'habille.

と表現する方が多い旨の記述がみられることは、進行中であることをとりたてて述べる表現意図がない限り用いられないことを意味すると推察され、英語において進行中の動作を表わす場合に進行形の使用が義務的であるのとは対照的である[41]。

　一方、動作の進行を表わす日本語の「**テイルトコロダ**」においては、「**トコロダ**」が話者のムードを表わすとされる。寺村 1984：292 には、「**Vテイルトコロダ**」においてアスペクト（進行過程の段階）を表わすのは「**Vテイル**」の部分であって、「**トコロダ**」はムードの形式（どういうアスペクト的段階にあるかという状況を、話者がことさら言おうとする心理に出る表現）である旨の記述がみられる[42]。「**〜テイルトコロダ**」は、寺村 1992：335 が「（「**トコロダ**」は）現在に焦点を当てるという含みを表わすのがその機能だと思う」としていることからもみてとれるように、「今まさに〜**テイル**」と同等の知的意味を有し、発話時点において動作が進行中であることを前提とする形式である点においては"être en train de＋不定詞"との間に共通点を有する。このように「**トコロダ**」は、アスペクト形式「**テイル**」によって明示されている進行の意味をさらにとりたてる働きをすることが可能な成分であり、この点において、フラ

ンス語動詞の現在形や中国語の"呢"がムード的手段として進行表現を形成するケースや、"être en train de＋不定詞"が進行アスペクト形式であると同時にムード性をも帯びるケースとは異なっている[43]。但し、「Vテイルトコロダ」形式全体を"être en train de＋不定詞"と比較した場合には、両者は動作の進行を表わすアスペクト形式としての働き、動作が進行中であることをとりたてるムード性を帯びた形式としての働きを兼ねている点において共通しているということができよう。『ロベール・クレ仏和辞典("train"の項)』が、"être en train de＋不定詞"に対して「…している最中の／…しているところである」を対応させていることや、小熊1993：140に、"être en train de"、「トコロダ」をそれぞれ

(63) Qu'est-ce qu'il fait？
(63)' 彼、何し**テイル**。

に対する返答として用いた場合、

(64) He **is** writing a letter.

のような進行形を用いた英語表現の場合とは異なって「強調」のニュアンスを有する感じがする旨の記述がみられること、さらには

(65) Il **est en train** d'écrire une lettre.
　　／あの人は手紙を書い**テイルトコロダ**。（小熊1993：139）

(66) Sandrine **est en train de** ranger la vaisselle sur l'étagère dans la cuisine.
　　／サンドリーヌは食器類を台所の棚に片付け**テイルトコロデス**。
　　　　　　　　　　　　　　　　　　　　　　（第1章の(45)、(45)'）

(67) Je **suis en train de** préparer le dîner.
　　／今夕食のしたくをし**テイルトコロデス**。
　　　　　　　　　　　　　　（『プチ・ロワイヤル和仏辞典』「ところ」の項）

401

のような対応例が存在することは、いずれも"être en train de＋不定詞"、「**テイルトコロダ**」がもつ上記のムード性に起因すると考えられる[44]。

　ところで、「**テイルトコロダ**」は「**テイル**」によって明示されている進行の意味をとりたてる働きのほか、例えば

(68)　生徒たちが校庭に並ん**デイル**。
(68)'　生徒たちが校庭に並ん**デイルトコロダ**。

のように結果をともなう動作を表わす動詞と組み合わされた場合には、1.4で述べたように、「動作の進行」、「動作の結果状態」のいずれを表わすことも可能な「**テイル**」の意味を前者に限定する働きをになうこととなる。すなわち、(68)は「並んでいる最中である」、「並んだ状態である」のいずれに解することも可能であるのに対し、(68)'は「並んでいる最中である」ことを表わすにとどまる[45]。このため、(68)'における「**トコロダ**」はムードのレベルにとどまらず、「**テイル**」の働きを動作の進行に限定するという点においてアスペクトそのものに関わる働きをしているということができよう。このことは、小熊1993：170が、一般には「(進行状態の)強調」、「近接(未来・過去)」と認知される「**テイルトコロ**」、「**ルトコロ／タトコロ**」の本質的機能はアスペクトとモダリティーの二つの領域にまたがるとしていることとも符合する。

4.3.2　"在V"、"V着"のムード性

　"être en train de＋不定詞"、「Ｖ**テイルトコロダ**」の場合と同様に、中国語の"在V"、"V着"もムード性を帯びている。このことは、4.2.1で紹介した讃井1996ｂ：28-29に、"在"は"呢"と同じく、英語の"be＋〜ing"のように進行表現専用に文法化された形式ではなく、コトガラに対して話し手が判断する意味の成分であるのに対し、"-着"はある動作がすでに開始されていて今もそれが持続中であることを特に強調する場合に用いられる旨の記述がみられることや、同1996ｃ：56-57、同2000：57が、副詞"在"(＝"在(Ｖ)")の文法的意味ないし基本的機能を、話し手による意図的な「動作主およびその動作・状態のタイプの存在の前景化(特定の語句の意味に際立ちを与え強調すること)」であるとする一方、("(V)着"による)持続体を「動作または動作

第4章　フランス語の進行表現にみられる諸相（1）

の結果が持続している」ことを強調するアスペクトであるとしていることからもうかがわれる[46]。

このような見方によれば、"在V"、"V着"はそれぞれ動作の進行、動作の持続を表わす一方、話者が進行ないし持続をとりたてて述べる表現意図がなければ用いられない形式であり、動作が発話時に進行中であると話者が認めるというムード的手段によって成立する"呢"表現の場合とは異なった意味でのムード性を帯びていることとなる。従って、例えば

(69) Qu'est-ce qu'elle fait？／她在做什么？（≪法语1≫:76）

のように、動詞の現在形によるフランス語進行表現に対して"呢"を用いた進行表現ではなく"在V"表現を対応させることは、非進行表現として用いることも可能な上記のフランス語表現の性格に配慮し、非進行表現として用いられた場合に対応する

(70) 她是做什么的？（≪法语1≫:76）

との相違、すなわち、

(37) Qu'est-ce que vous faites (dans la vie)？ ── Je suis étudiant(e).

の場合と同様に職業について問題とする

(69)' Qu'est-ce qu'elle fait？ ── Elle est professeur.（≪法语1≫:74）
　　　（彼女はどんな仕事をしていますか。 ── 教師です。）
　　　　　　　　　　　　　　　　　※カッコ内日本語は筆者

における"Qu'est-ce qu'elle fait？"に相当する意味を表わす(70)との相違を際立たせるためであると推察される。

また、

第Ⅱ部　日仏対照編 ── 日本語からみたフランス語／空間表現と進行表現 ──

(71) Je suis en train d'écrire une lettre. ／我正在写一封信。

(≪新简明法汉词典≫"train"の項)

のように、動作の連続を前提とする"être en train de＋不定詞"表現に対し、持続を前提とする"Ｖ着"表現ではなく"正在Ｖ"表現を対応させたケースも存在する[47]。"正"はコトガラを「ある一時点に位置する動作」として表現する働きを有する成分であり[48]、"在"と組み合わされた"正在"は持続という意味特徴は有しないものの、基準時点において動作がまさに行なわれている最中であることを明示する点において"être en train de"との間に共通点を有する。(69)、(71)いずれの対応例も、進行中の動作を表わす場合に用いることが可能であるという各形式の共通点を最優先した結果として成立するものであるということができよう。

第4章　フランス語の進行表現にみられる諸相（1）

注

1) 『フランス文法大全』：253-254 は、「進展相」を動作がその強度において進展ないし後退する意味を示すことであるとして、"Le mal va croissant.（病気は段々悪くなる。）"などを挙げている。『現代フランス広文典』：230 も同様に、進行相の例として"La situation va en s'améliorant.（状況はしだいによくなっている。）"、"Il court, Il court.（彼は走る、走る。）"を挙げている。「継続相」、「進行相」については、さらに島岡 1999：593-594、596-599、621-624 を参照。ちなみに、『オックスフォード 言語学辞典（「継続相」、「進行形」、「相」の項）』には、いわゆる「進行相」が「継続相」の下位概念である旨の記述がみられる。

2) 『新フランス文法事典（"présent de l'indicatif〔直説法現在形〕"の項）』は現在形の働きを、「現在時」を表わすこと、「過去・未来」を表わすことに大別し、進行中の動作を表わす働きを前者の一種である「継続的現在(présent linéaire)」の一パターンとして位置づけている。現在形の働きについては、さらに島岡 1999：595-596 を参照。ちなみに青木 1989：307 には、現在形は「主格が事態に関わること」のみを表わす、いわば「人称を担った不定法」である旨の記述がみられる。

3) この点については、英語表現と比較した久松 1999：27、同 2002：20 を参照。

4) この点については輿水 1985：293、成戸 2009：303 を参照。"呢"を用いないで進行中の動作を表わすケースとしては、例えば"你(在)喝什么酒？(何を飲んでるの？)(讃井 2000：54)"が挙げられる。一方、宮田 1996：20 には、"她看孩子"、"孩子吃奶"は"每天下午她看孩子.（毎日午後、彼女は子どものもりをしています。）"、"现在孩子吃奶.（いまから子どもは乳を飲みます。）"のように、普段そうしていることやこれからそうすることを表わすのに用いられるのに対し、動作が進行中であることを表わす場合には、"她看孩子**呢**."、"孩子吃奶**呢**."のように"呢"が用いられる旨の記述がみられる。

5) "呢"のこのような働きについては、さらに神田 1989：29-30、讃井 1996 b：28、陳淑梅 1997：30-32、讃井 2000：61、古川 2001：155 を参照。木村 2012：143-146 の記述も、考え方の方向性においては同様であると考えられる。

6) 森 2000：269 は、進行や持続は未完了の状態であり、その状態は早晩終わりになるという予測をともなっているとした上で、"呢"の特徴を「動作や状態が目下進行中である（その含みとして早晩そうではなくなる）」と話者が認めるムードを表現するとしている。この点についてはさらに『現代中国語総説』：351 を参照。

7) 青木 1987：26 は、瞬間相の述語を用いた"Il vient."、"Il est en train de venir."では表現価値が異なるとしている。

8) 金田一 1976 b：12 は、継続動詞の終止形の用法として「近い未来に起る事実」、「現在の習慣」を挙げている。「**テイル**」がいわゆる継続動詞と組み合わされて動作の進行を表わす点については、金田一 1976 b：8、森山 1987：55 を参照。青木 1989：308 には、日本語動詞の終止形を用いた表現の場合には、事態の成立は（話し手ではなく）主体によって確認されるのであり、話し手は発話時において事態の成立を確認する役目をになっていない点においてフランス語動詞の現在形を用いた表現の場合とは異なり、話し手が行なうのは、すでに確認された事態をとり上げ、「予定」として相手に報告することにとどまる旨の記述がみられる。

9) ここでいう「時間」とは「空間」に対する概念であり、いわゆる「時制(tense)」ではない。「トコロ」のもつ空間的用法と時間的用法との関わりについては、定延 1999：24-26 を参照。

第Ⅱ部　日仏対照編 ── 日本語からみたフランス語／空間表現と進行表現 ──

10) "在"の働きにみられるこのような連続性については、成戸 2009：296-329 を参照。
11) この点については王学群 2002：78 を参照。同形式をとる表現は、例えば"他**現在**在教室上课。"のように発話時であることを明示する成分を含んだ表現か、"他在里屋看书**呢**。"のような"呢"を含んだ表現、あるいは"他**正**在里屋看书。"のようにコトガラを「ある一時点に位置する動作」として表現する"正"を含んだ表現とすれば、進行中の動作を表わすことがより明確となる。これらの点については、さらに讃井 1996 b：31、宮田 1996：20、成戸 2009：302-304 を参照。
12) この点については成戸 2009：296-297 を参照。大原 1973：23 には"他正**在那儿**看着报呢。／He is reading a newspaper."のような英語表現との対応例が挙げられており、"在那儿"の概念が空間的なものから時間的なものへと変化していることがみてとれる。
13) 潘文娛 1980：44-45 には、"在"の本来の意味は「残っていること」であり、副詞(＝アスペクトマーカー)として用いられる場合には"动作状况的存留"、すなわち動作が持続あるいは進行中であることを表わす旨の記述がみられる。
14) (29) は、大原 1973：23 において"他**正**在念书呢。"に対応する英語表現として挙げられている。ちなみに、船田 2003：141 は、"正在"の英訳には"at the moment"とともに"in the middle of…"が使われることがあるとしている。
15) 益岡 1993：61 には、「幸司は今音楽を聴い**テイル**。」、「孝子は先週から神戸に来**テイル**。」がいずれも広い意味での現在の状態を表わすのは、状態動詞を代表する「**イル**」の性質のためである旨の記述がみられる。ちなみに砂川 2000：105-107、114-117 には、空間概念を表わす表現が時間概念を表わすにいたる過程において連続性が存在する点についての記述がみられる。
16) "en"の働きについては 1.4 を参照。
17) 『新フランス文法事典("train"の項)』、『フランス文法集成』：491 には"être en train de"をアスペクトの助動詞とする見解が存在する旨の記述がみられる。これに対し、『フランス文法大全』：252 は「助動詞的に用いられる動詞句」とする。
18) "être en train de＋不定詞"における"être"は、"Il **sera** en train de chanter.（青木 1987：25)"のように未来形であるケースも存在するものの、『新フランス文法事典("train"の項)』、『フランス文法集成』：491 にみられるように現在形または半過去形であるのが通例とされる。この点については、さらに『フランス語ハンドブック』：312 を参照。ちなみに、話者が動作を言語化するにあたって基準とする特定時点を表わす用語としては、"être en train de"について述べた青木 1987：26、"-着"について述べた村松 1988 a：58、同 1988 b：78、「**テイル(ル／タ)トコロダ**」について述べた青木 2000：93、「シツツアル／シテイル／シテアル」について述べた副島 2007：61 の「基準時点」のほか、"être en train de"について述べた小熊 1993：139 の「基準点」、"在V"、"V着"について述べた王学群 2002：79 の「基準時」などが挙げられる。
19) この点については大原 1973：23 を参照。
20) 注 18 を参照。未来時のコトガラを表わす英語表現"I shall **be working**."に対応する中国語表現として《英汉语比较语法》：67 に挙げられている"我将**正**在工作**着**。"は、自然な表現であるとは言いがたい。
21) 久松 2011：155 は、"être en train de＋不定詞"に相当する内容を表わす表現形式として"être actuellement occupé(e) à＋不定詞"を挙げている。
22) "être à＋不定詞"、"être après à＋不定詞"などは、「連続」とは異なる意味特徴を有する成

第 4 章　フランス語の進行表現にみられる諸相（1）

分によって形成された進行アスペクト形式であると推察される。
23) 青木 1987 : 23 には、"Pierre travaille chez Renault." という表現における "travailler" は一つの occurrence ではなく、"travailleur" という「範疇」を構成するのに充分な classe d'occurrences 全体が問題となっている点において(4)の場合とは異なる旨の記述がみられる。
24) 小熊 1993 : 139-140 は、"Il écrit une lettre."、"Il est en train d'écrire une lettre." はいずれも「手紙を書いている」ことを表わす表現としてほぼ同一意味の表現である一方、前者に "tous les jours" などを付け加えれば「習慣」も表わしえるとしている。
25) ちなみに、長期にわたる断続的な動作を表わすフランス語表現に対しては、"Il apprend à conduire. ／He is learning how to drive. (久松 1999 : 85)" のような進行形を用いた英語表現を対応させるケースのほか、"J'apprends l'anglais. ／I study English. (藤田・清藤 2002 : 46)" のような進行形を用いない表現を対応させるケースがみられる。文化庁 1975 : 134 には、日本語であれば「私は今K大学へ行っテイル。」、「鴨川は京都の市内を流れテイル。」によって表わされるような、あることがかなりの幅の時間内にひきつづき起こっているというコトガラを表わす場合には、英語では単に現在形が使われることが多い旨の記述がみられる。
26) 同様の記述が肖奚強 2002：30、彭飛 2007：302-303 にもみられる。この点については、さらに村松 1988 b : 82-84、讃井 1996 b : 31 を参照。
27) "在V" が表わす「進行」、"V着" が表わす「持続」の概念規定については、輿水 1985 : 185、呉大綱 1988 : 107、成戸 2009 : 332-333 を参照。
28) 動作結果の持続状態を表わす "V着" 表現については宮田 1996 : 21-22 を参照。(45)のような存在表現の特徴については成戸 2009 : 199-204、252-259 を参照。
29) 成戸 2009 : 337-340 においては、"-着" が有する動作の持続状態を表わす働き、動作結果の持続状態を表わす働きの間に連続性がみられる点について考察を行なった。(43)と(44)の間にも同様の連続性がみられる。
30) 成戸 2009 : 332-333 を参照。このことは、≪外国人学汉语难点释疑≫：167-168 に、"他在穿大衣。" のような "在V" 表現は "动作(action)" を、"他穿着大衣。" のような "V着" 表現は "状態(state)" を表わす旨の記述がみられることとも符合する。神田 1989 : 28-29 の記述にみられるように、同一のコトガラであっても、動作の進行として表現する場合には "在V" が、状態の持続として表現する場合には "V着" が用いられる。
31) 同様のことは "在・N(トコロ)＋V" についてもあてはまり、"那时候她在一间医院里工作。(≪實用英語語法≫：113)" のような表現例が挙げられる。この形式が表わす進行は、動作自体が必ずしも発話時に行なわれているとは限らないという点において、長期にわたり継続して行なわれる動作と共通している。この点については成戸 2009 : 339-340、349 を参照。
32) 進行を表わす "在"、持続を表わす "-着" の役割分担については神田 1989 : 28-29、31 を参照。
33) 進行表現を形成する中国語諸成分と英語の "be…ing" 形式との間にもこのような錯綜した対応関係が存在することは、大原 1973：22-23、≪英汉语比较语法≫：65-68 の記述から推察される。
34) 『クラウン仏和辞典 ("train" の項)』、『小学館ロベール仏和大辞典 ("train" の項)』は、"être en train de＋不定詞" に対応する日本語成分として「マサニ～シカカッテイル」、「～シツツアル」を挙げている。
35) この点については、金田一 1976 a : 39、42、同 1976 b : 8 を参照。但し、寺村 1984 : 130-131 の記述にみられるように、「死んデイル」は「アフリカでは、毎日数万の人が食料不足のために

407

第Ⅱ部　日仏対照編 ── 日本語からみたフランス語／空間表現と進行表現 ──

死ん**デイル**。」のように、動き、変化に関わるものが複数の場合には、瞬間動詞の「**テイル**」形によって継続(本書でいう「進行」)を表わすことが可能である。

36) ちなみに、(51)′、(52)′のような「**(ヨウトシテイ)ルトコロダ**」表現に対しては "être en train de＋不定詞" 表現のほか、例えば "Il **est sur le point de** partir. ／彼は出かけ**ヨウトシテイルトコロダ**(＝出かけ**ルトコロダ**)。※カッコ内日本語は筆者(『コンサイス和仏辞典(「ところ」の項)』)" のような "être sur le point de＋不定詞" 表現が対応するケースが存在するため、両者の使い分けについての知識が必要である。「**ルトコロダ**」と "être sur le point de" との対応については小熊 1993：154 に指摘がみられる。この形式における "point" の用法も空間表現から時間表現への転用の結果であると推察され、(12)のような "正" を用いた中国語表現との対応関係について考察の余地が認められよう。この点についてはさらに久松 2002：88 を参照。

37) 実現直前の段階を表わす「**ルトコロダ**」の働きについては、鈴木 1972：391、森田 1989：795-796、楠本 2000：80、小林 2001：20 を、終止形については注 8 を参照。小熊 1993：150 は、"être en train de sortir" は「出**ヨウトシテイルトコロダ**」という内容を表わすとしている。また、森田 1989：292 は、相手(の存在)を前提としない動詞に「-カカル」がつくと「そのような動作や状態にすこし移る」ことの意味となり、「まさにその動作や状態に入りそうになる。今にもそうしそう、そうなりそうになる」状態であるとしている。

38) アスペクトとムード(モダリティー)が相互に関連する点については、青木 1987：21、小熊 1993：139、172、副島 2007：61、木村 2012：154 を参照。

39) 同様の記述がコムリー 1988：157 にみられる。学習者向けのテキスト・参考書にも、1.4 で紹介した藤田・清藤 2002：87 や、継続中の動作であることを明示する働きをすると述べている久松 2011：154-155 などがある。

40) 但し青木 1987：20 は、話者の意志を表わす "Bon, j'y vais."、相手への命令を表わす "Toi, tu restes là." のようなモーダルな発話を "être en train de＋不定詞" で置き換えることはできないとしている。

41) 『フランス文法大全』：281 が、フランス語には「現在進行形」という形がないので、(直説法)現在がそのために使われるとしていることからは、"être en train de＋不定詞" が進行表現を構成する成分として英語の進行形のような普遍的地位を占めているわけではないことがみてとれる。ちなみに島岡 1990：191 は、継続を強調する "être en train de＋不定詞" に対して英語の "be in the course of …ing" が対応する(30)のような例を挙げている。

42) この点については、さらに楠本 2000：81、小林 2001：17-19 を参照。

43) 後者のケースと異なる点については、「ル／タトコロダ」における「トコロダ」の働きを考えれば容易に理解されよう。ちなみに青木 2000：79 は、「今、勉強し**テイルトコロデス**。」における「トコロ」の用法を「助動詞的用法」と位置づけている。

44) "être en train de＋不定詞"、「**テイルトコロダ**」が有するこのようなムード性が、話者による非難のニュアンスを含むなどの形で具現化するケースについての記述が小熊 1993：140-142、172 にみられる。ちなみに小熊 1993：140、青木 2000：98 には、発話時において動作がまだ終わっていないことを視野に入れた場合に「**テイルトコロダ**」が用いられる点についての指摘がみられる。

45) この点については、金田一 1976 a：42、小熊 1993：142、150、成戸 2009：309-310 を参照。「**テ**

第 4 章　フランス語の進行表現にみられる諸相（1）

イル」が表わす進行、状態については、寺村 1984：127-128、森山 1987：50-51 を参照。ちなみに、「テイル」が動作の進行、動作の結果状態のいずれを表わすかに対して、「Vテイル」と組み合わされる名詞が「デ」格、「ニ」格、「ヲ」格のいずれをとるかが影響するケースも存在する。この点については中右 1980：112-113、成戸 2009：304-307 を参照。

46) 但し、4.2.2 で述べたように、本書は"-着"をアスペクトマーカーと断定するのは困難であるとの立場をとる。"在V"表現のムード性については、さらに王学群 2002：84-85 を参照。ちなみに、鈴木 1956：9-10、伊原 1982：2-3、神田 1989：30 には、空間表現との関わりを通しての進行表現のムード性についての記述がみられる。

47) ≪法语1≫：240 は、動作の連続を前提とする"être en train de faire qch"の説明を、"-着"を用いない"正在做某事"によって行なっている。

48) 注 11 を参照。(12)の"我正吃饭呢。"においては動作が時間軸上の点に位置するものとして表現されており、これに対応する英語表現として大原 1973：23 は"I am eating right now."を挙げている。

409

第5章

フランス語の進行表現にみられる諸相（2）

5．0　はじめに

　第4章においては、進行中の動作を表わすフランス語表現のうち、動詞の現在形を用いた表現、"être en train de＋不定詞"表現を中心として、中国語や日本語の進行表現を構成する諸成分・手段との間に存在する共通点・相似点や相違点を明らかにするとともに、進行表現を形成する過程において観察される各言語固有の特徴についての分析、進行アスペクト形式であると同時にムード性を帯びている"être en train de＋不定詞"について、同じく進行表現を構成する中国語・日本語諸成分との比較検討を行なった。

　但し周知のように、フランス語には、過去において進行中であった動作を表わす手段として動詞のいわゆる半過去形が存在し、フランス語進行表現の全体像を把握するためにはこれをも考察対象に加える必要がある。半過去形を用いた表現は、現在形を用いた表現、"être en train de＋不定詞"表現とともにフランス語において動作の進行を表わす手段として使い分けがなされており、後2者の場合と同様に、中国語や日本語の進行表現を構成する諸成分・手段との間に共通点・相似点や相違点を有する。

　本章は、動詞の半過去形を用いたフランス語進行表現を主たる対象として、これらについて明らかにすることを目的とする。

5．1　アスペクト性を有する時制の形式

　フランス語動詞の半過去形は、例えば

(1) Je lisais pour passer le temps.（私は暇つぶしに本を読んでいた。）
（『現代フランス広文典』：254）

(2) Elle écoutait de la musique les yeux clos.

(彼女は目を閉じて音楽を聞いていた。) (久松2002:160)
(3) Ce matin il **écrivait**. (けさ彼は手紙を書いていた。)

(『現代フランス広文典』:230)
(4) J'ai vu Paul quand je **courais** dans la rue. (久松1999:97)
(町の中を走っている時に私はポールを見かけた。)

※カッコ内日本語は筆者
(5) Elle **cherchait** son chat? (猫を探していたの?)

(NHK2003年9月:40-41)

のように過去において進行中であった動作を表わすことが可能であり[1]、現在形とともに時制を反映した動詞の変化形の系列を構成する成分であると同時に、現在形の場合とは異なってアスペクト形式としての性格をも有するとされている。このことは、『現代フランス広文典』:229-230、254-255が直説法半過去形の用法の一つとして「過去における継続・進行」を表わすことを、「継続相」を表わす方法の一つとして未完了動詞[2]の半過去時制を挙げていることや、『フランス語学小事典(「半過去(imparfait)」の項)』が、半過去は過去における事態の継続や状態を表わす時制形式であるとする一方、そのアスペクト的な価値に言及していることによっても理解できよう[3]。

『現代フランス広文典』:254の記述にみられるように、「半過去」とは「未完了過去(passé non-accompli)」の意味であり、ある動作・状態が過去において継続的に行なわれていたことを表わすのがその主な働きである。同様に、『フランス語学小事典(「半過去(imparfait)」の項)』も、半過去は事態を一時点に位置づける時制形式とともに用いて事態の未完了を示すとしている[4]。但し、半過去形が有する「未完了」という特徴は、島岡1999:624が挙げている

(6) Il arriva devant sa porte au moment où son ami **sortait**.
(かれがその扉の前に着いた時、友人は出かけるところだった。)
(7) Ah! j'**oubliais** le personnage le plus symbolique de l'arrière.
(ああ、後にいるもっとも象徴的な人物を忘れかかっていた。)

のような表現例にみられるように、動作が実現前の段階にある場合に用いるこ

とも可能である。半過去形が「未完了」という特徴をもって進行表現を形成する現象は、4.1.1 でとり上げた中国語の"呢"を用いた進行表現が、「発話時において動作が未完成であると話者が判断する」ことによって成立する現象に通じるものがあり、「動作が終了していない」ことに着目して進行表現を形成するにいたった点において両者は共通しているということができよう。この反面、"呢"表現の場合はムード的手段によって発話時における動作の進行を表わし、かつ話し言葉に限定して用いられるのに対し、半過去形は時制・アスペクト的手段によって過去における動作の進行を表わし、かつ話し言葉・書き言葉のいずれに用いることも可能である[5]という相違がみられる。

　半過去形によって表わされる動作は、その起点・終点が問題とはされていないとされる。例えば、森本 1988 : 37 には、直説法半過去は、動作や状態がいつ始まっていつ終わったかを問題とはせずに、単にある過去の時点においてその動作や状態が持続していることを表わす旨の記述がみられる[6]。『現代フランス広文典』: 255 も同様に、半過去は過去の動作・状態を、その開始も終結も示すことなく、ただ継続・進行中の線行為(action-ligne)としてとらえる点において、過去の動作・状態を完了した点行為(action-point)としてとらえる複合過去とは異なるとし、それぞれの例として

(8) A midi, il déjeunait.（正午に彼は昼食を食べていた。）
(8)' A midi, il a déjeuné.（正午に彼は昼食を食べた。）

を挙げ、(8)は正午という時を基準としてその時に継続的に行なわれていた動作を表わしており、昼食はすでに始まっていたがまだ終わっていない、つまり未完了過去であるのに対し、(8)' は動作の開始から終わりまでを一つの点として示しており、昼食を食べ始めたのは正午であり、その行為がある時間の後に完了したことを表わすとしている。動作が続いていることを起点・終点を問題とせずに表わす半過去形の特徴は、動作の持続状態を表わす中国語の"V着(zhe)"の特徴に通じるものがある。"V着"は半過去形とは異なって時制を反映しない非アスペクト形式であり、4.2.2 で述べたように、この形式が表わす「動作の持続状態」は開始と終了との間に位置する動作の一過程ではなく、「動作結果の持続状態」と同様に動作によって生じた状態である。言うまでもなく

第Ⅱ部　日仏対照編 ── 日本語からみたフランス語／空間表現と進行表現 ──

「状態」なる概念には開始も終了もなく、起点・終点を問題としない半過去形との間に相似点を有することとなる[7]。

　フランス語動詞の半過去形と中国語の"V着"との間にみられる上記のような相似点は、例えば、両者がいずれも状況描写に適した形式であるという形で観察される。島岡 1999：627-628 には、半過去が過去における未完了の行為を表わすというのは、現在の視点を過去に移すことであって、視点を過去の世界に移し、そこに立ってあたかも現在の世界にあるかのように観察し物語るのが半過去の基本的性格であり、これによって読者を物語の世界に引き入れることができる旨の記述がみられる。同様に、『フランス語ハンドブック』：234 は、小説などの冒頭で頻繁に用いられる半過去形は、読者を一気に物語の現時点に引きずり込むものであるとして

(9) Le train **filait**, à toute vapeur, dans les ténèbres.
（汽車は闇の中を疾駆していた。）
(10) Un grand vent **soufflait** au dehors …
（外では強い風が吹いていた。）

のような表現例を挙げている[8]。一方、中国語の"V着"については、≪実用現代汉语语法≫：229-230 が "'着'的作用在于描写。（"着"の働きは描写することにある）" として

(11) 赵永进静静地听**着**，一声也不响。
（趙永進はじっとだまって聞いていて一言も言わなかった。）
(12) 交通艇嗖嗖地向前疾駛**着**。（交通艇が音をたてて疾走している。）
　　　　　※いずれもカッコ内日本語は『現代中国語文法総覧（上）』：316-317

のような表現例を挙げているほか、"V着"は動作・行為の様態やすがたがどうであるかを凝視して描写する形式であるとする藤堂・相原 1985：76-77 の見解などが存在する[9]。

414

5．2　半過去形と"être en train de＋不定詞"

　過去において進行中の動作を表わす場合には半過去形のほか、"être en train de＋不定詞（"être"は半過去形）"[10]を用いることが可能である。半過去形は動作の起点・終点を問題とせず、かつ時制とアスペクトが一体となった形式であるのに対し、"être en train de＋不定詞"は動作の一過程としての進行段階を表わすアスペクト形式であり、時制とは切り離されている。両者の間にも、4.2.2で述べたような現在形と"être en train de＋不定詞"との間にみられると同様の相違が存在し、後者には確実に動作が行なわれていたことを伝えたいという話者の表現意図が込められている、すなわちムード性がみてとれる[11]。このため"être en train de＋不定詞"は、過去の特定時点において動作がまさに進行中であったことを表わす

　　(13) Elle **était en train de** faire la vaisselle.
　　　　　　　　　　　　　　　　　　　　（『フランス語ハンドブック』：312）
　　(14) Ah, te voilà, j'**étais** justement **en train de** penser à toi.
　　　　　　　　　　　　　　　　　　（『ロベール・クレ仏和辞典』"train"の項）

のような表現に用いられることとなる。(13)、(14)に対しては

　　(13)' 彼女は食器洗い**ノ最中ダッタ**（＝食器を洗っ**テイルトコロダッタ**）。
　　　　　　　　　　（『フランス語ハンドブック』：312）　※カッコ内は筆者
　　(14)' やあ、君か、ちょうど君のことを考え**テイタトコロナンダ**。
　　　　　　　　　　　　　　　　　（『ロベール・クレ仏和辞典』"train"の項）

のように、過去において進行中であったことをとりたてて述べる形式、すなわち「**ノ最中ダッタ＝テイルトコロダッタ**」、「**テイタトコロダ**」を用いた日本語表現を対応させることが可能である。寺村1992：335、小林2001：24-25の記述にみられるように、「**テイルトコロダッタ**」は過去のある時点において行為が進行中の状況にあったことを表わす、すなわち過去のある状況の中の一点を指すのに対し、「**Vテイタトコロダ**」は過去のある時点から今までずっと続いていた行為の継続状況を表わすという相違がみられる。この反面、両形式は、

第Ⅱ部　日仏対照編 —— 日本語からみたフランス語／空間表現と進行表現 ——

過去の特定時点において動作がまさに進行中であったことを前提として用いられる点において共通しており[12]、必ずしも基準時点において動作が行なわれていたことを要求しない「Vテイタ」との間に一線を画す。
　"être en train de＋不定詞"が前述したようなムード性を含んだ表現形式であることは、同じく過去において進行中の動作を表わす表現であっても、例えば

　　(15) Il était en train de chanter.（第1章の(51)）
　　　　（彼は歌っていた／ているところだった。）　※カッコ内日本語は筆者

は過去の特定時点においてまさに歌っている最中であったことを表わすのに対し、

　　(15)' Il chantait.（第1章の(51)'）
　　　　（彼は歌っていた。）　※カッコ内日本語は筆者

は必ずしもそうではないというように、断続を許容するか否かの点で相違がみられるという1.4で挙げた例によっても理解できようし、『フランス語学小事典（「アスペクト(aspect)」の項）』が、

　　(16) Quand je suis rentré, ma mère était en train de préparer le dîner.
　　　　（私が帰宅したとき、母は夕食の準備をしていた。）

においては複合過去によって実現の瞬間が特定の一時点に位置づけられる"rentrer"に対し、"préparer"という行為は"était en train de"によって持続的に示されているとしていることとも符合する。
　半過去形は、久松1999：78が

　　(17) Quand je lui ai téléphoné, elle prenait une douche.
　　　　（私が電話したとき、彼女はシャワーをあびていました。）

416

第 5 章　フランス語の進行表現にみられる諸相（2）

においては電話をしたのが過去の点的な行為であるのに対し、シャワーを浴びていたのは線的行為であるとしているように、複合過去形と直接に比較した場合には連続した動作を表わす形式としての側面が際立つ[13]。この反面、(15)'にみられるように動作の断続を許容し、例えば

(18) Il **prenait** du vin à tous les repas.
  （彼は食事のたびにワインを飲んでいた。）　（『現代フランス広文典』:255）
(19) Elle **jouait** très bien du piano quand elle était petite.
  （彼女は若い頃、とても上手にピアノをひいていました。）
  　　　　　　　　　　　　　　　　　　　　　　（久松 1999 : 79）

のように、過去に反復して行なわれていた動作を表わすことが可能である[14]。これらのことは、島岡 1999:623 が反復は継続の一種であるとしていることや、『新フランス文法事典（"imparfait de l'indicatif〔直説法半過去形〕"の項）』に、いわゆる継続相を表わす半過去の用法から「(過去の)反復・習慣」その他の用法が派生するにいたった旨の記述がみられることとも符合する。
　フランス語動詞の半過去形は、時制が過去である点を除けば、動作の断続を許容する点において、4.2.2 でとり上げた中国語の"在V"と共通している。"在V"が過去の特定時点においてまさに進行中であった動作を表わすには、4.3.2 で述べたように、"正"をともなって基準時点において動作がまさに行なわれている最中であったことを明示する

(20) 他**正在**改学生的卷子，校长走了进来。（《實用英語語法》:113）
  （彼が学生の答案を見ていたら、校長が入って来た。）
  　　　　　　　　　　　　　　　　　※カッコ内日本語は筆者

のような表現方法が存在する。これに対し、動作の持続を前提とする"V着"表現においては、動作は時間的な幅をもったものとして表現される。このことは、村松 1988 a : 58 が、

(21) 消邦死时候，他夫人唱**着**歌。

417

（ショパンが死んだ時、彼の夫人は歌を歌っていた。）

における"-着"は、「ショパンが死んだ時(消邦死的时候)」を基準の時点として、それを含む一定の幅をもった時間、夫人が歌を歌い続けていることを表わしており、"-着"はある事象が基準時点(発話時点も基準時点の一つ)を含む一定の幅をもった時間、等質的に連続していることを示す形式であるとしていること[15]によっても理解できよう。このため、過去の特定時点において行なわれていた動作を、時間的な幅を有するものとして"在V"形式を用いて明示するのであれば、

　(22) 他进来的时候儿，我在写着字。（大原 1973：23）
　　　　（彼が入って来た時、私は字を書いていた。）　※カッコ内日本語は筆者

のように"-着"をともなうこととなり、その場合には"être en train de＋不定詞"により近い性格を帯びることとなる。
　ところで、久松 2002：21-22、同 2011：282 の記述にみられるように、直説法半過去形は「未完了」の動作・状態を表わすのに使用されるため、「期間」を明示する表現(完了した時間を切りとった言いまわし)、すなわち起点と終点が明確な時間・期間を表わす成分とともに用いることはできず、そのような場合には

　(23) Il a joué de la guitare dans sa chambre pendant deux heures.
　　　　（彼は２時間部屋でギターを弾いていた。）　（久松 2002：22）

のように複合過去形が用いられるとされる。また、同 2011：282 には、半過去は期間があいまいな「未完了」に使われるのが原則であり、

　(24) Il a habité en France pendant dix ans.

において半過去形"habitait"を用いることができないのは、「10 年間」がひとまとめ(＝点)としてとらえられており、起点と終点がはっきりしている期間

第5章　フランス語の進行表現にみられる諸相（2）

(限定のある動作)で、「今は住んでいない」という完了の含みがあることによる旨の記述がみられる。(24)は過去の特定時点においてすでに完了した動作を表わしている点において、例えば

(25) Elle **habitait** à Paris depuis 1980.（久松 1999：80）
　　（彼女は 1980 年からずっとパリに住んでいた。）※カッコ内日本語は筆者

のようなケースとは異なる[16]。ちなみに、フランス語動詞の複合過去形を用いた表現の場合と同様に、中国語においても、過去において一定期間続いていたが発話時においてはすでに完了している動作を表わす場合には"V着"ではなく、例えば

(26) 我等了你两个小时。（《英汉语比较语法》：68）

のように、動作が完了したことを明示する"V了"が用いられる。
　これに対し、日本語の「Vテイタ」には、フランス語動詞の半過去形にみられる上記のような制限はなく、(24)に対しては

(24)' 彼は 10 年間フランスに住ん**デイタ**。（久松 2011：282）

のような「Vテイタ」を用いた日本語表現を対応させることが可能である。同様の例としては

(27)　Maurice **a travaillé**（pendant）tout l'été.（久松 2011：283）
(27)' モーリスは夏の間ずっと仕事をし**テイタ**。（同上）

が挙げられる。(24)'、(27)'は、「テイタ」の部分を「タ」に置き換えて

(24)" 彼は 10 年間フランスに住ん**ダ**。
(27)" モーリスは夏の間ずっと仕事をし**タ**。

第Ⅱ部　日仏対照編 ── 日本語からみたフランス語／空間表現と進行表現 ──

としても自然な表現として成立する。この点は(26)のような中国語表現に対応する日本語表現の場合も同様であり、

(26)'　私は2時間あなたを待っ**テイタ**。
(26)"　私は2時間あなたを待っ**タ**。

はいずれも成立する。このように、「(シ)テイタ」、「(シ)タ」はいずれも起点と終点が明確な時間・期間を表わす成分とともに用いることが可能であり、それぞれ過去の特定時点において進行中の動作、完了した動作を表わす。

5.3　まとめ

以上、第4～5章を通して、フランス語において進行表現を構成する諸成分・手段について、中国語および日本語において進行表現を構成するそれらとの比較を行なった結果、以下のような共通点・相似点、相違点が明白となった。

- 動詞が継続可能な動作を表わすものである場合、フランス語、中国語においてはそれぞれ現在形を用いた表現、"呢"を用いた表現のようなムード的手段による進行表現(非アスペクト表現)が成立するのに対し、日本語においてはそのような表現が成立せず、進行を表わす場合には「**テイル**」のようなアスペクト形式が不可欠である。

- "être en train de＋不定詞"が表わす「進行」の範囲は「Vテイル(トコロダ)」よりも広く、継続可能な動作動詞と組み合わされて進行中の動作を表わすほか、動作が行なわれる直前の段階を表わすことや、継続性をもたない結果動詞と組み合わされて進行を表わすことも可能である一方、"être en train de＋不定詞"は、意志的な動作を表わす形式としての性格が「Vテイル(トコロダ)」よりも弱い。"être en train de＋不定詞"は"在V"、「Vテイル」と同様に進行アスペクトの形式であるが、前2者は進行中であることを話者がとりたてて述べるというムード性を帯びているのに対し、「Vテイル」は帯びておらず、ムード性は「トコロダ」に

第5章　フランス語の進行表現にみられる諸相（2）

よって示される。"être en train de＋不定詞"は基準時点において動作が進行中であることを条件とし、この点は「Vテイルトコロダ／テイルトコロダッタ(テイタトコロダ)」、"V着"も同様である。但し、"V着"は動作によって生じた状態を表わす形式であり、動作の一過程を表わすアスペクト形式であると断定するのは困難である。

・フランス語動詞の半過去形はアスペクト性を有する時制の形式であって、過去において進行中であった動作を表わし、動作の断続を許容する点において動詞の現在形、"在V"、「Vテイル(テイタ)」と共通する反面、"être en train de＋不定詞"や"V着"、「Vテイルトコロダッタ(テイタトコロダ)」とは異なっている。半過去形は、「動作が終了していない」ことに着目して進行表現を形成するにいたった点においては"呢"を用いた中国語表現と共通する一方、"V着"との間には動作の起点・終点を問題としないという相似点を有する。

フランス語においては、現在形あるいは半過去形を用いた進行表現と"être en train de＋不定詞"表現とが相互に排他性を有するのに対し、中国語の"在V"表現、"V着"表現および"呢"を用いた表現の場合は必ずしもそうではなく、

(28)　我**在**写**着**字。(第4章の(47))
(29)　我(正)**在**给他写(**着**)信(呢)。(第4章の(48))
(22)　他进来的时候儿，我**在**写**着**字。

や、あるいは

(30)　他正**在**念书呢。(大原1973：23)
(31)　我妻子现在做**着**饭呢。(船田2003：139)

のように複数の成分が併用されるケースが存在する[17]。この点は日本語における「テイル(テイタ)」、「テイルトコロダ(テイルトコロダッタ／テイタトコロ

421

ダ)」も同様であり、アスペクトとムードがそれぞれ「**テイル(テイタ)**」、「**トコロダ(トコロダッタ)**」により表わされるため、必ずしも相互に排他性を有するものではない。このような相違がみられる一方で、ムード的手段によって進行表現が形成される(現在形を用いたフランス語表現、"呢"を用いた中国語表現)ことや、空間表現を時間表現に転用した結果として進行表現が成立する("être en train de＋不定詞"、"在V"、「Vテイル(トコロダ)」)こと、動作が終了していない点に着目して進行表現が形成される(半過去形を用いたフランス語表現、"呢"を用いた中国語表現)ことのような、個別の言語の枠を越えた現象がみられるのも事実である。これらの現象が進行表現の形成過程におけるどの局面で顕在化するかは言語によって異なるものの、このような側面からの考察は、「進行」の概念規定からアスペクトそのものの概念規定[18]にいたるまでの厳密な記述を可能にし、ひいては総論と各論の関係にある一般言語学と個別の言語学の記述に資することにつながり、青木1989：292の記述にみられるような「一般的な文法範疇が各言語でどのように特殊化されるのかを見てゆく」ことにもなるのである。

　"être en train de＋不定詞"は、ムード性を帯びたアスペクト形式である点において、進行アスペクト形式として普遍的地位を占めている英語の進行形や日本語の「Vテイル(トコロダ)」とは異なる。英語の進行形は、島岡1990：186、191が17世紀以後に俗語の中において一般化したとしているように、"être en train de＋不定詞"をはじめとする進行アスペクト形式が普遍的地位を占めるにいたっていないフランス語とは異なる方向に発展していった。フランス語においては、現在形が進行を表わす形式として今なお主要な地位を占めている。フランス語進行表現のこのような変遷過程からは、ムード的手段、アスペクト的手段が並存し、アスペクト的手段自身もムード性を帯びる中国語進行表現の分析に対する有用なヒントが得られよう。

注

1）『フランス文法大全』：284は、直説法半過去の用法の一つとして「他の事実が起ったとき、または起っていたとき進行中であった事実」を表わすことを挙げ、この用法は過去の進行形であるとしている。久松1999：78も同様に、半過去は主に英語の過去進行形「〜していた」に相当する時制であるとしている。

2）『現代フランス広文典』：228には、「未完了動詞(verbe imperfectif)」とは継続的行為を表わす動詞であり、瞬間的行為を表わす「完了動詞(verbe perfectif)」に対する概念である旨の記述がみられる。

3）この点についてはさらに『新フランス文法事典("imparfait de l'indicatif〔直説法半過去形〕"の項)』、『フランス語学小事典(「時制(temps)」の項)』を参照。『フランス文法大全』：253は、半過去形を用いた表現を"être en train de＋不定詞"表現と同じく「継続相(aspect duratif)」を表わすものとしてあつかっている。

4）同書はその場合の例として"Quand je **suis rentré** chez moi, ma nièce **faisait** ses devoirs.（帰宅したとき、姪は宿題をしていた。）"を挙げている。『フランス文法大全』：283にも同様の記述がみられ、imparfaitは「過去のある時期にいまだ完了していない過去の行為・状態を表わす形」であるとしている。半過去形が未完了あるいは未完結の動作を表わす形式である点については、さらに渡瀬1998：9、18、島岡1999：621-624、627を参照。

5）"呢"を用いた表現、半過去形を用いた表現と話し言葉・書き言葉との関わりについては、陳淑梅1997：32、『現代フランス広文典』：254を参照。

6）同様の記述が島岡1999：622、『新フランス文法事典("imparfait de l'indicatif〔直説法半過去形〕"の項)』にもみられる。渡瀬1998：12は、半過去には事態の＜終結＞点を取り込むための積極的な意味特性が欠けており、事態を最も単純な形で、その時それが発生しているという点からのみ眺め、それ以外の一切(事態の終結点を含め)を関知しない形式であるとしている。

7）『フランス語学小事典(「半過去(imparfait)」の項)』、村松1988a：41-42の記述からも、フランス語動詞の半過去形と中国語"V着"との相似点がみてとれる。すなわち、注4で挙げた表現例における"faisait"は、帰宅した時点を含む一定の時間行なわれていた行為を表わし、"社长跟客人谈**着**话。"のような"-着"を用いた表現は、発話時点を含むある一定の幅をもった時間、事象が既然の状態にあると話し手がとらえていることを表わしているという点である。

8）この点については、さらに渡瀬1998：9-10、15-17、『現代フランス広文典』：255、『フランス文法大全』：285、287を参照。

9）荒川1984c：7、王学群2001：71-75、同2002：79、87、肖奚強2002：31-32には"V着"表現の描写性および"在V"との相違についての記述がみられる。成戸2009：340-344においては、"在・トコロ＋V着"表現が"在・トコロ＋V"表現に比べ描写性が強い点について述べた。ちなみに、"V着"表現の描写性については、進行の形式である"(正)在V"表現との対比において問題とする上記のような記述がみられる一方、半過去形を用いた表現の描写性については、単純過去や複合過去という非進行の形式を用いた表現との対比において問題とする『現代フランス広文典』：255、『フランス文法大全』：285、287がみられる。

10）第4章の注18を参照。『新フランス文法事典("train"の項)』には、"être en train de＋不定詞"は継続相を表わしえない時制には用いられず、"on **a été** en train de…"は不成立となる旨の記述がみられる。

11) 『フランス文法大全』:284 には、現在形と比較した場合と同様に、"être en train de＋不定詞"によって進行の意識が強化される旨の記述がみられる。
12) 鈴木 1972:391 は、「**テイタトコロダ**」という形式は動作の進行中の状態であったことを表わすとしている。
13) この点については『現代フランス広文典』:255 を参照。久松 2011:282 は、複合過去は過去の1点をとらえた時制であるのに対し、半過去は点の連続＝線ととらえた時制であるとする一方、これらの「点と線」は客観的基準ではなく話者の視点(主観)によって切りとられるものであるとしている。
14) 佐藤 2005:96 には、動詞が表わす行為は、複合過去形を用いた表現においては1回の出来事として表わされているのに対し、半過去形を用いた表現においては"Il **chantait** souvent.(彼はよく歌っていました。)"のように、何度も反復された習慣として表わされるケースが存在する旨の記述がみられる。
15) この点については注7および村松 1988b:84 を参照。
16) (25)と同様の例としては、『新フランス文法事典("imparfait de l'indicatif〔直説法半過去形"の項〕』の"Or, cette année-là, aux Rois, il **neigeait** depuis une semaine.(さて、その年の公現節には、1週間前から雪が降っていた。)"、"Je t'**attendais** depuis longtemps.(ずいぶん前からお前を待っていたのだよ。)"のような表現が挙げられる。
17) この点については大原 1973:22-23、《外国人学汉语难点释疑》:164-166 を参照。"(V)着"と"呢"が併用された表現の中には、例えば"他穿**着**大衣**呢**。(《外国人学汉语难点释疑》:167-168)"のように動作結果の持続状態を表わすケースも存在する。
18) フランス語動詞の半過去形と中国語の"V着"は、いずれも動作の開始・終了を問題としない形式である一方、前者はアスペクト性を有する時制の形式であるとされるのに対し、後者はアスペクト形式であるとは認めがたいということからは、アスペクトの概念規定における課題がみてとれよう。日本語の「**テイル**」の働きについて、金田一 1976a:45 が「この道は曲っ**テイル**。」のような動作・作用の起りに全く無関係である(従って起り終りということが考えられない)ものをアスペクトの中に入れることに対する疑問を呈していることからも、アスペクトの概念規定の難しさがうかがわれる。

第6章

むすび

　以上、日本語あるいは中国語からみた場合にうきぼりとなるフランス語の語彙および統語上の特徴について、相互に対照させながら検討を加えてきた。
　第1～2章においてとり上げたものはいずれも、フランス語以外の言語を学ぶ場合にも問題となり、対照研究のテーマとなりえるものである。これらのうち、1.3.1でとり上げた"regarder"、"voir"の使い分けについては、第Ⅰ部であつかった視覚動作を表わす中国語諸形式の場合と同様に、日本語の「見る」、「見える」、「会う」のそれとの相違が問題となろうし、2.1.1および第3章でとり上げた"dans"、"sur"の使い分けについては、成戸2009：23-27であつかったトコロを限定する中国語の"在・N里／上"の場合と同様に、日本語の「～の中(ナカ)／上(ウエ)」のそれとの相違が問題となる。同様のことは、1.3.2でとり上げた"avoir"、"il y a～"と中国語の"有"、"在"や日本語の「もっている」、「ある／いる」、1.3.3でとり上げた"aller"、"venir"と中国語の"去"、"来"や日本語の「行く」、「来る」についてもあてはまる。このほか、2.2でとり上げた動作の方向性の問題（"apprendre"、"louer"）や動詞の自他と表現構造の問題（"commencer"、"finir"）、身につけ動詞をはじめとする動詞と動作・状態の問題（"mettre"、"porter"、"avoir"、"s'habiller"）など、いずれもフランス語や中国語、日本語に限らず、様々な言語間において問題とされうるものである。
　第3～5章においては、第1～2章であつかったフランス語表現のうち、"dans"を用いた空間表現、"être en train de＋不定詞"を用いた進行表現をとり上げ、対応する日本語あるいは中国語の表現、フランス語の類義表現と比較しながら検討を加えた。空間表現、進行表現については、成戸2009：8-30、296-349において、中国語の"在・トコロ(空間)"を用いた動詞表現を対象として日本語との対照研究を行なっており、一定の結論を得るにいたった。その作業を経てフランス語に目を向けるといろいろと見えてくるものがあり、これ

第Ⅱ部　日仏対照編 —— 日本語からみたフランス語／空間表現と進行表現 ——

が第3～5章の考察を行なうきっかけとなった。

　フランス語の"dans"や中国語の"在"に対しては、日本語のいくつかの格助詞が対応しえるものの、入門・初級段階ではその要因について説明されないことが多いと思われる。しかし、空間表現には、言語話者が客観世界をどのように認識しているかが具体的な形で反映されており、言語間におけるコトガラの認識の相違が観察されやすいものの一つである。このことは、日本語においては動作・行為に関わるトコロ、手段が「デ」により示される連続した領域をなしているのに対し、フランス語ではトコロ、容器の手段が"dans"により、非容器の手段が"avec"により示されることや、中国語ではトコロが"在"により、手段が"用"により示されることに端的にあらわれている。"dans"、"在"やこれらに対応する日本語格助詞の使用条件の相違は、これらと組み合わされる名詞や動詞との関わり方の相違とも密接につながっており、表現(いわゆる「文」)の組み立て方や表現構造の相違にまでおよぶのである。

　また、フランス語の"être en train de＋不定詞"は、空間表現から時間表現への転用による進行アスペクトの形式であり、かつ、話者がその判断によって使用するか否かを選択することが可能な点において、"在"を用いた中国語進行表現と共通する。一方、フランス語には動詞の現在形を用いたムード的手段による進行表現が存在し、"呢"を用いた中国語進行表現との間に共通点・相似点を有する。このような現象は、言語の枠を越えた進行表現の形成パターンとも言うべきものであり、個別の言語研究からいわゆる一般言語学への道筋を開くきっかけとなるものである。進行表現をめぐる問題は、教学の場においても極めて重要である。日本語話者がフランス語を学ぶ場合、学習開始の時点ですでに英語を学んでいることが多いため、進行形を用いた英語表現との相違を理解すると同時に、現在形を用いた進行表現、"être en train de＋不定詞"表現の使い分けに習熟する必要がある。一方、中国語には動詞の変化形がそもそも存在せず、動詞単独で("呢"を用いることはあるものの)進行中の動作を表わすことが可能であるため、フランス語進行表現の場合と同様に、"(正)在V"表現や"V着(zhe)"表現との使い分けに習熟するとともに、「進行」、「持続」の概念についても理解しておく必要がある。

　さらに、フランス語動詞の現在形は半過去形とともに時制の系列を構成するのに対し、"être en train de＋不定詞"はそうではないことからは、進行表

現の形成過程におけるテンス、アスペクト、ムードの関わり方がみてとれる。テンス、アスペクト、ムードの各手段は相互に排他性を有するものではなく、一つの形式がテンスを反映すると同時にアスペクト的あるいはムード的手段でもあるというような錯綜した関係にあるのが実態であり、このことは中国語の"(正)在V"、"V着"、"呢"、日本語の「**テイル(トコロダ)**」についてもあてはまる。

　外国語教育と対照研究とは不可分の関係にあり、よりよい教育のためには対照研究のよりよい成果が不可欠である。また、対照研究においては、特定の言語を対照させて得られた研究成果が、さらに別の言語を考察する際のヒントとなることも少なくない。このような研究成果が積み重ねられることによって、個別言語の枠を越えた言語全般の問題をあつかう準備が整うこととなるのである。

用例出典
（論文資料より転用したもののうち、出版社・年度などが不明なものは省いてある）

榎本英雄・王京蒂『アクセス中国(教科書版)』，朝日出版社(1995).
『NHK ラジオ フランス語講座』2003年4/5/6/7/8/9月号，日本放送出版協会．(略称 NHK)
乙武洋匡『五体不満足』，講談社(1998).
金丸邦三・呉悦編著『中国歴史文化風俗』，白水社(1994).
古石篤子 1999.『金色の眼の猫 絵本編』，駿河台出版社.
小林立・呉大綱編著『新編・東方中国語講座 第3巻 作文篇』，東方書店(1990).
ジャック・ベッケル監督『モンパルナスの灯(原題：Montparnasse19)』．(1958年フランス)
趙賢州・砂岡和子『中国語中級テキスト 中国はてな物語』，白帝社(1991).
夏目漱石『こころ』，岩波文庫(改版1989).
平井勝利『中国語中級コース』，白帝社(1985).
平井勝利監修／村松恵子・大田加代子著『Daxue Hanyu I』，崑崙書房(1987).
平井勝利監修／村松恵子著『Daxue Hanyu II』，崑崙書房(1987).
平井勝利編著『Step-up Chinese』，同学社(1989).
村松恵子・董紅俊『中国語中級テキスト China Today』，白帝社(1997).
村松恵子・董紅俊『チャイニーズコミュニケーション』，好文出版(1997).
渡邊晴夫・劉静『中国の短い小説』，朝日出版社(1997).

巴金＜怀念萧珊＞，钱谷融・吴宏聪主编≪中国现代文学作品选读(下册・当代部分)≫，华东师范大学出版社(2版1987).
巴金≪家≫，人民文学出版社(2版1962).
曹保明搜集整理≪中国民间教子故事≫，北方妇女儿童出版社(1985).
曹禺≪蜕变≫，人民文学出版社(1994).
陈国安＜恍惚的人们＞，≪青年佳作≫，中国青年出版社(1988).
谌容＜人到中年＞，≪新时期中篇小说名作丛书 谌容集≫，海峡文艺出版社(1986).
谌容＜永远是春天＞，≪新时期中篇小说名作丛书 谌容集≫，海峡文艺出版社(1986).
戴厚英≪人啊，人！≫，花城出版社(1980).

邓一光<怀念一个没有去过的地方>，中国作家协会主办《小说选刊》2000年第8期，《小说选刊》杂志社．（原载《十月》2000年第4期）
高晓声<陈奂生上城>，《中国当代著名作家文库 高晓声代表作》，黄河文艺出版社(1987)．
杭州市文化局编《西湖民间故事(增订本)》，浙江人民出版社(2版1979)．
浩然《幼苗集》，北京人民出版社(1973)．
贾平凹<笑口常开>，《人民文学》1989年第5期，人民文学杂志社．
李贯通<洞天>，《青年佳作》，中国青年出版社(1988)．
李悦<死光>，《青年佳作》，中国青年出版社(1988)．
马烽<我的第一个上级>，钱谷融·吴宏聪主编《中国现代文学作品选读(下册·当代部分)》，华东师范大学出版社(2版1987)．
莫言<断手>，《青年佳作》，中国青年出版社(1988)．
钱钟书《围城》，香港基本书局(1969)．
秦牧<社稷坛抒情>，张学正主编《中国当代文学名篇选读》，南开大学出版社(1984)．
日本国际学友会日本语学校编《学友现代日语III》，北京出版社(1984)．
日本国际学友会日本语学校编《学友现代日语IV》，北京出版社(1984)．
水上勉<越后茼石亲不知>，水上勉著／柯森耀译注《日汉对照 水仙》，上海译文出版社(1984)．
陶斯亮<一封终于发出的信>，《全国优秀报告文学评选获奖作品集 二》，人民文学出版社(1981)．
王瑞芸<戈登医生>，中国作家协会主办《小说选刊》2000年第8期，《小说选刊》杂志社．（原载《天涯》2000年第3期）
小林多喜二著／李思敬译注《〔日汉对照〕蟹工船》，北京出版社(1981)．
薛尔康<我不能原谅>，《青年佳作》，中国青年出版社(1988)．
杨匡满·郭宝臣《命运》，《全国优秀报告文学评选获奖作品集 二》，人民文学出版社(1981)．
杨世运·孙兴盛·史祥鸾<从青工到副教授>，《全国优秀报告文学评选获奖作品集 二》，人民文学出版社(1981)．
叶辛<世纪末的爱情>，中国作家协会主办《小说选刊》2000年第8期，《小说选刊》杂志社．（原载《上海文学》2000年第6期）
翟禹钟·何立庠·罗海欧·江立仁<彭大将军回故乡>，《全国优秀报告文学评选获奖作品

集　二》，人民文学出版社(1981).
张海迪《轮椅上的梦》，中国青年出版社(1999).
张抗抗＜无序十题＞，《十月》1988年第6期，北京出版社.
张书绅＜正气歌＞，《全国优秀报告文学评选获奖作品集　二》，人民文学出版社(1981).
张秀春・程景林编《茶酒的传说》，吉林文史出版社(1986).
张紫晨・李秀春编《美食佳肴的传说・上》，吉林文史出版社(1986).
张紫晨・李秀春编《美食佳肴的传说・下》，吉林文史出版社(1986).
祖慰・节流＜线＞，《全国优秀报告文学评选获奖作品集　二》，人民文学出版社(1981).

Guy Capelle／Noëlle Gidon, *REFLETS 1* (HACHETTE LIVRE, 1999)

Guy Capelle／Noëlle Gidon, *REFLETS 1 CAHIER D'EXERCICES* (HACHETTE LIVRE, 1999)

主要参考文献

日本語

愛知大学中日大辞典編纂処編『中日大辞典(増訂第二版)』，大修館書店(1987)．

青木三郎 1987．「現代仏語のアスペクト・テンス・モダリティ —— être en train de＋infinitif と現在形について —— 」，『フランス語学研究』第 21 号，日本フランス語学研究会，20-35 頁．

青木三郎 1989．「文法の対照的研究 —— フランス語と日本語 —— 」，山口佳紀編集『講座 日本語と日本語教育 第 5 巻 日本語の文法・文体（下）』，明治書院，290-311 頁．

青木三郎 2000．「＜ところ＞の文法化」，青木三郎・竹沢幸一編『空間表現と文法』，くろしお出版，77-103 頁．

青木三郎 2002．「フランス語と日本語との空間表現の対照 —— 中と dans について —— 」，『日本語学』2002 年 7 月号(VOL.21)，明治書院，74-83 頁．

青木三郎 2005．「日仏語の空間表現の対照的研究 —— dans とナカの意味分析」，木下教授喜寿記念論文集編集委員会『フランス語学研究の現在 —— 木下教授喜寿記念論文集 —— 』，白水社，248-261 頁．

赤祖父哲二／川合康三／金文京／斎藤武生／ジョン・ボチャラリ／林史典／半沢幹一編『日・中・英 言語文化事典』，マクミランランゲージハウス(2000)．

朝倉季雄『新フランス文法事典』，白水社(2002)．

朝倉季雄『フランス文法集成』，白水社(2005)．

安生恭子 1990．「ALLER と VENIR の意味構造 —— VENIR の拡大的用法を中心として —— 」，『フランス語学研究』第 24 号，日本フランス語学会，14-27 頁．

荒川清秀 1981．「中国語動詞にみられるいくつかのカテゴリー」，『文学論叢』第 67 号，愛知大学文学会，1-25 頁．

荒川清秀 1982．「中国語の語彙」，森岡健二・宮地裕・寺村秀夫・川端善明編集『講座日本語学 12 外国語との対照Ⅲ』，明治書院，62-84 頁．

荒川清秀 1984ａ．「中国語の場所語・場所表現」，『愛知大学外国語研究室報』第 8 号，1-14 頁．

荒川清秀 1984ｂ．「聞クは"听"だけではない」，『中国語』1984 年 11 月号，大修館書店，

7 頁.
荒川清秀 1984 c．「〜テイルの諸相」,『中国語』1984 年 8 月号，大修館書店，7 頁.
荒川清秀 1985 a．「補語〔結果補語・方向補語・可能補語・程度補語〕」,『中国語』1985 年 11 月号，大修館書店，4-6 頁.
荒川清秀 1985 b．「動詞(1)」,『中国語』1985 年 7 月号，大修館書店，4-6 頁.
荒川清秀 1985 c．「聞ク，見ルに対応する中国語について」,『愛知大学外国語研究室報』第 9 号，1-14 頁.
荒川清秀 1986．「中国語動詞の意味における段階性」,『中国語』1986 年 9 月号，大修館書店，30-33 頁.
荒川清秀 1989．「補語は動詞になにをくわえるか」,『外語研紀要』第 13 号，愛知大学外国語研究室，11-24 頁.
荒川清秀 1996．「日本語学と対照言語学 中国語との対照」,『日本語学』1996 年 7 月臨時増刊号(VOL.15)，明治書院，168-174 頁.
安藤貞雄 1986．『英語の論理・日本語の論理 —— 対照言語学的研究 —— 』, 大修館書店.
池上嘉彦 1981．『「する」と「なる」の言語学 —— 言語と文化のタイポロジーへの試論 —— 』, 大修館書店.
石井正彦 1987．「複合動詞の成立条件」，寺村秀夫・鈴木泰・野田尚史・矢澤真人編集『ケーススタディ 日本文法』, おうふう(1998)，56-61 頁.
井島正博 1991．「可能文の多層的分析」，仁田義雄編『日本語のヴォイスと他動性』, くろしお出版，149-189 頁.
石村広 1999．「現代中国語の結果構文 —— 日英語との比較を通じて —— 」,『文化女子大学紀要 人文・社会科学研究』第 7 集，141-155 頁.
石村広 2011．『中国語結果構文の研究 —— 動詞連続構造の観点から —— 』, 白帝社.
石綿敏雄・高田誠 1990．『対照言語学』, 桜楓社.
泉井久之助 1967．『言語の構造』, 紀伊國屋書店.
泉邦寿 1978．『ふらんす双書 フランス語を考える 20 章 意味の世界』, 白水社.
泉邦寿 1989．『フランス語、意味の散策 日・仏表現の比較』, 大修館書店.
井上優 2006．「日本語から見た中国語」,『日本語学』2006 年 3 月号(VOL.25)，明治書院，26-33 頁.

主要参考文献

伊原大策 1982.「進行を表す『在』について」,『中国語学』第229号, 中国語学会, 1-11頁.

王学群 2001.「地の文における"V着(zhe)"のふるまいについて」,『日中言語対照研究論集』第3号, 日中言語対照研究会(白帝社), 60-80頁.

王学群 2002.「会話文における"V着"と"在(…)V"のふるまいについて」,『日中言語対照研究論集』第4号, 日中言語対照研究会(白帝社), 72-90頁.

大河内康憲 1980.「中国語の可能表現」,『日本語教育』第41号, 日本語教育学会, 61-73頁.

大島吉郎 1993.「'动・到'と'动・着'の分布について ── ≪红楼梦≫を中心に ── 」,『大東文化大学紀要』第31号, 351-359頁.

大槻鉄男・佐々木康之・多田道太郎・西川長夫・山田稔編『クラウン仏和辞典』, 三省堂(2版1984).

大野晋 1978.『日本語の文法を考える』, 岩波新書.

大橋志華 2001.「動補構造『動詞+"上"』に対応する日本語表現について」,『日中言語対照研究論集』第3号, 日中言語対照研究会(白帝社), 81-98頁.

大原信一 1973.『中国語と英語』, 光生館(再版1978).

奥田靖雄 1983a.「を格の名詞と動詞とのくみあわせ」, 言語学研究会編『日本語文法・連語論(資料編)』, むぎ書房, 21-150頁.

奥田靖雄 1983b.「に格の名詞と動詞とのくみあわせ」, 言語学研究会編『日本語文法・連語論(資料編)』, むぎ書房, 281-323頁.

奥田靖雄 1983c.「で格の名詞と動詞とのくみあわせ」, 言語学研究会編『日本語文法・連語論(資料編)』, むぎ書房, 325-340頁.

小熊和郎 1993.「トコロダと aller, venir de, être en train de+infinitif ── アスペクトとモダリティーの関連を巡って ── 」,『西南学院大学フランス語フランス文学論集』第29号, 139-175頁.

郭春貴 2001.『誤用から学ぶ中国語 ── 基礎から応用まで ── 』, 白帝社.

加藤千尋 2002.「フランス語の venir de+inf. について」,『言語情報科学研究』第7号, 東京大学言語情報科学研究会, 61-80頁.

かねこ・ひさかず 1986.「日本語の可能表現＜現代語＞ ── 標準語のばあい ── 」,『国文

学解釈と鑑賞』1986年1月号，至文堂，74-90頁.

川口裕司／川口恵子／クリスティアン・ブティエ 2000.『ゼロから話せるフランス語』，三修社.

川村大 2004.「受身・自発・可能・尊敬 —— 動詞ラレル形の世界 —— 」，尾上圭介編『朝倉日本語講座6 文法II』，朝倉書店，105-127頁.

神田千冬 1989.「進行・持続表現における"在"と"着"の機能分化傾向について」，『中国語』1989年8月号，大修館書店，28-31頁.

神田千冬 1994.「中国語の特徴 —— 日中対訳にみられる＜モノ＞的表現と＜コト＞的表現」，『中国語研究』第36号，白帝社，111-120頁.

木村英樹 1981.「被動と『結果』」，『日本語と中国語の対照研究』第5号，日中語対照研究会，27-46頁.

木村英樹 2012.『中国語文法の意味とかたち —— 「虚」的意味の形態化と構造化に関する研究 —— 』，白帝社.

金田一京助・見坊豪紀・金田一春彦・柴田武・山田忠雄編『新明解国語辞典』，三省堂（3版1981）.

金田一春彦 1976a.「日本語動詞のテンスとアスペクト」，金田一春彦編『日本語動詞のアスペクト』，むぎ書房(1976)，27-61頁.（原著は金田一春彦1954）

金田一春彦 1976b.「国語動詞の一分類」，金田一春彦編『日本語動詞のアスペクト』，むぎ書房(1976)，5-26頁.（原著は金田一春彦1947）

楠本徹也 2000.「トコロの意味と機能に関する一考察」，『東京外国語大学 留学生日本語教育センター論集』第26号，東京外国語大学留学生日本語教育センター，77-87頁.

國廣哲彌 1974a.「人間中心と状況中心 —— 日英語表現構造の比較 —— 」，『英語青年』1974年2月号，研究社，48-50頁.

國廣哲彌 1974b.「日英語表現体系の比較」，『言語生活』1974年3月号，筑摩書房，46-52頁.

國廣哲彌 1981.「語彙の構造の比較」，國廣哲彌編集『日英語比較講座 第3巻 意味と語彙』，大修館書店(4版1987)，15-52頁.

久野暲 1973.『日本文法研究』，大修館書店(再版1974).

倉石武四郎『岩波 中国語辞典 簡体字版』，岩波書店(1990).

主要参考文献

倉石武四郎・折敷瀬興編『岩波 日中辞典』,岩波書店(1983).

倉方秀憲・東郷雄二・春木仁孝・大木充編『プチ・ロワイヤル仏和辞典』,旺文社(4版2010).

グループ・ジャマシイ編著≪中文版 日本语句型辞典(『日本語文型辞典』中国語訳(簡体字版))≫,くろしお出版(2001).

クロード・ロベルジュ／ガブリエル・メランベルジェ／金川忠敏／澤護／南舘英孝『現代フランス前置詞活用辞典』,大修館(1983).

Claude ROBERGE／Solange 内藤／Fabienne GUILLEMIN／加藤雅郁／小林正巳／中村典子 2002.『21世紀フランス語表現辞典 —— 日本人が間違えやすいフランス語表現356項目 ——』,駿河台出版社(2版2004).(略称21世紀)

現代英語研究会編『日本語から引ける 英語類語使い分け辞典』,創拓社出版(1991).

呉大綱1988.「現代中国語動詞のテンス・アスペクト ―― 日本語との比較 ――」,『日本文学論集』第12号,大東文化大学,107-119頁.

小池清治・小林賢次・細川英雄・犬飼隆編集『日本語学キーワード事典』,朝倉書店(1997).

小泉保・船城道雄・本田皛治・仁田義雄・塚本秀樹編『日本語 基本動詞用法辞典』,大修館書店(1989).

黄利恵子2001.「現代中国語における"見"の多義構造と統語的特徴」,『多元文化』創刊号,名古屋大学国際言語文化研究科,161-173頁.

香坂順一編著『現代中国語辞典』,光生館(1982).

香坂順一1983.『中国語の単語の話 —— 語彙の世界』,光生館.

国立国語研究所1972.『国立国語研究所報告43 動詞の意味・用法の記述的研究』,秀英出版(3版1978).

輿水優1980.『中国語基本語ノート』,大修館書店(5版1983).

輿水優1985.『中国語の語法の話 —— 中国語文法概論』,光生館.

小林幸江2001.「『ところだ』の意味と用法」,『東京外国語大学 留学生日本語教育センター論集』第27号,東京外国語大学留学生日本語教育センター,17-31頁.

小矢野哲夫1979.「現代日本語可能表現の意味と用法(Ⅰ)」,『大阪外國語大學學報45 言語編』,83-98頁.

小矢野哲夫1981.「現代日本語可能表現の意味と用法(Ⅲ)」,『大阪外國語大學學報54 言語編』,21-34頁.

小矢野哲夫 1989.「名詞と格」, 北原保雄編集『講座 日本語と日本語教育 第4巻 日本語の文法・文体(上)』, 明治書院, 73-97頁.

(財)フランス語教育振興協会編『CD・イラストで覚える フランス語基本500語』, 朝日出版社(1998). (略称 500語)

砂川有里子 2000.「空間から時間へのメタファー —— 日本語の動詞と名詞の文法化 —— 」, 青木三郎・竹沢幸一編『空間表現と文法』, くろしお出版, 105-142頁.

佐治圭三 1992.『外国人が間違えやすい 日本語の表現の研究』, ひつじ書房.

定延利之 1999.「空間と時間の関係 ——『空間的分布を表す時間語彙』をめぐって」,『日本語学』1999年8月号(VOL.18), 明治書院, 24-34頁.

佐藤康 2005.『フランス語のしくみ』, 白水社.

讃井唯允 1996a.「結果補語・方向補語とアクチオンスアルト(1)」,『中国語』1996年7月号, 内山書店, 28-31頁.

讃井唯允 1996b.「語気助詞"呢"・時間副詞"在"およびアスペクト助詞"着"」,『中国語』1996年6月号, 内山書店, 28-31頁.

讃井唯允 1996c.「アスペクトとテンス」,『中国語』1996年4月号, 内山書店, 56-59頁.

讃井唯允 2000.「"在等""等着""在等着" ——"在"と"着"の文法的意味と語用論」,『人文学報』第311号, 東京都立大学人文学部, 53-73頁.

重信常喜／島田昌治／橋口守人／須藤哲生／工藤進／山岡捷利／ガブリエル・メランベルジェ編『コンサイス和仏辞典』, 三省堂(3版 2003).

篠沢秀夫／ティエリー・マレ 2003.『フランス語の常識 日常表現は文化の鏡』, 白水社.

柴田武・山田進編『類語大辞典』, 講談社(2002).

島岡茂 1990.『英仏比較文法』, 大学書林.

島岡茂 1999.『フランス語統辞論』, 大学書林.

『小学館ロベール仏和大辞典』, 小学館(1988).

小学館辞典編集部『使い方の分かる 類語例解辞典』, 小学館(1994).

新村出編『広辞苑』, 岩波書店(5版 1998).

杉村博文 1982.「『被動と"結果"』拾遺」, 日本語と中国語対照研究会編『日本語と中国語の対照研究』第7号, 58-82頁.

杉村博文 1988.「可能補語の考え方」, 大河内康憲編集『日本語と中国語の対照研究論文集

(上)』, くろしお出版(1992), 213-232頁.

鈴木重幸 1972.『日本語文法・形態論』, むぎ書房.

鈴木重幸 1996.『形態論・序説』, むぎ書房.

鈴木信太郎・中平解ほか『新スタンダード仏和辞典』, 大修館書店(1991).

鈴木孝夫 1990.『日本語と外国語』, 岩波新書.

鈴木直治 1956.「中国語における位置の指示と強調のムードとの関係について」,『中国語学』第57号, 江南書院, 8-14頁.

須田義治 2010.『ひつじ研究叢書＜言語編＞第65巻 現代日本語のアスペクト論 形態論的なカテゴリーと構文論的なカテゴリーの理論』, ひつじ書房.

副島健作 2007.『ひつじ研究叢書＜言語編＞第44巻 日本語のアスペクト体系の研究』, ひつじ書房.

鷹野次長編『外国人のための楽しい日本語辞典』, 三省堂(2004).

田桐正彦編『ポケットプログレッシブ 仏和・和仏辞典』, 小学館(3版2006).

竹沢幸一 1991.「受動文、能格文、分離不可能所有構文と『ている』の解釈」, 仁田義雄編『日本語のヴォイスと他動性』, くろしお出版, 59-81頁.

田中聡子 1996.「動詞『みる』の多義構造」,『言語研究』第110号, 日本言語学会, 120-142頁.

田中聡子 2002.「視覚表現に見る視覚から高次認識への連続性 ── 視覚の文化モデル ── 」,『言語文化論集』第23巻第2号, 名古屋大学言語文化部・国際言語文化研究科, 155-170頁.

田辺貞之助 2007.『フランス文法大全』, 白水社.

田村毅ほか編『ロワイヤル仏和中辞典』, 旺文社(2版2005).

中條屋進／丸山義博／G.メランベルジェ／吉川一義編集『ディコ仏和辞典』, 白水社(2003).

張威 1998.『日本語研究叢書10 結果可能表現の研究 ── 日本語・中国語対照研究の立場から ── 』, くろしお出版.

張岩紅 2008.「日中対照研究から見る可能表現 ── 『見える、見られる、見ることができる』── 」,『日本語と中国語の可能表現』, 日中対照言語学会(白帝社), 53-87頁.

沈国威 1997.「相手格の『と』とその周辺」, 大河内康憲教授退官記念論文集刊行会編『大河内康憲教授退官記念 中国語学論文集』, 東方書店, 47-63頁.

陳淑梅 1997.「『～テイル』の中国語訳についての一考察」,『慶應義塾大学日吉紀要 言語・文化コミュニケーション』第 19 号, 23-33 頁.
恒川邦夫・牛場暁夫・吉田城編『プチ・ロワイヤル和仏辞典』, 旺文社 (3 版 2010).
寺村秀夫 1982.『日本語のシンタクスと意味 第Ⅰ巻』, くろしお出版.
寺村秀夫 1984.『日本語のシンタクスと意味 第Ⅱ巻』, くろしお出版.
寺村秀夫 1992.「『トコロ』の意味と機能」,『寺村秀夫論文集Ⅰ ── 日本語文法編 ── 』, くろしお出版, 321-336 頁.
寺村秀夫 1993.『 寺村秀夫論文集Ⅱ ── 言語学・日本語教育編 ── 』, くろしお出版.
藤堂明保・相原茂 1985.『新訂 中国語概論』, 大修館書店.
中右実 1980.「テンス、アスペクトの比較」, 國廣哲彌編集『日英語比較講座 第 2 巻 文法』, 大修館書店 (3 版 1982), 101-155 頁.
中右実 2004.「言語と認知と文化のインターフェイス ── なぜ in a car なのに on a bus なのか ── 」,『英語青年』2004 年 9 月号, 研究社, 20-24 頁.
中川正之 1990.「中国語と日本語 ── 場所表現をめぐって ── 」, 近藤達夫編集『講座 日本語と日本語教育 第 12 巻 言語学要説 (下)』, 明治書院, 219-240 頁.
中川正之 1997.「中国語, 日本語, 英語における共同行為者と道具をめぐって」,『大河内康憲教授退官記念 中国語学論文集』, 東方書店, 29-46 頁.
長嶋善郎 1976.「複合動詞の構造」, 鈴木孝夫編『日本語講座 ── 第四巻 日本語の語彙と表現』, 大修館書店, 63-104 頁.
中村敦子 2001 a .『音読仏単語①日常生活編』, 第三書房.
中村敦子 2001 b .『音読仏単語②日常生活編』, 第三書房.
成戸浩嗣 2002.「ことばと社会」, 愛知学泉大学コミュニティ政策学部編『コミュニティ政策を学ぶ』, 愛知学泉大学出版会, 113-119 頁.
成戸浩嗣 2004.「『見』に後置される『-到』について」,『平井勝利教授退官記念 中国学・日本語学論文集』, 白帝社, 299-321 頁.
成戸浩嗣 2008.「コミュニティ政策学部における異文化教育の試み」,『コミュニティ政策研究』第 10 号, 愛知学泉大学コミュニティ政策研究所, 91-105 頁.
成戸浩嗣 2009.『トコロ(空間)表現をめぐる日中対照研究』, 好文出版.
成戸浩嗣 2010.「 コミュニティ政策学部における異文化教育の試み (2) ── 中国と日本

——」,『コミュニティ政策研究』第 12 号, 愛知学泉大学コミュニティ政策研究所, 111-126 頁.

新倉俊一・朝比奈誼・稲生永・井村順一・冨永明夫・宮原信・山本顕一 1996.『改訂版 フランス語ハンドブック』, 白水社.

西村牧夫・鳥居正文・中井珠子・飯田良子・曽我祐典・菊地歌子・井本秀剛・増田一夫編訳『ロベール・クレ仏和辞典』, 駿河台出版社(2011).

野田耕司 2000.「"V到N_G"フレーズの表す移動について」,『熊本学園大学 文学・言語学論集』第 7 巻第 2 号, 105-120 頁.

バーナード・コムリー著／山田小枝訳『アスペクト』, むぎ書房(1988).

原田寿美子 1997.「小説内に見られる"见""看见""只见"等の用法について —— 日本語との対応の観点から ——」,『中国語学』第 244 号, 日本中国語学会, 124-131 頁.

Peter Hugoe Matthews 著／中島平三・瀬田幸人監訳『オックスフォード 言語学辞典』, 朝倉書店(2009).

髭郁彦・川島浩一郎・渡邊淳也編著／安西記世子・小倉博行・酒井智宏著『フランス語学小事典』, 駿河台出版社(2011).

菱沼透 1990.「中国語と日本語の道具使用表現」,『日本語教育』第 72 号, 日本語教育学会, 80-90 頁.

久松健一 1999.『英語がわかればフランス語はできる!』, 駿河台出版社.

久松健一 2002.『英仏日 CD 付 これは似ている! 英仏基本構文 100＋95』, 駿河台出版社.

久松健一 2011.『ケータイ〔万能〕フランス語文法 実践講義ノート』, 駿河台出版社.

姫野昌子 1999.『ひつじ研究叢書＜言語編＞第 16 巻 複合動詞の構造と意味用法』, ひつじ書房.

藤田裕二・清藤多加子 2002.『英語もフランス語も 比較で学ぶ会話と文法』, 評論社.

船田秀佳 2003.『英語がわかれば中国語はできる』, 駿河台出版社.

古川裕 2001.『チャイニーズ・プライマー —— New Edition ——』, 東方書店.

文化庁『外国人のための 基本語用例辞典』(2 版 1975).

文化庁 1975.『国語シリーズ 別冊 2 日本語と日本語教育(文法編)』.

北京語言学院編『中国語教科書 上巻』, 光生館(1960).

北京語言学院編『中国語教科書 下巻』, 光生館(1960).

北京大学中国語言文学系現代漢語教研室編／松岡榮志・古川裕監訳『現代中国語総説』, 三省堂(2004).

彭飛 2007.「『V＋テイル』構文と【在＋V】【V＋着】構文との比較研究 ── 【在＋V】構文の"在₁"～"在₀"をめぐって ── 」, 彭飛編集『日中対照言語学研究論文集 ── 中国語からみた日本語の特徴, 日本語からみた中国語の特徴 ── 』, 和泉書院, 287-326 頁.

米谷春彦編集『早引き 類語連想辞典＜第2版＞』, ぎょうせい(2008).

益岡隆志 1987.「格の重複」, 寺村秀夫・鈴木泰・野田尚史・矢澤真人編集『ケーススタディ 日本文法』, おうふう, 18-23 頁.

益岡隆志 1993.『24 週日本語文法ツアー』, くろしお出版.

待場裕子 1990.「日中の複合動詞の対照研究(一) ── 中国語の『動詞＋結果補語』構造の場合」,『流通科学大学論集 ── 人文・自然編 ── 』第2巻第2号, 41-60 頁.

待場裕子 1992.「日中の複合動詞の対照研究(三) 中国語の『動詞・形容詞＋派生義を表す方向補語』構造の場合(上)」,『流通科学大学論集 ── 人文・自然編 ── 』第4巻第2号, 47-60 頁.

松村文芳 1997 a.「結果補語(動詞)を持つ動詞の意味特徴」,『中国語』1997 年 10 月号, 内山書店, 58-60 頁.

松村文芳 1997 b.「結果補語になる動詞の意味特徴」,『中国語』1997 年 11 月号, 内山書店, 58-60 頁.

丸尾誠 1997.「"V＋到＋L"形式の意味的考察」,『中国言語文化論叢』第1集, 東京外国語大学中国言語文化研究会, 103-123 頁.

丸尾誠 2004.「中国語の場所詞について ── モノ・トコロという観点から ── 」,『言語文化論集』第 25 巻第2号, 名古屋大学大学院国際言語文化研究科, 151-166 頁.

南舘英孝 1998.「Aller＋inf.と単純未来 ── その棲み分けと競合 ── 」, 東京外国語大学グループ≪セメイオン≫『フランス語を考える フランス語学の諸問題Ⅱ』, 三修社, 22-33 頁.

三宅登之 1998.「ある種の場所賓語の動詞との意味関係について」,『東京外国語大学論集』第 56 号, 57-66 頁.

宮田一郎 1996.「進行, 持続, 過去の経験」,『中国語』1996 年8月号, 内山書店, 20-24 頁.

主要参考文献

村松恵子 1988 a.「——日・中語対照研究——日本語の『〜テイル』の表現と, 中国語の"-着"の表現」,『ことばの科学』第1号, 名古屋大学総合言語センター・言語文化研究委員会, 39-61頁.

村松恵子 1988 b.「"着"の文法的意味」,『中国語学』第235号, 中国語学会, 76-85頁.

目黒士門 2000.『現代フランス広文典』, 白水社.

望月圭子 1990.「日・中両語の結果を表わす複合動詞」,『東京外国語大学論集』第40号, 13-27頁.

森宏子 2000.「平叙文における"呢"の機能」,『中国語学』第247号, 日本中国語学会, 267-281頁.

森田秀二／アニー・シバタ 2007.『仏検合格のための傾向と対策 準2級』, エディションフランセーズ.

森田良行 1977.『基礎日本語』, 角川書店(12版1987).

森田良行 1980.『基礎日本語2』, 角川書店(3版1987).

森田良行 1984.『基礎日本語3』, 角川書店.

森田良行 1988.『日本語の類意表現』, 創拓社.

森田良行 1989.『基礎日本語辞典』, 角川学芸出版(10版2005).

森田良行 1990.『日本語学と日本語教育』, 凡人社.

森田良行 1994.「動詞の自他に関する諸問題」,『動詞の意味論的文法研究』, 明治書院, 147-170頁.

森本英夫 1988.『フランス語の社会学——フランス語史への誘い——』, 駿河台出版社(再版1991).

森山卓郎 1987.「アスペクト」, 寺村秀夫・鈴木泰・野田尚史・矢澤真人編集『ケーススタディ 日本文法』, おうふう, 50-55頁.

森山卓郎 1988.『日本語動詞述語文の研究』, 明治書院.

安本真弓 2009.『現代中国語における可能表現の意味分析——可能補語を中心に』, 白帝社.

山口直人 1993.「日本語と中国語の複合動詞に関する対照研究」,『東亜大学研究論叢』第18巻第1号, 121-147頁.

山崎吾妻 1982.「動作表現に関する一考察」, 日本語と中国語対照研究会編『日本語と中国語の対照研究』第6号, 30-42頁.

山田小枝 1984.『アスペクト論』, 三修社.
山田博志 2005.「道具と場所の間」, 東京外国語大学グループ≪セメイオン≫『フランス語を探る フランス語学の諸問題Ⅲ』, 三修社, 48-59 頁.
山梨正明 1993.「格の複合スキーマモデル —— 格解釈のゆらぎと認知のメカニズム」, 仁田義雄編『日本語の格をめぐって』, くろしお出版, 39-65 頁.
山梨正明 1995.『認知文法論』, ひつじ書房.
楊凱栄 2001.「中国語の"了"について」, つくば言語文化フォーラム編『「た」の言語学』, ひつじ書房, 61-95 頁.
吉川武時 1976.「現代日本語動詞のアスペクトの研究」, 金田一春彦編『日本語動詞のアスペクト』, むぎ書房(1976), 155-327 頁.（原著は吉川武時 1971）
頼明（らいあきら）1993.「≪儒林外史≫における"动词＋到"及び"动词＋着"」,『外国語学会誌』第 22 号, 大東文化大学, 177-186 頁.
来思平・相原茂著／喜多山幸子編訳『日本人の中国語 誤用例 54 例』, 東方書店(1993).
刘月华・潘文娛・故韡著／相原茂監訳『現代中国語文法総覧(上)』, くろしお出版(1988).
刘月华・潘文娛・故韡著／相原茂監訳『現代中国語文法総覧(下)』, くろしお出版(1991).
呂才楨・戴惠本・賈永芬著／荒屋勸編訳『日本人の誤りやすい中国語表現 300 例』, 光生館(1986).
呂叔湘主編／牛島徳次・菱沼透監訳『中国語文法用例辞典 —— ≪現代漢語八百詞増訂本≫日本語版』, 東方書店(改訂版 2003).
渡瀬嘉郎 1998.「二つの過去形 —— 意味の枠組の明確な過去, 枠組のない過去 —— 」, 東京外国語大学グループ≪セメイオン≫『フランス語を考える フランス語学の諸問題Ⅱ』, 三修社, 8-21 頁.

中国語

北京大学中文系 1955・1957 级语言班编≪现代汉语虚词例释≫, 商务印书馆(1982).
北京外国语大学法语系 马晓宏・柳利编≪法语 1≫, 外语教学与研究出版社(1992).
北京外国语学校编≪详解日汉辞典≫, 北京出版社(1983).
陈永生 1992. ＜也谈动词后面的"到"—— ≪谈谈动词谓语后面的"到"的性质和作用≫质疑＞, 北京语言学院语言教学研究所选编≪现代汉语补语研究资料≫, 349-358 页.（原载

≪重庆师范学院学报≫1981 年第 2 期)

陈月明 2000. <时间副词"在"与"着₁">,陆俭明主编／沈阳・袁毓林副主编≪面临新世纪挑战的现代汉语语法研究≫,山东教育出版社,536-547 页.

范继淹 1982. <论介词短语"在＋处所">,≪语言研究≫1982 年第 1 期,华中工学院出版社,71-86 页.

高宁编著／孙莲贵审校≪日汉互译教程≫,南开大学出版社(1995).

顾明耀主编≪日语动词用法词典≫,商务印书馆(2002).

顾盘明 1995. <汉语动补结构与日语的对应关系初探>,≪日语学习与研究≫1995 年第 3 期,≪日语学习与研究≫杂志社,6-8 页.

广州外国语学院法语专业≪新简明法汉词典≫,商务印书馆(1983).

郭熙 1990. <"动词＋'到'＋处所词语"的十二种句式>,胡盛仑主编≪语言学和汉语教学≫,北京语言学院出版社,87-96 页.

郭翼舟 1957. ≪汉语语法知识讲话 —— 副词、介词、连词≫,上海教育出版社.

胡裕树・范晓主编≪动词研究≫,河南大学出版社(1995).

黄华 1992. <"动(形)＋到＋……"的结构分析>,北京语言学院语言教学研究所选编≪现代汉语补语研究资料≫,620-633 页.(原载≪天津师大学报≫1984 年第 5 期)

吉林大学汉日词典编辑部≪漢日辞典≫,吉林人民出版社(1982).

李进守・谢信松・孙宗明・黄一波・徐宝妹编≪日语 5000 基本词词典≫,上海外语教育出版社(1988).

黎锦熙・刘世儒≪中国语法教材≫,商务印书馆(1953・1955).

李临定 1988. ≪汉语比较变换语法≫,中国社会科学出版社.

李人鉴 1958. <谈"到"的词性和用法>,≪文史哲≫1958 年第 9 期,山东人民出版社,51-55 页.

刘月华・潘文娱・故韡≪实用现代汉语语法≫,外语教学与研究出版社(1983).

吕叔湘主编≪现代汉语八百词(增订本)≫,商务印书馆(1999).

孟琮・郑怀德・孟庆海・蔡文兰编≪动词用法词典≫,上海辞书出版社(1987).

潘文娱 1980. <谈谈"正""在"和"正在">,≪语言教学与研究≫1980 年第 1 期,北京语言学院,41-50 页.

日本筑波大学对外日语教育研究会编≪实用句型日语教程≫,北京出版社(1986).

苏琦编著 1982．《日语口译教程(修订本)》，商务印书馆(2版2000)．
王红旗 1995．＜动结式述补结构配价研究＞，沈阳・郑定欧主编《现代汉语配价语法研究》，北京大学出版社，144-167页．
王砚农・焦群・庞颛编《汉语动词 —— 结果补语搭配词典》，北京语言学院出版社(1987)．
武文杰 2011．《现代汉语视觉行为动词研究》，人民出版社．
吴云珠・关薇・胡欣・张录贤编著／三浦直樹审定《日汉双解 用法例解 日语近义词辨析》，大连理工大学出版社(2003)．
项开喜 1997．＜与"V到ＮＰ"格式相关的句法语义问题＞，南开大学中文系《语言研究论丛》编委会编《语言研究论丛》第七辑，语文出版社，156-180页．
肖辉・高克勤主编《中级日语》，武汉大学出版社(1997)．
肖奚强 2002．＜"正(在)"、"在"与"着"功能比较研究＞，《语言研究》2002年第4期，华中科技大学中国语言研究所，27-34页．
谢秀忱编著《现代日语语法》，北京师范大学出版社(1981)．
徐士珍编《英汉语比较语法》，河南教育出版社(1985)．
叶盼云・吴中伟编著《外国人学汉语难点释疑》，北京语言文化大学出版社(1999)．
張道眞編著／俞大絪・劉世沐審校《實用英語語法(修訂本)》，商務印書館香港分館(1978)．
张麟声 1993．＜日中動詞の対照研究＞，《汉日语言对比研究》，北京大学出版社，139-161頁．
张威 2008．「有対自動詞無標記表示的可能義 —— 結果可能義」，『日本語と中国語の可能表現』，日中対照言語学会(白帝社)，231-248頁．
张亚军 2002．《副词与限定描状功能》，安徽教育出版社．
赵福泉编著《日语语法疑难辨析》，上海外语教育出版社(1988)．
中国社会科学院语言研究所词典编辑室编《现代汉语词典 2002年增补本》，商务印书馆(2002)．
朱德熙 1982．《语法讲义》，商务印书馆．

英語

Paul J. Hopper and Sandra A. Thompson, "Transitivity in Grammar and Discourse", *Language*, VOL. 56, NO. 2, 1980

あとがき

　本書は、筆者が平成 10 年から同 26 年にかけて論文として発表した内容をまとめたものである。ふりかえってみれば、恩師である平井勝利教授 (名古屋大学) の多年にわたる研究指導も最終段階を迎えつつあった時期から 17 年間にわたっている。平井先生は研究室での雑談の際に、ノーベル化学賞受賞者である福井謙一氏のことをしばしば話題にされた。電子の集団からとび出したいくつかの電子の運動によって全体の動く方向が決まるという話であったように記憶している。それまでの常識からすれば逆転の発想とも思えるが、同様のことは他の学問領域についてもしばしばあてはまりそうである。このことは、拙著『トコロ (空間) 表現をめぐる日中対照研究』の序文において平井先生が紹介された泉井久之助氏の考え方、すなわち「言語にはいかに究明の手を進めてもなお常に究明しつくされ得ない一つの剰余が残る」、「しかも言語のいわゆる本質は、まさにこの剰余においてこそ存在するのではないかとさえ思われるのである」にもあらわれている。自然科学とはあつかう対象が異なってはいても、問題の発見、考察方法の形成、解明の糸口の模索にあたっては相通じる部分があるように思われる。そういえば、かの宇宙膨張の発見も、オルバースが「恒星が無数に存在する宇宙がなぜ暗いのか？」という疑問を感じたことがきっかけとなっている。このような発想をするためには、既存の学説を前にして「これこれのことは常識である」という自分自身の考え方をしばらく脇に置いてみることである。常識は大切であるけれども、研究という仕事をする場合において「当たり前だ」という感覚からは何も生まれない。公理と思われるようなものでも、時には疑ってかかることが必要である。言語学の世界で言えば、「○という語の品詞は×詞である」とか、「△という成分は補語である」あるいは「Ｘという表現形式はアスペクト形式である」などと最初から決めてかからないことである。公理とは、そこから論を積み上げていくための土台であるが、場合によっては土台そのものを再点検することも大切である。難儀な作業であることは言うまでもない。また、言語をあつかうための方法論としての「○○論」なる道具にとらわれすぎ

のも危険である。言語は客観的に実在するものであり、言語理論に奉仕するものではないからである。いかなる道具であれ、言語事実をより的確に説明することができるものがよりよいのであるが、道具に頼りすぎるあまり、それによってあつかいきれないものを排除してしまったり、例外としてのけてしまったりすることは極力避けなければならない。

　統語論における分析作業は長きにわたり、言語を構成する諸成分の分類を中心として行なわれてきたように思う。分類の仕方は研究者によって様々であるが、こういった作業の次に必要とされるのは、分けられた成分間の関係を明らかにすることであろう。ある成分がその典型的な働きから離れて機能したり、分類されたはずの境界を越えて機能したりする現象はしばしば観察されるところであるが、このことは、言語現象の記述が「線引き」といういわばデジタル的発想にもとづく作業のみによっては十分なものとならないことを示している。この不備を補うために言語現象を連続体としてとらえようとすると、「言語の解剖」とでも言うべき細かな作業をともなうこととなるが、ここで得られた結果から一定の傾向あるいは法則に収束させる際には慎重さが求められる。各成分は、他のいかなる成分と組み合わされるかによって幅のある働きをする上、同一の客観的事実を前提としていても、話者の表現意図によって異なる表現方法が選択されることがめずらしくなく、客観的事実を言語化するにあたってどのような言語的あるいは非言語的力が働いているかを見極めながらすすめる必要があるためである。

　今回、筆者の研究成果を再び世に送り出すことができた。本書の脱稿直後、恩師の平井先生がその生涯を終えられた。ここまで育てて下さった同先生に改めて感謝申し上げるとともに、謹んでご冥福をお祈りいたします。また、出版にいたるまで筆者の無理な注文を快く聞き入れ、適切なアドバイスを下さった好文出版の尾方敏裕氏に心より御礼申し上げる。通常よりもはるかに過重な負担にもかかわらず、終始サポートしていただいた。これまでお世話になった多くの方々にも改めてお礼の気持ちを伝えたい。

　最後に、本書を亡き両親に捧げる。

著者

【著者紹介】

成戸 浩嗣（なると こうじ）

1959　岐阜市生れ
1987〜1989　中国吉林大学中国語言文学系留学
1999　愛知学泉大学助教授
2007　同准教授
2010　同教授

専門：中国語統語論、日中対照言語学

日中・日仏対照研究

2014年9月13日　初版発行

■著者　　成戸浩嗣

■発行者　尾方敏裕

■発行所　株式会社 好文出版
　　　　　〒162-0041　東京都新宿区早稲田鶴巻町540　林ビル3F
　　　　　Tel.03-5273-2739　Fax.03-5273-2740
　　　　　http://www.kohbun.co.jp

■印刷／製本　株式会社 栄光

© NARUTO Koji
printed in Japan　ISBN978-4-87220-182-6

本書の一部または全部を著作権法の定める範囲を超えて、無断で複製・転載することを禁じます
乱丁落丁の際はお取替えいたしますので直接弊社宛お送りください
定価は表紙に表示されています